日新文庫

沙海浮图

中古时期西域南道佛典与图像

陈粟裕 _著

图书在版编目（CIP）数据

沙海浮图：中古时期西域南道佛典与图像 / 陈粟裕著. --北京：商务印书馆，2024. --（日新文库）.
ISBN 978-7-100-24174-8

Ⅰ.K87

中国国家版本馆CIP数据核字第2024LR8297号

权利保留，侵权必究。

日新文库

沙海浮图

中古时期西域南道佛典与图像

陈粟裕　著

商　务　印　书　馆　出　版
（北京王府井大街36号　邮政编码100710）
商　务　印　书　馆　发　行
北京市艺辉印刷有限公司印刷
ISBN 978-7-100-24174-8

2024年11月第1版　　　　开本 880×1240　1/32
2024年11月北京第1次印刷　印张 13¾　插页 2
定价：98.00元

日新文库

学术委员会

学术委员会主任
刘北成　　　清华大学人文学院历史系

学术委员会委员（以姓氏笔画为序）
丁　耘　　　复旦大学哲学学院
王东杰　　　清华大学人文学院历史系
任剑涛　　　清华大学社会科学学院政治学系
刘　宁　　　中国社会科学院文学研究所
刘永华　　　北京大学历史学系
杨立华　　　北京大学哲学系
杨春学　　　首都经贸大学经济学院
李　猛　　　北京大学哲学系
吴晓东　　　北京大学中文系
张　生　　　中国社会科学院法学研究所
罗　新　　　北京大学历史学系
郑　戈　　　上海交通大学凯原法学院
孟彦弘　　　中国社会科学院中国历史研究院古代史研究所
聂锦芳　　　北京大学哲学系
黄　洋　　　复旦大学历史学系
黄群慧　　　中国社会科学院经济研究所
渠敬东　　　北京大学社会学系
程章灿　　　南京大学文学院
潘建国　　　北京大学中文系
瞿旭彤　　　清华大学人文学院哲学系

日新文库
出版说明

近年来，我馆一直筹划出版一套青年学者的学术研究丛书。其中的考虑，大致有三。一是当今世界正处于"百年未有之大变局"，当代中国正处于民族复兴之关键期，新时代面临新挑战，新需求催生新学术。青年学者最是得风气先、引领潮流的生力军。二是当下中国学界，一大批经过海内外严格学术训练、具备国际视野的学界新锐，积学有年，进取有心，正是潜龙跃渊、雏凤清声之时。三是花甲重开的商务，以引领学术为己任，以海纳新知求变革，初心不改，百岁新步。我馆先贤有言："日新无已，望如朝曙。"因命名为"日新文库"。

"日新文库"，首重创新。当代中国集合了全世界规模最大的青年学术群体，拥有最具成长性的学术生态环境。新设丛书，就要让这里成为新课题的讨论会，新材料的集散地，新方法的试验场，新思想的争鸣园；让各学科、各领域的青年才俊崭露头角，竞相涌现。

"日新文库"，最重专精。学术研究，自有规范与渊源，端赖脚踏实地，实事求是。薄发源于厚积，新见始自深思。我们邀请各学科、各领域的硕学方家组成专业学术委员会，评审论证，擘画裁夺，择取精良，宁缺毋滥。

"日新文库"，尤重开放。研究领域，鼓励"跨界"；研究课题，乐见"破圈"。后学新锐，不问门第出身，唯才是举；学术成果，不图面面俱到，唯新是求。

我们热烈欢迎海内外青年学者踊跃投稿，学界友朋诚意绍介。经学术委员会论证，每年推出新著若干种。假以时日，必将集水为流，蔚为大观，嘉惠学林。

是所望焉！

商务印书馆编辑部
2022 年 6 月

目　录

绪论 1

第一编　鄯善佛教遗存与图像

第一章　鄯善佛教遗址的发现与现状 15
第一节　楼兰古城及其周边佛教遗迹 19
第二节　米兰佛教遗址群 24
第三节　尼雅与安迪尔故城中的佛教遗址 30
第四节　鄯善地区其他佛教遗址 35
第五节　佉卢文佛教文献的公布与研究 37
结语 41

第二章　佛塔内外：西域南道佛塔与佛寺图像的转化 42
第一节　米兰佛塔的图像布局 42
第二节　"有翼天人像"与扛花绳人物的源流 56
第三节　米兰 M.Ⅱ佛寺与热瓦克佛塔的图像配置 64
第四节　众像环绕的"回"字形佛殿 72
结语 82

第二编 于阗佛典与图像

第三章 于阗佛典写本的概况 87
- 第一节 于阗佛典的发现与流散 87
- 第二节 多种语言的于阗佛教典籍 93
- 结语 103

第四章 于阗流行佛典与相关图像 105
- 第一节 般若类经典及其相关图像 108
- 第二节 《法华经》及其图像 112
- 第三节 《金光明经》及其图像 128
- 第四节 《贤劫经》《佛名经》及于阗千佛信仰 139
- 结语 144

第五章 《华严经》及卢舍那佛像研究 145
- 第一节 华严图像的研究 147
- 第二节 和田地区发现的卢舍那佛像 152
- 第三节 于阗卢舍那佛像的图像特点 164
- 结语 171

第六章 于阗观音相关典籍与图像 173
- 第一节 于阗观音信仰的相关文本 173
- 第二节 于阗的观音图像 182
- 结语 197

第七章 "蚕种东来"图像研究 198
- 第一节 "蚕种东来"的文本 198
- 第二节 和田发现的"蚕种东来"图像 202

第三节　技法与图像的交融 209
　　第四节　"蚕种东来"反映的跨宗教交流 224
　　结语 227
第八章　旃檀瑞像样式之考论 228
　　第一节　优填王造旃檀瑞像的传说 229
　　第二节　南梁优填王造像的传播 235
　　第三节　西域南道的手把袈裟式佛像 247
　　第四节　元明清时期旃檀瑞像的传布 260
　　结语 264

第三编　多民族、跨宗教的图像交融

第九章　8 至 10 世纪西域、藏、汉交流视域下的佛教与
　　　　图像 267
　　第一节　8 至 9 世纪于阗、吐蕃与敦煌间的交流 268
　　第二节　于阗八大守护神图像源流 278
　　第三节　晚唐五代瑞像图 312
　　第四节　牛头山授记与法灭思想 329
　　结语 342
第十章　西域南道粟特人的活动与图像 344
　　第一节　鄯善地区粟特美术的辨析 344
　　第二节　于阗的粟特形神祇 358
　　结语 373

结论 375

附表 379
 表一 斯坦因所获梵文佛教经典目录 379
 表二 于阗梵文佛教经典 385
 表三 新疆和田地区所出于阗文佛典（部分）........ 391
 表四 敦煌藏经洞于阗文佛教写卷（巴黎国立图书馆、
    大英图书馆）.. 397

缩略语说明 405

主要参考文献 408

后记 422

专家推荐意见一 .... 李 松 425
专家推荐意见二 .... 李建欣 428

绪　　论

19世纪德国地质学家李希霍芬（Ferdinand Paul Wilhelm Freiherr von Richthofen, 1833—1905）凭借1863年至1868年间在中国的考察，完成著名的《中国——亲身旅行的成果和以之为依据的研究》[①]。在著作第一卷中，李希霍芬首次将中国与中亚、中国与印度间的贸易通道命名为"丝绸之路"（Seidenstraßen）。而"这一条大动脉像一条红线把许多地名，比如龟兹、于阗、楼兰等以及我国境外的一些地名连接起来，标志出我国先民和外国商人、僧侣、外交使节等活动的情况以及东西方文化的交光互影"[②]。中古时期佛教与艺术沿着这条大动脉缓缓流动。本书聚焦于西域南道部分，这一地区位于昆仑山以北、塔克拉玛干沙漠以南，是由众多绿洲城邦缀连起的交通要道。中古时期，生活在这里的多族民众互相融合、交流，创造出灿烂的物质文化。现今，古代遗迹里大量古代佛教多语种文书与各类艺术品被发现，生动折射出多元文化交流的区域特色，同时也展现了多民族文化融入

[①] F. Richthofen, *China: Ergebnisse eigener Reisen und darauf gegründeter Studien*, Vol. 1-5, Berlin: Dietrich Reimer Verlag, 1877-1912.
[②] 季羡林：《敦煌学、吐鲁番学在中国文化史上的地位和作用》，《中国文化与东方文化》，新世界出版社2017年版，第164页。

中华文明的历史进程。

一、中古时期西域南道的地理、宗教与艺术

我国新疆境内的塔克拉玛干沙漠南、北两缘，由于昆仑山脉与天山山脉雪水的滋养，在这里形成了大大小小的绿洲城邦，按照北魏太延三年（437）出使西域的董琬的划分，"自葱岭以东，流沙以西为一域"①。特殊的地理条件使得丝绸之路在此地分为南北两道，按照自东向西的顺序，大致为：北道有高昌（今吐鲁番市）、焉耆、龟兹（今库车市）等地；南道有鄯善（今若羌县）、于阗（今和田地区）、莎车等地，最后南北两道汇合于疏勒（今喀什地区）。西域南道即鄯善至疏勒一线。此地西连佛教艺术的起源之地犍陀罗（Gandhāra）地区，东接汉文化的西陲重镇敦煌。

时间范围方面，本书的上限是佛教传入我国新疆境内之后，下限是信奉伊斯兰教的喀喇汗国占领于阗之前。虽然日本佛教学者羽溪了谛（1883—1974）根据《大唐西域记》以及藏文于阗文献的记载，将佛教传入于阗的年代考订在公元前1世纪中叶②，但是目前整个西域南道上发现的佛教遗址与写本没有超过2世纪者，故而本书将时间限定于2至11世纪之间。

近千年的时间段里，佛教在此区域经历了初传、发展与衰亡。重新审视，可以发现这里的佛教文化与艺术有极大挖掘、探讨的空间，主要是两个方面的因素所致。首先是自然因素，极度干燥缺水的塔克拉玛干沙漠，恰好也是保护文物遗存的绝佳场所，漫漫黄

---

① 《北史》卷九十七《西域》，中华书局1974年版，第3207页。
② 参见〔日〕羽溪了谛《西域之佛教》，贺昌群译，商务印书馆1999年版，第139页。

沙掩盖了众多佛寺，造像与文书沉睡于沙海之中。它们重现于世人面前，是在19世纪末20世纪初。瑞典的斯文·赫定（Sven Hedin, 1865—1952）、英国的斯坦因（Marc Aurel Stein, 1862—1943）、日本的橘瑞超（1890—1968）、德国的特林克勒（Emil Trinkler, 1896—1931）等探险家先后踏上这条西域古道，挖掘了大量遗址，发现了佉卢文、梵文、于阗文和藏文等多种语言的佛教文书与大批壁画雕塑等艺术珍品，使得这些遗迹、文物重见天日，同时也造成了西域南道文物流散于世界各地的局面。第二个因素，由于历代中原王朝在此长期经营，西域南道诸城邦与内地得以在宗教、文化和艺术等领域双向交流，使得西域南道的佛教文化和艺术早已融入中华文明的血液之中，成为中华民族优秀传统文化不可分割的一部分。鉴于此，本书主要聚焦于西域南道所出的各种历史文物，包括佛教遗址、古代写本和艺术品等；同时，还将与西域南道相关的汉文史料、佛教典籍，以及汉地石窟寺院保存的受到西域南道佛教艺术影响的图像资料纳入到考察范围中。

将这些材料搜集、综合整理之后可以发现，整个西域南道的佛教文化和艺术呈现出如下特点：

第一，这里是中国接受外来文化与艺术的第一站，特别是这里临近佛教艺术的发源地犍陀罗地区，西域南道诸城邦的佛教文化和艺术受到犍陀罗的直接影响。虽然在地理位置上，紧邻葱岭的疏勒更靠近犍陀罗，但遗憾的是，这里留存的近20处佛教遗址多为5世纪以后，现存年代最早的莫尔佛塔遗址年代约为3世纪前期[1]。相较而言，古鄯善所辖的米兰佛寺遗址群中

---

[1] 参见肖小勇、史浩成、曾旭《2019—2021新疆喀什莫尔寺遗址发掘收获》，《西域研究》2022年第1期，第73页。

的M.Ⅲ、M.Ⅴ佛寺，年代约为2世纪末至3世纪上半叶，可能是整个新疆地区最早的佛教遗址。①由于贵霜王朝移民的原因②，保存下来的精美壁画在题材与艺术风格上直接承袭了犍陀罗佛教艺术。另外，佛教写本也体现出西域南道与犍陀罗间的关联性，斯坦因所获的《浴佛节愿文》、尼雅遗址出土的《解脱戒本》（Prātimokṣa）、《法集要颂经》（Dharmapada）以及出自和田地区的《法句经》（Dharmapada），这些佉卢文写本直接证明了犍陀罗语佛典在西域南道的传播。

第二，佛教在西域南道流行约有千年之久，各个区域对佛教的信仰和佛教艺术表现方式都各具特点。譬如，鄯善、疏勒流行小乘佛法；于阗则是大乘佛教兴盛之地，《般若经》（Prajñāpāramitā sūtra）、《法华经》（Saddharmapuṇḍarīka sūtra）、《僧伽吒经》（Saṅghāṭa sūtra）、《金光明经》（Suvarṇaprabhāsottama sūtra）等梵文、于阗文佛典写本在这里多有发现，继而6世纪以后密教逐步流行开来，此地出土的大量梵文、于阗语的陀罗尼经咒是为证据，8至11世纪金刚乘为于阗人所信奉③。

西域南道的居民和信众在接受佛教这一外来文化的同时，也以"润物细无声"的方式将佛教文化和艺术逐步本土化，形成自

---

① 参见陈晓露《鄯善佛寺分期初探》，《华夏考古》2013年第2期，第99、103页；林立认为第一期的年代为2世纪末、第二期的年代为4世纪中叶至5世纪末，参见林立《米兰佛寺考》，《考古与文物》2003年第3期，第53页。

② 参见林梅村《贵霜大月氏人流寓中国考》，《西域文明：考古、民族、语言和宗教新论》，东方出版社1995年版，第52—55页；陈晓露《塔里木盆地的贵霜大月氏人》，《边疆考古研究》第十九辑，科学出版社2016年版，第209页。

③ 参见H. W. Bailey, "Hvatanica III", *Bulletin of the School of Oriental Studies*, Vol. 9, No. 3, 1938, p. 529，其中翻译了法藏敦煌文书P.5538的内容。这件完成于970年的于阗语文书上以对话的方式展现了于阗僧人对金刚乘的信奉。另参见张广达、荣新江《巴黎国立图书馆藏敦煌于阗语写卷目录初稿》，《于阗史丛考》，中国人民大学出版社2008年版，第146—147页。

身特色。然而由于现存佛教文物数量的因素，这一本土化特点在西域南道上的于阗得以充分呈现。纵观于阗佛教史全貌，有两点颇值得注意：一为利用佛教营造、书写自身的历史。这在《大唐西域记》的记载中就有所体现，不论是毗沙门天王子嗣的传说①，还是勃伽夷城的瑞像②等内容，都以"神话"的方式生动展示出佛教在于阗历史中的形塑作用。关于这一现象最完整的展示为古藏文文献《于阗国授记》(*Li yul lung bstan pa*)③。这篇追溯于阗王统的文献里，夹杂着历代于阗王护持佛法，诸佛、菩萨和守护神长期庇佑于阗的种种故事，展现出于阗历史与佛教密不可分的面貌。第二个突出的现象是于阗佛教典籍和图像中大量出现守护神。和田地区出土经咒以及敦煌藏经洞中于阗人的发愿文里都含有大量鬼神名号，其中相当一部分属于佛教系统。不但如此，策勒县丹丹乌里克（Dandān-oilik）遗址、托普鲁克墩（Topulukdong）佛寺遗址的壁画中④、敦煌石窟里⑤，还保存有于阗守护神的图像，充分说明了于阗民众对于守护神信仰的

---

① ［唐］玄奘、辩机原著，季羡林等校注：《大唐西域记校注》，中华书局1985年版，第1008页。
② 同上书，第1015页。
③ 此文献最早由寺本婉雅译成日文，而后托马斯与恩默瑞克译成英文，朱丽双将之校订后译成了中文。参见寺本婉雅『于闐國史』，京都：丁子屋书店，1921；F. W. Thomas, *Tibetan Literary Texts and Documents concerning Chinese Turkestan, Part I Literary Texts*, London: The Royal Asiatic Society, 1935, pp. 89-136; R. E. Emmerick, *Tibetan Texts concerning Khotan*, London: Oxford University Press, 1967；朱丽双：《〈于阗国授记〉译注》（上下），《中国藏学》2012年S1期、2014年S1期。
④ 参见文欣、段晴《丹丹乌里克佛寺壁画上的于阗文题记考释》，中国新疆文物考古研究所、日本佛教大学尼雅遗址学术研究机构编：《丹丹乌里克遗址——中日共同考察研究报告》，文物出版社2009年版，第261—266页。
⑤ 参见张小刚《敦煌瑞像图中的于阗护国神王》，《敦煌研究》2005年第1期；陈粟裕《敦煌石窟中的于阗守护神图像研究》，《故宫博物院院刊》2012年第4期。

热衷。佛教艺术方面，除了长期为学界称道的"屈铁盘丝"式的铁线描，以及"森然出壁"的凹凸法（即晕染法），我们可以发现于阗佛教艺术在绘画风格与表现方式上也展现出独特的面貌。美国学者加州大学伯克利分校教授威廉姆斯夫人（Joanna G. Williams, 1939—2022）在 1973 年发表的《于阗绘画的图像学研究》[①]出自其博士论文《于阗绘画》（Khotanese Painting），她主要基于斯坦因收集品，从于阗绘画（包括壁画和木板画）中判断出卢舍那佛、弥勒、毗沙门天王、观音菩萨、诃梨帝母等 17 个题材。尽管某些内容还有商榷的余地，但其研究无疑较全面地展现出了于阗佛教绘画的基本面貌。在此基础上，本书旨在讨论于阗佛教典籍、文本与图像间的关系，以期进一步揭示出于阗佛教文化的特色和诸多细节。

第三，作为贯穿欧亚大陆的交通要道，丝绸之路承担着民族文化与宗教艺术交融的功能，生活于西域南道的多个民族在佛教文化和艺术上存在着广泛而深入的交流。比如昆仑山南侧、青藏高原上的吐蕃就与西域南道诸城邦有过密切接触。据《旧唐书·吐蕃传》记载，吐蕃曾多次占领西域，如上元三年（676）"时吐蕃尽收羊同、党项及诸羌之地，东与凉、松、茂、巂等州相接，南至婆罗门，西又攻陷龟兹、疏勒等四镇，北抵突厥，地方万余里，自汉、魏已来，西戎之盛，未之有也"[②]。直到 9 世纪中期吐蕃王朝覆灭，吐蕃势力才彻底撤出西域。故而南道的鄯善、于阗、莎车诸地都有吐蕃统治时期留下的遗址与文物，如米

[①] J. Williams, "The Iconography of Khotanese Painting", *East and West*, new series Vol. 23, No. 1-2, 1973.

[②] 《旧唐书》卷一百九十六上《吐蕃上》，中华书局 1975 年版，第 5224 页。

兰古戍堡、安迪尔故城、麻扎塔格古戍堡等，都说明了吐蕃人曾在这些地方长期驻军。笃信佛教的吐蕃人占领于阗之后，积极吸纳了于阗佛教[1]，甚至从于阗召集能工巧匠，远赴吐蕃本土造寺立像。比如，吐蕃赞普赤祖德赞（815—838年在位）时期，从于阗请来工匠李·觉杰白布和他的三个儿子，在温江岛（von-cang-do）修建白美扎西格沛寺（dpe-med bkra-shis dge-'phel）[2]。故而讨论西域南道的佛教文化和艺术时，考察本地与周边民族和区域的交流是必要的。

佛教在西域南道传播的同时，产生于伊朗高原的火祆教（即琐罗亚斯德教）也伴随着粟特商旅的活动在南道传扬开来。而观察南道上可能是火祆教留存下的图像，就会发现它们与佛教图像产生着某种联系。有的火祆教神祇图绘在佛寺壁面上，有的则与佛、菩萨杂坐一处。[3] 故而形成了西域南道宗教方面的一个特殊现象，火祆教在一定程度上与佛教互相缠绕，甚至可能有依附关系。而于阗信奉大乘佛教的信众们显然对火祆教图像采取了包容的态度。

第四，西域南道上的佛教文化和艺术，如同百川入海一般对内地文化产生过深刻影响。特别是作为佛教传播重要中转站的于阗，诸如《放光般若经》《大般涅槃经》《华严经》等重要佛典皆由于阗直接传入；无罗叉、提云般若、实叉难陀等旅居汉地的于

---

[1] 参见沈琛《吐蕃与于阗佛教交流史事考述》，《西域研究》2020年第3期，第144—147页。
[2] 参见拔塞囊《拔协译注》，佟锦华、黄布凡译注，四川民族出版社1990年版，第61页。
[3] 参见荣新江《佛像还是祆神？——从于阗看丝路宗教的混同形态》，《丝绸之路与东西文化交流》，北京大学出版社2015年版。

阗僧侣在翻译经典的同时，也与汉地僧众和世俗信众有过直接交流。艺术方面，初唐著名于阗画家尉迟乙僧①在长安城中的寺观壁画创作，使得于阗绘画技法和新的造像样式在汉地传播开来。这些僧侣、使臣在西域与汉地间肩负着文化交流和艺术传播的职能。汉地的中心区域之外，9世纪晚期至12世纪初，敦煌与于阗两地政权间建立了联姻关系，使得两地有着直接而密切的交往，敦煌藏经洞中的于阗文写经，以及于阗守护神壁画出现在莫高窟内，就是这段历史的明证。

西域南道诸城邦与汉地间的交流并不是单向的，往来于西域与敦煌及中原的僧侣、使臣、兵士和商旅，也在一定程度上将汉文化传播于西域南道，以至于后晋使臣高居诲在天福五年（940）抵达于阗后，看到于阗王李圣天"衣冠如中国，其殿皆东向"②。这一现象反映了汉文化对西域边陲的滋养。

二、结构与方法

基于以上西域南道佛教文化艺术的特点，本书主要选择有代表性的重点题材和佛教艺术现象，从以下方面进行梳理与讨论。需要说明的是，由于喀什地区南部的佛教遗址稀少，基本没有完整的佛教图像留存，故而疏勒、莎车的整体状况暂不单立章节，只是将这些地方的材料放置于具体问题之下进行讨论。而鄯善和于阗的佛教状况、遗址和文物的遗存情况并不相同，因此，针对不同区域，研究重点、采用方法也有所区别。

第一，本书首先讨论的是鄯善佛教与艺术。虽然古鄯善在

---

① 参见金维诺《阎立本与尉迟乙僧》，《文物》1960年第4期，第64—69页。
② 《新五代史》卷七十四《四夷附录第三》，中华书局1974年版，第918页。

整个西域南道东部，但就现存佛教遗址与文物的年代、艺术风格而言，这里反而是受犍陀罗佛教与艺术影响最深刻的区域，故而首先予以讨论。鄯善的佛教遗址由于较为分散，且遭到斯文·赫定、斯坦因等探险家的多次劫掠，第一章主要梳理各处遗址的基本状况以及发掘和研究相关学术史。第二章则聚焦于鄯善地区最具代表性的两种建筑样式——佛塔与"回"字形佛殿，将之放置于西域南道的整体视野下，讨论从犍陀罗到整个西域南道佛塔图像配置规律——即佛塔中心式佛寺向以造像为中心的"回"字形佛寺的转变。从寺院空间的角度探讨佛教图像布局的承袭与变化。而发生在西域南道上这种宗教场所主体结构和空间的变化，实际上也是佛教文化和艺术中国化的重要面向。

第二，于阗佛典与图像间的对读、互证，是本书的重点所在。作为西域大乘佛教的中心，就留存的佛教写本、遗址与文物数量而言，于阗无疑是数量最多的。从文化传播与艺术交流的角度，这里堪称西域南道上最重要的城邦。与鄯善的情况相似的是，这里的佛教写本多藏于海外，梵文、于阗文和藏文写本的整理、翻译工作也主要由国外学者完成。本书第三章即是对于阗所出的梵文、于阗文和藏文佛典的流散、研究以及佛典的类别进行全面的梳理与介绍。第四章主要讨论于阗的《般若经》《法华经》《金光明经》《贤劫经》等流行典籍直接影响下的佛教图像，从文、图互证的角度挖掘这些典籍在于阗的信仰状况。第五章研究于阗最重要也是现存相关图像最多的《华严经》及相关问题。第六章梳理于阗文本与图像所体现出的观音信仰。第七章探讨于阗流传的"蚕种东来"故事及其图像表达。第八章针对于阗最常见的一种佛像样式——"手把袈裟式佛像"——展开讨论，利用东亚范围内流布的旃檀瑞像进行综合判断，认为这一样式可能是源自于对优填王所造旃檀瑞像的模仿，是于阗信众确立佛教正统的一种体现。这一部分一共讨论了七类佛教典籍直接相关的图像，而这些典籍也是于阗佛教中最流行、最重要的内容。研究这些佛典的图像呈现方式，充分展示了于阗佛教艺术的独特性。

第三，展现多民族、跨宗教视域下的于阗佛教文化和艺术。该部分主要分为两个层面，一为民族、地域层面，主要讨论以于阗为代表的西域南道城邦与汉地、吐蕃在佛教文化和艺术上的交融。其中最具代表性的就是五篇关于于阗的古藏文文献：《于阗国授记》、《牛角山授记》（*Ri glang ru lung bstan pa*）、《僧伽伐弹那授记》（*Dgra bcom pa dge 'dun 'phel gyis lung bstan pa*）、《于阗阿罗汉授记》（*Li yul gyi dgra bcom pas lung bstan pa*）、《于阗教法史》（*Li yul chos kyi lo rgyus*）。由于特殊的历史际遇，这五篇文献或保存在敦煌藏经洞，或被收录于藏文《甘珠尔》中，并且可能由于它们的影响，敦煌石窟里出现了展现于阗特殊佛教信仰的图像。通过这些图像与五篇古藏文文献的对读，展现西域南道、汉地和吐蕃三地间的佛教交流，对于研究西域南道佛教文化与艺术有着特殊意义。本书第九章即关于这方面内容的探究。另一个层面为丝绸之路沿线宗教和宗教图像间的交流。西域南道也是粟特人入华的道路之一，他们信奉的火祆教在相当长的时间内与佛教共生，甚至存在依附于佛教的现象。第十章对西域南道沿线的粟特美术进行辨析，重点讨论它们与佛教文化共存的方式。

在研究方法上，本书充分利用文献学、图像学、历史学的方法，进行综合分析。首先认真研读西域南道的古代多语种佛教写本与相关文献,仔细判断、挑选出与图像密切相关的部分,再从文本与图像细节上入手,挖掘文、图关系,以及具体信仰内容的表现方式等问题。而后将之放置于西域南道的区间、多民族跨宗教交流的具体社会历史情境之中,旨在深入阐释文本与图像的历史意义与传播价值。

三、研究重点与思路

本书的重点在于讨论佛教在西域南道的传播方式,以及相应的文本和图像呈现。在这个过程中,佛教典籍的写本文献是一方面,寺院中的雕塑与壁画等视觉形象是另一方面。讨论佛典文献与佛教艺术图像间的关系,并将之放置于丝绸之路的宏观视角下,结合周边区域的民族、宗教和历史背景进行挖掘,能够从中展示佛教文化和艺术的中国化、流行佛典的图像化,以及多区域、多民族佛典与图像传播等珍贵历史细节。

本书的研究思路如下:

首先,针对西域南道佛教文化和艺术的既往研究,存在着文本与图像"互不关涉"的现象。相对于多种语言的佛教文本研究、西域南道佛教史研究而言,图像研究并无太多人涉及,即使有所讨论,也主要偏重于技法、风格等形式研究,以具体的经典、文本与图像互证的方式展示中古时期西域南道的佛教文化,本书尚属首次尝试。

其次,本书秉承着"犍陀罗→西域南道→敦煌"的整体视角,以丝路上宗教、图像的传播、变化为线索进行研究,有的甚至放置于南亚、中亚、东亚的佛教传播背景下进行讨论。力求研究视阈不局限于某一地、某一宗教,而是在西域南道多元化的环境下看待这些现象，从而更贴合历史实际情况，保证研究结论不失偏颇。

再次，在经典、文本的使用方面，尽可能地使用当地出土文献的直接翻译稿，对于历史上翻译的诸文本也会结合学者们的研究，选取最接近西域佛典文献的译本。通过这种方法尽可能地还原西域南道佛教的历史实况。在图像材料的使用方面选择出自西域南道的第一手资料，如博物馆藏品、斯坦因等探险家拍摄的老照片等。对待图像材料也不是孤立看待，而是结合考古报告或探险家的笔记，弄清它们在寺院中所在的位置，周围可能的图像配置，还原其图像的原境，从而真实、全面地挖掘图像材料的历史文化讯息。

最后，本书在讨论西域南道佛教文化和艺术时，充分注意到这条线路上的绿洲城邦与周边民族、其他宗教间的互动。特别是于阗与汉地、吐蕃在宗教信仰、艺术图像上的交融互鉴，加深了研究的深度，丰富了研究的内涵。宗教互动方面，注意到火祆教与佛教间在图像上的交流，充分展示了中古时期西域南道上信仰的多元性。

第一编
鄯善佛教遗存与图像

　　就地理位置而言，西域南道上的重要城邦鄯善毗邻汉地，但保存下来的佛教遗址和文物的年代多集中于3至4世纪之间，佛教文化属性和艺术特点更接近中亚犍陀罗地区，故而本书首先对鄯善进行梳理与讨论。楼兰、米兰和尼雅等地残存的佛寺遗迹、壁画残片以及佛教写本，展现了佛教初传中国时的部分面貌。

第一章

鄯善佛教遗址的发现与现状

古代鄯善位于今新疆维吾尔自治区巴音郭楞蒙古自治州若羌县和且末县一带,今和田地区民丰县的部分区域也曾为鄯善所治。西汉元凤四年(前77)之前称楼兰,汉地史料中最早见于《史记·大宛列传》:"楼兰、姑师邑有城郭,临盐泽。盐泽去长安可五千里。匈奴右方居盐泽以东,至陇西长城,南接羌,鬲汉道焉。"① 司马迁主要根据张骞的资料简单地记录了楼兰的位置、周边环境。而到了105年完成的《汉书》卷九十六上《西域传》里,则对鄯善的地理位置以及楼兰、鄯善的更迭信息有清楚的记录:

鄯善国,本名楼兰,王治扜泥城,去阳关千六百里,去长安六千一百里。户千五百七十,口万四千一百,胜兵二千九百十二人。辅国侯、却胡侯、鄯善都尉、击车师都尉、左右且渠、击车师君各一人,译长二人。西北去都护治所千七百八十五里,至山国千三百六十五里,西北至车师

---

① 《史记》卷一百二十三《大宛列传》,中华书局1959年版,第3160页。

千八百九十里。地沙卤，少田，寄田仰谷旁国。国出玉，多葭苇、柽柳、胡桐、白草。民随畜牧逐水草，有驴马，多橐它。能作兵，与婼羌同。

元凤四年，大将军霍光白遣平乐监傅介子往刺其王。……介子遂斩王尝归首，驰传诣阙，县首北阙下。封介子为义阳侯。乃立尉屠耆为王，更名其国为鄯善，为刻印章，赐宫女为夫人，备车骑辎重，丞相〔将军〕率百官送至横门外，祖而遣之。王自请天子曰："身在汉久，今归，单弱，而前王有子在，恐为所杀。国中有伊循城，其地肥美，愿汉遣将屯田积谷，令臣得依其威重。"于是汉遣司马一人、吏士四十人，田伊循以填抚之。其后更置都尉。伊循官置始此矣。①

《汉书》里记录了汉王朝在鄯善的经营状况，包括屯田、驻兵等举措，勾画出鄯善与中原王朝间千丝万缕的紧密联系。作为南道重镇的鄯善在东汉初辖有小宛、精绝、戎庐、且末等地。②后秦弘始二年（400），高僧法显与慧景、道整、慧应等同伴从敦煌出发，穿过"上无飞鸟下无走兽""唯以死人枯骨为幖帜"的沙河，经行十七日，抵达鄯善。《法显传》对这里的佛教状况有如下记载：

其地崎岖薄瘠。俗人衣服粗与汉地同，但以毡褐为异。

---

① 《汉书》卷九十六上《西域传第六十六上》，中华书局1962年版，第3875—3878页。
② 《后汉书》卷八十八《西域传第七十八》，中华书局1965年版，第2909页。

其国王奉法。可有四千余僧,悉小乘学。诸国俗人及沙门尽行天竺法。但有精麄。从此西行,所经诸国类皆如是,唯国国胡语不同。然出家人皆习天竺书、天竺语。①

法显在这里停留了一个月,对这里的佛教状况有比较清楚的认知。从他的记录里可以了解到佛教为鄯善国教,虽然这里土地贫瘠,民众生活简朴,但是佛教兴盛,僧团规模颇为庞大。"悉小乘学"则点明了鄯善佛教的特性,从出土的佛经残片与可以辨识的壁画、文物都证明了这一点。神龟二年(519),宋云与惠生奉胡太后之命前往西域取经途径鄯善时,这里已为吐谷浑所占,成为一个军事要塞,不见佛法的痕迹。但是宋云等人西行至鄯善曾经辖有的左末城(即且末城),发现这里保存有汉地风格的佛教造像:

  城中居民可有百家,土地无雨,决水种麦,不知用牛。耒耜而田。城中图佛与菩萨,乃无胡貌,访古老,云是吕光伐胡时所作。②

后凉时吕光在西域的征战使得汉风佛教造像随之传入,并在且末城保存了百年之久。这也是早期汉地佛教艺术西渐的重要记录。此后由于土地沙漠化等环境因素,佛教在古鄯善基本销声匿迹。目前考古发现的佛教遗址与文物也主要集中在 2 至 5 世纪之

---

① [晋]法显著,章巽校注:《法显传校注》,中华书局 2008 年版,第 7 页。
② [北魏]杨衒之著,周振甫译注:《〈洛阳伽蓝记〉校注》,江苏教育出版社 2006 年版,第 186 页。

间,从物质文化遗存的角度体现出当时佛教之盛。

现已发现属于古代鄯善的佛教遗址有:楼兰古城中的佛寺遗址〔城内佛塔(图 1-1)、古城西北佛塔、古城东北佛殿〕、楼兰 L.B 佛寺遗址群(L.B 一号佛寺、L.B 一号佛塔、L.B 二号佛寺)、若羌县 L.E 北佛塔、米兰佛教遗址群(M.Ⅱ— M.XV)、且尔奇都克故城佛寺遗址、营盘佛寺遗址(古城西南佛塔、营盘一号佛塔、营盘二号佛塔、营盘三号佛塔)以及尼雅遗址中的佛教建筑遗存(尼雅佛塔、93A35 遗址中的佛寺 FS 与 FD、97A5 佛寺)等 30 处。[①]其中佛寺 10 处、佛塔 17 处、塔寺结合的建筑 3 处,另有一处发现有古藏文佛经残片的古戍堡(M.Ⅰ),属于吐蕃

图 1-1　楼兰古城佛塔,19.5m×18m×10.4m(南北长 19.5 米,东西宽 18 米,高 10.4 米),新疆维吾尔自治区若羌县

(新疆维吾尔自治区文物局编:《新疆佛教遗址》上,科学出版社 2015 年版,第 153 页)

---

① 本处遗址统计参照新疆维吾尔自治区文物局编《新疆佛教遗址》(上),科学出版社 2015 年版,第 109—118、129—169 页。

统治西域时期的遗址。

鄯善众多佛教遗址的探索与发现，从20世纪初开始，由瑞典探险家斯文·赫定、英国探险家斯坦因等人拉开序幕。新中国成立后考古工作者多次科学发掘与文物普查工作使遗址的现存状况、佛经文书与图像遗存有了更为清楚的展示，进而我们对鄯善佛教信仰状况才能愈加了解。综合西方探险家的笔记与中国考古学者的发掘报告，按照区域对鄯善的佛教遗址状况以及出土的壁画、雕塑等文物分述如下。

第一节　楼兰古城及其周边佛教遗迹

该区域以楼兰古城为中心，包括楼兰古城（L.A）中佛教遗址以及周边的L.B佛寺遗址群、若羌县L.E北佛塔，共7处遗址。

1900年3月瑞典探险家斯文·赫定在沿着孔雀河河道向罗布泊沙漠深处探险时，遭遇了狂风。正是这场"黑风"使得他的助手齐诺夫和于得克发现了三所房屋的遗址，并在屋舍中发掘出了钱币与精美的木雕残件："一块刻着手里持着一把三股叉的人（图1-2），别的一块刻着头戴花冠的人，又有一块刻着莲花。"[①] 而后斯文·赫定的助手在折回此地寻找铁铲时，同样由于大风使得更多的建筑遗址与木雕被暴露出来，由此拉开了楼兰古城发掘的序幕。1901年的发掘工作中，斯文·赫定发现了一处佛寺遗址，清理出的佛教文物有"一尊三英尺半高的佛祖立像外框、刻有佛祖盘坐姿势的水平壁饰、雕琢极富艺术色彩的佛祖立像的木

---

① 斯文·赫定发现楼兰古城的经过，详见〔瑞典〕斯文·赫定《亚洲腹地旅行记》，李述礼译，开明书店1948年版，第313页。

图 1-2 斯文·赫定所获持三叉戟人物，71cm×103cm，瑞典国立人种学博物馆藏
（田辺勝美、前田耕作編『世界美術大全集・中央アジア』，東京：小學館，1999，図232）

柱、木刻莲花与其他种类的花朵饰品"①。楼兰古城的发现在欧洲引起巨大轰动，引发了20世纪初西方探险家与学者前往中国西北部地区进行探险考古活动的热潮。

美国地理学家亨廷顿（Ellsworth Huntington, 1876—1947）1905年3月从西藏西部翻越喀喇昆仑山，到达和田后继续向东前行，1906年1月17日抵达斯文·赫定标识的楼兰古

---

① 〔瑞典〕斯文·赫定：《我的探险生涯Ⅱ》，李宛蓉译，人民文学出版社2016年版，第83页。

城。① 作为地理学家的亨廷顿在旅行中主要关注地质与水文等方面的信息，其探险记中对楼兰古城的状况只有简单的记录。而1906至1907年、1913至1914年间，受斯文·赫定经历鼓舞的斯坦因，在第二次、第三次中亚探险的旅行中到达了楼兰遗址，并在这里开展了大规模的发掘工作。斯坦因1906年12月开始调查了楼兰遗址并对遗址进行了编号，这些编号迄今沿用。根据《西域考古图记》与《亚洲腹地考古图记》的记录，佛教遗址有佛塔L.A.Ⅸ、L.A.Ⅹ、L.A.Ⅺ以及佛寺遗址群L.B.Ⅰ—L.B.Ⅲ、L.B一号佛塔（斯坦因未编号，此处编号参照《新疆佛教文物》）、L.B.Ⅳ—L.B.Ⅴ佛寺遗址。② 斯坦因在L.B获取了大量木雕残块，其中有怪兽及莲花图案，以及佉卢文文书。③ 斯坦因第一次挖掘楼兰诸遗址之后，1909年年初（2至4月间），日本大谷探险队的橘瑞超按照斯文·赫定的记录进入楼兰古城，并在此处获取了著名的《李柏文书》。④ 1910年12月至1911年1月，橘瑞超再次来到罗布泊沙漠进行挖掘，并在附近村落购买了大量文物⑤，可惜橘瑞超的笔记在1924年日本兴善寺大火中付之一炬，其旅行与考古经过无法进一步考证。1927年至1934年间西北科学考察团在河西、新疆等地进行学术科考工作时曾对楼兰古城及其周边进行了大规模的科学发掘，参与其中的黄文弼结合自己多次的调

---

① 〔美〕亨廷顿：《亚洲的脉搏》，王彩琴、葛莉译，新疆人民出版社2013年版，第128—129、143—145页。
② 〔英〕奥雷尔·斯坦因：《西域考古图记》第二卷，中国社会科学院考古研究所主持翻译，广西师范大学出版社2019年版，第1—57页。
③ 同上书，第106—178页。
④ 关于《李柏文书》的发现地主要有"LK"遗址、楼兰古城两种，参见杨镰《西域探险史上的东瀛释子橘瑞超（代序）》，〔日〕橘瑞超：《橘瑞超西行记》，柳洪亮译，新疆人民出版社1999年版，第6页。
⑤ 关于橘瑞超在若羌县的活动，参见〔日〕橘瑞超《橘瑞超西行记》，第40—42页。

查成果完成了《罗布淖尔考古记》一书，书中追溯了楼兰的历史与佛教传播，主要记录了西北考察团在楼兰地区发掘的遗址以及出土物品。[1]

新中国成立后对于楼兰古城及其周边佛教遗址的调查主要有新疆楼兰考古队1979年至1980年间三次深入罗布泊沙漠进行探查，特别是1980年3、4月进行了一次正式发掘，这项工作确定了L.A.X佛塔的位置、现存形制；将东北郊小佛寺与佛塔编号为FO，并清理出佛教壁画及部分泥塑；重新挖掘了斯坦因编号为L.B的佛寺遗址区，采集了大量文物。[2]另外，2003年春新疆文物考古研究所在楼兰古城东北20千米处发现一处小型佛塔，称为L.E北佛塔。[3]

根据《西域考古图记》《亚洲腹地考古图记》《新疆佛教遗址》等书籍，对楼兰古城及其周边佛教遗址整理如下表：

表1-1　楼兰古城及其周边佛教遗址概况表

区域	名称/编号	遗址	重要文物
楼兰古城（L.A）	L.A.X	佛塔。位于古城东北角的孤台上。塔基平面呈方形，塔身呈八角形，佛塔残高10.4米，1—3层为基座，长19.5米，宽18米。其上为鼓形塔身，穹隆形塔顶。第三层设有0.3米宽的双级阶梯，塔东侧有土台，与塔第五层齐高。佛塔东南存一组木构建筑遗迹，为6间木构房屋。佛塔东约30米处，有4间木构房屋遗址。	

---

① 黄文弼：《中国西北科学考察团丛刊之一：罗布淖尔考古记》，国立北京大学出版社1948年版。
② 新疆楼兰考古队：《楼兰古城址调查与试掘简报》，《文物》1988年第7期，第7页。
③ 新疆维吾尔自治区文物局编：《新疆佛教遗址》（上），第161页。

续表

区域	名称/编号	遗址	重要文物
楼兰古城（L.A）	L.A.Ⅸ	房屋遗构。长泽和俊判断此处为僧房。	佉卢文木简一枚，正面有七栏佉卢文，背面有十栏佉卢文。有大量粮食堆积。
楼兰古城（L.A）	L.A.Ⅺ	位于 L.A.Ⅹ 佛塔东南东约 366 米处。坍塌严重的佛塔。塔基平面呈方形，边长 13.1—13.4 米。塔身残存最高处为 3.96 米。	
	古城西北佛塔	位于楼兰古城西郊。塔基平面呈方形，边长约 10.5 米，残高 6.1 米。塔身平面呈圆形，直径 6.4 米，残高 3.4 米。	
	古城东北佛殿（FO）	佛殿与佛塔。位于古城东北郊。佛殿为土坯建筑，分为上下层，下层为平台或基座，高 2.4 米。上层建筑较小，宽 6 米，高 2.1 米。中部有佛塔，塔残高 6.28 米，下部塔基为方形，边长 7.1 米，高 4.6 米。塔身为土块垒砌，内有中心木柱。	红色为主色调的佛教壁画，轮廓以墨线勾勒。佛塑像的眼睛、手指、胳膊等残片，以及木花形饰件。
L.B 佛教遗址区	L.B 一号佛寺（L.B.Ⅰ—Ⅲ）	L.B.Ⅰ 平面呈长方形，长 10.98 米，宽 6.1 米，为一间木骨泥墙的僧房。	
		L.B.Ⅱ 平面呈长方形，长 6 米，宽 5.6 米，为一座木骨泥墙的佛殿。	灰泥火焰纹浮雕残块。多件木雕镶嵌板残块，有莲花图案、怪兽图案等。窣堵坡模型的塔刹。两件木质窣堵坡模型。
		L.B.Ⅲ 为三间连续房间。	四腿木柜。
	L.B 一号佛塔	位于 L.B 一号佛寺东约 500 米处，东西长 7.9 米，最宽处约 5.49 米，高 3.05 米。	大型玻璃容器碎片。

续表

区域	名称/编号	遗址	重要文物
L.B 佛教遗址区	L.B 二号佛寺（L.B.Ⅳ—Ⅴ）	L.B.Ⅳ为居住区，位于土台顶上。土台从东北向西南延伸约51.8米，比周围地面高2.4—4.6米。有编号L.B.Ⅳ.i—L.B.Ⅳ.viii，8个室。	多件木雕镶嵌板残块，有叶形图案、花朵图案等多种。两件写有佉卢文的楔形盖简。怪兽形木立柱。
	L.B 二号佛寺（L.B.Ⅳ—Ⅴ）	L.B.Ⅴ为佛堂。	木雕镶嵌板残块，有花卷形、莲花形多种。
L.E 遗址区	L.E 北佛塔	位于L.E遗址东北约4千米处。佛塔残高2米，底部呈方形，边长2米。	

从上表来看，佛塔在楼兰古城及周边的宗教建筑中占有相当重要的位置。虽然佛塔周边的文物较少，但它可能为当时城市中的地标性建筑。佛寺中的出土品则相对较多，楼兰古城及其周边尤以木雕残块为特色。[①] 这些木雕残块可能为佛寺中建筑部件，也可能是僧侣日常使用的木器。木雕上的装饰多为植物纹样，也有不少怪兽纹样发现。

年代方面，楼兰古城出土木简上记录的最晚年号是前凉建兴十八年（330）[②]，故而其被废弃的年代当为4世纪中前期。该区域内的佛教可能也终结于这一时期。

第二节 米兰佛教遗址群

若羌县的米兰遗址自1876年俄罗斯探险家普尔热瓦尔斯基

[①] 关于楼兰、尼雅等地的木雕图案研究，参见李静杰《鄯善古国木雕家具图像外来文化因素分析》，《敦煌学辑刊》2019年第3期。

[②] 新疆楼兰考古队：《楼兰古城址调查与试掘简报》，《文物》1988年第7期，第22页。

（Николай Михайлович Пржевальский, 1839—1888）调查之后，就成为罗布泊沙漠地图上的重要标识。1907 年 1—2 月，斯坦因完成了米兰遗址的发掘工作，共编号 15 个遗址。[1]1911 年，橘瑞超到达米兰，切去了部分斯坦因遗留下的壁画，其中包括"有翼天人"壁画残片。听闻此事的斯坦因于 1914 年 1 月 15 日再度前往米兰，将之前发现、未来得及带走的壁画切割后运至印度，并在这次旅行中重点发掘了 M.Ⅳ、M.ⅩⅢ、M.ⅩⅣ、M.Ⅴ 等佛寺遗址。[2]英国、日本探险家们在米兰壁画上的争夺，彰显了列强对中国文物肆无忌惮的劫掠，导致米兰佛寺所出的珍贵壁画藏于印度与日本等地的博物馆。欲了解这些壁画在佛寺、佛塔中的位置，只能依靠斯坦因拍摄的照片与撰写的报告。新中国成立后，米兰遗址受到国家的高度重视，1958 年黄文弼访问了米兰故城以及两处塔庙。[3]1989 年 10 月，塔克拉玛干沙漠综考队考古组对米兰遗址进行了全面的重新综合调查，确定现有佛塔八座、佛寺遗址三所，并发现了两幅"有翼天人"壁画。[4]目前，对米兰诸佛教遗址发掘状况最为全面的资料，为斯坦因在《西域考古图记》《亚洲腹地考古图记》中公布的内容。结合《新疆佛教遗址》等书籍对米兰佛教遗址制作表格如下：

---

[1] 〔英〕奥雷尔·斯坦因：《西域考古图记》第二卷，第 197—385 页。
[2] 〔英〕奥雷尔·斯坦因：《亚洲腹地考古图记》第一卷，巫新华、秦立彦、龚国强、艾力江译，广西师范大学出版社 1998 年版，第 254—270 页。
[3] 黄文弼：《若羌考古调查》，黄烈编：《黄文弼历史考古论集》，文物出版社 1989 年版，第 293—294 页。
[4] 塔克拉玛干沙漠综合考古组：《若羌县古代文化遗存考察》，《新疆文物》1990 年第 4 期，第 6—7 页。

表 1-2　米兰遗址概况表

编号	遗址	重要文物
M.Ⅱ	以佛塔为中心的塔院和周围僧院的组合。佛寺中间为一长方形基坛，上下两层，底层长 14.02 米、宽 10.97 米、高 2.74 米。上层长边为 5.33 米、短边为 4.57 米、高 3.35 米。疑似佛塔。	东北面与东南面的壁脚残存有整齐排列的像龛，有数个受到波斯波利斯式（Persepolitan）影响的壁柱。斯坦因认为这些壁柱直接从希腊化佛教艺术借鉴而来。在印度西北边境有大量寺庙遗址证明。一个像龛中有披衣男像的腿部。佛寺周边发现有高 0.48 米的佛头。佛寺东北围廊有一排跏趺坐持禅定印的巨型佛像下半部。佛像两膝间距离在 2.13 米左右。
M.Ⅲ	位于米兰故城 1.64 千米处。为一外方内圆的佛寺，围绕着一座佛塔。佛寺坐东朝西，外方内圆，建筑外廓残高 3 米，建筑边长 9 米左右，回廊内墙上曾开有窗户，朝向南、东、北三面，窗户约宽 0.7 米，残存底部向下延伸到距离地面 0.8 米处，门已毁。佛塔平面呈圆形，塔基直径 2.5 米、高 3.9 米，塔身直径 2.4 米、高 2.85 米。	1. 有翼天人壁画。在东北、东南环形过道中，距离地面约 1.2 米处，发现了有翼天人的半身像。三个窗户将环形通道分成四段，每一段饰以一条彩色横饰带或护壁，每条饰带带有六个半圆形的空间，都显示出一个与真人大小相近的男性肖像的头部与肩部。在西南段，没有壁画留下，西北段有两个含有"天使"的半圆形画板。 2. 壁画《佛陀与六个弟子》。 3. 壁画《说法图》（一说《阿私陀占梦》）。发现有半圆形之下的护壁脚。 4. 数片男子与女子头部残片。 5. 写有佉卢文人名的丝幡。
M.Ⅳ	佛塔。位于 M.Ⅲ 西侧 36.5 米处。塔残高 3.7 米，边长 14 米，并有重新被覆盖增高的痕迹，内部有边长 9.8 米的方形佛塔基座。	
M.Ⅴ	以佛塔为中心的佛寺。位于米兰故城西北 1.72 千米处。地面建筑已经不存。佛寺坐西向东，墙壁用土坯砌成，残高 4.57 米，圆顶。内殿外为一方形过道，边长约 1.5 米，	1. 男子与怪兽搏斗壁画，下方为有翼天人像。 2.《须大拏太子本生》壁画，大象后腿上有佉卢文题记。殿门楣上方也有佉卢文题记。下方为扛花绳的少男少女。

第一章　鄯善佛教遗址的发现与现状　27

续表

编号	遗址	重要文物
M.V	内殿东面开一门连通过道。内殿有环形围廊，中间为佛塔，残高3.1米，塔基为圆形，直径4米。围廊内壁有许多壁画发现。	3. 扛花绳的少男少女残片数片。 4. 有翼天人残片数片。 5. 人物面部、手部残片数片。
M.VI	佛塔。 位于M.III以北约64米处，为一底部有方形基座的佛塔。南北长11.4米，东西宽7.4米，塔身向上内收，高4.2米处为穹隆顶，穹隆顶残高1.8米。	
M.VII	佛塔。 在M.VI佛塔东北约310米处。残存底部呈不规则的圆形，周长40.6米，塔身向上逐渐收缩，高4.4米处砌穹隆顶，残顶高2.4米。	
M.VIII	佛寺。 在M.VII东北侧640米处，为一长27米、宽20米的矮土台，上有部分土坯残墙。有红、褐、灰色陶片发现。	
M.IX	佛寺。 位于M.VI南侧400米处，平面呈"冂"形，残存几段墙壁，西侧为一条干涸的灌溉水渠道。	
M.X	佛塔。 位于古戍堡西南方306米处，由一间小房子组成，2.13米见方，上有一个半球形的穹隆顶，高约3.66米，基座为实心的土坯堆，高1.42米。建筑残存的边墙高1.27米，在角落处有突角拱，因而平面呈八边形。	发现一卷奶油色的丝绸，可能为腰带。

续表

编号	遗址	重要文物
M.XI	佛塔。 位于M.VI佛塔西北457米处，残存建筑南北长3.6米，东西宽2.1米，残高2.8米。	
M.XII	佛塔。 位于米兰故城东北1.97千米处。 佛塔呈不规则圆形，直径4.5米，高4.7米，实心，满顺砌法。平面呈方形或六边形，穹隆顶。形制与M.VI、M.VII相似。	
M.XIII	佛塔。 位于米兰镇东偏北7.1千米处，佛塔平面呈方形，底边长5米，顶部边长3.9米×3.8米，残高5米。	
M.XIV	佛塔。 位于古戍堡正北约2.81千米处，有一佛塔塔基，存高约1.52米。塔基下有3层基础，上面是一层叠的线脚。环形走廊宽1.37米，围墙宽度为1.52米，围廊墙上有非常模糊的彩绘图案。	1. 五件吐蕃文木简。 2. 一块镀金佛像残块。 3. 几件木雕残件，其中一件上刻有四叶花卉。
M.XV	佛寺。 位于M.V佛寺东北约1千米处。残存一段圆墙的内面，残高不超过0.61米，表面有模糊的彩绘。另有专用于圆形拱顶的长方形土坯和黏土板块，可能是圆形拱顶的材料。斯坦因推断这个圆形大厅的跨度达5.79米至6.1米。	1. 三个可能是菩萨头（天人头）的泥塑头像。 2. 两个真人大小的佛头、巨大的坐佛右腿和身体。与M.II发现的巨型坐佛非常相似。 3. 鬼怪泥塑面部残片。

续表

编号	遗址	重要文物
M.XVI	佛塔。位于米兰故城西北2.15千米处。佛塔建在高出地表1.4米的土台上,佛塔底部平面呈方形,东西宽8.8米,南北残长7.3米,塔身高2.1米,壁直立,塔顶似为穹隆形,高1.5米。塔为实心,采用顺砖错缝砌法,形制与M.Ⅵ、M.Ⅶ等佛塔相似。	塔东南侧发现一枚波斯银币。

  米兰佛寺的年代从2至3世纪持续到5世纪,分为前后两期。① 早期以M.Ⅲ、M.Ⅴ、M.Ⅵ、M.Ⅶ为代表,建筑形式为佛塔与以佛塔为中心的佛寺建筑,年代集中在2世纪末至3世纪上半叶。根据M.Ⅲ发现的佉卢文丝幡以及M.Ⅴ的壁画题记,有学者结合佉卢文在丝绸之路沿线的流行,讨论了贵霜王朝的移民在西域南道上的活动,并认为M.Ⅴ的壁画有可能为贵霜移民所绘。②

  晚期则是M.Ⅱ、M.XV佛寺为典型,成组的大型造像出现在佛寺空间之中,其年代约为5世纪。米兰佛教遗址的建筑布局以及壁画雕塑遗存生动反映了鄯善与犍陀罗在佛教艺术领域的直接联系,对于研究丝绸之路上佛教文化和艺术的传播有着突出意义。

---

① 陈晓露:《鄯善佛寺分期初探》,《华夏考古》2013年第2期,第99、103页;林立则认为第一期的年代为2世纪末,第二期的年代为4世纪中叶至5世纪末,参见林立《米兰佛寺考》,《考古与文物》2003年第3期,第53页。
② 参见林梅村《贵霜大月氏人流寓中国考》,《西域文明:考古、民族、语言和宗教新论》,第52—53页;陈晓露《塔里木盆地的贵霜大月氏人》,《边疆考古研究》第十九辑,第207—221页。

第三节　尼雅与安迪尔故城中的佛教遗址

楼兰、米兰两处相对集中的佛教遗址群之外，今新疆和田地区民丰县的尼雅遗址与安迪尔故城遗址位于鄯善、于阗两个西域重要城邦的交界处，3至4世纪时可能都曾在鄯善的统治之下。

尼雅遗址为古精绝国之所在，位于民丰县尼雅河下游的沙漠腹地，距离G216国道约38千米。4世纪后半叶，尼雅古城被废弃[1]，从此淹没在沙海深处。1901年1月12日，斯坦因在克里雅听闻了沙漠中"老城"的传说，便试图往东北部寻找，22日当地村民出示了两块写有佉卢文的木板更坚定了他的决心。终于在28日，于当地伊斯兰教圣地伊玛目贾法尔·萨迪克麻扎附近，斯坦因发现了一片巨大的废墟。[2]直到2月13日，斯坦因将发掘的尼雅遗址编号共15个。而后1906年10月18日至11月1日[3]、1913年12月13日至18日[4]、1931年，斯坦因多次造访尼雅，获取了大量文物。斯坦因在尼雅的收获轰动了整个欧洲，其获得的文物今分藏于印度国立博物馆、大英博物馆、大英图书馆

---

[1] 关于尼雅被废弃的年代，岳廷俊提出在345—376年间，李并成判断为336—382年。参见岳廷俊《尼雅遗址废弃浅析》，《西北史地》1999年第4期，第99—103页；李并成《塔里木盆地尼雅古绿洲沙漠化考》，《中国边疆史地研究》2015年第2期，第164页。

[2] 〔英〕奥雷尔·斯坦因：《古代和田——中国新疆考古发掘的详细报告》，巫新华、肖小勇、方晶、孙莉译，山东人民出版社2009年版，第329—334页。

[3] 〔英〕奥雷尔·斯坦因：《西域考古图记》卷一，第513—666页。

[4] 〔英〕奥雷尔·斯坦因：《亚洲腹地考古图记》卷一，第214—234页。

等数处。新中国成立后，1959年2月史树青[①]、1959年10月李遇春[②]、1980年12月沙比提、阿合买提[③]等从事文物、考古工作的专家先后组织团队进入尼雅进行科考，清理出多处民宅、古墓。最重要的当数新疆考古研究所与日本佛教大学尼雅遗址学术研究机构组成的中日共同尼雅遗址学术考察队，自1988年开始对尼雅进行有计划、合规范的科学发掘，截至1999年，最终完成了两卷本的《中日共同尼雅遗迹学术调查报告书》[④]，公布了包括编号为FS、FD两处佛教遗迹在内的最新成果。2021年，笔者也曾深入尼雅遗址对佛塔、佛寺等遗迹进行调查。

表1-3 尼雅佛教遗址概况表

区域	名称/编号	遗址	壁画、雕塑
尼雅遗址	尼雅佛塔	位于尼雅遗址中央。佛塔平面呈方形，三层方形基坛，底层基坛边长约5.6米，高1.8米，圆柱形塔身，佛塔总高度为6米。	
	93A35（N5）遗址中的佛寺	FS为佛殿。平面呈"回"字形，门朝西，宽5.2米，进深5.3米，面积约28平方米，木骨泥墙，高约3.5米。寺院正中为一正方形基坛，边长约2米。基坛与墙体间为行道，宽1.1—1.4米。	行道东北角的地面上，有坍塌成碎片的壁画，揭出佛和菩萨像各一尊。佛像唇上有八字髭须，身穿田字格袈裟。

[①] 史树青：《新疆文物调查随笔》，《文物》1960年第6期，第25—27页。史树青：《谈新疆民丰尼雅遗址》，《文物》1960年第8期，第20—27页。
[②] 新疆维吾尔自治区博物馆考古队：《新疆民丰大沙漠中的古代遗址》，《考古》1961年第3期。李遇春：《新疆民丰县北大沙漠中古遗址墓葬区东汉合葬墓清理简报》，《文物》1960年第6期。
[③] 新疆维吾尔自治区文物局编：《新疆佛教遗址》（上），第109页。
[④] 中日共同尼雅遗迹学术考察队编『中日・日中共同尼雅遺跡學術調查報告書』第一卷，京都：法藏館，1996；第二卷，京都：中村印刷株式會社，1999。

续表

区域	名称/编号	遗址	壁画、雕塑
尼雅遗址	93A35（N5）遗址中的佛寺	FD 为僧房与讲经堂。布局呈长方形，可分为北、中、南三个单元，北面为两间居室，其中东面一间有土炕残存，当为僧房。最南面两间破坏严重，中间的房址平面呈长方形，南北长 10.1 米，进深 7.1 米，北、东、南三面为"木骨泥墙"，南墙残高 0.7 米，当为讲经堂。	出土有四身木雕天人像（一说佛像）。
	97A5 佛寺	佛寺坐北朝南，平面呈"回"字形，长 8 米，宽 8 米，中央有方形基坛，基坛长 3.5 米，宽 3.7 米，正面有台阶。北侧有一小室，西南部可能为僧房或其他建筑。	

与楼兰古城相似的是尼雅遗址中心也矗立着高大的佛塔（图1-3），可见佛教在古精绝国有着重要的意义。从尼雅遗址的出土物来看，这里同样流行木雕木器，壁画与雕塑呈现出中国佛教艺术初传期的特征。如 N5 遗址出土的壁画展现出的佛陀形象与米兰壁画、和田地区约特干遗址发现的青铜佛头以及亚兰干遗址壁画相接近，共同展现出 2—4 世纪时西域南道佛教艺术的独特风格。

位于民丰县安迪尔乡的安迪尔故城，在尼雅遗址以东，主要分为夏羊塔克故城（延姆故城）、道孜勒克故城、阿其克考其克热克故城三个部分。斯坦因根据他 1901 年与 1906 年的考古发掘成果，将遗址年代分为两个时期：第一个时期即夏羊塔克故城、安迪尔 1 号佛塔以及道孜勒克故城下的遗址层。包括环形古堡南部房屋废墟，以及古堡围墙周边、北边的佛塔、佛塔

图 1-3 尼雅遗址佛塔，5.6m×6m（最下层基坛边长 5.6 米，总高 6 米），新疆维吾尔自治区和田地区民丰县

（作者摄）

旁的围墙，废址南端的房屋遗迹，其被废弃的年代和尼雅基本相同，为 3 世纪末至 4 世纪初。第二个时期则是环形古堡（即道孜勒克故城遗址），为唐代吐蕃人在此经营的遗迹，终结年代"可能是 8 世纪中叶"[1]。此后学界多从此说。故而安迪尔故城的主要遗迹当属于鄯善文化区内。斯坦因挖掘的前后，斯文·赫定[2]、亨廷顿[3]、橘瑞超[4]等人都曾探访过这里，虽未像斯坦因一

[1] 〔英〕奥雷尔·斯坦因：《西域考古图记》第一卷，第 698 页。
[2] 斯文·赫定曾于 1900 年到达安迪尔故城，参见〔瑞典〕斯文·赫定《我的探险生涯》，李宛蓉译，贵州人民出版社 2000 年版，第 357 页。
[3] 亨廷顿于 1905 年调查了安迪尔遗址，参见〔美〕亨廷顿《亚洲的脉搏》，第 118—122 页。
[4] 橘瑞超按照斯坦因的路线，1911 年挖掘了安迪尔故城的部分文物，参见橘瑞超《橘瑞超西行记》，第 82 页。

般进行大规模盗掘，但亦获取了不少文物。新中国成立后，文物部门对于安迪尔故城主要以调查、保护为主，如1989年11月王炳华先生领队的塔克拉玛干综考队考古组对安迪尔的三个故城、佛塔进行了细致的考查[1]；2007年新疆文物古迹报告中心及地区文物局的工作人员在对安迪尔遗址进行调研时重点关注了此地的佛教遗址[2]。2021年，笔者也对安迪尔遗址中的四个佛塔进行了调查。综合斯坦因的考古报告与《新疆佛教遗址》《新疆安迪尔古城遗址现状调查及保护思路》等成果，对安迪尔故城中的佛教遗址状况整理如下表：

表1-4 安迪尔佛教遗址概况表

区域	名称/编号	遗址位置	遗址状况
夏羊塔克故城周边	安迪尔1号佛塔	位于夏羊塔克故城东300米处。	方形塔基的覆钵形塔，塔基为三层，逐渐内收。第一层边长为8.24米，高0.5米；第二层内收0.6米，高1.8米；第三层内收0.6米，高0.5米；覆钵部分呈圆柱形内收0.5米，高4.3米。
	安迪尔2号佛塔	东北距1号佛塔25米	现存一层塔基，形状不明，高约1.4米。覆钵部分残高1.3米。
	安迪尔3号佛塔	西北距1号佛塔600米	佛塔残高4.5米，塔身呈圆柱体，直径约4米。塔基以上约2.2米处，塔身向外扩0.25米。
道孜勒克故城周边	安迪尔4号佛塔	西北距1号佛塔1.63千米	佛塔残高约4米，塔基大致是方形，塔身残损严重，仅存一南北向的残墙。

安迪尔遗址中的佛塔皆位于故城中心或周边，足见佛塔与民众日常生活的关系十分密切。其中1号佛塔（图1-4）形体高大，4世纪之前可能为周边城镇的视觉中心。2021年，笔者在安迪尔

---

[1] 塔克拉玛干综考队考古组:《安迪尔遗址考察》,《新疆文物》1999年第4期。
[2] 梁涛、再帕尔·阿不都瓦依提、路霞、艾则孜·阿不都热西提:《新疆安迪尔古城遗址现状调查及保护思路》,《江汉考古》2009年第2期,第140—144页。

调研时发现，方圆数千米的漫漫沙漠，唯佛塔清晰可见。可惜的是此处佛塔残损严重，除了 1 号佛塔还能看出方形塔基与圆柱形覆钵等基本形制之外，其余三个塔很难判断原有形状，甚至稍不注意就会与周围的雅丹石墩相混淆。此外 7 至 8 世纪吐蕃人在此活动，导致佛教艺术相关的出土品年代偏晚，4 世纪之前的文物数量较为有限。

图 1-4　安迪尔 1 号佛塔，8.24m×7.1m（底部边长 8.24 米，总高 7.1 米），新疆维吾尔自治区和田地区民丰县

（作者摄）

第四节　鄯善地区其他佛教遗址

古代鄯善遗存的佛教遗址还有位于今若羌县、尉犁县的数处佛教建筑遗存。如黄文弼 1957 至 1958 年间调查的且尔奇都克故

城中的佛塔与佛殿[1]，以及斯坦因进行过系统发掘的营盘故城中的佛教遗址。斯文·赫定曾于1896年3月途经营盘故城，1900年3月10日再次进行了探访[2]，但这两个阶段所做的工作与记录非常简略。1915年3月斯坦因则注意到这里成群的佛塔，特别是斯坦因编号为Y.I.i的主佛塔周围还围绕着9个小佛塔。[3] 但是全国第二次、第三次文物普查时，佛塔遗存已经无法比对斯坦因的记录。通过周边遗址状况以及出土品，这些佛塔与佛寺的年代被判断为汉、晋之间，其兴废可能与古鄯善的水文气候密切相关。由于残毁严重，出土文物较少，将这些遗址暂列信息如下：

表1-5　鄯善地区其他佛教遗址概况表

区域	名称/编号	遗址位置	保存状况
且尔奇都克故城周边	且尔奇都克故城佛塔 Koy.I	位于故城西北角。	佛塔残毁严重，塔基长9米，宽9米，残高3.15米。
	且尔奇都克故城佛殿 Koy.II	位于故城西北隅。	为一佛寺大殿，宽3.2米，进深9.8米。在堆积中发现贝叶与纸本梵文写本断片，共2片，可能是佛教文献，年代为4世纪前后，此外还有泥塑像、壁画残块发现。
若羌县	孔路克阿旦佛寺 B. Koy.I	若羌县城附近。	中心为土坯佛塔，塔基呈方形，东面有台阶，其余三面有残存的灰泥浮雕装饰。有贝叶文书发现。
营盘佛寺遗址区	营盘故城西南佛塔	位于营盘故城外西南60米处。	佛塔坍塌严重，呈土丘状。底部直径约16米，高约10米。
	营盘一号佛塔	位于营盘故城东南3.5千米处。	外表呈圆形土包状，底部直径13.5米，高2.5米。

---

[1] 黄文弼：《若羌考古调查》，《黄文弼历史考古论集》，第291—292页。
[2] Sven Hedin, *Scientific Results of a Journey in Central Asia, 1899-1902*; Vol. 2 Stockholm: Lithographic Institute of Swedish Army, 1905, pp. 30-42.
[3] 〔英〕奥雷尔·斯坦因：《亚洲腹地考古图记》第二卷，第1042页。

续表

区域	名称/编号	遗址位置	保存状况
营盘佛寺遗址区	营盘二号佛塔	位于尉犁县古勒巴格乡兴地村南约26千米处。	外表呈土包状，塔底直径7.1米，高1.5米，塔身为圆柱体，顶部直径为3.2米。
	营盘三号佛塔	位于营盘二号佛塔南1千米处。	塔基呈方形，边长5.2米，高0.9米，塔身为实心的圆形穹隆顶，残高2.8米。

这些遗址虽然分散于若羌县及其周边各处，但都不是孤立的佛教建筑，邻近处多有民居遗址、墓葬发现，展现出古代鄯善佛教伴随城市与村落生长发展的特点。

第五节　佉卢文佛教文献的公布与研究

根据20世纪初至今的考古发现，若羌县、民丰县等地出土了大量佉卢文（Kharoṣṭhī）文书。[1] 这种从公元前3世纪至3世纪间流行于古印度西北部犍陀罗地区的文字，沿着丝绸之路南北两道在我国新疆境内传播。目前，古鄯善地区发现的多语种文书里，尤以佉卢文文书为多，可能佉卢文是当地的官方文字。根据杨富学、徐烨的整理，斯坦因在中国新疆所获的佉卢文文书多达758件，其中703件出自尼雅遗址，6件出自安迪尔故城遗址，48件出自楼兰遗址，1件出自敦煌玉门关遗址附近。另外，斯坦因在米兰佛寺遗址发现佉卢文题记两方。1959年，新疆博物馆考古队获得佉卢文木简66枚，1990年至1997年间中

---

[1] 佉卢文为古代印度西北犍陀罗地区的常见文字，5世纪前的丝绸之路南、北道多见这种文字书写的文书，尤以古鄯善地区的出土品为代表。

日尼雅遗迹考察队获得佉卢文简牍57件，现共已知佉卢文文书1103件。[①] 斯坦因的发现经由阿贝·博耶（A. M. Boyer）、拉普逊（E. J. Rapson）、塞纳（E. Senart）、诺贝尔（P. S. Noble）进行了整理与转写，并出版了三卷本《斯坦因在中国新疆发现的佉卢文书》[②]，第一卷为斯坦因1901年在尼雅所获，第二卷为1906至1907年在尼雅、安迪尔、楼兰获取的佉卢文书，第三卷为1913至1914年在尼雅和楼兰的获取品。1930年斯坦因第四次在中国考察时其获得品未被允许带出中国，故而语言学家贝罗（Thomas Burrow, 1909—1986）根据他所拍摄的照片转写并翻译了这次旅行中在尼雅发现的佉卢文文书。[③] 而后贝罗在1940年出版的书中集中翻译了489件斯坦因获取的佉卢文文书，其中大部分为尼雅遗址的出土品，涵盖政治、法律、经济、宗教诸方面。[④] 特别是记录鄯善的佛教经典以及僧侣们生活片段的文书尤其珍贵。新疆社会科学院的王广智研究员将这本书进行了翻译，题为《新疆出土佉卢文残卷译文集》[⑤]。北京大学林梅村教授亦有《沙海

[①] 以上数据参见杨富学、徐烨《佉卢文文书所见鄯善国之佛教》，《五台山研究》2013年第3期，第4页。此外据刘文锁的统计为1240余件，参见刘文锁《新疆古代语言文字资料的发现与整理》，《西部蒙古论坛》2018年第1期，第7页。

[②] A. M. Boyer et al., *Kharoṣṭhī Inscriptions Discovered by Sir Aurel Stein in Chinese Turkestan. Part I: Text of Inscriptions discovered at the Niya Site, 1901. Part II: Text of Inscriptions Discovered at the Niya, Endere, and Lou-lan Sites, 1906-7.* E. J. Rapson and P. S. Noble. *Part III: Text of Inscriptions Discovered at the Niya and Lou-lan Sites, 1913-14.* Oxford: The Clarendon Press, 1920, 1927, 1929.

[③] T. Burrow, "Further Kharoṣṭhī Documents From Niya", *Bulletin of the School of Oriental Studies,* Vol. 9, No. 1, 1937.

[④] T. Burrow, *A Translations of the Kharoṣṭhī Document from Chinese Turkestan,* London: The Royal Asiatic Society, 1940.

[⑤] 〔英〕贝罗：《新疆出土佉卢文残卷译文集》，王广智译，韩翔、王炳华、张临华主编：《尼雅考古资料》（内部印刷），新疆社会科学院知青印刷厂1988年版。

古卷：中国所出佉卢文书（初集）》[①]发表，但其中涉及宗教相关的内容较少。

根据笔者检索，《新疆出土佉卢文残卷译文集》中共有 29 件文书涉及佛教及僧侣。其中最重要的当数 511 号文书，因其内容被学者们命名为《浴佛节愿文》。文中陈述了为 Ganottama 佛沐浴的功德、浴佛仪轨中供养的重要性、礼赞苦修的诸佛以及诸弟子、礼赞参加浴佛活动的国王及僧众、因浴佛功德净罪、回向自身及诸众生、祈愿衣食丰足佛法永固。该愿文层次清楚，结构完整，可能为身份较高的僧人在法会上念诵之用。还有部分文书涉及僧人的戒律、与僧团相关的律法，如 489 号文书为国王制定的僧团规章，包括颁布长老尸啰钵啰婆和布没犀那主管寺院、管理僧团活动。众僧不参与活动、穿俗服参加活动以及斗殴都会有相应的罚款。再如 606 号文书为一位妇人烧毁了僧人的法衣，即将进行判决。其余则有僧人控诉（295 号）、借贷（345 号）、公证葡萄园交易（419 号）、买卖抵押奴隶（492 号、506 号）、骆驼纠纷（546 号）、征收粮食（547 号）、购买土地（549 号）等内容，将尼雅地区僧侣的日常生活展现了出来。

除贝罗公布的文书之外，斯坦因在尼雅另有两件重要佉卢文文书发现，均由德国学者伯恩哈德（Fr. Bernhard）识别而出，一件为犍陀罗语写作的《解脱戒本》（*Prātimokṣa*）残卷[②]。而后英国语言学家贝利教授（Harold Walter Bailey, 1899—1996）进

[①] 林梅村：《沙海古卷：中国所出佉卢文书（初集）》，文物出版社 1988 年版。
[②] F. Bemnhard, "Gāndhārī and the Buddhist Mission in Central Aisa", J. Tilakasiri, Peradeniya, ed., *Añjali, Felicitation Volume Presented to O. H. de Alwis Wijesekera*, 1970, pp. 55-62. 转引自林梅村《新疆尼雅所出犍陀罗语〈解脱戒本〉残卷》，《西域研究》1995 年第 4 期，第 48 页。

行了转写①,林梅村将之与《尼波罗提木叉戒本》《四分比丘戒本》进行了比对,认为尼雅出土品更近于后者②。另一件为抄写在204号鄯善王元孟在位的第七年(约334)世俗文书的边缘③,为《法集要颂经》(Dharmapada)的部分,虽只有寥寥数句,但非常重要。林梅村对这件文书进行了系统考订。④除古鄯善发现的佉卢文佛典外,传为发现于和田牛头山洞窟的犍陀罗语的《法句经》(Dharmapada)也为研究者所重。⑤

目前,国内学者主要根据出土的文书研究古鄯善佛教状况。最重要的学者当为北京大学林梅村教授,他利用流传于西域南道的佉卢文佛典切实讨论了小乘法藏部在鄯善、于阗以及汉地的传播问题⑥。中山大学刘文锁教授在其专著《沙海古卷释稿》也讨论了鄯善的火祆教和佛教相关问题。⑦此外敦煌研究院杨富学研究员⑧、新疆社会科学院夏雷鸣研究员⑨也有数篇文章讨论鄯善僧侣

---

① H. W. Bailey, "Gāndhārī", *Bulletin of the School of Oriental and African Studies*, Vol. 11, No. 4, 1946, pp. 764—797.
② 林梅村:《新疆尼雅所出犍陀罗语〈解脱戒本〉残卷》,《西域研究》1995年第4期,第44—48页。
③ 参见林梅村《佉卢文时代的鄯善王世系》,《西域文明:考古、民族、语言和宗教新论》,东方出版社1995年版,第339页。
④ 参见林梅村《新疆尼雅遗址出土佉卢文〈法集要颂经〉残片》,《汉唐西域与中国文明》,文物出版社1998年版,第151—156页。
⑤ 参见林梅村《犍陀罗语〈法句经〉的部派问题》,《西域文明:考古、民族、语言和宗教新论》,第406—408页。
⑥ 林梅村:《法藏部在中国》,《汉唐西域与中国文明》。
⑦ 刘文锁:《沙海古卷释稿》,中华书局2007年版,第260—293页。
⑧ 杨富学、徐烨:《佉卢文文书所见鄯善国之佛教》,《五台山研究》2013年第3期。
⑨ 夏雷鸣:《从"浴佛"看印度佛教在鄯善国的嬗变》,《西域研究》2000年第2期。《从佉卢文文书看鄯善国僧人的社会生活——兼谈晚唐至宋敦煌世俗佛教的发端》,丝绸之路民族古文字与文化学术讨论会(兰州),2005年8月。《从佉卢文文书看鄯善国佛教的世俗化》,《新疆社会科学》2006年第6期。

生活状况。

　　遗憾的是，由于出土的佛教文献与壁画、雕塑等图像只是零光片羽，在现阶段还无法利用佉卢文佛教文献来解读艺术品遗存。故而只能放眼于西域南道的宏观视野，从壁画内容、佛寺形制的变化等方面讨论鄯善在佛教艺术中国化进程中的意义。

结　语

　　本章梳理了古代鄯善地区的佛教遗存，包括楼兰古城及其周边佛教遗址、米兰佛教遗址群、尼雅与安迪尔故城中的佛教遗址、且尔奇都克故城周边遗址、孔路克阿旦佛寺遗址和营盘佛寺遗址区。结合考古发掘报告和20世纪初探险家的笔记，记录了这些遗址的位置、现存状况和出土文物等重要信息。按照建筑类型，这些佛教遗址分为佛塔、佛寺两类，不少遗址为院、塔结合的综合寺院区，年代集中于2至5世纪之间。此后鄯善地区再次出现佛教遗存为7至9世纪中叶吐蕃人在西域活动所留下的痕迹，吐蕃人在此地可能只是军事控制，并没有大规模的移民，故而遗址与文物并不多。从出土的佉卢文文书和壁画、雕塑等美术作品来看，古代鄯善佛教发达，寺院经济繁荣，工匠艺术水平高超，佛教语言与艺术都受到了犍陀罗地区的直接影响。正是在这片沙海深处的绿洲，开始了佛教艺术中国化的第一步。

第二章

佛塔内外：西域南道佛塔与佛寺图像的转化

通过第一章对古代鄯善地区佛教遗迹的梳理，可以清晰看到佛塔占有相当大的比例。楼兰、尼雅、安迪尔夏羊塔克等故城如今依然矗立着高大的佛塔，在浩瀚沙海中格外瞩目。若放眼于西域南道上佛塔及其周边的图像布局，则可以探索从1至6世纪间，犍陀罗到西域南道佛塔配置图像的演变规律，进而挖掘出从佛塔到佛殿配置的传承与转化。这对于了解早期佛教美术的空间布局、宗教建筑的主体从佛塔到佛殿的转变过程有着重要意义。更关键的是，这种变化展现了佛教活动场所中国化的第一步。在这条以时间为主线，交错着鄯善、于阗等地诸多佛塔与佛寺图像的线索里，米兰佛塔无疑是研究的起点。

第一节 米兰佛塔的图像布局

关于鄯善佛塔的分期与类型，陈晓露的《鄯善佛寺分期

第二章　佛塔内外：西域南道佛塔与佛寺图像的转化　43

初探》①利用考古类型学的方法进行了梳理与大致排年。她将米兰的两个重要佛教遗迹，也是图像相对最为完整的两处M.Ⅲ（图2-1）、M.Ⅴ的年代判断在公元2世纪末至3世纪上半叶②，为鄯

图2-1　斯坦因所摄 M.Ⅲ佛寺外景
（［英］奥雷尔·斯坦因：《西域考古图记》第二卷，中国社会科学院考古研究所主持翻译，广西师范大学出版社2019年版，第271页）

① 陈晓露：《鄯善佛寺分期初探》，《华夏考古》2013年第2期，第97—104页。
② 目前学界认为M.Ⅲ、M.Ⅴ的年代主要集中在2—3世纪，参见沈伟福《中西文化交流史》，上海人民出版社1985年版，第102页；邱陵《米兰佛寺"有翼天使"壁画新探》，《新疆艺术》1993年第1期，第51—52页；贾应逸、祁小山《印度到新疆的佛教艺术》，甘肃教育出版社2002年版，第71页；林立《米兰佛寺考》，《考古与文物》2003年第3期，第49—53页。

善地区甚至可能是西域南道上最早的佛教建筑遗存。这两处遗址为斯坦因1907年1月所发掘，据《西域考古图记》的记录，皆为围绕着佛塔的佛寺，平面结构为外方内圆，即在方形的佛殿中心置一圆柱形佛塔，围绕着佛塔有环形过道。其平面图如图2-2所示。

M.Ⅲ中心佛塔塔身上，斯坦因发现有菩提树与三宝符号的灰泥质地浅浮雕，环形过道外侧墙壁下方则绘有成组的"有翼天人"壁画，其位置信息如斯坦因所述：

> 除了现已完全毁坏的那个穿过西墙的门洞，圆厅中的环形回廊还有三个窗户采光。窗户几乎分别朝正北、正东和正南开，距厅内地面高2英尺8英寸（约0.81米），宽2英尺3英寸（约0.69米）；窗户与门洞环形墙壁分成四段，其下饰以一条彩色横饰带或护壁。只有东北和东南段墙壁保存有足够高度的灰泥面，这里的护壁有六个新月形空间，每个新月凹弧中露出一个与真人大小相近的有翼男性肖像的头部与

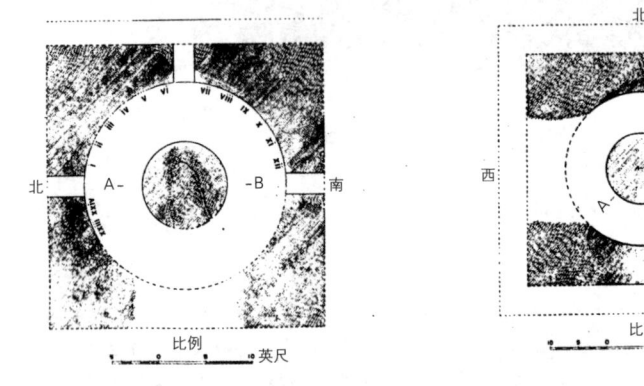

图 2-2　米兰 M.Ⅲ、M.Ⅴ 佛寺平面图（左为 M.Ⅲ、右为 M.Ⅴ）

（〔英〕奥雷尔·斯坦因：《西域考古图记》第四卷，附图32）

第二章 佛塔内外：西域南道佛塔与佛寺图像的转化 45

肩部，西南段几乎没有留下什么护壁画，但是西北段靠近朝北的窗户却保留着两个包含有"天使"头像的半圆形画版，只是已经被涂抹得极差。因此可以肯定地认为，圆厅内壁上各段护壁的装饰设计是相同的。①

从以上叙述中可知，M.Ⅲ的环形过道外壁的下方应当均匀分布着12个"有翼天人像"（图2-3），其中4身已毁，斯坦因发现了剩余的8身。"有翼天人像"的半圆形画板上有一条贯穿整个壁面，同时也是将"有翼天人像"联系在一起的黑色宽带。

1907年绘制在M.Ⅲ壁面上的8身"有翼天人像"被斯坦因

图2-3 斯坦因所获"有翼天人像"，横65cm，印度新德里国立博物馆藏
（田辺勝美、前田耕作編『世界美術大全集・中央アヅア』，图236）

① 〔英〕奥雷尔·斯坦因：《西域考古图记》第二卷，第278—279页。

图 2-4 米兰 M.Ⅲ 说法人物壁画，宽 100cm，印度新德里国立博物馆藏
（田辺勝美、前田耕作編『世界美術大全集・中央アヅア』，図 186）

第二章　佛塔内外：西域南道佛塔与佛寺图像的转化　47

切走了7身，今藏于印度新德里国立博物馆，编号分别为M.Ⅲ.ⅰ、M.Ⅲ.ⅱ、M.Ⅲ.ⅲ、M.Ⅲ.ⅳ、M.Ⅲ.ⅴ、M.Ⅲ.ⅷ、M.Ⅲ.ⅸ。这些"有翼天人像"绘制技巧相同，面容、身形大同小异，均为四分之三侧面的少年，头顶正中有一团黑色卷发，杏仁状的大眼，鼻翼小巧，阔口涂朱，脖颈粗壮。身着白色或红色的圆领衫，肩后有展开的淡黄色双翼。

除了位置确定的"有翼天人像"之外，另有两幅体积较大的壁画残片值得注意。一幅编号为M.Ⅲ.002（图2-4），斯坦因发现时落在M.Ⅲ.ⅳ至M.Ⅲ.ⅴ之间。这幅壁画残高0.86米，宽0.58米，画面中心为一个四分之三侧面坐在凳（椅）子上的男子，形体较大，双足置于足凳上。头部残损但能清楚看到面部的髭须，身体赤裸，只有长帔帛从肩部下垂，搭在大腿部。其一手支撑在大腿上，一手屈肘前伸，貌若所语。中心人物的右侧残存一只上伸的胳膊，说明此处有一身人物。脚凳边坐着一位身形较小的男子，面向中心人物，双手合十。他头戴宝冠，面部同样有髭须，上身赤裸，帔帛绕于肩、腹，下身穿褐色裙（裤）。脚凳下铺有鲜艳的红色地毯，中心人物背后有绿色色块，可能为水池或椅背。斯坦因认为中间人物是乔达摩，之后学者们则将其与犍陀罗石雕造像比较，判断为《阿私陀占梦》[1]或《因陀罗拜访佛陀》[2]。虽其题材尚有争议，但是从犍陀罗现存作品来看，这一图像延续了西北印度同题材造像的构图与情节表现方式。如巴基斯

---

[1] 参见李青《米兰壁画与东西方艺术关系考论》，《西北民族论丛》第十一辑，社会科学文献出版社2015年版，第177—178页。
[2] 〔英〕约翰·马歇尔：《犍陀罗佛教艺术》，许建英译，新疆人民出版社1999年版，第90页。

图 2-5 《阿私陀占梦》石雕,高 13.5cm,巴基斯坦白沙瓦博物馆藏
(栗田功編『ガンダーラ美術 I 佛伝』,東京:二玄社,1999,第 11 頁)

坦白沙瓦博物馆(Peshawar Museum)No. 2067 号藏品(图 2-5),这件青石雕造的高浮雕正中为端坐在华丽宝座上的国王装扮男子,两边对称、各坐着一位袒胸男性,年长者伸出右手,显然正是高谈阔论之时,另一位年轻人则认真聆听。国王的宝座背后还站立着一位女性。中心对称式的构图、中间国王支撑在大腿上的左手及置于胸前的右手与 M.Ⅲ. 002 中心人物的动作只有角度上的差别。这件藏品日本学者栗田功判断为《阿私陀占梦》[①],M.Ⅲ. 002 的题材很可能与之相同,或是表现佛传故事中与之相类似的场景。

掉落在 M.Ⅲ. 002 之后的 M.Ⅲ.003 壁画残片,高 0.57 米,宽 1 米,斯坦因判断为《佛陀与六个弟子》[②](图 2-6),学界多从此

---

① 栗田功編『ガンダーラ美術 I 佛伝』,東京:二玄社,1999,11 頁。
② 〔英〕奥雷尔·斯坦因:《西域考古图记》第二卷,第 366—368 页。

第二章 佛塔内外：西域南道佛塔与佛寺图像的转化　49

图 2-6　《佛陀与六个弟子》，57.2cm×100.2 cm，印度新德里国立博物馆藏
（田辺勝美、前田耕作编『世界美術大全集・中央アジア』，图237）

说。左侧为佛的上半身，四分之三侧面，黑发、头顶有肉髻，杏仁形大眼，唇上蓄有髭须，身穿通肩褐色袈裟，右手举至肩侧，四指并拢手掌向外，如施无畏印，但拇指里弯。其身后的六身弟子分为上下两排，每排三人，仅存肩部以上。皆为大眼红唇的青年比丘，左侧上排第一身持牦牛尾扇（此处从斯坦因说），袈裟颜色有绿色、红色、褐色诸种。六位比丘身侧为一散落着花朵、叶片的黑色色块，残存一只手臂，握着一把花。犍陀罗地区留存的佛传与本生主题石雕里，佛身后跟随着数位弟子是较为常见的。如巴基斯坦拉合尔博物馆（Lahore Museum）No. 1277号石雕，最下部为《燃灯佛授记》，当中的燃灯佛为四分之三侧面站姿，右手置于肩侧，掌心向外为无畏印，左手抓住袈裟下角，身后跟着四身排列整齐的弟子。再如白沙瓦博物馆藏的《释迦与频婆娑罗王相会》石雕，释迦同样为四分之三侧面、右手在肩侧施无畏印，身后残存上下排列的四位弟子。故而M.Ⅲ.003壁画可能是某个佛传或本生故事中的细节，主尊与弟子的动作、排列方式同样源于犍陀罗造像。

1907年斯坦因在M.Ⅲ佛寺中共获取了56片壁画残片，其中部分壁画如上文所述的《佛陀与六个弟子》进行了拼合。其他残片多为人物的脸、身体局部。其中可以看到的有戴宝冠的男性、卷发披肩合掌祈祷的女性等。可推测M.Ⅲ佛寺环形过道外壁的"有翼天人像"群像上方曾绘有大面积的壁画。

M.Ⅴ佛寺的结构与M.Ⅲ基本相同，也是一座围绕着佛塔的方形佛寺（图2-7），斯坦因到达时，这座佛寺的壁画保存状况优于M.Ⅲ。从斯坦因拍摄的老照片上可以清楚地看到残存在过道的壁画主要集中于三个位置：

1. 位于南面过道内墙，在高约0.5米的护壁中有一身"有翼天人像"，身下的黑色装饰带上绘制着云纹（图2-8）。"有翼天人像"的上方绘制着一个赤身裸体的武士手持木棒引导狮身有翼兽的场景，有翼兽头部残损，长长的脖颈后有鱼鳍，可能是受到了斯基泰与希腊艺术的影响。①

2. 位于过道东南段的墙壁上。下部为一组扛着花绳（Festoon）的人物，高度约为0.5米。花绳黑色，圆形花苞点缀其上，约12.7厘米宽，呈波浪状向左右延展。根据斯坦因拍摄的照片，可以数出10身青年男女分布在花绳的上下，依次为头顶留发的

---

① 李零：《论中国的有翼神兽》，《入山与出塞》，文物出版社2004年版，第122页。

图 2-7 斯坦因所摄 M.V 佛寺外景

（〔英〕奥雷尔·斯坦因：《西域考古图记》第二卷，第 272 页）

图 2-8 米兰 M.V 佛寺南面过道内墙

（〔英〕奥雷尔·斯坦因：《西域考古图记》第二卷，第 317 页）

童子、头戴花冠弹奏状如曼陀铃乐器的少女、头戴锥形帽的少女、满面胡须手持高脚杯的男子、头戴锥形帽的少女、戴宝冠留有髭须的男子、头顶留一缕头发的童子、一手托盘一手持水瓶的女子、一手叉腰的童子、短发青年男子，人物中间夹杂着花朵。

这组扛花绳人物的上方是著名的《须大拏本生》壁画。画面从一位骑着白马立于宫门下的王子开始，门楣上写有一行佉卢文字，阿贝·博耶（Abbé Boyer）将之翻译为"此是伊斯大它（Iṣidata），卜吉哈弥（Bujhami）之子"①。上方则是绘着叶形纹饰的装饰板。王子头戴宝冠，上身袒露，穿着深红色斗篷；下穿绿色短裙，配有红色的臂钏、手镯与宽璎珞，衣饰华丽。王子的前方为一辆四匹白马拉着的马车，马车上一位卷发大眼容貌艳丽的女子握着缰绳，她的头发上装饰着红色的珠宝，身穿紫色开领衫，左肩披有暗绿色的斗篷或披风。女子身后为两个作交谈状的男孩，右侧一身穿着黄色背心，左侧一身穿蓝色背心，置于胸前的手臂上佩戴有钏、镯。马车前面有一棵树，一位头冠、服饰与骑马王子极为相似的男子左手牵着一头白象，右手持水壶。王子上身披着淡绿色的斗篷或披肩，下身着衣纹繁缛的黄色裙，戴着金色的宽项链、耳环、三重手镯。他身后的白象装饰非常华丽，戴着大耳环、镶嵌着宝石的象笼套，身上覆盖着布满红、蓝色蔷薇花的黄色鞍褥，鞍褥角悬挂着金色的铃铛。大象的腿上写有三行佉卢文题记，根据阿贝·博耶的翻译，意为"本绘画系提它〔之作品〕，该人〔为此〕接受了

---

① 〔英〕奥雷尔·斯坦因:《西域考古图记》第二卷，第349页。

3000 巴玛卡（Bhaṃmakas）"①。王子的面前有四位男性，面朝王子走去，他们皆上身赤裸，持长杖，拿水碗。第一身为白须长者，头上扎白色头巾，系黄色腰布，双肩披绿色的斗篷；第二身为留着浓密胡须的中年，披紫色斗篷，围黄色腰布；第三身为头上束有发髻的青年，着绿色腰布和黄色斗篷；最后是一位光头中年，有着卷曲的胡须，着紫色斗篷、绿腰布。画面最右侧是一棵树及另一辆马车的局部。尽管事件的表现顺序与经典的记载存在出入，斯坦因还是根据佉卢文榜题与画面内容将此壁画判断为"须大拏本生"故事，表现的是须大拏将马、白象、妻子、两个儿子布施出去的场景（图 2-9）。可惜的是斯坦因并未来得及剥取这组珍贵的壁画，1914 年他再度返回时，它们已经被完全毁坏。

"须大拏本生"生动表现了佛教倡导的"六度"之一：布施。故而此故事与图像在佛教文化圈中有一定的流行度。如著名的古印度三大塔：巴尔胡特大塔（Bharhut Stupa）、桑奇大塔（Great Stupa of Sanchi）、阿玛拉瓦提大塔（Amaravati Stupa）上均有表现"须大拏本生"的图像。犍陀罗以及中国克孜尔、敦煌、龙门石窟也有相关图像遗存。从构图方式和图像表现上看，与米兰壁画最为接近的当数大英博物馆藏的《须大拏本生》石刻（馆藏编号 1880.42、1880.45、1880.48）。这件作品发现于巴基斯坦西北部伽玛鲁卡里（Jamal Garhi），为 2 至 3 世纪犍陀罗艺术遗存。残存 3 石，以横向连环画的方式表现了太子布施白象、布施车马、布施衣物给婆罗门、布施二子、太子妃采果遇狮的情景。画

---

① 〔英〕奥雷尔·斯坦因：《西域考古图记》第二卷，第 345 页。

图 2-9 米兰 M.V 佛寺须大拏本生（局部）

（〔英〕奥雷尔·斯坦因：《西域考古图记》第二卷，第 318、319、321、322 页）

面中的白象、车马、立于林中的三位婆罗门都与米兰壁画相似，只是米兰壁画调整了故事先后顺序，将布施白象放在了画面中心的位置。

3. 位于过道围廊北墙。下部为 5 身扛着花绳的人物（图 2-10），依次为童子、头戴花冠的少女、童子、双手合十的男子、头戴锥形帽的女子，人物形象、花绳的表现方式与东南段的如出一辙。斯坦因将这部分壁画剥离，今藏于印度新德里国立博物馆，残片高 0.57 米，宽 2.4 米。从老照片可以看到，人物上方为一组动物，可以辨识出一只蹲坐在地的狮子，头部已经残毁，其面前有三个动物，只有爪子和蹄子保存了下来。

此外，斯坦因的团队还拍摄有东北墙壁上两身穿盔甲的男子、一身骑马人物等照片。

从斯坦因对壁画原始位置与图像细节的记录、拍摄的照片、切割走的壁画残片等进行综合判断，可以推论出 M.Ⅲ 与 M.Ⅴ 佛

图 2-10 米兰 M.Ⅴ 佛寺扛花绳人物，
57cm×240cm，印度新德里国立博物馆藏
（田辺勝美、前田耕作編『世界美術大全集・中央アヅア』，図184）

寺的图像基本遵循着相同的图像布局规律：在围绕着佛塔的环形过道壁面下方、贴近墙角的位置，绘制扛花绳的青年男女或成组的"有翼天人像"，其上方安置佛传故事或本生故事。

第二节 "有翼天人像"与扛花绳人物的源流

作为中国艺术史上的重要作品，从斯坦因时即已开始了对M.Ⅲ与M.V佛寺里壁画的题材及图像风格传承方面的讨论。学者们多采用绘画风格分析、图像对比等方法讨论这些壁画的犍陀罗乃至古希腊、古罗马渊源。[①] 目前几幅佛传、本生故事传承自犍陀罗，并且有可能是贵霜王朝的移民所作，这是学界所公认的。关于"有翼天人像"的来源、宗教身份则一直是争论的焦点。[②] 目前在这方面最新研究成果为青年学者朱己祥的硕士论文《论米兰佛

---

① 参见〔意〕马里奥·布萨格里、〔印度〕查娅·帕特卡娅、〔印度〕B. N. 普里《中亚佛教艺术》，许建英、何汉民编译，新疆美术摄影出版社1992年版，第29—35页。Marylin Martin Rhie, *Early Buddhist Art of China and Central Asia*, Vol. 1, Leiden Boston Kohn: Brill, 1999, pp. 370-385. 金维诺：《新疆的佛教艺术》，《中国美术史论集》，黑龙江美术出版社2004年版，第17—21页；〔美〕韩森（Valerie Hansen）：《尼雅学研究的启示》，巫鸿主编：《汉唐之间文化艺术的互动与交融》，文物出版社2001年版；李青：《古楼兰鄯善艺术综论》，中华书局2005年版。

② 斯坦因认为希腊神话中的小爱神是其图像源流，并认为应当将"有翼天人像"与佛教中的飞天一起考虑。闫文儒则认为是佛教中的迦陵频伽，而后霍旭初与赵莉将库车出土的舍利函盖商的带翅裸身童子进行类比，认为他们都是迦陵频伽。参见〔英〕奥雷尔·斯坦因《西域考古图记》卷二，第302—303页；闫文儒《就斯坦因在我国新疆丹丹乌里克、磨朗遗址所发现几块壁画问题的新评述》，新疆社会科学院考古所：《新疆考古三十年》，新疆人民出版社1983年版，第613—621页；霍旭初、赵莉《米兰"有翼天使"问题再探讨——兼谈鄯善佛教艺术的有关问题》，敦煌研究院编：《段文杰敦煌研究五十年纪念论文集》，世界图书出版公司1996年版，第172—179页。

寺"有翼天使"壁画的起源——基于犍陀罗艺术源流的考察》[1]与其后发表的《鄯善和于阗古国佛寺壁画花纲人物图像分析》[2]，作者追溯了花纲人物（即扛花绳人物）在犍陀罗的遗存，并通过细致的图像分析，认为米兰佛寺中的"有翼天人像"是扛花绳人物的一种变形体。M.V佛寺"有翼天人""下方的卷云纹半圆形黑色带，显然是花绳下曲部的形式化表现。乃至在米兰M.Ⅲ佛寺遗址壁画中，半圆形色带表面已无装饰，彻底脱离原初的花绳属性，进一步简化成半圆形边框，用作间隔相邻半身人物画面"[3]。

确如前贤学者论述，1至3世纪犍陀罗石雕中留存有大量扛花绳人物，如比利时著名收藏家克劳德·德·马尔托（Claude de Marteau）所藏的《扛花绳人物》浮雕、美国旧金山亚洲艺术博物馆藏的编号为B63S30+的《扛花绳人物》（Garland carried by boys）（图2-11）。这些作品中"S"形横向延展的花绳由青年男子或裸身儿童上下扛举，米兰M.V佛寺中成组的扛花绳人物即源于此。

同样，米兰佛寺内的"有翼天人像"也有着明确的犍陀罗源泉。犍陀罗石雕里存有不少长着翅膀的裸身人物，他们通常表现为成年男子或男童，成排或单身踞坐。如白沙瓦博物馆藏的《有翼男性群像》（图2-12），六身上身赤裸、腰间系宽腰布的男性席地踞坐，从发式和面容来看，既有青年男子，也有头梳抓髻的男童，他们的身后伸展出宽大的翅膀。同样肩生双翼的男性形象见于世界各大博物馆的犍陀罗藏品中，如大英博物馆编号为1880.182、

---

[1] 朱己祥:《论米兰佛寺"有翼天使"壁画的起源——基于犍陀罗艺术源流的考察》，兰州大学2013年硕士学位论文。
[2] 朱己祥:《鄯善和于阗古国佛寺壁画花纲人物图像分析》，《敦煌研究》2018年第4期。
[3] 同上书，第23页。

图 2-11 《扛花绳人物》石雕，13.3cm×31.7cm×7cm，
美国旧金山亚洲艺术博物馆藏
（作者摄）

图 2-12 《有翼男性群像》石雕，白沙瓦博物馆藏
（孟嗣徽摄）

1880.183、1900,0414.8 等作品皆为单身人物，面容有中年、青年之别。旧金山亚洲艺术博物馆 B60S565 号藏品《有翼男子坐像》为两位肌肉坚实、肩生双翼的中年男子坐像，可能是某件雕塑作品的局部（图 2-13）。犍陀罗的有翼男性，学界通常将之判断为古希腊泰坦神阿特拉斯（Atlas）的一种变体。阿特拉斯本为希腊神话中擎天立地的大力神，在传入犍陀罗后，他的形象有了变化：

第二章 佛塔内外：西域南道佛塔与佛寺图像的转化 59

图 2-13 《有翼男性坐像》石雕，14cm×26.4cm×6.3cm，
旧金山亚洲艺术博物馆藏
（作者摄）

在希腊神话中，巨人阿特拉斯因反抗宙斯，而受到惩罚，受命用双肩支撑着天空，在犍陀罗，他在窣堵波的基坛和浮雕构图的下面苦苦挣扎地支撑着建筑物。犍陀罗雕刻的阿特拉斯一般有翅膀，留着浓密的络腮胡髭，并且肌肉健硕有力。在印度，从很早开始，药叉的形象是鼓起肚子，蹲坐姿势，用身体支撑着建筑物与车舆。在犍陀罗，阿特拉斯形象与药叉形象二者并存，有时造像特征也有混淆之处。呾叉始罗与哈达的奉献小塔基坛下面，滑稽的阿特拉斯以各种姿势蹲坐在那里，扭曲的面孔，气喘吁吁地支撑着沉重的建筑物。[1]

---

[1] 〔日〕宫治昭:《犍陀罗美术寻踪》，李萍译，人民美术出版社2006年版，第167—168页。

犍陀罗的阿特拉斯混合了药叉的形象，由托举天地的神灵变成了佛教护法神灵，成为塔与佛坛基座视觉上的承力者，为希腊艺术在犍陀罗本土化的例证。身体的动作发生变化之外，阿特拉斯也由单身像发展为群像，并在年龄上也有一定程度的改变。上文所示的白沙瓦博物馆藏《有翼男性群像》石雕上，既有络腮胡的成年男子，也有梳抓髻、头顶留发的童子。沿着这一线索再回到米兰佛寺内，结合"有翼天人像"的形象特点、出现在壁面最下层的位置，不难发现这群活泼可爱的"小天使"同样为希腊大力士阿特拉斯的变体，在佛寺的宗教环境中起到担负佛国世界的作用。

至于扛花绳的人物，学者们将其解释为"佛陀神格化的赞美"[①]。但结合其所在的位置、与周围图像的组合关系来看，可能与阿特拉斯的变体一样，具有托举、承担的功能。尽管分散于世界各地的犍陀罗石雕多以单一的造像、浮雕板示人，但是依然可以举出4例展现扛花绳的人物在佛教图像组合中的位置：

1. 白沙瓦博物馆藏青铜镀金舍利函（图2-14），即俗称的"迦腻色伽舍利函"。这件2至3世纪的舍利函盖上立着一佛二菩

图2-14 青铜镀金舍利函（下部展开图），舍利函高20cm，白沙瓦博物馆藏
（田边胜美、前田耕作编『世界美術大全集・中央アヅア』，图151）

---

① 〔日〕宫治昭：《犍陀罗美术寻踪》，李萍译，人民美术出版社2006年版，第47页。

萨的圆雕，函身上部浮雕一圈大雁纹样。扛花绳的人物位于最下层，7 身裸体的孩童托举着花绳，花绳的波浪上方端坐着佛陀与菩萨。

2. 东京国立博物馆展出的《佛传：涅槃》石雕板（图 2-15）。这件作品为个人收藏，上部残损，但仍能清晰看到佛陀右卧涅槃的场景。下方的龛座上为四身扛花绳的儿童。这件作品的外侧框向内倾斜，可能为佛塔上假龛（false-niche）的一部分。

3. 克利夫兰艺术博物馆藏《佛传场景》石雕（1958.474）（图 2-16）。此作品为一件相对完整的假龛，除了龛顶部分遗失，其余部件保存完好。上部弦月窗内浮雕"树下诞生"，下部三龛室从上而下依次雕刻"宫中娱乐""出游四门""逾城出家"三个场景。龛座浮雕 5 位裸身童子扛举花绳。

图 2-15 《佛传：涅槃》石雕板，私人收藏，东京国立博物馆展出
（作者摄）

图 2-16 《佛传场景》石雕，68cm×41.3cm，克利夫兰艺术博物馆藏
（https://www.clevelandart.org/art/1958.474，2023 年 11 月 1 日）

4. 加尔各答博物馆藏 A23485 号浮雕板（图 2-17）。其结构非常复杂，可能是一件假精舍（Pseudo-Vihāra）。中间的双柱龛中端坐着结跏趺坐说法的佛陀，两旁有二菩萨胁侍。佛陀上方两侧为天宫伎乐，再往上左右的塔形龛里各端坐一身禅定佛，中间的玄月窗上部为一佛二菩萨立像，下方为二佛并坐。最下方的基座则雕刻着五位裸身童子扛着花绳，仔细观察，其中至少两位身

第二章 佛塔内外：西域南道佛塔与佛寺图像的转化 63

图 2-17 A23485 号浮雕板，加尔各答博物馆藏
（作者摄）

后长有翅膀。显然这件作品表现的是庄严的佛教世界，扛花绳的有翼天人在这里可能是作为承托者而存在。

以上四个例子显示了扛花绳人物在犍陀罗石雕中的位置、功用的同时，也给解读米兰 M.Ⅲ 与 M.Ⅴ 佛寺中的壁画位置提供了思路。如东京国立博物馆藏的《佛传：涅槃》石雕板与克利夫兰艺术博物馆藏的《佛传场景》均为佛传与扛花绳人物的组合，这与 M.Ⅲ和 M.Ⅴ佛寺圆形过道外墙的图像具有同样的设计理念。而这两块石雕板很可能是佛塔上部件。犍陀罗留存下的佛塔表层往往层层刻绘精美的图案，从基座到覆钵，不同的位置有不同的装饰，如佛传故事、本生故事、连龛坐像、歌舞伎乐、装饰花纹等。M.Ⅲ的中心佛塔上塑有简单的花纹，M.Ⅴ佛塔的顶部周围有彩绘的灰泥小块，可见这两座佛塔本身是有装饰的，但是本该属于佛塔表层的佛传故事、本生故事以及托举佛塔的阿特拉斯群像、扛花绳人物，在这里被扩展到过道外侧，形成了一个立体的佛寺空间。信众右绕礼佛时，还可观看自己左侧的精美壁画，了解佛传故事或本生故事，增强审美体验。

第三节　米兰 M.Ⅱ佛寺与热瓦克佛塔的图像配置

距离 M.Ⅲ直线距离约 3 千米的 M.Ⅱ佛寺在年代上比前者晚了 200 年左右。这处佛寺为以佛塔为中心的塔院，据斯坦因的照片和记录，基座的东北面、东南面残留有 15 个并列排布的佛龛，佛龛外塑有精美的龛柱，龛内残有比真人略小的立佛像（图 2-18）。推测基座的四面都刻有佛龛。佛塔外东北行道内壁另有 6 身高大的结跏趺坐佛像，根据双膝间的距离，推测全像高度当在 2.8 米左右。此处佛寺的结构、造像的安置方式与于阗热瓦克佛塔较为相似。[①]

据法显记载，"在道一月五日，得到于阗，其国丰乐，人民殷盛，尽皆奉法，以法乐相娱。众僧乃数万人，多大乘学，皆有

[①] 林立：《米兰佛寺考》，《考古与文物》2003 年第 3 期，第 48 页。

第二章 佛塔内外：西域南道佛塔与佛寺图像的转化 65

图 2-18 斯坦因摄米兰 M.Ⅱ佛寺基座连龛
（〔英〕奥雷尔·斯坦因：《西域考古图记》第二卷，第 255 页）

众食。彼国人民星居，家家门前皆起小塔，最小者可高二丈许。作四方僧房，供给客僧及余所须"[1]。于阗昔日林立的佛塔已所剩无几，热瓦克佛塔则是现今和田地区乃至西域南道上最大的佛塔遗址。平面呈"十"字形，塔基为方形，三层布局，边长15米，总体高度为5.3米；塔身为覆钵形（已残）残高3.6米，基座四面有坡状踏道，形体巨大。斯坦因还发现部分基座上仍然保留着灰泥的痕迹，还有30厘米宽的灰泥檐口，说明佛塔基座上可能曾经有佛龛或塑像。围绕着佛塔有长方形的塔院，为内外两层，根据斯坦因1901年4月11日的记录，西南和东北平面内侧长

---

[1] 〔晋〕法显著，章巽校注：《法显传校注》，第11—12页。

49.68米，西北和东南面宽42.98米，外面围着一道厚约0.15米的土坯墙。① 难能可贵的是，斯坦因在东南面和西南面清理出91尊佛、菩萨像（图2-19），均为排列整齐的立像，立佛高度达到3米，两尊立佛的间隔之处立有菩萨塑像，有的地方以颜料绘制供养人像。1927年，德国探险家特林克勒在这里发掘出39件塑像，其中25件立于西南墙的西侧部分。② 热瓦克佛塔、塔院的年

图2-19 斯坦因摄热瓦克佛塔塔院南墙外角
（〔英〕奥雷尔·斯坦因：《古代和田——中国新疆考古发掘的详细报告》第二卷，巫新华、肖小勇、方晶、孙莉译，山东人民出版社2009年版，图18）

---

① 〔英〕奥雷尔·斯坦因：《古代和田——中国新疆考古发掘的详细报告》，第530页。
② G. Gropp, *Archäologisches Funde aus Khotan, Die Trinkler-Sammlung im Übersee-Museum*, Bremen: Verlag Friedrich Röver, 1974, pp. 208-211.

代断定较有争议，目前根据佛塔附近采集的五铢钱判断佛寺始建于2至3世纪，一直使用到唐代。①

米兰M.Ⅱ佛寺与热瓦克佛塔昭显出了西域南道上第二种佛教空间的配置方式，即多佛造像与佛塔的组合。②和第一种佛传本生故事与佛塔组合相类似的是，这种配置方式在2至3世纪的犍陀罗是较为常见的，小到舍利容器、奉献塔，大到寺院布局都有运用，试举数例：

1. 阿富汗贾拉拉巴德（Jalalabad）西部毕马兰（Bimarān）2号佛塔发现的金质舍利函（Bimarān Casket）（图2-20），年代约为1世纪前后，今藏于大英博物馆，馆藏编号为1900,0209.1。这件著名的舍利函为略向上收分的圆柱体，鉴刻着八个尖顶拱券龛，有两组重复的三尊像。当中为一手施无畏印一手置于腹前、穿交领袈裟的佛陀，两旁各有一身侧面向佛礼拜的人物，被判断为因陀罗与大梵天。两组尊像间隔处各有一身双手合十的正面立像，亨廷顿认为是菩萨，克里布（Cribb）判断为弥勒③。

2. 大英博物馆藏《坐佛与立佛》石雕（1913,1108.10）

---

① 关于热瓦克佛塔的年代，斯坦因认为在3—7世纪之间；格洛普根据特林克勒的调查成果判断为6世纪；新疆维吾尔自治区文物局认为从2—3世纪一直到唐代仍然在使用。本文取后者的说法，参见〔英〕奥雷尔·斯坦因《古代和田——中国新疆考古发掘的详细报告》，第548页；G. Gropp, *Archäologisches Funde aus Khotan, Die Trinkler-Sammlung im Übersee-Museum*, p. 44；新疆维吾尔自治区文物局编：《新疆佛教遗址》（上），第35页。

② 据陈晓露《鄯善佛寺分期初探》，且尔奇都克Koy.Ⅰ和孔路克阿旦B. Koy.Ⅰ佛塔的塔基上也有连龛，年代约为4世纪。但未见到这两处佛塔的发掘报告，故而仅讨论米兰M.Ⅱ佛寺与热瓦克佛塔。参见陈晓露《鄯善佛寺分期初探》，《华夏考古》2013年第2期，第101—102页。

③ 大英博物馆：《毕马兰文物》，https://www.britishmuseum.org/collection/object/A_1900-0209-1，2018年3月14日。

图 2-20　毕马兰 2 号佛塔金质舍利函，6.6cm×6.5cm
（底部直径 6.6 厘米，高 6.5 厘米），大英博物馆藏
（大英博物馆：1900,0209.1，https://www.britishmuseum.org/collection/object/A_1900-0209-1，2018 年 3 月 14 日）

（图 2-21）。为一块相对完整的石板，分为上下两段。上部为五身结跏趺坐人物，左起第一身为菩萨，另外四身为佛像，当中的佛像双手结说法印。下部为三佛、二菩萨的立像，身形、动作相仿。左起第一身手持水瓶，可以判断为弥勒菩萨。

3. 大英博物馆藏释迦坐像（1880.71）。上部为结禅定印跏趺坐的佛像。下部的像座上共有 5 个拱券形龛，锯齿形的檐口安放在角柱上。其内为结跏趺坐佛、莲花手菩萨、弥勒菩萨。其中莲花手菩萨手持莲花，弥勒菩萨持水壶，从而可以辨识其身份。佛与菩萨互相间隔，佛龛两侧有双手举物的侍者（供养人像）。

4. 加尔各答博物馆藏奉献塔（图 2-22）。这件作品为 1896

图 2-21 《坐佛与立佛》石雕，36.2cm×37.2cm×6.6cm（高 36.2 厘米，宽 37.2 厘米，厚 6.6 厘米），大英博物馆

（大英博物馆：1913,1108.10，https://www.britishmuseum.org/collection/object/A_1913-1108-10，2018 年 3 月 14 日）

年发现于巴基斯坦罗里延托盖地区（Loriyān Tāngai），后与同时出土的众多佛像一起被加尔各答博物馆收藏。这件完整的奉献塔高 140 厘米，为方形塔基、圆柱形塔身。塔基上凿刻着佛传故事，塔身分为五层。由下而上，第一层为并列排布的龛像，拱券形龛内为结跏趺坐佛；第二层为两两相对嬉闹的童子；第三至第五层均为装饰性图案。在佛塔上装饰坐佛列像的案例还见于巴基斯坦塔克西拉（Taxila）贾乌里安寺（Jaulian Monastery）遗址，这座年代为 2 世纪的佛寺遗址中保存下数座佛塔的基座，其上有灰泥塑出的小型并排佛龛，内多为一跏趺坐佛与二菩萨。有的基座上并排佛龛多达三层。

图 2-22　奉献塔，高 120cm，印度加尔各答博物馆藏
（田辺勝美、前田耕作編『世界美術大全集・中央アヅア』，図 6）

5. 巴基斯坦开伯尔-普赫图赫瓦省（Khyber-Pakhtunkhwa）的塔库特伊巴希（Takht-i-Bahi）寺院遗址。这座重要佛寺向我们展示了1至7世纪印度西北部寺院的格局：当中为一座巨大的佛塔，周围有若干小佛塔环抱，最外是并排的佛龛围绕而成的塔院。

美国学者丽艾（Marylin Martin Rhie）将今巴基斯坦、阿富汗的重要佛教遗址进行了系统梳理，包括犍陀罗的塔克西拉、白沙瓦山谷、阿富汗的哈达（Hadda）、巴米扬，发现这些2至5世纪的佛塔、佛寺遗址里广泛使用了多佛组合，包括二十八佛、二十五佛、八佛、七佛、七佛与弥勒菩萨、六佛、五佛、四佛、三佛等多种。而这些佛像不论具体形象、排列方式，最终归于三、四、五、七、八的倍数。究其原因，丽艾认为可能是在大乘佛教兴起的过程中不同典籍有多种在时间、空间层面上对佛陀数量的描述，将众多佛像聚集在塔基或寺院内，展现了无限时空中的大乘佛法。[①]

米兰M.Ⅱ佛寺与热瓦克佛塔显然是犍陀罗多佛信仰下空间结构的延续，即多佛围绕佛塔的格局。米兰M.Ⅱ佛寺方形基座上的并列佛龛虽然造像已经损毁，但它与罗里延托盖地区出土的奉献塔、贾乌里安寺遗址方形塔座上的连龛装饰很可能属于同一营造思想下的产物。类似的并列成一排的佛龛还见于斯文·赫定在楼兰古城（L.A）发现的《浮雕坐佛像残片》（Fragment of Seated Buddhas in Relief）（图2-23）。这件作品今藏于瑞典国立人种学博物馆（The National Museum of Ethnography in Sweden），在高22厘米，残宽105厘米的木板上雕刻着四个精致的拱形龛，四身

---

① M. Rhie, *Early Buddhist Art of China and Central Asia. Volume Three The Western Ch'in in Kansu in the Sixteen Kingdoms Period and Inter-relationships with the Buddhist Art of Gandhāra*, 2010, pp. 355-480.

图 2-23　楼兰古城所出浮雕坐佛像残片，
22cm×105cm，瑞典国立人种学博物馆藏
（田辺勝美、前田耕作編『世界美術大全集・中央アジア』，図 231）

结跏趺坐、禅定印的佛像端坐其中。这件作品与 M.Ⅱ佛寺共同说明了多佛信仰曾经存在于 5 世纪的鄯善。

由于史料与出土文献的缺失，我们无法得知古代鄯善是否存在大乘佛教信仰，而包含众多菩萨塑像的于阗热瓦克建筑群是大乘佛教的艺术产物确是无疑。尽管使用年代绵长，在历史上这座佛塔及塔院的雕塑可能经过多次修整，但斯坦因依然认为热瓦克的造像忠实于犍陀罗风格。故而热瓦克佛塔及周边的造像可能为大乘佛教思想下多佛信仰的体现，这与于阗这一大乘佛教圣地的宗教状况也是吻合的。

第四节　众像环绕的"回"字形佛殿

西域南道"回"字形结构的佛寺在 3 世纪末 4 世纪初就已流行[①]，如属于古鄯善的尼雅 93A35 遗址中的 FS 佛寺与 97A5 佛寺就是典型的正中为基坛的回廊形佛殿。属于古代于阗的今和田县的亚兰干佛寺遗址，则展示了"回"字形佛殿内相对完整的图像配置。

---

① 关于犍陀罗、新疆等地的"回"字形佛寺，参见陈晓露《西域回字形佛寺源流考》，《考古》2010 年第 11 期，第 84—88 页。

第二章　佛塔内外：西域南道佛塔与佛寺图像的转化　73

　　亚兰干佛寺遗址旧称胡杨墩佛寺遗址，2011年公安机关追缴的盗掘至此处的数幅珍贵壁画，因其特殊的绘画风格引起了国内外各界的关注。这批具有"犍陀罗风格"的壁画已知共有8片，皆出自亚兰干遗址，今藏于和田地区博物馆、策勒县达玛沟佛教遗址博物馆等地。均为以红、黑二种颜色绘制的位于拱形花绳下的人物。花绳上有鳞片状装饰，顶部正中为一朵硕大的莲花。其下的人物都肩披宽大的飘带，七身为舞蹈的裸身童子（图2-24），一身为上身赤裸、下身穿长裙，交脚坐于莲花之上的青年男子。其中三片壁画

图 2-24　亚兰干遗址舞蹈的裸身童子之一，67cm×63.5cm，和田地区博物馆藏
（中共策勒县委、策勒县人民政府：《策勒达玛沟——佛法汇集之地》，
香港大成图书2012年版，第62页）

的顶部以晕染的连续菱形色块制造出墙垛般的凹凸效果。朱己祥将这组图像与米兰M.Ⅲ与M.Ⅴ佛寺中的扛花绳人物联系在一起，认为是犍陀罗同类题材的延续。[1]在图像被严重切割、脱离原始环境的情况下，作者得出这一结论非常难能可贵。与扛花绳的童子同时被查获的另两件壁画也出自亚兰干，一件为佛头，以土红色晕染面部，通肩袈裟的衣领处露出圆形毫光；另一件为三片残片拼接而成的女性，卷发大眼、头顶梳有双髻，身穿类似菱格的长裙，双臂裸露，赤足，手托一小堆（十枚）水果，可能是供养人。

  盗窃壁画的犯罪团伙被抓获后，根据他们提供的线索，2012年4月，中国社会科学院考古所巫新华研究员带队对亚兰干遗址进行了科学发掘，但迄今未出考古报告。该遗址坐北朝南，为典型的双重回廊佛殿："西外墙16.6米、东外墙16.1米、北外墙16.3米、南外墙15.1米；中心像座为矩形边长各为3米；回廊西墙残墙9.6米、北回廊残墙10.4米、东回廊残墙5.3米、南回廊墙壁1.3米残墙倒伏于地面，其余部分无存……残墙保存最高遗迹为1.6米，最低矮处仅余0.1米。保存墙壁壁画面积约16平方米，采集遗址地层出土残损壁画约4平方米。"[2]根据碳-14检测年代在3世纪末[3]，与尼雅的两处"回"字形佛寺年代相去不远。2021年、2023年笔者曾两赴此地进行调研，对残存在墙壁上的壁画进行了细致的观察。根据调查结果，绘制该佛殿的平面示意图如图2-25所示。

---

[1] 朱己祥：《鄯善和于阗古国佛寺壁画花绳人物图像分析》，《敦煌研究》2018年第4期。
[2] 中国新闻网：《新疆考古挖掘达玛沟胡杨墩佛寺遗迹现罕见壁画》，2012年6月14日。http://www.chinanews.com/cul/2012/06-14/3963239.shtml. 2012年6月14日。
[3] 巫新华：《于阗佛寺遗址考古研究新进展——从达玛沟佛寺新发现谈于阗画派及其他》，上海博物馆编：《丝路梵相——新疆和田达玛沟佛教遗址出土壁画艺术》，上海世纪出版集团2014年版，第29页。

该佛殿的壁画主要以土红、黑、白三色绘成，分布在外墙的内侧、内墙的内外侧。另外中心的佛像基座上也有白色与红色的色块发现。由于保存下来的壁面均为墙根所在，加之破坏严重，故而能辨识的图像不多。按照方位试述如下：

1. 外墙内侧西壁。这里是壁画较为集中的区域，从南至北依次绘有 6 个巨大的莲台，三个莲台上绘有佛足，有的残有一段小腿及袈裟下摆。莲花之间空隙里有花朵点缀。南起第三个莲台北侧旁绘一只蹲狮。最北侧的两个莲台中间装饰一朵硕大的花卉，莲台上方有衣物下摆，但佛足不清楚。

2. 外墙内侧北壁。壁面残存一些红色的色块，可以辨识出部分为花朵。

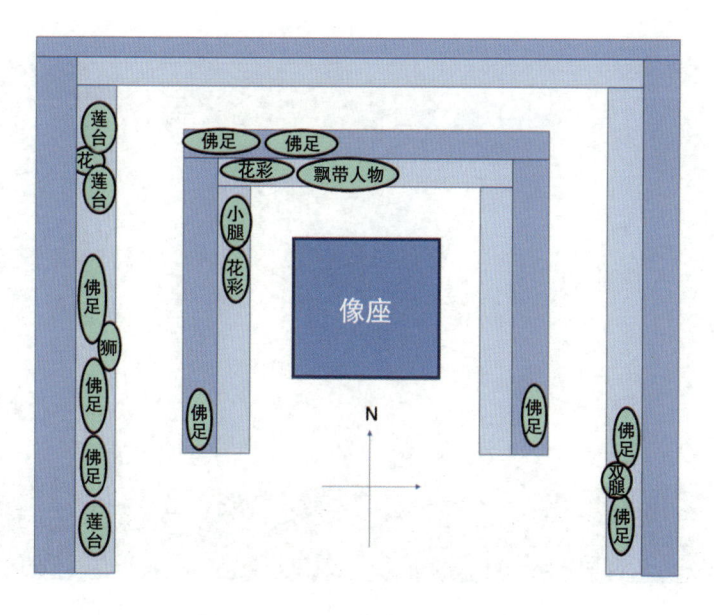

图 2-25　亚兰干佛殿平面示意图

（作者绘）

3. 外墙内侧东壁。南起壁面可辨识出两个莲台，各残一只佛足。两个莲台中间有一人物的下身侧面，可见垂于小腿下段的长袍与扎起的裤脚，可能为供养人或菩萨。

4. 内墙外侧西壁。南起壁面可见莲台与佛衣下摆，应有佛足。

5. 内墙外侧北壁。西起可见两个莲台与佛足，图像清晰。

6. 内墙外侧东壁。南起残墙可见一佛足。

7. 内墙内侧西壁。北部壁面可见一段鳞片装饰的花绳，旁有一人物侧身的小腿。

8. 内墙内侧北壁。西侧有一段花绳旁有一人物的下半身，可以清楚看到为裸体，两腿弯曲，作舞蹈状，旁边有宽飘带。

亚兰干佛寺遗址里，部分立于莲座上的佛足（图2-26）清晰

图2-26　亚兰干佛寺遗址佛足局部，新疆维吾尔自治区和田地区于田县

（作者摄）

可辨。佛足长度均为33厘米，脚尖向外，呈外八字状，保持着1至2世纪时佛教造像的特征。莲台长94厘米，两个莲台间夹有花朵，外墙内侧西壁的一个莲台边还蹲着一只狮子，狮子鬃毛呈旋涡纹，与犍陀罗石狮相似。整个佛殿，能够辨识的佛足一共有9处，分布在外墙内侧、内墙外侧，恰为外通道两侧。根据现有内外墙的长度，推测外通道两侧绘有排列整齐的、高度约231厘米的佛像，至少有46身。通道外侧28身，内侧18身。这些形体巨大的佛像使得信众右绕礼拜时有被众佛凝视的视觉体验。

这种在佛殿的围廊安置排列整齐佛像的方式显然源于以佛塔为中心、周围安置成排大像的塔院传统。3至4世纪时，西域南道上的佛寺建筑中心逐渐由佛塔转为佛像，亚兰干佛寺遗址正是昭示了这一转折的过程：以佛像为中心的佛殿，在图像配置上依然参照、继承了以塔为中心的佛寺。

支撑此观点的另一个证据，是内墙内侧下层壁面发现的两处花绳及持飘带的舞蹈裸体人物。这一发现不但确认了被盗掘的8片壁画的原始位置，也证明扛花绳人物从围绕着佛塔到围绕着佛像的转变。此类挥舞着飘带的裸体童子，固定出现在佛殿壁面的下层，体现了他们作为阿特拉斯的变体在佛殿壁面底层支撑佛国世界的功用。

亚兰干佛寺遗址的壁面虽然仅保留了为数不多的图像，却提供了珍贵的证据，使我们能够探究该佛寺的图像构成、使用的图像配置，并在西域南道上见证佛寺从佛塔中心到佛像中心转换的细节。在这个供奉主体变化的过程中，我们不得不注意到大乘佛教中的多佛信仰在其中的作用。扛花绳的裸体童子在和田地区仅见此一例，并没有延续下去，而残留在墙壁的巨大佛足还见于于田县的布盖乌依里克佛寺遗址,残存的墙壁上有一排与真人等大的佛足立于莲花上(图2-27),上方可见佛衣下摆,佛的双足间还绘有供养状的地神。此寺建于4至5世纪,一直到9世纪都有使用。此外位于策勒县达玛沟的托普鲁克墩1号佛寺,根据碳-14测量,年代判断为6世纪。[①]其面积虽小,但三个壁面相对完整地保留了6身立佛壁画。这些材料充分说明于阗的多佛信仰从3世纪至少持续到9世纪。在形制上,布盖乌依里克佛寺由于残损严重,具体状况目前不得而知;托普鲁克墩1号佛寺则为"回"字形佛殿的变体,中心造像被挪至北壁,成为礼拜式佛殿,但是图像配置显然沿用自"回"字形佛殿的布局。

图 2-27 布盖乌依里克佛寺遗址残存壁画
(新疆维吾尔自治区文物局编:《新疆佛教遗址》,第 21 页)

[①] 中国社会科学院考古研究所新疆考古队:《新疆和田地区策勒县达玛沟佛寺遗址的发掘与研究》,《丹丹乌里克遗址——中日共同考察研究报告》,第 322 页。

由于佛寺壁面的残损，我们无法得知亚兰干与布盖乌依里克两处佛寺遗址壁面上立佛的数量，故而无从将之与具体的经典、信仰相联系。仅仅能推断的是托普鲁克墩1号佛寺的立佛图像可能是过去七佛。[1]和田地区所出的梵文、于阗文经典也有涉及多佛信仰的文献，如历数贤劫千佛名号的《贤劫经》。北京大学段晴教授在整理国家图书馆新收入的梵语、于阗语文献时发现了一片梵语《贤劫经》（Bhadrakalpika sūtra）残片，馆藏编号为BH4-11，并将此文书的年代判断为"3世纪后半至4世纪之间"[2]。敦煌藏经洞中保存的于阗语文书Ch.c.001为大型的抄经长卷，其中"第199行始是一部独立的经籍，被称为'贤劫经'（Bhadrakalpika sūtra）。Emmerick曾明确指出，这部于阗文本的《贤劫经》，虽与汉译、藏译同名《贤劫经》，但不是一部经"[3]。Ch.c.001于阗语长卷中包含有四处题记，被学者们判断为943年居住在敦煌的于阗贵族王上卿Saṃgaka命人抄写。[4]此外国家图书馆新入藏西域文书中还有可能出自和田的梵文《佛名经》（BH4-33），可与《现在贤劫千佛名经》相比对。[5]此外，敦煌文书Or.8210/S.2471正面为中文《大般若波罗蜜多经》卷第四百八十七，背面为于阗人Hūyī Kīma Tcūna

---

[1] 陈粟裕：《新疆和田达玛沟托普鲁克墩1号佛寺图像研究》，《世界宗教文化》2015年第4期。
[2] 段晴：《梵语〈贤劫经〉残卷——兼述〈贤劫经〉在古代于阗的传布及竺法护的译经风格》，沈卫荣主编：《西域历史语言研究集刊》第三辑，科学出版社2010年版，第208页。
[3] 同上书，第211页。
[4] 同上书，第216—217页。
[5] 段晴、张志清主编：《中国国家图书馆藏西域文书：梵文、佉卢文卷》，中西书局2013年版，第135—136页。

的礼佛赞文（Homage to the Buddhas）。根据哈佛大学施杰我（Prods Oktor Skjærvø）教授的翻译，赞文的开篇就礼敬东方阿閦佛（Akṣobhya）、南方宝相佛（Ratnaketu）、西方无量寿佛（Amitāyu）、北方微妙声佛（Dundubhisvara）等四方佛会以及无数诸佛、诸菩萨。由此可知，于阗的多佛信仰持续了相当久长的年代，从3世纪后半到11世纪初于阗被喀喇汗王朝占领之前，长期被于阗民众所尊奉。[①]这与和田地区出土的并列多佛、千佛壁画在延续的年代上是能够充分互证的。

另外值得注意的是，从亚兰干到布盖乌依里克，再到托普鲁克墩1号，三座佛寺在绘画技巧、图像配置方面，明显有从简单到复杂的过程。但是仅仅观察残留下的佛足部分，至少三百年的时间段中其形态并没有明显变化，皆为双足外撇的外八字。这种形态的佛足表现作为佛教造像的初期特征之一，见于2世纪迦腻色伽王一世（Kanishka I）时期铸造的佛像金币。如大英博物馆馆藏编号为IOC.289的作品（图2-28），正面为站在祭坛前的国王，面朝左侧；背面为正面站立的佛陀，身穿通肩大衣，带圆形头光与身光，一手置于胸前，一手置于腰侧，双足略分，足尖向外站立。早期佛教艺术、特别是绘画、线刻类的平面艺术由于无法正确表现足部的透视关系，故而采用勾画双足侧面轮廓的方式表现正面立佛的双足。回到亚兰干佛寺遗址，被盗掘的扛花绳童子残片中有三幅绘制出了童子的双脚，以线条勾勒其轮廓和结构，再略为晕染，绘制得十分自然生动。显然此时于阗的画师们

[①] P. O. Skjærvø, *Khotanese Manuscripts from Chinese Turkestan in the British Library. A Complete Catalogue with Texts and Translations, with contributions*, London: The British Library, 2002, p. 28.

第二章　佛塔内外：西域南道佛塔与佛寺图像的转化　*81*

图 2-28　迦腻色伽王佛像金币，直径 2cm，大英博物馆藏
（大英博物馆：IOC. 289，https://www.britishmuseum.org/collection/object/C_IOC-289，2018 年 3 月 14 日）

已经有了相当高超的绘画技巧，对于足部的复杂结构、动作能够较为精准地把握。因此，亚兰干、布盖乌依里克等佛寺遗址中的外八字双足，并不是画师的技艺不够，而是为了遵循古老的造像样式而故意为之。

这种古老的造像样式我们在托普鲁克墩 1 号佛寺里可以看得更为清楚。该寺三个壁面上绘制的佛像身姿、动作基本一致，皆为正身直立，身穿土红色通肩袈裟（一身穿白色袈裟），一手在胸前施无畏印、一手垂于身侧，双足呈外八字分开。这种可以溯源至 2 世纪犍陀罗的立佛样式在于阗长期流行，不论是热瓦克佛塔周边塔院的巨型雕塑，还是丹丹乌里克的佛寺遗址中出土的立佛浮雕，都恪守着从犍陀罗传来的古老造像典范。由此回推亚兰干佛寺遗址，虽然只能见到残留在壁面的佛足，但是在其完好时，外层通道两侧的立佛像可能也都是一手在胸前施无畏印、一手垂于身侧的身姿。

结　语

以上研究主要梳理了西域南道上 2 至 6 世纪以塔为中心的塔院式佛寺和以像为中心的"回"字形佛殿的图像配置状况。由于材料所限，可知的绘有壁画、能够探索图像内容的塔寺仅见于古代鄯善、于阗地区，故而本章重点分析了米兰 M.Ⅲ、M.Ⅴ、M.Ⅱ 佛寺，洛浦县热瓦克佛塔，于田县亚兰干佛寺等图像布局较为清晰的材料。通过综合收集探险家拍摄的旧照片、流失海外文物、博物馆藏品与遗址状况等材料，结合佛教文化与艺术从犍陀罗经向于阗、鄯善等地传播的状况，可以得出如下结论：

第一，2 至 3 世纪时可能由于贵霜王朝的移民，犍陀罗艺术直接影响了鄯善地区。米兰 M.Ⅲ、M.Ⅴ两处佛寺围绕佛塔的通道外壁下部绘制扛花绳人物与"有翼天人"，上部绘制佛传和本生故事，这样的配置源自于犍陀罗佛塔表面的图像布局，将佛塔表面的图像拓展到绕塔的通道外侧，在一定程度上增加了礼拜者的宗教体验：绕塔的同时进一步了解佛陀行化众生的事迹。

第二，3 至 4 世纪以后出现了以众多大像配置佛塔的格局，以米兰 M.Ⅱ佛寺、热瓦克佛塔为代表。这可能与犍陀罗大乘佛教的兴起及东传有关，热瓦克佛塔周边塔院塑造的众多佛像确定为大乘佛教里多佛信仰的产物。

第三，长期以来，学界在讨论"回"字形佛寺与佛塔间的关系时，只能依靠建筑形制的相似性，以及"右绕礼佛"传统来建立二者的关联。而保存了壁画的亚兰干佛寺遗址提供了一个新的观察角度，它作为一个中间转折点，从配置的图像上见证了西域南道的佛寺从佛塔中心到佛像中心的转变。"回"字形佛寺在其早期阶段，依然存续以塔为中心的佛寺图像配置。

第四，大乘佛教体系之下的多佛信仰在于阗有着悠久的传统，年代从 3 世纪一直持续到 10 世纪。亚兰干佛寺、布盖乌依里克佛寺及托普鲁克墩 1 号佛寺等遗址的壁画，与梵文、于阗文的《贤劫经》文本 BH4-11、Ch.c.001 等共同体现了这一点。

第二编

于阗佛典与图像

19世纪末20世纪初西方探险家造访西域南道时，文书就是他们重点掠夺的对象。和田地区出土的多语种佛教写本多藏于国外各大图书馆，为世界各地的学者所重。从来源上，于阗的佛教写本分为两个部分，一为于阗本地的出土品；二为敦煌藏经洞中发现的于阗文佛教典籍，乃9至11世纪活动在敦煌的于阗人抄写、供养之物。虽然留存的地域不同，但都真实反映了于阗人的精神信仰。从文字、语言类别看，于阗地区发现的佛教经典主要分为佉卢文、梵文、于阗文、藏文四类，尤以梵文、于阗文为多。本编主要利用梵文、于阗文的文献进行佛教经典与图像间的互证，讨论佛教艺术中展现的民众信仰状况。

第三章

于阗佛典写本的概况

于阗佛典的发现与研究，是一个世界性的课题。这与19世纪末20世纪初清政府与民国政府的衰微有着必然关系。西方探险家们毫不留情的掠夺使得大量于阗佛教写本流散于世界各地，这也使得早期研究于阗佛教文献的几乎都是西方或日本学者。新中国成立以后，以季羡林（1911—2009）、张广达为代表的老一辈学者，培养了段晴（1953—2022）、荣新江等领军人才，使得中国学者能够从语言、历史的角度参与进世界范围的于阗佛教研究之中。

第一节 于阗佛典的发现与流散

自1882年至1903年间担任俄国驻喀什总领事尼古拉·彼得罗夫斯基（Nikolay Fyodorovich Petrovsky, 1837—1908）开始着手收集各种语言的西域文书始，和田地区出土的文献就成为踏上丝绸之路的西方探险家们搜寻的目标，这其中包含有大量不同语

种的佛教写本。半个世纪以来,进入和田地区并获取了文书的探险家如下表所示:

表 3-1 清末民国时期获取于阗文书的探险家及馆藏

时间	国籍	人名	所获文书藏地
1890—1894	法国	杜特雷依·德·兰斯[①] (Jules-Léon Dutreuil de Rhins, 1846—1894)	法兰西研究所图书馆
1895—1896	瑞典	斯文·赫定[②] (Sven Hedin, 1865—1952)	瑞典国立人种学博物馆
1900—1901 1906—1908 1913—1916 1930—1931	英国	斯坦因[③] (Marc Aurel Stein)	大英图书馆 印度事务部图书馆
1902	日本	渡边哲信(1874—1957)、堀贤雄[④] (1880—1949)	日本大谷大学、旅顺博物馆等地
1903	美国	奥斯卡·克罗斯拜[⑤] (OScar Terry Crosby, 1861—1947)	美国国会图书馆
1905	美国	埃尔斯沃思·亨廷顿[⑥] (Ellsworth Huntington)	耶鲁大学贝内克善本与手稿图书馆
1907	芬兰	卡尔·古斯塔夫·埃米尔·曼纳海[⑦] (Carl Gustav Emil von Mannerheim, 1867—1951)	芬兰国立博物馆
1908、1911	日本	橘瑞超[⑧]	因1924年日本名古屋兴善寺失火,所获文物、文书情况不详
1914	德国	奥古斯特·法兰克 (August Hermann Francke, 1970—1930)	今慕尼黑五大洲博物馆
1927	德国	特林克勒[⑨] (Emil Trinkler)	不来梅海外博物馆、柏林民族学博物馆、柏林国家图书馆等
1928—1929	中国、瑞典联合	西北考察团,中国学者黄文弼[⑩](1893—1966)参加	不详

续表

时间	国籍	人名	所获文书藏地
1931—1933	瑞典	尼尔·安博尔特 (Nils Peter Ambolt, 1900—1969)	瑞典国立人种学博物馆[11]

注：本表格参见〔日〕广中智之《汉唐于阗佛教研究》(新疆人民出版社版，第6—13页)，以及各西方探险家相关笔记及其研究。

[1] 杨镰：《法国杜特雷依探险队遭际考实》，马大正、王嵘、杨镰主编：《西域考察与研究》，新疆人民出版社1994年版，第59—79页。
[2] 〔瑞典〕斯文·赫定：《亚洲腹地旅行记》。
[3] 〔英〕奥雷尔·斯坦因：《古代和田——中国新疆考古发掘的详细报告》；《西域考古图记》；《亚洲腹地考古图记》。王冀青：《奥莱尔·斯坦因的第四次中央亚细亚考察》，《敦煌学辑刊》1993年第1期，第98—110页。
[4] 堀贤雄：「西域旅行日記」，渡辺哲信：『西域旅行日記』，長沢和俊編『西域探検紀行全集第9』，東京：白水社，1966，89—118、119—148頁。
[5] O. T. Crosby, *Tibet and Turkestan: A Journey Through Old Lands and a Study of New Conditions*, London: Forgotten Books, 2018.
[6] 〔美〕亨廷顿：《亚洲的脉搏》。
[7] C. G. Mannerheim, *Across Asia from West to East in 1906-1908*, Helsinki: Suomalais-Ugrilainen Seura, 1940.
[8] 〔日〕橘瑞超：《橘瑞超西行记》。
[9] G. Gropp, *Archäologisches Funde aus Khotan, Die Trinkler-Sammlung im Übersee-Museum*.
[10] 黄文弼：《塔里木盆地考古记》，科学出版社1958年版。
[11] 荣新江：《海外敦煌吐鲁番文献知见录》，江西人民出版社1996年版，第142—148页。

探险家们活动的同时，驻新疆的西方官僚们也着手于收集、购买和田地区的古代文书。如先后担任英国驻喀什总领事的马继业（George Macartney, 1867—1945）与斯克莱因（Clarmont Percival Skrine, 1888—1974）都曾热心于西域文书的收购，他们所获的珍贵文书今藏于大英图书馆、印度事务部图书馆、大英博物馆等处。

官员们的收藏往往来自新疆及其周边的多个地区，涉及多个语种的文书。以彼得罗夫斯基收集品为例，1905年彼得罗夫斯基将自己在新疆收集的文书赠送给俄罗斯中亚和东亚研究委员会（Russian Committee for the Study of Central and Eastern Asia）。他死后，俄罗斯科学院（Russian Academy of Sciences）又购买了他的藏书与剩余的文书。故而彼得罗夫斯基的收集品有一个清晰的面貌，包含有佉卢文、梵文、于阗文、吐火罗语、古藏文、维吾尔文的文书，共计582件，其中梵文文书大约250件，包括陀罗尼经咒（Dhāraṇī-mantra）、《佛名经》（Buddhanāma sūtra）、《法华经》和般若类佛典（Prajñāpāramitā texts）。其中《佛名经》、《善法方便陀罗尼》（Sumukha-dhāraṇī）与和田地区出土的文本接近，而被俗称为"喀什本"的《法华经》出自和田的可能性极大[①]。

探险家们的发掘品则有较为明确的出土地点。如1906年9月23日至26日，斯坦因在今和田地区策勒县达玛沟以北的喀达里克（Khādalik）遗址的一间佛寺中发现了大量梵文、于阗文写经。这座编号为Kha.I的佛寺为平面方形的"回"字形结构，外墙东西长22.86米，南北宽22.25米，内墙边长为8.53米。正中的基坛长3.2米，宽2.9米，高0.76米。[②]从斯坦因拍摄的老照片（图3-1）中可以看到围廊的壁面布满千佛。根据周边采集到的钱币，可知这一带的佛寺被废弃于8世纪后半叶。斯坦因的报告里记录了在这所庞大的佛寺中发现多种文字经卷时的欣喜：

---

① 参见杨富学《论所谓的喀什本梵文〈法华经〉写卷》，《中华佛学学报》第7期，1994年7月，第86页。
② 参见〔英〕奥雷尔·斯坦因《西域考古图记》卷一，第365页。

图 3-1　斯坦因所摄喀达里克 Kha.I 佛寺壁面
（〔英〕奥雷尔·斯坦因:《西域考古图记》第一卷，第369页）

接下来这一类的发现物层出不穷，数量也大得多，包括一些附属的叶子。有的时候甚至还有来自同一菩提叶片上的小封套，它们大多都已残破，或者仅仅是一些残片。所有的写卷都是用婆罗谜文书写，但又分属于不同的经卷内容，或者是梵语，或者是那种"未知"的已为最近的研究确定为起源于伊朗语的古和田语。后者的发现物是一卷写卷，包括10张叶片的主要部分，每一张叶片由两页呈黄色的薄纸张组成，背对背地糊在一起，但按照中国印刷书籍那种样式仅在一面书写。与它们一道出土的还有长方形的小木牍，但数量有限。这些木牍上的文字所用的语言并非梵语。到晚上为止，这些种类的发现物的个体数量已经超过 100 件。①

Kha.Ⅰ佛寺出土的文书、经卷外，斯坦因在喀达里克遗址群的收获还有 Kha.Ⅱ遗址出土的写在桦树皮上的梵文经典、Kha.Ⅲ遗址发现的写有婆罗谜文的木板、Kha.Ⅵ与 Kha.Ⅸ遗址发掘的大量婆罗谜文写经碎片等。这些献给佛寺的供养品由梵文和于阗文写成，现今大部分藏于印度事务部图书馆、大英图书馆等处，梵文类基本的文献识别工作由德裔英国学者鲁道夫·霍恩雷（Augustus Frederic Rudolf Hoernlé, 1841—1918）完成，具体内容参见附表一。

从附表一中可见 Kha.Ⅰ佛寺及其周边，涵盖的梵文经典种类之多、数量之大。这里也是斯坦因在和田地区发现文书最多的一处遗址群。8 世纪时于阗佛教的盛况可见一斑。

新疆和田地区的出土品、收藏品之外，敦煌藏经洞中也汇集了不少于阗佛教写卷。9 至 11 世纪于阗与敦煌交往频繁，特别是 934 年以后，于阗王族与曹氏家族互为婚姻②，大量于阗人旅居敦煌，藏经洞中的于阗语文书里有不少是佛教题材，涉及佛教经典、礼佛文、发愿文等多种。由于斯坦因与法国探险家伯希和（Paul Pelliot, 1878—1945）的"购买"活动，藏经洞中的于阗语文书分藏于大英图书馆与法国国家图书馆（Bibliothèque nationale de France）。

---

① 参见〔英〕奥雷尔·斯坦因《西域考古图记》卷一，第 364 页。
② 张广达、荣新江：《10 世纪于阗国的天寿年号及其相关问题》，《于阗史丛考》，第 300—302 页。

新中国成立后，我国对各地遗址采取全面保护的方针，和田地区如尼雅遗址、丹丹乌里克遗址等处虽还有些出土和采集到的古代文书，但佛教经典类极少。今新疆维吾尔自治区博物馆、和田地区博物馆略有收藏。值得一提的是近年来中国国家图书馆、中国人民大学收购了一批出自西域的文书，其中不少梵文、于阗文写卷来自和田地区①，使我们对于阗的佛教经典有了更进一步的了解。

第二节　多种语言的于阗佛教典籍

于阗佛教典籍的整理、翻译与研究作为一项全球化的工作，自20世纪初起的百余年间从未停止。多个国家的数代学者将毕生的精力与才华奉献于此，使得我们能够窥探西域南道上大乘佛教圣地当年的辉煌。

彼得罗夫斯基的收集品由俄国东方学家、曾供职于苏联科学院、俄罗斯科学院的谢尔盖·奥登堡（Сергéй Фёдорович Ольденбýрг, 1863—1934）进行了整理。②而后俄罗斯科学院的邦加德-列维研究员（Григорий Максимович Бонгард-Левин, 1933—2008）与圣彼得堡东方研究所的沃罗巴耶娃-吉斯雅托夫斯卡雅研究员（Маргарúта Иосúфовна Воробьёва-Десятовская）公布了圣彼得堡藏的和田佛教文献目录与内容

---

① 段晴、张志清主编：《中国国家图书馆藏西域文书：梵文、佉卢文卷》。段晴：《中国国家图书馆藏西域文书：于阗语卷（一）》，中西书局2015年版。张丽香：《中国人民大学博物馆藏于阗文书——婆罗谜字体佛经残片：梵语、于阗语》，中西书局2020年版。

② L. P. Minayeff and S. Oldenburg, *Buddhist Texts from Kashgar and Nepal*, New Delhi: International Academy of Indian Culture, 1983.

概况。①

新中国成立前，活动在新疆的西方官员、探险家们中尤其以马继业与斯坦因收集的和田文书最多。他们的收集品最早由霍恩雷进行内容整理。②近年来，这批材料中的和田梵文佛典部分由韦勒（Klaus Wille）教授进一步完成经典名称的确定与细化③，已故日本学者、创价大学的辛嶋静志教授（1957—2019）在和田、西域等地所出的梵文佛典研究方面做出巨大贡献④，奈何英年早逝，令人扼腕叹息。于阗文方面，则有剑桥大学贝利教授⑤、德国汉堡大学恩默瑞克教授⑥（Ronald Eric Emmerick, 1937—2001）、

---

① Bongard-Levin and Vorobyova-Desyatovskaya, *Indian Texts from Central Asia: Leningrad manuscript collection,* Tokyo: International Institute for Buddhist Studies, 1986.

② A. F. R. Hoernle, "Three Further Collections of Ancient Manuscripts from Central Asia", *Reprinted from the Journal of the Asiatic Society of Bengal,* LXVI.1, No. 4, 1897. "A Collection of Antiquities from Central Asia, part Ⅰ", *The Journal of the Royal Asiatic Society of Great Britain and Ireland,* LXVIII.1, Extra No. 1, 1899. "A Report on the British Collection of Antiquities from Central Asia, part Ⅱ", *The Journal of the Royal Asiatic Society of Great Britain and Ireland,* LXX.1, Extra No. 1, 1901. "Ancient Manuscripts from Khotan", *The Journal of the Royal Asiatic Society of Great Britain and Ireland,* 1906, pp. 695-696.〔英〕奥雷尔·斯坦因:《西域考古图记》卷四，第 570—606 页。

③ K. Wille, "Buddhist Sanskrit Sources from Khotan", Seishi Karashima and Klaus Wille, ed., *The British Library Sanskrit Fragments,* Vol. Ⅱ, Tokyo: The International Research Institute for Advanced Buddhology Soka University, 2009.

④ 〔日〕辛嶋静志:《佛典语言及传承》，裘云青、吴蔚琳译，中西书局 2016 年版。

⑤ H. W. Bailey, *Dictionary of Khotan Saka,* Cambridge: The Cambridge University Press, reprinted 2010. *Indo-Scythian studies, being Khotanese Texts,* Vol. Ⅰ-Ⅲ (second edition), Cambridge: Cambridge University Press, reprinted 1980. *Indo-Scythian studies, being Khotanese Texts,* Vol. Ⅳ, Cambridge: Cambridge University Press 1961. *Indo-Scythian studies, being Khotanese Texts* Vol. Ⅴ, Cambridge: Cambridge University Press, reprinted 1980.

⑥ R. E. Emmerick, *Tibetan Texts concerning Khotan.* R. E. Emmerick and Margarita Ⅰ. Vorob'ëva-Desjatovskaja, *Saka Documents Text Vol. Ⅲ: The St. Petersburg Collection,* London: School of Oriental and African Studies, 1995.

美国哈佛大学施杰我教授[①]（Prods Oktor Skjærvø）等。此外大英图书馆的国际敦煌学项目（International Dunhuang Project）一直持续不断发表大英图书馆藏敦煌以及和田地区出土的梵文、于阗文文书照片，并参考恩默瑞克、施杰我等人的著作进行说明与注释。虽然这项工作还在进行中，但已为学者提供了资料上的方便。于阗佛教研究方面，中国学者以北京大学荣新江教授、段晴教授为代表。荣新江自20世纪80年代就开始走访世界各地的图书馆、博物馆，着手整理包括于阗古代文书在内的敦煌吐鲁番文献的流散情况，其所著的《海外敦煌吐鲁番文献知见录》以收藏地为单位，分别介绍各地文献的收藏情况，并进一步判断各种文本的来源。与其导师张广达先生合作完成的《于阗史丛考》一书，以敦煌的于阗文献为中心讨论于阗的社会状况、宗教信仰等问题。此书至今也是于阗佛教研究难以逾越的高峰。段晴为恩默瑞克的高足，深谙于阗文与梵文，其博士论文即以于阗《无量寿宗要经》（*Aparimitāyuḥ sūtra*）为题，多年致力于于阗文佛典的翻译、研究工作[②]。此外荣新江的博士后、曾任职于新疆师范大学的日本学者广中智之是近年卓有成就的中青年学者，其著作《汉唐于阗佛教研究》不但对于阗佛教研究的状况进行了简述，还深入讨论了汉唐时期于阗与中原佛教交流的具体问题。

[①] P. O. Skjærvø, *Khotanese Manuscripts from Chinese Turkestan in the British Library: A Complete Catalogue with Texts and Translations, with contributions.*

[②] 段晴：《于阗·佛教·古卷》，中西书局2013年版。段晴、张志清主编：《中国国家图书馆藏西域文书：梵文、佉卢文卷》。段晴：《中国国家图书馆藏西域文书：于阗语卷（一）》。段晴：《于阗语无垢净光大陀罗尼经》，中西书局2019年版。

自7世纪下半叶，吐蕃军队频繁活动在西域南道各区域，8世纪中期至9世纪中期，于阗更是被吐蕃所统治，故而和田地区出土有不少藏文佛典，麻扎塔格古戍堡与安迪尔故城为发现藏文文献最多之地。敦煌藏经洞也有藏文写成的于阗佛教传说。斯坦因等人所获的藏文文献的整理、翻译工作最早由A. H. 弗兰克博士[①]（Rev. A. H. Francke）、荷兰根特大学拉瓦莱·普桑教授[②]（Louis Étienne Joseph Marie de La Vallée-Poussin, 1869—1938）等学者进行。曾先后就职于印度事务部（India Office Library）、伦敦大学与牛津大学的杰出藏学家托马斯[③]（Frederick William Thomas, 1867—1956）在和田与敦煌的藏文文书翻译与研究方面做出了巨大贡献。之后，恩默瑞克也对和田相关的重要藏文文献进行过翻译[④]。瑞典国立人种学博物馆藏有尼尔·安博特在和田所获的古藏文《法华经》，辛嶋静志曾对此专门进行过研究。[⑤]近年来中国藏学家朱丽双对藏经洞中出土的于阗相关藏文文献研

---

① A. H. Francke, "Notes on Sir Aurel Stein's Collection of Tibetan Documents from Chinese Turkestan", *The Journal of the Royal Asiatic Society of Great Britain and Ireland*, Jan, 1914. 中译本《奥雷尔·斯坦因在中国新疆搜集的吐蕃文书的注释》，载〔英〕奥雷尔·斯坦因《西域考古图记》卷四，第662—674页。

② Louis de la Vallée Poussin, *Catalogue of the Tibetan Manuscripts from Tunhuang in the India Office Library*, London: Oxford University Press, 1962.

③ F. W. Thomas, *Tibetan Literary Texts and Documents concerning Chinese Turkestan, Part I: Literary Texts; Part II: Documents,* 1951. *Part III: Addenda and Corrigenda, with Tibetan Vocabulary Concordance of Document Numbers and Plates,* 1955. *Part IV: Indices,* 1963.

④ R. E. Emmerick, *Tibetan Texts concerning Khotan*.

⑤ Seishi Karashima, "An Old Tibetan Translation of the Lotus Sutra from Khotan The Romanised Text Collated with the Kanjur Version" (1-4), *Annual Reports of The International Research Institute for Advanced Buddhology at Soka University*, Vol.VIII, March, 2005; Vol.IX, March, 2006; Vol.X, March, 2007; Vol.XI, March, 2008.

究做出了很大推进。

于阗地处交通要道、加之当地多民族的混居状态，使得此地的佛教典籍涉及多种语言。犍陀罗语的佛教文献虽仅有一部《法句经》(Dharmapada)，却是整个西域南道佉卢文佛典中体量最大也是最重要的一部。这部写在桦树皮上的佛典残卷年代约为 3 世纪。20 世纪初，分别为彼得罗夫斯基与杜特雷依·德·兰斯所获，分藏于法国与俄国。其出土地虽至今不详，但源自和田是无疑问的。这部典籍自发现始，一直为学界所重[1]，目前最重要研究成果为时任伦敦大学教授的约翰·布腊夫 (John Brough, 1917—1984) 完成的《犍陀罗语法句经》[2]，林梅村教授也对此残卷进行过研究并由此讨论了 3 世纪法藏部在西域的活动状况[3]。

梵文佛典方面，从霍恩雷、韦勒所列的目录以及国家图书馆藏品（见附表二）可知，和田的梵文佛教经典主要涉及般若部、法华部、宝积部、经集部、本源部、密教部等类别。如《般若波罗蜜多经》(Prajñāpāramitā sūtra)、《金刚经》(Vajracchedikā)、《法华经》、《金光明经》、《宝积经》(Mahā ratnakūṭa sūtra)、《无量寿宗要经》、《首楞严三昧经》(Śūraṅgamasamādhi sūtra)、《佛名经》、《贤劫经》(Bhadrakalpika sūtra)、《大集宝幢陀罗尼

---

[1] 纪赟：《和田本犍陀罗语〈法句经〉的发现与研究情况简介》，《宗教研究》2015 年第 1 期。
[2] J. Brough, *The Gāndhārī Dharmapada*, London: Oxford University Press, 1962.
[3] 林梅村：《犍陀罗语〈法句经〉残卷初步研究》，《国家文物局古文献研究室出土文物研究续集》，文物出版社 1989 年版，第 253—262 页。《犍陀罗语〈法句经〉的部派问题》，《西域文明：考古、民族、语言和宗教新论》，第 33—67 页。

经》(*Ratnaketu dhāraṇī*)、《大佛顶陀罗尼》(*Mahāpratyaṅgirā dhāraṇī*)、《宝星陀罗尼经》(*Ratnaketuparivarta*)以及赞颂佛陀的《佛所行赞》(*Buddhacarita*)等。其中留存写本数量最多的是《般若波罗蜜多经》与《法华经》。于阗的般若信仰流传已久,曹魏甘露五年(260)朱士行前往于阗求取的即为《放光般若经》。可见3世纪时,般若类典籍在于阗有着相当的流行度。关于和田发现的梵本《般若经》写卷,法国东亚文明研究中心张惠明研究员进行过系统的整理与考订,认为"第一,公元8世纪以前在于阗地区流行的《般若经》主要是属于大品类般若,其中常见的是《二万五千颂》《十万颂》,可与无罗叉、鸠摩罗什及玄奘的汉译本相对应。第二,其次是有属于金刚类的《金刚般若》,且写本抄写的时间集中在公元5至6世纪,由此可以推知,在8世纪之前在于阗流行的主要是《大品般若经》与《金刚般若经》"①。于阗的《法华经》现今发现的几乎都是梵文写卷②,广中智之解释为"此经的梵本在观念上具有极为独特的地位,所以不应该随便翻译,而是直接使用原典"③。于阗本土《法

---

① 张惠明:《公元6世纪末至8世纪初于阗〈大品般若经〉图像考——和田达玛沟托普鲁克墩2号佛寺两块"千眼坐佛"木板画的重新比定与释读》,《敦煌吐鲁番研究》第十八卷,上海古籍出版社2018年版。
② 于阗文《法华经》只发现有节译本,和田所出的藏文《法华经》则有一个版本藏于瑞典国立人种学博物馆,参见 H. W. Bailey, *Sad-dharma-puṇḍárīka-sūtra The Summary in Khotan Saka*, Canberra: The Australian National University, 1973. Seishi Karashima, "An Old Tibetan Translation of the Lotus Sutra from Khotan The Romanised Text Collated with the Kanjur Version" (1-4), *Annual Reports of The International Research Institute for Advanced Buddhology at Soka University*, Vol.Ⅷ, March, 2005; Vol.Ⅸ, March, 2006, pp. 89-181, Plate1-22; Vol.Ⅹ, March, 2007, March, 2008.
③ 〔日〕广中智之:《汉唐于阗佛教研究》,第90页。

华经》梵文抄本的年代从 5 世纪一直持续到 9 世纪[①]，甚至直到 10 世纪后半叶的敦煌莫高窟，依然有于阗王族供养的《法华经》壁画。

于阗文佛典方面，按照施杰我编译的《大英图书馆藏中国新疆和田文书》和张广达与荣新江调查的巴黎国立图书馆藏于阗语文书以及中国国家图书馆藏品（见附表三、附表四，附表五），可知于阗本地佛典流行的有《僧伽吒经》、《金光明经》、《首楞严三昧经》、《般若经》、《无垢净光大陀罗尼经》（*Raśmivimalaviśuddhaprabhā nāma dhāraṇī*）、《智炬陀罗尼经》（*Jñānolka dhāraṇī*）以及著名的《赞巴斯塔之书》（*The book of Zambasta*）。《赞巴斯塔之书》这部珍贵的佛教典籍分藏于圣彼得堡、伦敦、美国、德国、日本，共有 207 叶留存下来。此外圣彼得堡、大英图书馆、中国国家图书馆也有部分章节的抄本。根据现有文书，可以复原出 24 章，恩默瑞克将之译成了英文。此书包括佛陀皈依跋陀罗（Bhadra）、慈悲之爱、六波罗蜜的圆满和慈悲心、佛教三乘法的比较、释迦讲述弥勒世界、优填王造释迦像、佛陀对于僧团衰落的预言等内容。[②]其中第二章佛陀皈依跋陀罗，对应竺法护译的《佛说幻士仁贤经》以及菩提流志译的《大宝积经》卷八十五"授幻师跋陀罗记会"。第三章慈悲之爱为提云般若所译的《大方广佛花严经修慈分》。第二十三章优填王造像汉译为提云般若的《造像功

[①] 参见张丽香《中国人民大学博物馆藏和田新出〈妙法莲华经〉梵文残片二叶》，《西域研究》2017 年第 3 期，第 49—59 页。

[②] R. E. Emmerick, *The book of Zambasta: a Khotanese poem on Buddhism*, London: Oxford University Press, 1968.

德经》。①

敦煌的于阗文佛典留存下的有《金刚经》《无量寿宗要经》《右绕佛塔功德经》(Pradakṣiṇā sūtra)、《善财譬喻经》(Sudhanāvadāna)、《佛本生赞》(Jātakastava)、金刚乘典籍(Vajrayāna Texts) 等经籍以及各种礼佛文书、忏悔文书。这些佛经可能是旅居在敦煌的于阗王族、官员和随从出资抄写、供养之用。值得注意的是敦煌的于阗文佛教典籍有两个特点：一为常在汉文佛经的背后抄写于阗文佛经或记录于阗佛教相关事件。如 Or.8210（S.2471）正面为汉文《般若经》卷第四百八十七，背面为于阗人 Hūyī Kīma Tcūna 的礼佛文书以及《无量寿宗要经》②；Or.8210（S.2529）正面为汉文《法华经》，背面为梵文《白伞盖经咒》(Sitātapatra)，结尾有"白伞盖陀罗尼功毕"的于阗文题记③。有的还会使用古籍的背面，如 IOL Khot S.11（Ch.00267）正面抄写的汉文《法华经》有榜题"调露二年二月弟子张则为亡女索氏写"，可知是 680 年抄写的佛经，背面为于阗皇太子总绍祈愿文（Invocation of Prince Tcū-Syau）④。据荣新江、朱丽双考证，总绍为尉迟僧伽罗摩王的皇太子，11 世纪初于阗被喀喇汗王朝所灭后寄居敦煌。⑤ 凭借皇

---

① R. E. Emmerick, *The book of Zambasta: a Khotanese poem on Buddhism*, pp. 10-52. 并参见《中国国家图书馆藏西域文书：于阗语卷（一）》，第 36 页；段晴《大方广佛花严经修慈分》《〈造像功德经〉所体现的佛教神话模式》《〈造像功德经〉于阗语、汉语及古译刊本》，俱载《于阗·佛教·古卷》，第 57—168 页。

② P. O. Skjærvø, *Khotanese Manuscripts from Chinese Turkestan in the British Library: A Complete Catalogue with Texts and Translations*, with contributions, pp. 27-35.

③ Ibid., p. 35.

④ Ibid., pp. 499-502.

⑤ 荣新江、朱丽双：《尉迟僧伽罗摩王的皇太子总绍（Tcū Syau）》，《于阗与敦煌》，甘肃教育出版社 2013 年版，第 103—106 页。

太子的身份与财力，总绍使用材质昂贵的新纸写经、发愿是不在话下的。但是他却选择了在三百年前的古经背后写下自己对诸佛、诸菩萨的礼敬，祈祷在佛、菩萨的护佑下，自己身体健康、远离疾病，尉迟僧伽罗摩王得见诸佛，沙州城的太保和诸太子、小娘子们康乐安宁。第二，这些于阗文佛典有将多篇文献抄录在一起、形成长篇"巨著"的现象。如 IOL Khot S.10（Ch.000266）正面为汉文《法华经》，背面为爱情诗、《善财譬喻经》、《维摩诘故事》（Book of Vimalakīrti）。① 再如 IOL Khot S.46（Ch.c.001）就融合了梵文写经、于阗文写经、发愿文、抄经题记等内容。分别为梵文《佛顶尊胜陀罗尼经》、梵文《白伞盖陀罗尼经》、于阗文《贤劫经》、祈请发愿文、于阗文《善门经》（对应汉译《护命法门神咒经》《佛说延寿妙门陀罗尼经》）、发愿文，此外还掺杂着四条题记②，对我们了解于阗晚期的佛教信仰提供了重要信息。

另外，藏经洞中还有一件以于阗文拼写的汉语佛经《梁朝傅大士颂金刚经》（Chinese Vajracchedikā in Khotanese cursive），今分藏于大英图书馆与法国国家图书馆，编号分别为 IOL Khot S.7（Ch.00120）和 P.5597。大英图书馆部分宽 25.5 厘米，长 235.5 厘米，前 23 行为祈请文，贝利教授最早进行了转写并与汉文进行了对读③，德国汉学家西门华德教授（Ernest Julius Walter Simon, 1893—1981）将这一部分与汉文佛经进行比

---

① P. O. Skjærvø, *Khotanese Manuscripts from Chinese Turkestan in the British Library: A Complete Catalogue with Texts and Translations, with contributions,* pp. 489-499.
② Ibid., pp. 541-550.
③ H. W. Bailey, "Vajra-prajñā-pāramitā", *Zeitschrift der Deutschen Morgenländischen Gesellschaft,* Vol. 92 (n. F. 17), No. 3/4, 1938, pp. 579-593.

对①,托马斯教授刊布、考证了接续的70行《金刚经》内容②。恩默瑞克与蒲立本（Edwin George Pulleyblank, 1922—2013）另有专著对其研究③。《梁朝傅大士颂金刚经》为唐代著名伪经,可能为天台宗僧人修改过的偈颂式《金刚经赞》,而后人将其与鸠摩罗什本的《金刚经》经文相配,最后定型而成④。敦煌藏经洞中共保存有21件汉文写本,莫高窟及吐鲁番的胜金口木头沟、交河故城发现有10件回鹘文写本⑤,足见此经在河西、西域的流行度。于阗文写本背面为汉文《金光明经》,正面以于阗文婆罗迷字母直接按照汉语发音进行拼写,可能是生活在敦煌的于阗人所作,是汉地佛教文化对于阗直接影响的明证。

藏文文书方面,除了《法华经》之外,最重要的是五篇关于于阗的藏文文献:《于阗国授记》《牛角山授记》《僧伽伐弹那授记》《于阗阿罗汉授记》《于阗教法史》。虽然他们并没有保存在和田地区,但却以历史与神话杂糅的方式展现了于阗7至9世纪佛教日趋衰微的状况。

佉卢文、梵文、于阗文、藏文的写本外,于阗还有汉文佛经

---

① Walter Simon, "A Note on Chinese Texts in Tibetan Transcription", *Bulletin of the School of Oriental and African Studies, University of London*, Vol. 21, 1958, pp. 334-343.

② F. W. Thomas, "A Buddhist Chinese Text in Brāhmī Script", *Zeitschrift der Deutschen Morgenländischen Gesellschaft*, Vol. 91 (n. F. 16), No. 1, 1937, pp. 1-48.

③ R. E. Emmerick and E. G. Pulleyblank, *A Chinese Text in Central Asian Brāhmī Script. New Evidence for the Pronunciation of Late Middle Chinese and Khotanese.* (Serie Orientale Roma LXIX) vi, Roma: Istituto italiano per il Medio ed Estremo Oriente, 1993.

④ 参见董大学《敦煌本〈金刚经〉注疏的流布——以题记为中心的考察》,《文献》2014年第1期,第36—37页。

⑤ 王菲:《回鹘文〈梁朝傅大士颂金刚经〉的版本及语言翻译特色》,《西南民族大学学报》(人文社科版) 2010年第4期,第92页。

写本，敦煌藏经洞中的 P.2889 号文书，正面为汉文书写的《须摩提长者经》，卷端题有"于阗开元寺一切经"。可知此经为于阗开元寺的藏经，被携带至敦煌。此外，P.2893 号文书正面《报恩经》卷四的边缘写有"僧悟性与道圆雇人写记"。据张广达、荣新江考证，此道圆即为北宋乾德三年（965）由于阗出使中原的沙门，"也是 S.6264《天兴十二年（961）正月八日南阎浮提大宝于阗国匝摩寺八关戒牒》中的授戒师道圆"[1]。故而可知汉文也是于阗僧众中的流行语言，并且于阗汉寺里保存有相当规模的汉译佛典。

结　语

3 至 11 世纪初，生活在西域南道绿洲城邦的古代于阗人创造了精彩文化，留下了多种语言书写的文书。10 世纪初，由于于阗王族与治理敦煌的曹氏归义军政权联姻，敦煌藏经洞中保存的与于阗人相关的写本亦不在少数。19 世纪末 20 世纪初西方探险家们与外国驻疆官员们对和田地区与敦煌藏经洞多语种文书的掠夺使得这些珍贵的文物散逸于世界各地，而多国图书馆、博物馆的收藏，促使了全世界范围内的专家学者致力于这些写本的整理、翻译，古代于阗文书的研究成为了一项全球学者通力协作的事业。经过学者们百年来的努力，绝大多数的古代于阗文书已经被识读，重要文献被翻译成现代语言，为历史文化研究铺平了道路。于阗的佛教文献主要涉及犍陀罗语、梵文、

---

[1] 张广达、荣新江:《巴黎国立图书馆藏敦煌于阗语写卷目录初稿》，《于阗史丛考》，第 136 页。

于阗文、藏文和汉文这五种类型，以《般若经》《法华经》《金光明经》《华严经》等大乘典籍为主，也有说一切有部的小乘经典以及密教经咒留存，此外还有涉及于阗历史传说的佛教文籍，别具地域特色。

第四章

于阗流行佛典与相关图像

　　将于阗流行的多种语言佛教典籍状况进行基本梳理之后，我们再回到佛教美术领域，经典与图像的互证一直是佛教美术研究的基础工作之一。尽管佛教有"像教"之称，但佛教美术作品并不是完全意义上的图解佛经，往往夹杂着图像与样式的传播、区域民众的审美风俗、对经典的理解等因素，与佛经的记载并不完全一致。在西域南道的和田，多民族的活动，导致这里佛教美术现象非常复杂，一方面，来自印度、粟特、西藏、汉地等的多种艺术形式在这里交融；另一方面，作为丝绸之路上大乘佛教的重镇，此地的佛教艺术又具有一定的自身特色，故而讨论重要佛典对于阗本地乃至敦煌图像的具体影响，能够进一步展现出于阗佛教艺术与周边的交流、于阗民众佛教信仰细节等内容，填补历史与文献研究的空白。需要说明的是，佛经与图像之间流行度并不是完全相应的，有的经典如《般若经》《楞严经》等义理较强，并不适宜于图像化；叙事性强的佛传、本生故事等则是各地石窟、佛寺热衷表现的题材。但是由于和田地区佛教图像残损严重，留存下的多为尊像，能够确定的叙事性题材艺术品很少。同样敦煌石窟中有于阗因素的图像也以佛像、菩萨、守护神的尊像为多，故而我们只能更多地依靠图像学的方法在经典与图像间建立联系。

于阗佛教艺术研究自斯坦因等人始，就着力于题材判定与图像特征分析。德国学者格洛普（Gerd Gropp）的《于阗考古发现：基于不来梅海外博物馆的特林克勒收集品》一书（*Archäologisches Funde aus Khotan. Die Trinkler-Sammlung im Übersee-Museum*）[1]整理了特林克勒收集的和田壁画残片，对重要题材及壁画的艺术风格进行了探究。美国威廉姆斯夫人1969年完成的哈佛大学博士论文《于阗绘画》，及其中的部分《于阗绘画的图像学研究》在半个世纪后的今天看来依然具有重要意义。威廉姆斯夫人的研究较为全面地收集了早期西方探险家们获取的和田艺术品，尤其是以斯坦因挖掘、购买的壁画、木板画为主要研究对象，对十余种于阗绘画，特别是佛教绘画的题材进行了图像学的判断，其结论真实可信，对于了解于阗佛教艺术的整体面貌有重要价值。此外，本书认为最重要的当数德国学者马尔库斯·莫德（Markus Mode）的《远离故土的粟特神祇——近年粟特地区考古发现所印证的一些和田出土的粟特图像》（"Sogdian Gods in Exile. Some Iconographic Evidence from Khotan in the Light of Recently Excavated Material from Sogdiana"）[2]一文。这篇文章跨

---

[1] G. Gropp, *Archäologisches Funde aus Khotan, Die Trinkler-Sammlung im Übersee-Museum*.

[2] M. Mode, "Sogdian Gods in Exile. Some Iconographic Evidence from Khotan in the Light of Recently Excavated Material from Sogdiana", *Silk Road Art and Archaeology*, II, 1991/1992.

越了宗教间的界限,提出了著名的"双重图像志"("二元图像志")(the two folded iconography/a doubled iconography)概念,认为同一个神灵,在不同的宗教系统中具有不同的形象。而后荣新江教授在莫德的研究上进行了拓展,认为在于阗存在着同样形象的神祇,在不同信仰的信徒面前有不同的宗教身份[1]。莫德与荣新江的研究基于于阗宗教混杂的状况进行了实事求是的分析,对于于阗佛教、宗教艺术而言,是打破宗教壁垒的突破。近年来,随着和田地区的考古发现以及于阗文、梵文文书的翻译与研究,于阗佛教美术领域涌现出许多优秀的成果,如广州美术学院张惠明研究员[2]、故宫博物院孟嗣徽研究员[3]、日本京都大学人文科学研究所(Institute for Research in Humanities at Kyoto University)的富艾莉(Erika Forte)教授[4]、敦煌研究院考古所张小刚研究员[5]等均从不同角度参与于阗佛教艺术的讨论。在前辈学者们的研究基础上,我们再将目光移回留存至今的于阗佛教典籍与佛教艺术品,

---

[1] 荣新江:《佛像还是祆神?——从于阗看丝路宗教的混同形态》,《丝绸之路与东西文化交流》,第 326—327 页。

[2] 张惠明:《公元六至八世纪于阗佛教护法神系中的夜叉图像——以达玛沟佛寺遗址画迹为中心的讨论》,《艺术史研究》第十七辑,中山大学出版社 2015 年版;《公元 6 世纪末至 8 世纪初于阗〈大品般若经〉图像考——和田达玛沟托普鲁克墩 2 号佛寺两块"千眼坐佛"木板画的重新比定与释读》,《敦煌吐鲁番研究》第十八卷。《从那竭到于阗的早期大乘佛教护法鬼神图像资料——哈达与和田出土的两件龙王塑像札记》,《西域研究》2021 年第 1 期。

[3] 孟嗣徽:《〈护诸童子十六女神〉像叶与于阗敦煌地区的护童子信仰》,《艺术史研究》第二十三辑,中山大学出版社 2020 年版。

[4] 〔日〕富艾莉:《毗沙门还是散脂:和田达玛沟托普鲁克墩 1 号遗址的一幅壁画新说》,朱丽双译,《艺术史研究》第十七辑。《"彼岸"之旅:佛教朝圣和于阗绿洲的旅行物》,朱丽双译,《敦煌吐鲁番研究》第十八卷。Erika Forte, "Images of Patronage in Khotan." Carmen Meinert and Henrik Sørensen eds., *Buddhism in Central Asia I: Patronage, Legitimation, Sacred Space, and Pilgrimage*, Leiden: Brill, 2020.

[5] 张小刚:《敦煌佛教感通画研究》,甘肃教育出版社 2015 年版。

从文本与图像的角度分析流行于阗的重要佛经及其相关图像。

第一节　般若类经典及其相关图像

作为于阗最流行的经典之一，以《般若波罗蜜多经》《金刚经》为代表的般若类典籍在和田地区发现有大量抄本，并且藏经洞中也保存有于阗文的《金刚经》，可见从朱士行求法的3世纪到11世纪初于阗灭亡，般若类典籍在于阗长期流行。但是此类经典义理深奥复杂，以图像的方式难以体现经文内容，故而在南亚和东亚，常见三种表现方式，一为将般若义理"人格化"为般若菩萨、般若佛母的形象；二为表现释迦说法的场景；三为经卷首尾图绘金刚或菩萨作为护法。第一种多见于藏传佛教美术之中，并形成了固定的图像学特征。第二种则见于汉地佛经扉画及壁画。如藏经洞发现的Ch.ciii.014号《金刚经》有唐咸通九年（868）的题记，卷首扉画展现了须菩提请法、释迦说法，听法众围绕的宏大场景。第三种为经卷的常见图像搭配，与经文内容的关系并不直接。

于阗的般若类图像则与上述表现方式有所出入。如同样是表现佛说法，藏经洞中一件于阗文写就的《金刚经》文书（IOL Khot 75/1）与咸通九年（868）《金刚经》绘制在卷首的扉画完全不同。[①] 经页中心绘有一个同心圆，当中有一身结跏趺坐、双手隐于袈裟内的佛像，绘制较为简单粗糙（图4-1）。经卷的左上角另绘有一个带条纹的同心圆。佛像虽然只有寥寥几笔，但这种在写经中心圆内画坐佛的做法直接源自于阗本土。如斯坦

---

① 参见张建宇《中唐至北宋〈金刚经〉扉画说法图考察》，《世界宗教研究》2018年第2期。

因在和田喀达里克佛塔中发现的 Kha.I. 220（Or.8212/174）号梵文《般若经》写本残片（图 4-2）采用了同样的构图方式。这件佛经为笈多直体写成，年代约为 8 世纪，中心的圆形装饰

图 4-1　IOL Khot751《金刚经》插图，7.1cm×25.6cm，大英图书馆藏
（https://idp.bl.uk/collection/1E1393A028B94E7CB07D8FE424288C81/?return=%2Fcollection%2F%3Fterm%3D75%252F1，2024 年 2 月 21 日）

图 4-2　Kha.I. 220 梵文《般若经》写本残片，10cm×12.5cm，大英图书馆藏
（https://idp.bl.uk/collection/BD0F21AF997742C0BCEC3CBA6C1662EF/?return=%2Fcollection%2F%3Fterm%3DKha.i.220，2024 年 2 月 21 日）

画直径原为5.5厘米，当中绘制着晕染细腻的结跏趺坐佛像。佛像带有内圈红色、外圈黄色的双层背光，身穿绿色圆领袈裟，面部主要以土红色的短粗线条勾勒轮廓，五官较大，金色皮肤，眼部、面颊处施以晕染，使得佛像面部呈现出立体效果。

在佛经上绘制同心圆的装饰方法，最早见于1931年斯坦因在今巴基斯坦北部吉尔吉特（Gilgit）以西诺普尔村（Naupur）佛塔中发现的写本，即学界俗称的吉尔吉特写本（The Gilgit Manuscripts）。如现藏于大英图书馆的Or.11878A《根本说一切有部毗奈耶事/律事》(*Vinayavastu of the Mūlasarvāstivādins*) 共423页，年代约为7至8世纪。[1] 其中就有大大小小的同心圆巧妙地嵌在经页的中心或下角，形成饶有趣味的装饰。针对吉尔吉特写本中的画饰，维也纳大学教授金伯格-萨特（Deborah Klimburg-Salter）认为这是7、8世纪时统治吉尔吉特一带的勃律沙希（Patola Shahis）王朝流行的"书本崇拜"体现，即书本可成为崇拜物或宗教贡品。[2] 从文献与出土文物来看，7至11世纪间，于阗与吉尔吉特地区存在着深入的宗教、艺术交流。[3] 于

---

[1] Jeremiah P. Losty, *The Art of the Book of India*, The British Library, 1982, p. 29.
[2] 〔奥〕德波拉·金伯格-萨特:《吉尔吉特写本封面和"书本崇拜"》，贾玉平译，四川大学中国藏学研究所编:《藏学学刊》第五辑，四川大学出版社2009年版，第284—285页。
[3] 部分吉尔吉特写本上的题跋中写有于阗人的姓名，另外和田地区博物馆藏的一件出自老达玛沟的青铜佛像，像座刻有梵文题记，据封辛伯教授释读，该造像由居住在吉尔吉特一带的军官全家供养。参见Oskar von Hinüber, "Die Kolophone der Gilgit Handschriften", G. Klingenschmitt, A. Wezler, M. Witzel eds., *Studien zur Indologie und Iranistik 5/6 (Festschrift Paul Thieme)*, Reinbek, 1980, pp. 49-82. Oskar von Hinüber, *Die Palola Sāhis. Ihre Steininschrifen, Inschriften auf Bronzen, Handschriftenkolophone und Schutzzauber. Materialien zur Geschichte von Gilgit und Chilas. Antiquities of Northern Pakistan: Reports and Studies*, Vol. 5, Mainz: Verlag Philipp Von Zabern, 2004, pp. 64-66。

第四章 于阗流行佛典与相关图像 111

阗佛经上的圆形微缩插图很可能延续了吉尔吉特地区的佛教理念,并在此基础上进一步发展而来。表现佛说法的 IOL Khot 75、Kha.I. 220 写经插图,虽然与般若类典籍在内容上不能完全对应,却能显示出从克什米尔北部到于阗再到敦煌的文化传播路径。

于阗人另一种表现般若类典籍的图像,张惠明女士对此有专门研究。2006 年,中国社会科学院考古所在和田达玛沟的托普鲁克墩 2 号佛寺发现了两块奇特的"千眼坐佛"木板画,编号分别为 06CDF2: 0027(图 4-3)、06CDF2: 0028。[1] 木板上部为结跏趺坐佛,下方则为排列整齐的眼睛。张惠明女士将这一特殊的图像判断为般若类典籍中的"五眼":"肉

图 4-3 "千眼坐佛"木板画,
52cm×17cm,和田地区博物馆藏
(中共策勒县委、策勒县人民政府:《策勒达玛沟——佛法汇集之地》,第 45 页)

---

[1] 中国社会科学院考古研究所新疆考古队:《新疆和田地区策勒县达玛沟佛寺遗址的发掘与研究》,《丹丹乌里克遗址——中日共同考察研究报告》第 313—314 页。

眼、天眼、智眼、法眼、佛眼"①，并结合于阗流行的般若类典籍状况，将这两幅木板画与大品般若思想联系在一起。这两幅"千眼坐佛"木板画也是现今和田地区发现的唯一能体现般若思想的图像。

第二节 《法华经》及其图像

作为于阗佛教圣典，《法华经》在和田地区发现有众多的抄本残片、曹氏归义军时期的敦煌石窟也有于阗人留下的法华信仰痕迹②，可见《法华经》在于阗的流行至少从5世纪始，持续到11世纪初于阗被喀喇汗国所灭。空间上则随着于阗人的活动在敦煌与汉地民众产生了共鸣。现已整理出的、明确出自和田地区的《法华经》抄本有20余件，出土地有法哈特伯克亚依拉克遗址（Farhād-bēg-yailaki）、喀达里克遗址等，分藏于大英图书馆、俄罗斯科学院、柏林国家图书馆等处，此外中国国家图书馆、中国人民大学也收藏有和田所出的《法华经》梵文残片。目前学界对于各个版本《法华经》的整理、研究工作还在进行中。③ 其中最为重要的俗称"喀什本"的《法华经》共459页，可能是在19世纪末由"挖宝人"盗掘自喀达里克遗址，而后流入文物商人之

---

① 参见［晋］无罗叉译《放光般若经》卷一,《大正藏》第8册，第3页;［后秦］鸠摩罗什译《摩诃般若波罗蜜经》卷一,《大正藏》第8册，第220页;［唐］玄奘译《大般若波罗蜜多经》卷三,《大正藏》第5册，第15页。
② 张小刚：《在敦煌留居的于阗人的法华信仰》,《敦煌研究》2019年第2期，第27—31页。
③ 关于和田所出的各个版本《法华经》残片的整理工作，参见 Hirofumi Toda（户田宏文）, *Saddharmapuṇḍarīkasūtra. Central Asian Manuscripts. Romanized Text*, Tokushima: Kyoiku Shuppan Center, 1981. Seishi Karashima and Klaus Wille eds., *Buddhist Manuscripts from Central Asia: The British Library Sanskrit Fragments*, Vol. I, The International Research Institute for Advanced Buddhology, Soka Univer-sity, 2006。

手，为多国官员、探险家所获。主要的部分为彼得罗夫斯基购买所得，今藏于俄罗斯科学院东方文献研究所，共计398页[1]（一说389页[2]）。其余的，还有大谷探险队橘瑞超所获者今藏于旅顺博物馆；斯坦因、马继业、斯克莱因所获者今藏于大英图书馆；特林克勒所获者今藏于柏林国家图书馆；亨廷顿所获者今藏于耶鲁大学图书馆。[3] 写经的末尾有大段的于阗文题记，从中可知，这部经卷是 Suviprabhā 夫人为她自身、她的父母、丈夫 Jalapuñā、子女亲戚以及一切众生供养的[4]，题记中一共提到了23个人的名字，可见这是一个庞大且富裕的家族。

"喀什本"之外，俄罗斯科学院东方文献研究所收藏的另外一份出自和田地区的《法华经》写卷上有四处于阗文题记，有 "Inkula 敬写此经" "Inkula 写此经的功德，为了他已经离开世界的儿子 Vi.älaka" 等内容，可知此经的供养人为于阗人 Inkula（Intula）[5]，其年代约为7至8世纪[6]。根据俄罗斯科学院东方文献

---

[1] Oskar von Hinüber, "A Saddharmapuṇḍarīkasūtra Manuscript from Khotan The Gift of a Pious Khotanese Family", ロシア科学アカデミー東洋古文書研究所編,『ロシア科学アカデミー東洋古文書研究所所蔵梵文法華経写本』, ロシア科学アカテー東洋古文書研究所・創価学会・東洋哲學研究所, 2013, pp. CXXIII-CXIV.
[2] 参见杨富学《论所谓的喀什本梵文〈法华经〉写卷》,《中华佛学学报》第7期, 1994年, 第74页。
[3] 同上书, 第73—80页；并参见张丽香《中国人民大学博物馆藏和田新出〈妙法莲华经〉梵文残片二叶》,《西域研究》2017年第3期, 第51页。
[4] Oskar von Hinüber, "Three Saddharmapuṇḍarīkasūtra Manuscripts from Khotan and Their Donors", Annual Reports of The International Research Institute for Advanced Buddhology at Soka University, Vol. XVIII, March, 2015, p. 219.
[5] Ibid., pp. 225-226.
[6] J. W. De Jong, "Pamjatniki indijskoj pis'mennosti iz central'noj Azii, vypusk 1. Izdanie tekstov, issledovanie i kommentarij (Pamjatniki pis'mennosti vostoka, LXXIII, 1; Bibliotheca Buddhica, XXXIII) by G. M. Bongard-Levin and M. I. Vorob'eva-Desjatovskaja", Indo-Iranian Journal, Vol. 30, No. 3, 1987, p. 220.

研究所与日本创价学会出版的影印本,我们可以清楚地看到写卷的全貌。其中四张经页上绘有精美的随经插图,三张都在经卷中心或略偏的位置,与前文所述的般若类写经插图相似,同心圆中绘有佛像,但是较前者更为精致。第一张编号为 SI P/11 (SIS 1939,inv. 1939) 外层的双重同心圆分别为紫色与白色,当中主尊身着黄色的通肩袈裟,双手于胸前结印,身后有多重连珠纹装饰的头光与身光。主尊左右围绕着四身比丘,皆穿袒右袈裟,两身衣着为红色、两身为黑色,双手合十面向主尊(图 4-4)。第

图 4-4　SI P11 (SIS 1939)《法华经》插图,俄罗斯科学院东方文献研究所藏(ロシア科学アカデミー東洋古文書研究所編『ロシア科学アカデミー東洋古文書研究所所蔵梵文法華経写本』,東京:サニソトペテルブルゾ,2013,第 963 頁)

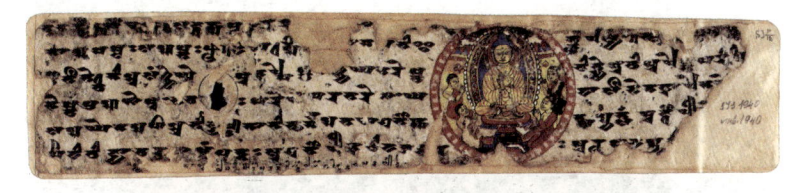

第四章　于阗流行佛典与相关图像　　115

图 4-5　SI P12+13 (SIS 1940, inv.1940)《法华经》插图，
俄罗斯科学院东方文献研究所藏
（ロシア科学アカデミー東洋古文書研究所編『ロシア科学
アカデミー東洋古文書研究所所藏梵文法華経写本』，第 968 頁）

二张编号为 SI P/12+13 (SIS 1940，inv. 1940) 外层为红、白相间的同心圆。圆内平涂黄色背景，主尊的服饰、动作与第一张相同。主尊两侧围绕着四身比丘，两身穿红色袒右袈裟，一身穿黑色、一身穿白色，皆双手合十跪拜主尊。比丘上方的空间中有花朵散落，可能是表现"天雨众华，纷纷如降"[1]的场景（图4-5）。

---

[1]　［晋］竺法护译：《正法华经》卷一，《大正藏》第 9 册，第 64 页。

图 4-6　SI P7 (SIS 1933, inv.1933)《法华经》插图，
俄罗斯科学院东方文献研究所藏
（ロシア科学アカデミー東洋古文書研究所編『ロシア科学
アカデミー東洋古文書研究所所蔵梵文法華経写本』，第 804 頁）

第四章 于阗流行佛典与相关图像 117

第三张编号为 SI P/7 (SIS 1933, inv. 1933) 主尊坐于莲花上，面部为四分之三侧面，一手置于胸前，似为无畏印。背后的身光中有火焰纹装饰，主尊头部略低，与旁边跪拜的比丘对视，如有所语。比丘身穿红色袒右袈裟，跪坐于地，面向主尊。其身后另有一位比丘，只露出头部（图4-6）。

如果说仅仅表现佛陀说法的场景无法完全构建插图与《法华经》之间的关系的话，第四张 SI P/10 (SIS 1937, inv. 1937)（图4-7）位于经卷右下角的插图，则是《法华经》里重要场景的

图4-7　SI P10 (SIS 1937, inv.1937)《法华经》插图，
俄罗斯科学院东方文献研究所藏
（ロシア科学アカデミー東洋古文書研究所編『ロシア科学
アカデミー東洋古文書研究所所藏梵文法華経写本』，第854頁）

展现。画面中心为一座佛塔,上有塔刹、相轮、伞盖、经幡,下有直通塔身的楼梯,塔内端坐一身结跏趺坐佛,头转向画面右侧。右侧为一身身形较大的黄衣佛像,头顶有华盖装饰,与塔中坐佛对视,一手置于胸前,掌心向外,一手置于腹前。佛塔另一侧为两身戴头冠的菩萨,身穿圆领半袖衫,面向佛塔双手合十。右侧坐佛的华盖上方飘着一朵花。显然,这表现的是释迦说法,宝塔从地底涌现,多宝佛邀请释迦同坐宝塔的场景。这一《法华经》的重要内容,在多个汉译本中都有体现:

> 时四部众见多宝如来、至真、等正觉,闻其灭度去世以来不可称计亿百千劫,听言善哉!甚大惊怪,初未曾有。即以天华,供养散于释迦文佛、多宝如来。时多宝佛则以半座与释迦文,七宝寺中有声出曰:"释迦文佛!愿坐此床。"释迦文佛辄如其言,时二如来共同一处,在于虚空,七宝交露坐师子床。①

> 于是释迦牟尼佛,以右指开七宝塔户,出大音声,如却关钥开大城门。即时一切众会,皆见多宝如来于宝塔中坐师子座,全身不散,如入禅定。又闻其言:"善哉,善哉!释迦牟尼佛!快说是法华经,我为听是经故而来至此。"尔时四众等、见过去无量千万亿劫灭度佛说如是言,叹未曾有,以天宝华聚,散多宝佛及释迦牟尼佛上。尔时多宝佛,于宝塔中分半座与释迦牟尼佛,而作是言:"释迦牟尼佛!可就此座。"即时释迦牟尼佛入其塔中,坐其半座,结加趺坐。②

---

① [晋]竺法护译:《正法华经》卷六,《大正藏》第9册,第104页。
② [后秦]鸠摩罗什译:《妙法莲华经》卷四,《大正藏》第9册,第33页。

与汉地法华美术热衷于表现释迦、多宝二佛在塔内并坐的场景不同，这幅插画将画面凝固在七宝塔涌现、多宝佛邀请释迦入塔的一刻，表现了双佛，却并不是汉地传统的"二佛并坐"。仔细观察多宝佛所坐的佛塔具有如下特点：圆形（宝珠状）塔刹、经幡系在华盖两端、相轮上部有束腰处理，当中为圆形覆钵、塔基上有阶梯。相似的佛塔，我们可以在大英博物馆藏的一件卢舍那佛壁画残片（1925,0619,0.31）（图4-8）上看到。佛像残存的腿部上绘有一座清晰的佛塔，与 SI P/10 (SIS 1937, inv. 1937) 插画上的佛塔相比，形制接近，只是塔基较高，相轮无束腰。故而可知，

图4-8　卢舍那佛腿部壁画残片，35cm×46cm×0.55cm，大英博物馆藏
（大英博物馆：1925,0619,0.31，https://www.britishmuseum.org/collection/object/A_1925-0619-0-31，2018年3月14日）

这两件作品上的佛塔样式可能一度流行于 7 至 8 世纪的于阗。

辛嶋静志在《〈法华经〉中描述的犍陀罗佛塔》[1]一文中将"喀什本"《法华经》"见宝塔品"（"七宝塔品"）的部分翻译成英文，并认为其中对宝塔的描述来源于犍陀罗佛塔样式。在此，将辛嶋静志翻译的经文内容试译成中文如下：

> 这时，在释尊的面前，从地底踊出一座由七宝构成的佛塔。它矗立于虚空之中，高度和周长均为五百由旬。它闪闪发光，非常美丽，装饰着由成百朵鲜花点缀栏杆的露台，装饰着成百个塔门，悬挂着成百的经幡与彩旗，悬挂着成百个的璎珞，悬挂着成百的布带做成的花环与成百上千的铃铛，散发着大叶藤黄和檀香木的香味，其香气充满了整个世界。成排的华盖（相轮）由七种珍贵物质：金、银、青金石、蓝宝石、绿宝石、红珊瑚和金绿宝石制成，高度达到四天王的宫殿。[2]

---

[1] Seishi Karashima, "A Gandhāran stūpa as depicted in the Lotus Sutra", *Annual Reports of The International Research Institute for Advanced Buddhology at Soka University*, Vol. XXI, 2018, pp. 471–473.

[2] 原文如下："Then, in front of the Lord, arose a *stūpa*, consisting of seven precious substances, from a spot on the Earth. In the middle of the [O. Lord's] assembly, (the *stūpa*) of five hundred *yojanas* (ca. 3,500 km) in height and of proportionate circumference, arose and stood up in the sky. It was aglitter, [very] beautiful, [shining in various ways,] nicely decorated with five [O. hundreds of] thousands of terraces (*vedikā*) with railings attached with flower(-ornament)s (*puṣpagrahaṇī*), adorned with many [O. hundreds of] thousands of arched-niches (*toraṇa*), hung [O. decorated] with [O. hundreds of] thousands of banners and streamers, hung (KN. *pralambita~*; O. *avasikta~*) with [O. hundreds of] thousands of garlands of jewels, hung with [O. hundreds of] thousands of pieces of cloth and bells (KN. *paṭṭaghaṇṭā*; O. *paṭṭadāma-*:'garlands made of cloth'), [O. with the hundreds of thousands of ringing bells],emitting the fragrance of *tamālapattra* (Xanthochymus pictorius) and sandal wood, whose scent filled this whole world. (The *stūpa's*) row of

与《正法华经》《法华经》以及《添品法华经》中的宝塔细节进行对比如下表：

表4-1 多宝塔细节对比表

经名	大小	露台	栏杆	塔门（列龛）	经幡与璎珞	名香	宝盖（相轮）	高度
《正法华经》	"二万里适现绕佛。"		"百千栏楯窗牖轩户，不可称计。"		"悬众幡盖垂宝璎珞，诸明月珠罗列虚空，犹如众星。"	"香炉宝瓶满中名香，栴檀芬馨一切普勋。"	"金银琉璃水精、珊瑚虎魄、车㯼马瑙，以为宝盖。"	"其盖高显至第一天。"
《法华经》	"高五百由旬，纵广二百五十由旬。"		"五千栏楯，龛室千万。"		"无数幢幡以为严饰，垂宝璎珞宝铃万亿而悬其上。"	"四面皆出多摩罗跋栴檀之香，充遍世界。"	"其诸幡盖，以金、银、琉璃、车㯼、马脑、真珠、玫瑰、七宝合成。"	"高至四天王宫。"
《添品法华经》	"高五百由旬，纵广二百五十由旬。"		"五千栏楯，龛室千万。"		"无数幢幡以为严饰，垂宝、璎珞、宝铃万亿而悬其上。"	"四面皆出多摩罗跋栴檀之香，充遍世界。"	"其诸幡盖，以金、银、琉璃、砗磲、马瑙、真珠、玫瑰七宝合成"	"高至四天王宫。"
"喀什本"	高度和周长均为五百由旬。	装饰着由成百朵鲜花点缀栏杆的露台。		装饰着成百个塔门。	悬挂着成百的经幡与彩旗、悬挂着成百个的璎珞、悬挂着成百的布带做成的花环与成百上千的铃铛。	散发着大叶藤黄和檀香木的香味，其香气充满了整个世界。	成排的华盖（相轮）由七种珍贵物质：金、银、青金石、蓝宝石、绿宝石、红珊瑚和金绿宝石制成。	高度达到四天王的宫殿。

（接上页）chattras, made of the seven precious substances — namely, gold, silver, lapis lazuli, sapphire, emerald, (KN 240) red coral, and chrysoberyl —, rose (KN. *samucchrita*~; O. *anuprāpta*~ "reached") as high as the divine palaces of the Four Great Kings." Seishi Karashima, "A Gandhāran stūpa as depicted in the Lotus Sutra", *Annual Reports of The International Research Institute for Advanced Buddhology at Soka University*, Vol. XXI, 2018, pp. 471-472.

从上表可知，在宝塔形制的描述上，"喀什本"与其他汉译诸本大体上是一致的。区别在于：1. 关于"露台"的表述，汉译经典只记录了众多的栏杆，但是没有带有栏杆的露台这一物象。2. 华盖（相轮）的材质有所出入，可注意"喀什本"中提到了青金石（"lapis lazuli"），这种宝石原产于阿富汗一带，中古时期常作为壁画颜料使用，于阗和敦煌壁画中均可见到。3. 华盖（相轮）的表述。三部汉译典籍之间，也有所出入。《正法华经》只提到了一个华盖，高至"第一天"，《法华经》与《添品法华经》则是高至"四天王宫"的"诸幡盖"。但是都不似"喀什本"成排华盖（"row of chattras"）的表述。辛嶋静志认为，"喀什本"《法华经》里表述的是列龛众多、相轮高耸的犍陀罗式佛塔。而这种高相轮的佛塔在4世纪左右的楼兰L.B.Ⅱ佛寺遗址中即已发现，如斯坦因所获的L.B.Ⅱ.0034木质佛塔（图4-9），相轮为整体高度的三分之一。"法界人中像"壁画残片（1925,0619,0.31）与SI P/10 (SIS 1937,inv.1937)插画上的佛塔，相轮均是占到整体高度接近一半的位置。塔身上的排布众多的列龛，我们也能在斯坦因拍摄的米兰M.Ⅱ塔基上看到。虽然于阗暂时未发现有列龛的佛塔，但是众像围绕的热瓦克佛塔延续着米兰M.Ⅱ塔基的设计理路。[①] 故而本书认为，"喀什本"《法华经》中对多宝塔的记录，可能在一定程度上体现了受到犍陀罗风格影响的于阗佛塔特征。

中国国家图书馆藏《妙法莲华经》残片（国图BH4-34）正面为"嘱累品"内容[②]，背面则残有宝塔的塔刹局部（图4-10）。最上方的刹顶装饰有花朵形摩尼珠，经幡直接系在刹杆上，下

[①] 参见本书第二章第三节。
[②] 叶少勇译：《妙法莲华经》，段晴、张志清主编：《中国国家图书馆藏西域文书：梵文、佉卢文卷》，第39—40页。

图 4-9　L.B.Ⅱ. 0034 木质佛塔，
75.57cm × 13.97cm × 10.16cm
（〔英〕奥雷尔·斯坦因:《西域考古图记》
第五卷，第 32 页）

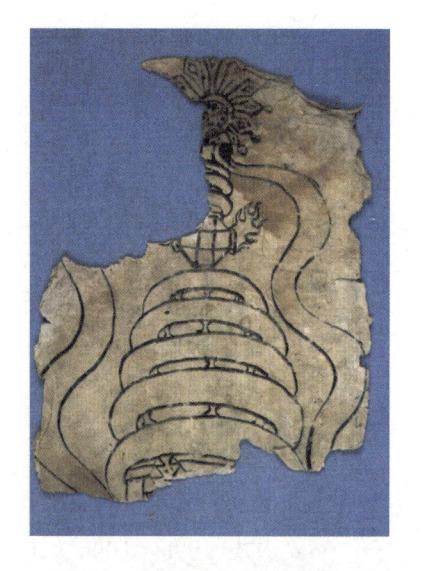

图 4-10　《妙法莲华经》残片插画，
13.4cm × 11cm，中国国家图书馆藏
（段晴、张志清主编:《中国国家图书馆藏
西域文书：梵文、佉卢文卷》，中西书局
2013 年版，图版 15）

方为相轮。由于画面过于残破，可以识读的信息太少，且以花朵形的摩尼珠为刹顶的佛塔极为少见，故而只能暂时将之作为和田《法华经》的留存图像进行梳理。

梵文写本之外，和田地区还出土有藏文本《法华经》，年代约在 8 至 9 世纪[①]，为 1933 年斯文·赫定探险队（Sven Hedin Expedition, 1927—1933）的成员尼尔·安博尔特在和田所获，

---

① Seishi Karashima, "An Old Tibetan Translation of the Lotus Sutra from Khotan The Romanised Text Collated with the Kanjur Version" (1), *Annual Reports of The International Research Institute for Advanced Buddhology at Soka University*, Vol.Ⅷ, March, 2005, p. 191.

出土地不明。这部写经也是迄今为止发现的年代最早的古藏文《法华经》写本。今藏于瑞典国立人种学博物馆,德国学者西蒙松(Nils Simonsson)在其专著中利用梵文以及敦煌藏经洞中出土的藏文《法华经》对和田本进行了细致的考察[1],辛嶋静志发表了全部内容的转写,以及部分经页的彩色图版[2]。这套佛经上绘有简单的花朵与佛塔等图像,记录如下:

70a,此页为第14品"从地踊出品"结尾,最末处绘有一只长柄香炉。

70b,自左而右、由上而下,绘有一棵树、法螺、祥云两朵、两座佛塔、一只凤鸟、两朵祥云。

96a、97b、99b、100b、102a、102b、103a、103b,以上页面均绘有红色莲蕾,大小不一,嵌于文字之中或位于经页角。

114a,此页为第20品"如来神力品"结尾。页面下端有墨线绘的莲蓬、红线画出的莲台以及一朵盛开的红色莲花。页面右下角署有写经生的名字"历悉写(leg zigs bris)"[3]。

114b,自左而右、由上而下,以简笔画的方式绘有一只鸟、两座佛塔、一枚规整的八瓣莲花纹样、一只红色的鸟、一只红色的金刚杵。(图4-11)

Ga38b,此页为第23品"妙音菩萨品"结尾。页面左右两

---

[1] Nils Simonsson, *Indo-tibetische Studien. Die Methoden der tibetischen Übersetzer, untersucht im Hinblick auf die Bedeutung ihrer Übersetzungen für die Sanskritphilologie*, Uppsala: Almqvist & Wiksells Boktryckeri AB, 1957.

[2] Seishi Karashima, "An Old Tibetan Translation of the Lotus Sutra from Khotan The Romanised Text Collated with the Kanjur Version" (1-4), *Annual Reports of The International Research Institute for Advanced Buddhology at Soka University*, Vol.Ⅷ, March, 2005; Vol.Ⅸ, March, 2006; Vol.Ⅹ, March, 2007; Vol.Ⅺ, March, 2008.

[3] 沈琛:《吐蕃与于阗佛教交流史事考述》,《西域研究》2020年第3期,第142页。

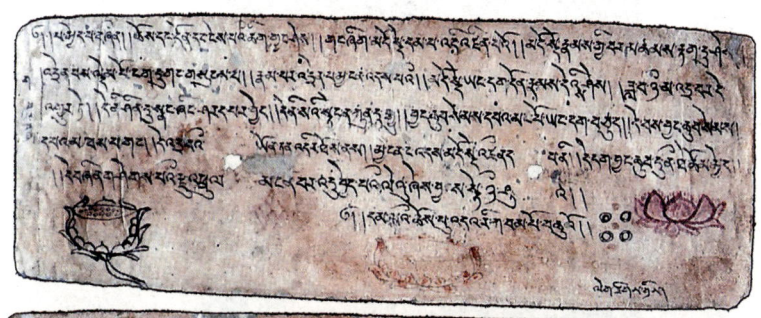

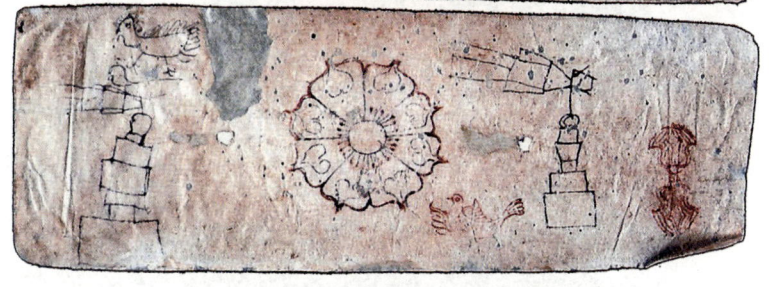

图 4-11 藏文版《妙法莲华经》114a、b，12cm×37cm，瑞典国立人种学博物馆藏

(Seishi Karashima, "An Old Tibetan Translation of the Lotus Sutra from Khotan The Romanised Text Collated with the Kanjur Version", 1, *Annual Reports of The International Research Institute for Advanced Buddhology at Soka University*, Vol. Ⅷ, March, 2005, Plate 22)

侧各绘有一只金刚杵、一枚莲花纹样（与 114b 相同）、一颗外带火焰的摩尼珠，一朵盛开的红色莲花。此页面上有两位写经生的署名，分别为"确吉甲布写"（chos kyi rgyal bus bris）、"阿杂写（A[sa]s bris pa）"。

Ga43b，经文第一行中以墨线潦草地勾勒了一朵莲花。

Ga58b，经文打孔处，用墨线简单画了一朵莲花。

关于此经的图像，青海民族大学硕士研究生扎西本在《和

图 4-12 莫高窟 444 窟东壁门上方壁画，甘肃省敦煌市
（敦煌研究院数字研究所制作）

田出土〈法华经〉古藏译本的初步报告（一）》①一文中进行了初步探讨。这种在写经的文字间、边缘、末尾绘制装饰性图案的做法，在藏经洞中的藏文写经里是较为常见的。究其根源，可能为吐蕃受到勃律沙希王朝"书本崇拜"观念所至。70b 与 114b 上绘制的层层垒叠塔基的佛塔，也常见于西藏西部、北部的岩画中。不论内容还是图像，这套藏文《法华经》都体现了鲜明的吐蕃特色，可能为吐蕃统治西域时期，藏族信众从西藏携带至于阗，或者在于阗抄经供养的产物。为吐蕃统治于阗时，两地佛教直接交流的明证。

除了和田地区出土的艺术遗存，敦煌石窟中也有明确的于阗王族供养的《法华经》图像。莫高窟 444 窟东壁窟门上方正中绘制着一座宝塔，由于上方空间所限，仅仅画了基座与塔身部分。塔身的佛龛内，两身结跏趺坐佛端坐于莲台之上，彼此间相向略微侧身，双手皆置于胸前，一手竖起二指，做交谈论法状。二佛中间垂有风铃，龛顶悬挂着璎珞与风铃装饰。塔基正中绘有台阶。二佛外侧的塔身上，写有汉字，画面右侧为"南无释迦牟尼佛说妙法华经 大宝于阗国皇太子 从连（從連）供养"；左侧为"南无多宝佛为听法故来此法会 大宝于阗国皇太子琮原供养"。宝塔两侧的壁面上绘制着"观世音普门品"的内容（图 4-12）。题记中的于阗皇太子从连、琮原，贺世哲、孙修身将之与敦煌文书 P.3184V 中记录的 964 年三位于阗太子携带《法华经》第四卷参拜佛堂一事联系在一起。②张小刚认为"P.3184V 中所记载的佛

---

① 扎西本：《和田出土〈法华经〉古藏译本的初步报告（一）》，《西藏研究》2020 年第 6 期，第 93—94 页。
② 参见贺世哲、孙修身《〈瓜州曹氏年表补正〉之补正》，《西北师范大学学报》（哲学社会科学版）1980 年第 1 期，第 72—81 页。

堂可能就是莫高窟第444窟,三位于阗太子携带《法华经》第四卷来到此窟供养,并在此窟内盛唐所绘法华经变'见宝塔品'的壁画上留下了题记"[1]。此窟内壁画风格并不统一,多处有五代宋初补绘与重绘的痕迹,但是东壁门上方的"见宝塔品""观世音普门品"为盛唐时的壁画风格当是无疑。上文所述,敦煌藏经洞中发现的于阗文文献有部分写在汉文佛经的背后,IOL Khot S.11正面为调露二年(680)抄写的汉文《法华经》,背面为于阗皇太子总绍祈愿文,这种选择三百余年前的佛经背面抄写愿文的行为与在盛唐壁画上题写供养文字的做法可能都体现了于阗人对古老圣物的崇拜与喜爱。

整体观之,相对于发现的《法华经》的写本数量而言,于阗遗存的法华图像与之并不对等,在于阗本土除了写经插图之外,少见其他艺术形式。敦煌壁画中于阗皇太子"供养"的《法华经》"见宝塔品"壁画,就图像本身而言,与于阗并无太大关系。但《法华经》在于阗的盛行是毋庸置疑的,甚至于阗的法华思想对周边地区的佛教,如吐蕃、敦煌等地产生了深远影响。需要说明的是,最初凭借《法华经》"观世音普门品"而兴起的观音信仰在于阗颇为流行,但是于阗的观音信仰与图像有多种形式,并且具有一定的本土特色,它源自《法华经》又超出了《法华经》的内容,故而后章单独讨论。

第三节 《金光明经》及其图像

《金光明经》是一部在于阗广受尊崇的佛典。从目前出土

---

[1] 张小刚:《在敦煌留居的于阗人的法华信仰》,《敦煌研究》2019年第2期,第30页。

的状况来看，梵文、于阗文写本兼有。仅斯坦因在喀达里克遗址获取的文书中就有《金光明经》于阗文写本（Or.9609A1、Or.9609A2、Or.9609B1、Or.9609B2、Or.9609C1、Or.9609C2）、梵文写本（Kha.I.45.a、Kha.I.94.d、Kha.I.301.b）以及《金光明经》相关的赞美诗（Kha.I.306.c）。此外，伯希和在敦煌藏经洞中发现有一件于阗语写本P.3513，在这件抄写了多篇经典、礼忏文的文书中，就有《金光明最胜王经》的内容，与义净译本的"梦见金鼓忏悔品"章节相同。[①]这部典籍在于阗流行程度可见一斑。

目前学界对于阗《金光明经》最完备的研究当属哈佛大学施杰我教授的著作《最璀璨的金光，众经之王，于阗的金光明经》[②]。在这部大作中施杰我教授收集了和田地区所出的全部《金光明经》梵本、于阗语本。据其研究，和田的《金光明经》梵本属于"中亚写本"系统。目前发现的梵文写本编号有"IOL San 73，83，91，373，589，663，687，811，1163，1172，1184，1331；Or.8212/34（2）；Or.15009/280，673，677；Or.15010/13，62，114，125，127，136，150，156，159，181，201，205；SHT XI 4388"。[③]这些可以辨识出内容的写本大部分为残片，年代约为5世纪之后，其中一部分能与昙无谶译本

---

① 参见张广达、荣新江《巴黎国立图书馆所藏敦煌于阗语写卷目录初稿》，《于阗史丛考》，第142—143页；段晴《新发现的于阗语〈金光明最胜王经〉》，《于阗·佛教·古卷》，第186页。

② P. O. Skjærvø, *This Most Excellent Shine of Gold, King of Kings of Sutras, the Khotanese Suvarṇabhāsottaramasūtra*, Harvard: Harvard University, 2004.

③ K. Wille, "Buddhist Sanskrit Sources from Khotan", Seishi Karashima and Klaus Wille, ed., *The British Library Sanskrit Fragments*, Vol.II, p. 33.

的《金光明经》相比对。而于阗语写本的《金光明经》则并非由于阗本地的梵本译成，它实际上相当于汉译的《金光明最胜王经》内容①，特别是 7 至 8 世纪以后的于阗语《金光明最胜王经》所依据的底本与义净译本的《金光明最胜王经》一致②。故而段晴教授根据义净与实叉难陀的活动轨迹进行了大胆的推测：实叉难陀在洛阳与义净共同译经时，接触到了义净从南海带回的《金光明最胜王经》梵本，甚至可能将其译成了于阗文，而后 704 年实叉难陀返回于阗时，将此新版的《金光明最胜王经》在于阗推广。③

尽管印度佛教学者洛克什·钱德拉（Lokesh Chandra）在《〈金光明经〉及其对于阗国的保护》④一文中列举了《金光明最胜王经》中对于阗历史与壁画产生影响的九个品目。但其中讨论的诃梨帝母（Hārītī）、毗沙门天王、散脂夜叉等散见于于阗佛教文献之中，并不能一定归结于《金光明经》或《金光明最胜王经》的作用。目前于阗佛教图像里能够确定与《金光明经》相关的，当为坚牢地神。

坚牢地神源自《金光明经》"坚牢地神品"：

> 尔时地神坚牢白佛言："世尊！是金光明微妙经典，若现在世若未来世，在在处处：若城邑聚落，若山泽空处，若王

---

① P. O. Skjærvø, *This Most Excellent Shine of Gold, King of Kings of Sutras, the Khotanese Suvarṇabhāsottaramasūtra*, lxi.
② Ibid., lxiv-v. 参见段晴《义净与实叉难陀》，《于阗·佛教·古卷》，第 181 页。
③ 段晴：《义净与实叉难陀》，《于阗·佛教·古卷》，第 183—184 页。
④ Lokesh Chandra, "Suvarna-Bhasottama and the Defence of Serindic Khotan", 西域文献座谈会·国家图书馆会议，北京，2006 年 11 月，未刊稿。

宫宅。世尊！随是经典所流布处，是地分中敷师子座，令说法者坐其座上，广演宣说是妙经典；我当在中常作宿卫，隐蔽其身于法座下顶戴其足。我闻法已，得服甘露无上法味增益身力，而此大地深十六万八千由旬，从金刚际至海地上，悉得众味增长具足，丰壤肥浓过于今日。以是之故，阎浮提内药草树木、根茎枝叶华果滋茂，美色香味皆悉具足。众生食已，增长寿命色力辩安，六情诸根具足通利，威德颜貌端严殊特；成就如是种种等已，所作事业多得成办，有大势力精勤勇猛。"①

按照经文的记载，坚牢地神的形象特点是隐藏在佛座之下，顶戴佛足。她（他）可以使土壤肥沃，粮食富足，众生安乐健康。不光佛说法时坚牢会现身，比丘说法时亦会顶戴比丘足：

尔时地神白佛言："世尊！以是因缘，说法比丘坐法座时，我常昼夜卫护不离，隐蔽其形在法座下顶戴其足。世尊！若有众生于百千佛所种诸善根，是说法者为是等故，于阎浮提广宣流布是妙经典令不断绝。"②

义净所译的《金光明最胜王经》中，延续了坚牢地神顶礼佛足、使作物丰饶的功用，"比丘说法"部分却扩展为包括比丘、比丘尼、优婆塞、优婆夷在内的"四众说法"：

① ［北凉］昙无谶译：《金光明经》卷二，《大正藏》第16册，第345页。
② 同上书，第346页。

尔时，坚牢地神白佛言："世尊！以是因缘，若有四众，升于法座，说是法时，我当昼夜拥护是人，自隐其身在于座所，顶戴其足。"①

从佛、比丘延伸到比丘、比丘尼以及俗家弟子，扩充了坚牢地神顶礼的范围。文本的变化也丰富了于阗的地神图像，我们可以看到她（他）出现在佛像、天王乃至于阗王的双足间。

和田地区发现的地神图像目前共有13例，年代集中于5至8世纪之间。②本节主要在新疆社会科学院彭杰先生（1969—2019）前文③的基础上，结合最新的考古成果进行增补。地点、具体位置等信息参见下表：

表4-2 和田地区地神图像表

发现地点	壁面位置	形貌	材质	其他信息
热瓦克佛寺遗址①	塔院大门附近，佛（xxiv.a）足之下	女性	泥塑	
	塔院大门附近，佛（xxv）足之下。	女性	泥塑	
	大门南面，着战裙天王（xxvii）足下，该天王可能为毗沙门天王。	女性胸像，其面容柔和，抬头上望，头梳低平的发髻，佩戴有发饰，身穿圆领衣。（图4-13）	泥塑	斯坦因编号为R.XXvii.1，今藏大英博物馆，馆藏编号1907,1111.179
	大门北面，着铠甲天王（xxviii）足下	女性	泥塑	

---

① ［唐］义净译：《金光明最胜王经》卷八，《大正藏》第16册，第440页。
② 热瓦克佛塔及塔院有历代多次修、塑的痕迹，虽其始建于4世纪前后，但地神出现的年代当为5世纪。
③ 彭杰：《于阗的地神崇拜及其图像的流变》，《丹丹乌里克遗址——中日共同考察研究报告》，第251—260页。

续表

发现地点	壁面位置	形貌	材质	其他信息
托普鲁克墩1号佛寺遗址[②]	北壁主尊东侧立佛双足之间	童子形,头扎两髽鬏,张开双臂托承佛足。	壁画	
	西壁北侧立佛双足之间	残损严重,容貌不清。	壁画	
丹丹乌里克遗址	位于佛双足之间,佛像外侧有两身天王像。	女性,身穿长裙跪于佛足间,张开双臂。	壁画	特林克勒拍摄[③]
	位于佛双足之间	男性,须发浓密,身穿翻领左衽式窄袖外衣,束有腰带,双手伸出托佛足。	壁画	CD4:04壁面[④]
	佛双足之间	女性,身穿艳丽有纹饰的外衣,仅存上半身,双手托佛足。	壁画	图片未发表[⑤]
布盖乌于来克佛寺遗址[⑥]	佛双足之间	女性,容貌秀丽,留有长鬓角。头后有放射状光芒,身穿交领窄袖外衣,双手合十。(图4-14)	壁画	
	佛脚侧	图像残破。	壁画	
巴拉瓦斯特遗址[⑦]	佛双足之间	女性,身穿翻领广袖衫,双手外伸。	壁画	此片壁画经由格洛普拼合,为大型说法图的局部。主尊立佛背光中有千佛,足间有地天,左右侧各有一身多臂神灵,另配置有小坐佛、菩萨、骑马人物。有学者推测为《金光明经变》。
盗掘追回,出土地点不明[⑧]	佛双足之间	为一容貌秀丽的女子,眉眼修长,束发于双耳后,身穿右衽窄袖袍,腰间束腰带,外着披风,双手伸出支撑佛足。(图4-15)	壁画	传出自达玛沟北部,2011年经由公安机关追回,今藏和田博物馆。

注：

① 〔英〕奥雷尔·斯坦因：《古代和田——中国新疆考古发掘的详细报告》卷二，XIV。
② 中国社会科学院考古研究所新疆考古队：《新疆和田地区策勒县达玛沟佛寺遗址的发掘与研究》，《丹丹乌里克遗址——中日共同考察研究报告》，第 296、299 页。
③ G. Gropp, *Archäologisches Funde aus Khotan, Die Trinkler-Sammlung im Übersee-Museum*, p. 102.
④ 《丹丹乌里克遗址——中日共同考察研究报告》，第 136 页。
⑤ 参见彭杰《于阗的地神崇拜及其图像的流变》，《丹丹乌里克遗址——中日共同考察研究报告》，第 252 页。
⑥ 参见和田地区文管所《于阗》，新疆美术摄影出版社 2004 年版，第 128 页；新疆维吾尔自治区文物局编《新疆佛教遗址》（上），第 21—22 页。
⑦ 参见彭杰《于阗的地神崇拜及其图像的流变》，《丹丹乌里克遗址——中日共同考察研究报告》，第 22—29 页。
⑧ 参见中国社会科学院考古研究所、中共策勒县委、策勒县人民政府《策勒达玛沟——佛法汇集之地》，香港大成图书 2012 年版，第 71 页。

图 4-13　热瓦克佛塔泥塑地神，21.1cm×18.4cm，大英博物馆藏

（大英博物馆：1907,1111.179，https://www.britishmuseum.org/collection/object/A_1907-1111-179，2018 年 4 月 14 日）

图 4-14 布盖乌于来克遗址坚牢女神像,新疆维吾尔自治区和田地区和田市

(和田地区文管所编著:《于阗》,新疆美术摄影出版社 2004 年版,第 128 页)

图 4-15 地神壁画,37.8cm×36.2cm,和田地区博物馆藏

(中共策勒县委、策勒县人民政府:《策勒达玛沟——佛法汇集之地》,第 71 页)

由此可见，于阗本地的地神绝大多数为女性，目前只在丹丹乌里克CD4佛寺遗址发现了一例男性，另托普鲁克墩1号佛寺有一例童子形地天，性别未知。位置方面除了热瓦克佛寺的两身位于天王足下之外，其余均位于佛的双足中间。由于热瓦克佛塔周边的塔院有多次修建的痕迹，雕塑也有多种风格，故而无法判断塔院大门附近两身天王的确定年代。而和田地区发现的其他材质毗沙门天王像也罕见地神的配置，如大英博物馆藏的编号为1925,0619.35的木板画，为斯克莱因的收集品，年代约为6世纪。其上绘制的毗沙门天王具有长甲、托塔、持长戟的图像学特征，但足下并没有绘地神。

关于毗沙门天王与地神的组合，我们可以对敦煌石窟同类型毗沙门天王像进行考察，或能反推于阗的情况。敦煌现存最早的足下有地神的毗沙门天王像见于8世纪晚期营建的莫高窟154窟。南壁西侧，上下绘制着毗沙门天王与观音、毗沙门天王与功德天女的图像（图4-16），两尊毗沙门天王的足下均绘有菩萨装的地神。据署名不空的《毗沙门仪轨》[①]载，天宝年间，西域五国围攻安西城，高僧不空做法，请得毗沙门天王解除兵临城下之危，护佑一方。由此于阗的守护神毗沙门天王图像传入了汉地，甚至东传到了日本。根据松本文三郎对日本毗沙门天王形象的梳理，双足中有地神是其图像学特征之一。[②] 虽然不空祈请毗沙门天王的

[①] 〔唐〕不空：《毗沙门仪轨》，《大正藏》第21册，第228页。有学者认为此事时间细节上有诸多问题，怀疑是不空圆寂之后所作。参见松本文三郎《兜跋毗沙门天考》，金申译，《敦煌研究》2003年第5期，第39页。
[②] 〔日〕松本文三郎：《兜跋毗沙门天考》，金申译，《敦煌研究》2003年第5期，第36页。

图 4-16 莫高窟第 154 窟毗沙门天王与功德天女，甘肃省敦煌市
（敦煌研究院编：《敦煌石窟全集 12 佛教东传故事画卷》，
上海人民出版社 2000 年版，图 60）

传说为杜撰，但莫高窟 154 窟与日本的毗沙门天王为于阗图像的传播是学界所公认的。154 窟的营建年代距离义净翻译完成《金光明最胜王经》近百年，此时的于阗《金光明最胜王经》早已流传开来。地神与毗沙门天王的组合在于阗已经成定式，热瓦克塔院大门两侧的天王塑像很可能在于阗文《金光明最胜王经》传译之后进行了修补，增添了足下的地天塑像。

于阗人对毗沙门天王和地天组合的信奉还见于敦煌绢画 P.4518(27)《毗沙门天王像》(图 4-17)，画面中的长甲毗沙门天王一手持长戟，一手托塔，菩萨装地天托举双足，为典型的于阗样式，两侧侍立着功德天与戴狮头帽手持金鼠的侍从。功德天上方汉字题写有"王上卿天王一心供养"。天王足下两侧跪着一身毗那夜迦，和一身手持香炉的汉装男性供养人，汉文榜题为"发心供养张/儒（者）"。画面最下方有三行于阗文，意为"王上卿令绘（此图），惟愿长生福庆，（卯）兔年三月十日敬礼讫"①。为 10 世纪中期的作品。王上卿为于阗贵族，于阗语名转写为 Saṃgaka，敦煌藏经洞的梵文于阗文合抄写卷 Ch.c.001 上，于阗文《护命法门神咒经》

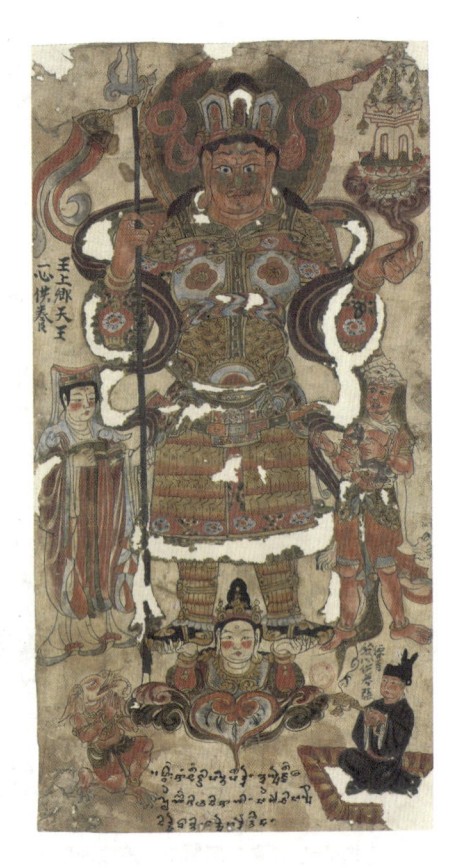

图 4-17　P.4518（27）《毗沙门天王像》，65.6cm×34.5cm，法国国家图书馆藏
（http://idp.bl.uk/database/oo_scroll_h.a4d?uid=83757844;recnum=61758;index=21, 2024 年 2 月 21 日）

---

① 张广达、荣新江：《巴黎国立图书馆所藏敦煌于阗语写卷目录初稿》，《于阗史丛考》，第 123 页。

后的发愿文里也出现了他的名字。① 由此可见，义净本《金光明最胜王经》的传译对于阗的毗沙门天王图像产生了新的影响，地神固定出现在毗沙门天王的双足之间。这一新的于阗图像随着高僧、于阗人的活动，又传回了汉地。

《金光明最胜王经》中记录的四众说法、地神捧足，还影响了于阗与龟兹的世俗供养人。敦煌莫高窟98窟东壁的于阗王李圣天供养像，双足间就绘有菩萨装的地神。这一方面来源于于阗王族为毗沙门天王胤嗣的神化，在图像上模仿毗沙门天王②，另一方面也来源于《金光明最胜王经》对地神功能的拓展。同样，龟兹地区的克孜尔尕哈第13、14窟壁画中出现托承供养人双足的地神，很可能也是受到了于阗的影响。

第四节 《贤劫经》《佛名经》及于阗千佛信仰

相较于《般若经》《法华经》《金光明经》在和田地区出土的抄本数量，梵语《贤劫经》仅发现了一纸残片，今藏于中国国家图书馆，编号为BH4-11。关于这片珍贵的写本，段晴教授有《梵语〈贤劫经〉残卷》一文专门进行了研究。此经的年代段晴教授认为"应是3世纪后半期到4世纪间的产物。尽管求不得精准的结论，有一件事实还是显而易见的。这件文物应是和田地区出土纸质写本中最为古老的一件"③。其所对应的文本相当于西

---

① 段晴：《梵语〈贤劫经〉残卷——兼述〈贤劫经〉在古代于阗的传布及竺法护的译经风格》,《西域历史语言研究集刊》第三辑, 第216页。
② 沙武田：《敦煌石窟于阗国王画像研究》,《新疆师范大学学报》(哲学社会科学版) 2006年第4期, 第27页。
③ 段晴：《梵语〈贤劫经〉残卷》,《于阗·佛教·古卷》, 第12页。

晋竺法护译本的"十八不共品""方便品"的部分内容。[1]于阗文的《贤劫经》则在藏经洞中有所保存，著名的梵文于阗文写卷Ch.c.001（IOL Khot S.46）为多篇佛经、发愿文的合集，其中第199—754行即是于阗文《贤劫经》的内容。[2]Ch.c.001为于阗晚期活动在沙州的于阗贵族、王臣供养之物，年代当在934年至1006年之间。[3]这段《贤劫经》共载有佛名1005位[4]"佛名部分传承古本，而开篇则附会了《宝积》的内容。再经添加诸如'如是我闻'以及其他佛教经籍常见的套话之后，遂形成《贤劫经》《佛名经》之千佛兴起的单行本"[5]。两部确定与《贤劫经》相关的梵文、于阗文抄本之外，和田地区所出的表现千佛内容、记录千佛名号的文本还有梵文《佛名经》，据韦勒整理共有6件，分别为Cf. Wille 1996，1999；IOL San 184，1088；Or.12637/42；Or.15001/26；SI P/76；SHT XI 4444。[6]

作为西域南道大乘佛法汇集之地，于阗长期流行多佛信仰。现今发现年代最早且残留有壁画的于阗佛寺遗址：亚兰千佛寺遗址[7]，

---

[1] 段晴：《贤劫经》，段晴、张志清主编：《中国国家图书馆藏西域文书：梵文、佉卢文卷》，第128—130页。

[2] P. O. Skjærvø, *Khotanese Manuscripts from Chinese Turkestan in the British Library: A Complete Catalogue with Texts and Translations, with contributions*, pp. 541-550.

[3] 后唐清泰元年（934）李圣天娶曹议金之女为妻，由此直到1006年于阗被喀喇汗所灭，于阗与沙州在这段时期内交往十分密切。参见张广达、荣新江《10世纪于阗国的天寿年号及其相关问题》，《于阗史丛考》，第300—302页。

[4] 一说998位，段晴按照竺法护的译经方式考订为1005位。参见段晴《梵语〈贤劫经〉残卷》，《于阗·佛教·古卷》，第20页。

[5] 段晴：《梵语〈贤劫经〉残卷》，《于阗·佛教·古卷》，第22—23页。

[6] K. Wille, "Buddhist Sanskrit Sources from Khotan", Seishi Karashima and Klaus Wille, ed., *The British Library Sanskrit Fragments*, Vol.II, p. 31.

[7] 此处遗址根据碳-14测定年代为3世纪末，参见巫新华《于阗佛寺遗址考古研究新进展——从达玛沟佛寺新发现谈于阗画派及其他》，《丝路梵相——新疆和田达玛沟佛教遗址出土壁画艺术》，第29页。

已经在回廊两侧大规模绘制比真人略大的立佛像。整齐排列的千佛壁画出现年代较晚，但是留存的遗址数量与壁画面积相对较多。目前，发现了千佛壁画的有库木拉巴特佛寺遗址、托普鲁克墩2号佛寺遗址、巴拉瓦斯特佛寺遗址、丹丹乌里克佛寺遗址、喀达里克佛寺遗址、法哈特伯克亚依拉克佛寺遗址等，年代多集中在6至8世纪之间。由于出土的都是残片，无法确定千佛具体数量。但是如此多的数量足以证明此地千佛信仰之盛，也从图像的角度填补了《贤劫经》《佛名经》等典籍在写本年代上的空缺。特别是2002年发掘的丹丹乌里克CD4佛寺东墙出土了一块编号为CD4: 01的壁画残片（图4-18），包含有一身立佛、两身大禅定坐佛以及围绕在最外层的七尊小禅定坐佛，七尊小佛中，有一尊身上绘有摩尼珠、金刚杵、梵箧等图像，为卢舍那佛无疑，符合《佛说佛名经》中"南无三千毗卢舍那佛、南无一切同名毗卢舍那佛"[①]的记载。

和田地区壁画中的千佛有着统一的姿态：头部为正面或四分之三侧面、身穿通肩袈裟、结跏趺坐、双手于腹前结禅定印或双手交握、身下为莲花座。但是不同年代、不同区域乃至不同壁面都呈现出差别，如2002年发掘的丹丹乌里克CD4佛寺内就至少有两种截然不同的千佛图像：第一种位于北墙，以蓝色与红色的色块相间构成壁龛、背光、袈裟，面部与手部以短线勾勒，略加晕染（图4-19）；第二种位于西墙，背景不着色，仅仅以土红色平涂袈裟、细线勾画出双重背光、坐佛的眉眼（图4-20）。托普鲁克墩2号佛寺的千佛面部则涂有金色，生动表现了信众对于千佛的崇拜。

---

① ［北魏］菩提流支译：《佛说佛名经》卷一，《大正藏》第14册，第115页。

图 4-18 丹丹乌里克 CD4：01 壁画残片，104cm×97.5cm，
新疆维吾尔自治区文物考古研究所藏
（中国新疆文物考古研究所、日本佛教大学尼雅遗址学术研究机构编著：《丹丹乌里克——
中日共同考察研究报告》，文物出版社 2009 年版，彩版 35）

图 4-19　丹丹乌里克 CD4:16 千佛壁画残片，44cm×62cm，
新疆维吾尔自治区文物考古研究所藏
（中国新疆文物考古研究所、日本佛教大学尼雅遗址学术研究机构编著：
《丹丹乌里克——中日共同考察研究报告》，彩版 41）

图 4-20　丹丹乌里克 CD4:26 千佛壁画残片，33cm×76cm，
新疆维吾尔自治区文物考古研究所藏
（中国新疆文物考古研究所、日本佛教大学尼雅遗址学术研究机构编著：
《丹丹乌里克——中日共同考察研究报告》，彩版 42）

结　语

　　《般若经》《法华经》《金光明经》《贤劫经》都是在于阗具有广泛影响力的典籍，有的偏重于义理，有的擅用譬喻，有的礼敬诸神，有的称赞佛名。在图像表现方面各部经典也各有特点。和田地区现已发现的《般若经》写本数量众多，但仅有一页在写经中心的同心圆内绘有佛陀说法的图像，这种图绘装饰方式，可能是受到勃律沙希王朝流行的"书本崇拜"观念的影响。于阗发现的梵文《法华经》写本 SI P/11 (SIS 1939，inv.1939)、SI P/12+13 (SIS 1940，inv.1940)、SI P/7 (SIS 1933，inv.1933) 上同样在页面中心或边角的圆内绘制说法图，这件写本上有于阗文榜题，为于阗人 Inkula 所造，并且 SI P/10 (SIS 1937，inv.1937) 上绘有《法华经》中描述的重要场景：多宝佛请释迦入塔。故而可知，佛经装饰与"书本崇拜"在于阗已经有一定的影响力，并且伴随着于阗人的活动，这种不同于汉地佛经的装饰方式也传到了敦煌。敦煌藏经洞中发现的于阗文《金刚经》IOL Khot 75 写本正中的同心圆内也绘制着结跏趺坐佛，虽然形象简单，但足为佛经装饰理念沿着西域南道传播的明证。

　　和田地区发现的与《金光明经》《贤劫经》相关的图像只是经典中易被图像化的一部分内容，但是表现地天与千佛的壁画雕塑作品数量众多，足见这两部经典在于阗佛教美术中的影响力。经典与图像间的互证、互补也充分展现了于阗佛教信仰的细节，如地天从托举佛足到托举世俗贵族足的变化即是 8 世纪初《金光明最胜王经》在于阗盛行的产物。以上经典之外，《华严经》、于阗的观音信仰等由于篇幅原因，将分章进行讨论。

第五章

《华严经》及卢舍那佛像研究

于阗诸佛典中,《华严经》堪称对汉地影响最大的一部典籍。这部著名经典在和田地区发现的梵本有 IOL San1244、Or.15010/85,93,98、SHT I 531,以及于阗语《赞巴斯塔书》第三章慈悲之爱（On maitrā "love."）的内容。[①]汉地的《华严经》不论是六十卷本还是八十卷本皆由高僧从于阗带回汉地翻译而成。东晋义熙四年（408），庐山慧远派遣弟子支法领等前往天竺取经,在于阗获梵本《华严经》。[②]而后义熙十四年（418），由佛陀跋陀罗主译,在扬州道场寺（在今南京）译出六十卷本《华严经》(俗称"六十华严"):

华严经梵本凡十万偈,昔道人支法领,从于阗国得此三万六千偈,以晋义熙十四年岁次鹑火三月十日,于扬州司空谢石所立道场寺,请天竺禅师佛度跋陀罗,手执梵文译梵

[①] R. E. Emmerick, *The book of Zambasta: a Khotanese poem on Buddhism*, pp. 53–77.
[②] ［宋］志磐：《佛祖统纪》卷三十六,《大正藏》第 49 册,第 342 页。

为晋，沙门释法业亲从笔受。时吴郡内史孟顗、右卫将军褚叔度为檀越，至元熙二年六月十日出讫。[①]

武周证圣元年（695），武则天遣使至于阗，迎得《华严经》梵本，并同时延请于阗译经僧实叉难陀，于洛阳的大遍空寺组织译场翻译，"南印度沙门菩提流志、沙门义净同宣梵本。后付沙门复礼法藏等，于佛授记寺译。至圣历二年（699）己亥功毕"[②]。此部八十卷本的《华严经》（俗称"八十华严"）由武则天亲自作序，点明其宗旨：

《大方广佛华严经》者，斯乃诸佛之密藏，如来之性海。视之者，莫识其指归；挹之者，罕测其涯际。有学、无学，志绝窥觎；二乘、三乘，宁希听受。最胜种智，庄严之迹既隆；普贤、文殊，愿行之因斯满。一句之内，包法界之无边；一毫之中，置刹土而非隘。[③]

有了帝王的扶持，《华严经》及华严思想在汉地迅速发展，以至形成了独具特色的华严宗一脉。[④]中国佛教美术领域，华严思想直接促生了两大重要题材："华严经变"[⑤]与"卢舍那法界人中像"。

---

① ［晋］佛陀跋陀罗译：《大方广佛华严经》卷六十，《大正藏》第9册，第788页。
② ［唐］智昇：《开元释教录》卷九，《大正藏》第55册，第566页。
③ ［唐］实叉难陀译：《大方广佛华严经》卷一，《大正藏》第10册，第1页。
④ 关于华严宗在汉地的传播、义理，参见魏道儒《中国华严通史》，凤凰出版社2008年版。
⑤ 参见王惠民《华严图像研究论著目录》，《敦煌学辑刊》2011年第4期。

第一节 华严图像的研究

汉地"华严经变"相关的绘画作品主要保存在敦煌及山西寺观中,此外四川石窟里也有石雕作品遗存①。敦煌石窟现今保存有28铺"华严经变"壁画、藏经洞中发现有两铺绢画(MG.26462、MG.26465)(图5-1),年代从盛唐持续到北宋初

图5-1 MG.26462《华严经变》,194cm×179cm,法国吉美博物馆藏
(ジヤン・フランンワ・ジヤリージユ、秋山光和監修『西域美術:ギメ美術館ペリオ・コレクシヨン』1,講談社,1994年,図1)

---

① 参见胡文和《四川石窟华严经系统变相的研究》,《敦煌研究》1997年第1期。

年。敦煌的"华严经变"主要表现"华严九会"的场景,模式固定,以九铺说法图拼合而成,最下方则是香水海上的"莲花藏世界"。山西寺观壁画中的"华严经变"则主要绘制成说法图,年代从宋至清,相对较晚。涉及"华严经变"相关研究的学者有日本东方学院东京研究所研究员松本荣一(1900—1984)[1]、美国弗吉尼亚大学艺术系教授王静芬(Dorothy C. Wong)[2]、台湾中央研究院历史语言研究所研究员颜娟英[3]等。

"法界人中像"一词源于北朝时的佛教造像碑铭文,如《道胐造像记》有题记如下:

> 大齐天保十年七月十五日比丘道胐敬造卢舍那法界人中像一躯,愿尽虚空边一切众生成等正觉。[4]

虽然道胐造像已经不复存在,但是学界根据《华严经》中"佛身充满诸法界,普现一切众生前"[5]等记载,将身体上、袈裟上出现六道众生形象的佛像定为表现卢舍那佛神迹的"法界人中像"[6]。

---

[1] 〔日〕松本荣一:《敦煌画研究》,林保尧、赵声良、李梅译,浙江大学出版社2019年版,第112—116页。
[2] Dorothy C. Wong, "The Huayan/Kegon/HwaWAŏm Paintings in East Asia", Hamar Imre, *Reflecting Mirrors: Perspectives on Huayan Buddhism*. Wiesbaden: Harrassowitz Verlag, 2007.
[3] 颜娟英:《北朝华严经造像的省思》,《镜花水月:中国古代美术考古与佛教艺术的探讨》,台湾石头出版有限公司2016年版。
[4] 〔清〕王昶:《金石萃编》卷三十三,转引自〔日〕吉村怜《卢舍那法界人中像的研究》,贺小萍译,《敦煌研究》1986年第3期,第69页。
[5] 〔晋〕佛陀跋陀罗译:《大方广佛华严经》卷三,《大正藏》第9册,第408页。
[6] 参见〔日〕吉村怜《卢舍那法界人中像的研究》,贺小萍译,《敦煌研究》1986年第3期,第69页;王惠民《华严图像研究论著目录》,《敦煌学辑刊》2011年第4期,第155—160页。

汉地"卢舍那法界人中像"的流行年代从南北朝一直持续到辽代，主要为河北、山东一带出土的单体佛像以及敦煌石窟中的卢舍那主题壁画。此外，美国国立亚洲艺术博物馆（National Museum of Asian Art）（图5-2）、旧金山亚洲艺术博物馆（Asian Art Museum of San Francisco）、波士顿艺术博物馆（Museum of Fine Arts Boston）等海外博物馆也有此类题材造像的收藏。目前，对河北与山东的"法界人中像"进行研究的学者主要有何恩之（Angela Falco Howard）[1]、蒋人和（Katherine R. Tsiang）[2]、李静杰[3]、李玉珉[4]、潘亮文[5]等。主要研究敦煌壁画中的"法界人中像"的学者有松本荣一[6]、殷光明（1957—2013）[7]以及近年来的学术新秀易丹韵[8]等。

汉地之外，西域北道、南道都有"法界人中像"发现，北道的库木吐喇石窟、阿艾石窟的壁画与南道和田地区的壁画、木板画都有该题材的绘制。由于《华严经》的传译，学界普遍认为，

---

[1] Angela Falco Howard, "The Monumental 'Cosmological Buddha' in the Freer Gallery of Art: Chronology and Style", *Ars Orientalis*, Vol. 14, 1984.

[2] Katherine R. Tsiang, "Embodiments of Buddhist Texts in Early Medieval Chinese Visual Culture", Hung Wu and Katherine R. Tsiang, eds., *Body and Face in Chinese Visual Culture*, Harvard University Asia Center, 2005.

[3] 李静杰:《卢舍那法界图像》,《紫禁城》1998年第4期；《卢舍那法界图像研究简论》（一、二）,《故宫博物院院刊》2000年第3期。

[4] 李玉珉:《法界人中像》,《故宫文物月刊》第11卷第1期，1993年4月，第28—41页。

[5] 潘亮文:《卢舍那佛像研究——以7世纪以前的中原地区发展为中心》,《敦煌研究》2017年第3期。

[6] 〔日〕松本荣一:《敦煌画研究》，第175—187页。

[7] 殷光明:《敦煌卢舍那法界图像研究之一》,《敦煌研究》2001年第4期。《敦煌卢舍那法界图像研究之二》,《敦煌研究》2002年第1期。

[8] 易丹韵「中国河北地方で制作された石造法界仏像について」,『仏教芸術』, 2022第七号;《如何解读法界佛像？——以初唐时期作品为一例》,《丝绸之路研究集刊》第五辑，商务印书馆2020年版。

图 5-2 《法界人中像》，151.3cm×62.9cm×31.3cm，
美国国立亚洲艺术博物馆藏
（美国国立亚洲艺术博物馆：《法界人中像》https://asia.si.edu/object/F1923.15/，
2023 年 4 月 18 日）

新疆和田地区发现的卢舍那佛像木板画、壁画对汉地"法界人中像"的产生起到了重要作用①，但于阗此类佛像身体上的图像与汉地、西域北道迥异、属于不同的系统，也是众所公认的。汉地的"卢舍那法界人中像"热衷于在佛身、袈裟上表现六道，与《华严经》记载的佛、菩萨神力相契合：

> 尔时，善财见如是等不可思议自在神力；见已，欢喜踊跃无量。重观普贤一一身分、一一肢节、一一毛孔中，悉见三千大千世界风轮、水轮、火轮、地轮，大海宝山、须弥山王、金刚围山，一切舍宅，诸妙官殿，众生等类，一切地狱、饿鬼、畜生，阎罗王处，诸天梵王，乃至人、非人等，欲界、色界，及无色界，一切劫数，诸佛菩萨，教化众生，如是等事，皆悉显现；十方一切世界，亦复如是。（"入法界品"第三十四之第十七）②

而于阗卢舍那像身上的图案则较为抽象。在辨识与经典对读方面，松本荣一先生做出杰出贡献。他最早将于阗所出的身上画着各种图案的佛像判断为《华严经》中的卢舍那佛，在其1936年发表的《西域华严美术的东渐》③与1937年出版的《敦煌画研究》④中率先梳理了于阗、龟兹、敦煌的"法界人中像"，并且由

---

① 〔日〕松本荣一：《敦煌画研究》，第179—180页。
② ［晋］佛陀跋陀罗译：《大方广佛华严经》卷六十，《大正藏》第9册，第784页。
③ 松本榮一「西域華嚴經美術の東漸」(上、中、下)，『國華』548，1936年7月；549，1936年8月；511，1936年10月。
④ 松本榮一『燉煌畫の研究』，東京：東方文化學院東京研究所，1937。中译本为《敦煌画研究》，林保尧、赵声良、李梅译，浙江大学出版社2019年版。

此构建出了华严图像从于阗传至龟兹再传汉地的过程。而后，德国学者格洛普[①]、美国学者威廉姆斯夫人[②]等人根据特林克勒、斯坦因等西方探险家在和田地区收获的资料进一步进行了探索，他们的研究主要偏重于对壁画、木板画中该题材的判断与梳理。

第二节　和田地区发现的卢舍那佛像

本节先对于阗所出的卢舍那佛像的特点、出土位置进行重新审视，威廉姆斯夫人在《于阗绘画的图像学研究》中整理了 20 件卢舍那佛像（文中称为宇宙佛卢舍那 The Cosmic Vairocana）[③]，其中有的判断是准确的，有的根据近年来的考古发现可知是其他题材，故而暂不放入此处讨论。2020 年，笔者赴大英博物馆对馆藏的所有出自和田地区的卢舍那佛像进行了调查，综合前人信息与近年来考古发现的成果，对于阗的此类作品重新整理了 18 例，具体信息如下：

1. Har.D（印度新德里国立博物馆藏）（图 5-3），这件珍贵的壁画残片为 1922 至 1923 年担任英国驻喀什噶尔副领事的哈洛尔德·伊凡·哈丁（Harold Ivan Harding, 1883—1943）从古玩商手中购得，据称出自巴拉瓦斯特遗址（Balawaste）的一座寺庙。现今发现的和田地区的卢舍那佛像，这是最完整的一件。佛面丰圆，五官紧凑，额中心绘有白毫，从残存的部分看当为结跏

[①] G. Gropp, *Archäologisches Funde aus Khotan, Die Trinkler-Sammlung im Übersee-Museum*.

[②] J. Williams, "The Iconography of Khotanese Painting", *East and West*, new series Vol. 23, No. 1–2, 1973, pp. 117–124.

[③] Ibid.

图 5-3　Har. D 卢舍那佛壁画残片，76.2cm×57.2cm，印度新德里国立博物馆藏
（田辺勝美、前田耕作編『世界美術大全集・中央アヅア』，図263）

跌坐、禅定印的坐姿。佛像上身赤裸，躯干、手臂绘有各种图案：肩头左右分别为月、日，脖下为一段项链，胸膛左右各绘制一八面摩尼珠与带有火焰的椭圆形摩尼珠。胸口正中的图案较为复杂：最下方为一个方形的水池，上为一个宝瓶状物体，其下部缠绕着两条蛇（龙），再往上为碗状的山石，最上为弯曲缠绕的藤蔓（一说火焰）。根据宝瓶状物体缠绕着蛇（龙）的特征，威廉姆斯夫人将之判断为须弥山，碗形的山石状物体为带有龟背纹的不知名动物，上方弯曲缠绕的藤蔓为"吉祥结符号"（The Śrīvatsa Symbol），它常出现在毗湿奴（Viṣṇu）和耆那教神灵蒂尔丹嘉拉（Tīrthaṅkara）的胸部。[①] 如果综合起来看，这组图案更像是生长一切福德的功德瓶。图案的左右各有一个圆环，下方为一匹奔驰的骏马。佛像腰部系有红色、宝珠装饰的腰带。上臂绘有外表装饰着树叶的梵筴，下臂绘有金刚杵。

2. 1925,0619,0.31（大英博物馆藏）（图4-8），为斯克莱因收集品之一。从最下方的莲台可以判断，这是一片佛像腿部的残片。佛小腿上绘有一座佛塔，点缀着圆圈纹、三角纹，大腿上有一只踩在云朵上的鸟。据格洛普的拼合，此块残片可能是Har.D卢舍那像的小腿部分。[②]

3. Bal.094（印度新德里国立博物馆藏），为卢舍那佛像小腹部分的壁画残片。根据编号可知出自巴拉瓦斯特遗址。正中绘有一匹奔跑的马，马身上绘有圆环，侧面有梵文字符"ka"（The

---

[①] J. Williams, "The Iconography of Khotanese Painting", *East and West*, new series Vol. 23, No. 1–2, 1973, p. 121.

[②] G. Gropp, *Archäologisches Funde aus Khotan, Die Trinkler-Sammlung im Übersee-Museum*, p. 132.

akṣara《ka》）[1]下方有圆环、六角星图案，另有一些小花朵点缀其上。

4. A16164（不来梅海外博物馆藏）（图 5-4），为立在莲花上的腿部壁画残片，出土地点未知。佛腿上绘有一座细长的宝塔。根据格洛普的拼接，此片壁画与 Bal.094 为一尊立佛的不同局部，从其拼接图看，此尊立佛颈部戴有华丽的项圈，胸口绘有 5 尊结跏趺坐佛像，腹部绘有马和六角星、圆轮等图案，小腿绘

图 5-4　A16164 壁画残片，45cm×27cm，不来梅海外博物馆藏
（G. Gropp, *Archäologisches Funde aus Khotan, Die Trinkler-Sammlung im Übersee-Museum*, Bremen: Verlag Friedrich Röver, 1974, Ⅶ）

---

[1] J. Williams, "The Iconography of Khotanese Painting", *East and West*, new series Vol. 23, No. 1–2, 1973, p. 118.

有佛塔，两足间有放射状莲花。①

5. Kha.I.W.0028（印度中亚古物博物馆Central Asian Antiquities Museum），为斯坦因第二次中亚探险时在喀达里克Kha.I佛寺所获。②Kha.I佛寺除了出土有精美的壁画之外，还发现了大量梵文佛教典籍（见本书第三章第一节）。这片壁画为佛像上半身的残片，佛头为四分之三侧面，背光中装饰着色彩鲜艳的卷草纹，脖颈带着短项链，左右肩绘有黄色的日、月图案，故而可以判断为卢舍那佛。佛头的上侧，绘有一个莲台，上残有双盘的腿，腿上绘有金刚杵图案，当同样为卢舍那佛题材。

6. Kha.I.C.0052（印度新德里国立博物馆藏），同样为斯坦因在喀达里克Kha.I佛寺所获③，为一胳膊部分壁画残片，上绘梵箧与叶片，另据斯坦因描述，壁画上有鎏金的痕迹。

7. Kha.I.C.0078（印度新德里国立博物馆藏），斯坦因在喀达里克Kha.I佛寺所获，为一莲台残片，上存有佛的右腿部分，可见腿上绘有"一个树形的波形饰，带有树枝，每个树枝上有一个圆形的浆果（？）。大腿上有三个同心的圆圈"④。

8. Kha.I.C.00118（印度新德里国立博物馆藏），为一真人大小的佛手残片，同样出自喀达里克Kha.I佛寺，其手指间有网缦，"掌上有神圣符号，它由三个周围围以小点的同心圆圈组成。大拇指甲很短，手腕上带有绿松石色的手镯。在手腕上似绘有三角

---

① G. Gropp, *Archäologisches Funde aus Khotan, Die Trinkler-Sammlung im Übersee-Museum*, p. 138.
② 〔英〕奥雷尔·斯坦因：《西域考古图记》第一卷，第446页。
③ 同上书，第417页。
④ 同上书，第420页。

形及圆圈（黄色）"①。手后方、背光中有小佛像。

9. Kha.I.E.0050（印度中亚古物博物馆藏）为一佛像的上半身残片，同样出自喀达里克Kha.I佛寺②，佛像为四分之三侧面站姿，接近真人大小，身穿黄色袈裟，内着有花瓣装饰的僧祇支，一手于胸前握袈裟角，其胸口绘有"吉祥结符号"。背光中的千佛坐在藤蔓缠绕的窠环之中。

10. Kha.0026（大英博物馆藏）（图5-5）为一佛像的上半身

图5-5　Kha.0026壁画残片，15cm×10cm，大英博物馆藏
（大英博物馆监修『西域美術　大英博物館スタイン・コレクシヨン』3，講談社，1984，図53-4）

① 〔英〕奥雷尔·斯坦因：《西域考古图记》第一卷，第427页。
② 同上书，第435页。

残片,为斯坦因收集或购买而得,可知出自喀达里克,但具体的位置信息已经丧失。佛像身穿浅绿色袈裟,边缘有花纹装饰,佛胸口带有项链,手掌心绘有周围是小点的同心圆圈。胳膊上绘有带叶片的金刚杵。

11. F.Ⅱ.ⅲ.2(大英博物馆藏 馆藏编号 MAS.459)(图 5-6),木板画,为斯坦因第二次中亚探险时在法哈特伯克亚依拉克ⅲ号佛堂发现。这块木板画被发现时位于已经坍塌的方形佛座不远处,旁边还有一块绘制着坐佛的木板画(F.Ⅱ.ⅲ.1),附近的墙根处还出土了5块木板画。从位置上来看,这些木板画当为献给寺院的供养品。此处佛堂与发现大量梵文、于阗文写经的ⅰ号、ⅱ号佛堂相邻,当为同一佛寺的不同殿堂。这块木板的上部被削尖了,当中绘有一身四分之三侧面站立的佛像,佛像带头光与身光,蓝色佛发,一手置于胸前,一手下垂微微外伸。其赤裸的身体上绘满各种图案,下半身穿着一件短

图 5-6 F.Ⅱ.ⅲ.2 卢舍那佛木板画,37.8cm×18.5cm×2cm,大英博物馆藏
(大英博物馆:MAS.459, https://www.britishmuseum.org/collection/object/A_MAS-459, 2018 年 3 月 18 日)

"托蒂"（short dhotī）。脖颈下戴着短项链，肩头左右绘着日、月，胸口与腹部绘着两身结跏趺坐佛，两上臂绘着梵箧，下臂各画了一只鸟，上身的空白处还点缀着几个小圆圈。年代约为6世纪。

12. D.Ⅳ.4（大英博物馆藏 馆藏编号 1907,1111.67）（图 5-7），双面木板画。这件作品为斯坦因1900年12月在丹丹乌里克 D.Ⅳ佛殿遗址所获。此处为"回"字形佛殿，当中有已经

图 5-7　D.Ⅳ.4 双面木板画，26.3cm×13.1cm×1.5cm，大英博物馆藏
（大英博物馆：1907,1111.67，https://www.britishmuseum.org/collection/object/A_1907-1111-67，2018年3月18日）

坍塌的巨型雕像。在绕殿通道墙的下侧，发现了此幅木板画以及《鼠王传说木板画》（D.Ⅳ.5 大英博物馆编号 1907,1111.68）。此外还有梵文经典写本与于阗语世俗文书发现，其中的一件文书（D.Ⅳ.6.1）提到了粟特人。① 在距离此处十余米的 D.Ⅴ居住遗址，发现了著名的《大历十六年（781）二月杰谢百姓思略牒》② 以及梵文佛典、于阗语、汉语文书。可知这一带为唐代杰谢镇的中心区域。D.Ⅳ.4 木板画两面都为一手在胸前施无畏印、一手下垂的立佛像，正面者身穿土红色的袈裟，有褐色头光与身光；背面者全身赤裸，仅腰间着短"托蒂"。尽管颜料脱落得十分厉害，还是能辨认出，其左肩绘有月亮、两下臂绘有金刚杵，大腿根处各绘有一个大圆圈，左腿小腿上绘有一座细长的佛塔。根据周边环境，其年代当在 8 世纪。

13. Har.033（印度新德里国立博物馆藏），木板画。这件作品也为英国驻喀什副领事哈丁从和田古玩商巴德鲁丁处购得。③ 木板上绘着一尊赤裸身体的跏趺坐、禅定印佛像，只穿着红色的短裙，其双肩绘有日月，上臂绘有梵箧，下臂绘有金刚杵，腹部有一个巨大的圆圈，腿部有分叉的线条，其上有圆环。

14. Har.031（大英博物馆藏 馆藏编号 1928,1022.138）（图 5-8），双面木板画。同样为哈丁购得，传出自达玛沟一带。④ 正

---

① H. W. Bailey, *Khotanese Texts*, V, p. 258. 转引自荣新江《丹丹乌里克的考古发现与研究（1986—2002 年）》，《丹丹乌里克遗址——中日共同考察研究报告》，第 42 页。
② 陈国灿：《斯坦因所获吐鲁番文书研究》，武汉大学出版社 1995 年版，第 540—541 页。
③ 〔英〕奥雷尔·斯坦因：《亚洲腹地考古记》第二卷，第 1486 页。
④ 同上。

第五章 《华严经》及卢舍那佛像研究 *161*

面为一身穿白色袒右袈裟的立佛像，为四分之三侧面站立，足下为一朵红色的莲花。右手举在胸前，为施无畏印，左手下垂于身侧，佩戴有项圈，裸露的右肩绘月亮、右胸绘有带火焰纹的椭圆形摩尼珠。右上臂绘有梵箧、下臂绘有金刚杵。背面为一位交脚坐在须弥坐上的菩萨，菩萨头戴宝冠、头巾披覆于头顶，面庞浑圆，身着红色半臂紧身衣，下穿绿色长裙，右手置于胸前，似持

图 5-8　Har. 031 双面木板画，26.6cm×12.9cm×1.2cm，大英博物馆藏
（大英博物馆：1928,1022.138，https://www.britishmuseum.org/collection/object/A_1928-1022-138，2018 年 3 月 14 日）

一物。

15. Har.036（印度新德里国立博物馆藏），为一横式木板画。同样为哈丁收集品。[①] 木板上绘着并排结跏趺坐的两尊佛像，头部均面向对方微侧，双目对视。一尊着红色袈裟、持禅定印。一尊仅着束腰布，其身上布满各种图案：脖子下方戴有短项链，上臂画着梵箧，胸部绘有同心三角与同心圆圈，身上空白处点缀着小圆圈。木板右侧有一身穿着深红色和绿色袍子的人物，面向佛像，可能为供养人。颜料被磨掉的地方露出黑色的婆罗门字母，背面有文字，"说明这是块古代的写板，后来被用来画画了"[②]。

16. Badr.075（印度新德里国立博物馆藏），木板画，可能被烟熏过，画面不清。可辨认出一身穿袈裟的结跏趺坐佛像，左肩上绘有太阳。

17. Skrine.D（大英博物馆藏 馆藏编号 1925,0619.34）（图5-9）竖式木板画，从上到下依次排列着三身坐像。第一身为穿红色袈裟的结跏趺坐佛，双手置于腹前。袈裟上绘满图案，其胸前绘着两个三角形组成的六角星图案，上臂为梵箧，下臂为金刚杵，腿部为分叉的线条，顶部有圆环，有小圆圈点缀于袈裟各处。

18. 丹丹乌里克CD4:01卢舍那像局部，壁画。为中国新疆文物考古研究所、日本佛教大学尼雅遗址学术研究机构2002年至2006年间合作的"中日共同丹丹乌里克遗址学术研究项目"发掘的壁画。此处遗址斯坦因编号为D.I。这块壁画位于东墙，

---

① 〔英〕奥雷尔·斯坦因：《亚洲腹地考古图记》第二卷，第1487页。
② 同上。

高 104 厘米，宽 97.5 厘米，尺寸较大。绘制着一尊立佛像、两身大禅定坐佛像、七身禅定小佛像。卢舍那像为壁面左侧禅定佛中最下方的一尊，佛像具圆形白色头光，淡蓝色圆形身光，身体赤裸，结跏趺坐，禅定印。头部为四分之三侧面，黑色肉髻，双目向右微微下视。脖颈戴短项圈，左肩绘太阳，右肩绘月亮。胸口为椭圆形摩尼珠。上臂绘有带叶片的梵箧，下臂绘金刚杵。右小腿绘一个树杈状装饰，分五枝，每个顶端为一圆球形。

根据出土地点、周边遗址和附近遗物情况进行综合判断，以上壁画、木板画的年代集中在 6 至 8 世纪之间。值得注意的是喀达里克遗址，在发现了众多佛教写经的 Kha.I 佛寺中，出土了 5 片卢舍那佛的壁画残片。可见此寺在营建、图绘时正是华严思想在于阗流行的时期。

图 5-9　Skrine. D 木板画，39.3cm × 11cm，大英博物馆藏

（大英博物馆：1925，0619.34，https://www.britishmuseum.org/collection/object/A_1925-0619-34，2018 年 3 月 14 日）

第三节 于阗卢舍那佛像的图像特点

就图像本身而言，不论壁画还是木板画，于阗的卢舍那佛像从姿态上分为立像、坐像两种，现在可以看到的完整的立像皆为右手在胸前结印、左手下垂于身侧的古老样式；坐像皆为结跏趺坐、禅定印。而不论立像还是坐像，赤裸身体还是身穿袈裟，身上的图案几乎遵循固定的配置，其配置方式如下表：

表 5-1 于阗卢舍那佛身图案配置表

身体部位	图像	案例
左右肩	日、月	Har.D、Kha.I.W.0028、F.II.iii.2、D.IV.4、Har.033、Har.031 Badr.075、CD4:01
胸腹部	须弥山	Har.D
	"吉祥结"	Har.D、Kha.I.E.0050
	椭圆形带火焰纹摩尼珠	Har.D、Har.031、CD4:01
	八面形摩尼珠	Har.D
	佛像	F.II.iii.2
胸腹部	大圆环	Har.D、Bal.094、Har.033、Har.036
	同心三角	Har.036
	三角形组成的六角星	Bal.094、Skrine.D
	马	Har.D、Bal.094
上臂	梵箧	Har.D、Kha.I.C.0052、F.II.iii.2、Har.033、Har.031、Har.036、Skrine.D、CD4:01
下臂	金刚杵	Har.D、Kha.0026、D.IV.4、Har.033、Har.031、Skrine.D、CD4:01
	鸟	F.II.iii.2
掌心	小圈环绕的同心圆	Kha.I.C.00118、Kha.0026

续表

身体部位	图像	案例
腿	佛塔	A16164、1925,0619,0.31、D.Ⅳ.4
	鸟	1925,0619,0.31
	金刚杵	Kha.Ⅰ.W.0028
	大圆环	Kha.Ⅰ.C.0078、D.Ⅳ.4
	分叉的波浪线（树杈），顶端为圆形（藤蔓叶片？）	Kha.Ⅰ.C.0078、Har.033、Skrine.D、CD4:01
其他部位	小圆环	Har.D、Kha.Ⅰ.C.00118、1925,0619,0.31、F.Ⅱ.ⅲ.2、Har.036、Skrine.D
	小三角	Har.D、Kha.Ⅰ.C.00118、1925,0619,0.31

从上表可知，于阗卢舍那佛像的常见配置为：左右肩头绘日月，胸腹绘"吉祥结"、圆环、三角、马、摩尼珠、须弥山等图案，上臂绘梵箧，下臂绘金刚杵，掌心画小圈环绕的同心圆，腿部绘佛塔或顶端为圆形的分叉波浪线（树杈状物），另外还会在身体空白处填画小圆环与小三角图案。

这些出现在佛身上的符号，从松本荣一开始就将它们与《华严经》的经文进行比对[①]，如：

> 佛子！当知此莲华藏世界海中，一一境界有世界海微尘数清净庄严。诸佛子！此香水海上有不可说佛刹微尘数世界性住，或有世界性莲华上住、或在无量色莲华上住、或依真珠宝住、或依诸宝网住、或依种种众生身住、或依佛摩尼宝王住；或须弥山形、或河形、或转形、或旋流形、或轮形、

---

① 〔日〕松本荣一：《敦煌画研究》，林保尧、赵声良、李梅译，第182—183页。

或树形、或楼观形、或云形、或网形。①

上文描述了莲花藏世界香水海中的种种世界形状，而这些法界众相又纳于如来法身，"无尽平等法界，悉充满如来身"②。类似的内容也见于于阗语《赞巴斯塔书》第三章慈悲之爱（On maitrā "love"）。这部分文字对应的汉译本为唐代提云般若所译的《大方广佛花严经修慈分》③，世间众多物象充斥如来身的观点在其中多次出现：

> 我此各肢体，皆由微尘聚。地、水风与火，和合而所成，虚空于其间，我诸微尘中。……其貌清净色，香馥质性柔。借此诸微粒，得见佛色身。复应细细思，佛身一切相，更有诸般好，皆由微粒构。④

世间种种构成如来法身，如来法身涵盖"诸微粒"。不仅如此，如来所发的菩提心也有种种具体的形象：

> 善男子！菩提心者，犹如种子，能生一切诸佛法故；……菩提心者，犹如净日，普照一切诸世间故；菩提心者，犹如盛月，诸白净法悉圆满故……菩提心者，犹如大海，一切功德悉入中故；菩提心者，如须弥山，于诸众生心

---

① ［晋］佛陀跋陀罗译：《大方广佛华严经》卷四，《大正藏》第9册，第414页。
② ［晋］佛陀跋陀罗译：《大方广佛华严经》卷一，《大正藏》第9册，第397页。
③ 段晴：《大方广佛花严经修慈分》，《于阗·佛教·古卷》，第57—58页。
④ 同上书，第87、97页。

平等故；……菩提心者，犹如莲华，不染一切世间法故；……菩提心者，如良善马，远离一切诸恶性故；……菩提心者，犹如金刚，悉能穿彻一切法故；菩提心者，犹如香箧，能贮一切功德香故；……菩提心者，如无生根药，长养一切诸佛法故；……菩提心者，如功德瓶，满足一切众生心故；……菩提心者，如鹅羽衣，不受一切生死垢故；……菩提心者，如佛支提，一切世间应供养故。（"入法界品"第三十九之十九）①

于阗发现的卢舍那佛身上的种种图案，如日、月、须弥山、马、功德瓶、金刚杵、梵箧、佛塔等能辨识出的图形也几乎可以与这段文字中对菩提心的描述相对应。由此本书认为于阗卢舍那像身上的种种图像并不是具体诠释某一段经文，也不是某种特定物象的图像化表现，而是选取了《华严经》中常见的、可视觉化的譬喻意象进行图绘，表现《华严经》的微言大义，与汉地的"卢舍那法界人中像"在思想上有根本的区别。

需要注意的是，于阗卢舍那佛像身上的图案并不是凭空创造的，有的图案来自于阗本土，体现了对本土物象的写照；有的则在印度教神圣符号中找到踪迹，说明了宗教之间图像的交融。

本书第三章第二节"《法华经》及其图像"部分已述，1925,0619,0.31号壁画残片上所绘制的佛塔具有相轮修长的特点，与楼兰佛寺遗址出土的L.B.Ⅱ.0034木质佛塔非常相似。同样，D.Ⅳ.4木板画与A16164壁画残片中绘于佛腿部的佛塔皆

---

① ［唐］实叉难陀译:《大方广佛华严经》卷七十八，《大正藏》第10册，第429—430页。

形体细长，相轮占到了塔总高度的三分之一至二分之一，故而卢舍那佛腿部所绘的佛塔很可能源自于阗本地的佛塔样式。此外，F.Ⅱ.ⅲ.2号木板画，佛胸、腹部所绘的两身结跏趺坐佛，虽然绘制较为潦草，但能清晰看到他们具有肉髻较小、身穿通肩大衣、双手交于腹前（似为禅定印）、背后有圆形头光与椭圆形大身光的特点。这种造型的结跏趺坐佛与和田地区流行的千佛壁画的坐佛造型非常相近，如丹丹乌里克遗址、托普鲁克墩2号佛寺遗址等均在壁面上大范围图绘这种类型的千佛。大英博物馆藏的1925,0619.23号壁画，为千佛局部，四身坐佛的面容相较F.Ⅱ.ⅲ.2号木板画局部精细，但服饰、动作乃至画面的主要结构线条都是一致的。

具体的、写实性图像以于阗本地的其他佛教物象为参照，卢舍那佛身上的一些抽象图案则与印度教中的神圣符号具有共通之处。德国学者施勒伯格（Eckard Schleberger）的《印度诸神的世界——印度教图像学手册》一书中整理了印度教中常见的吉祥结，这些图案"往往被画在前额或身体上，以符号的形式表现神祇或神性原则"[①]。其中三角形、两个三角组成的六角星形、圆环形都能在于阗卢舍那佛身上见到。展现了宗教间符号、图像的交流。

另一个值得深思的跨宗教、跨地域的图案，来自于Har.D壁画中卢舍那佛像的胸口。在对现存的18件于阗卢舍那佛壁画、木板画的整理中，可以发现Har.D是图像最为丰富，同时年代也可能是相对晚的一件。结合斯坦因在巴拉瓦斯特遗址的发掘

[①]〔德〕施勒伯格：《印度诸神的世界——印度教图像学手册》，范晶晶译，中西书局2016年版，第239页。

所得①，这件壁画的年代可能在8世纪以后。卢舍那佛的胸口图绘着方形的水池、两条龙缠绕着宝瓶状的须弥山、须弥山顶布满龟甲（或山石状）碗状物以及从中生长而出的卷曲缠绕着的复杂植物纹样。同样的纹样也见于Kha.I.E.0050壁画佛像的胸口。尽管威廉姆斯夫人根据缠绕"山体"的龙判断出了须弥山，将卷曲的植物纹定为毗湿奴和蒂尔丹嘉拉胸口的"吉祥结"，但是这种须弥山与"吉祥结"的组合方式并不见于印度或汉地，从形式上看，它很可能借鉴了流行于丝绸之路沿线诸地的德瓶图案。

德瓶，一作满瓶，其常见表现方式为插满花卉（莲花、莲叶）为主的宝瓶，是佛教图像中的常见装饰，因《大智度论》中载："天与一器，名曰德瓶，而语之言：'所须之物，从此瓶出。'其人得已，应意所欲，无所不得。得如意已，具作好舍、象马、车乘、七宝具足，供给宾客，事事无乏。"②故而学界多以德瓶称呼这种图像。③事实上瓶花图像并不限于佛教世界，世俗世界以及印度教等其他宗教领域也能看到它的影子。从时间与地域上看，瓶花图像广泛分布于中亚、印度、汉地，历时悠长，甚至可以远溯公元前1世纪至公元2世纪的帕提亚王国。④2至3世纪时，这种图案就已经出现在西域南道的鄯善地区，斯坦因在L.B.Ⅱ遗

---

① 〔英〕奥雷尔·斯坦因：《亚洲腹地考古图记》卷一，第199—213页。
② 龙树菩萨造，［后秦］鸠摩罗什译：《大智度论》卷十三，《大正藏》第25册，第154页。
③ 参见冉万里《瓶花盛开——德瓶纹饰的源流》，《丝路豹斑——不起眼的交流，不经意的发现》，科学出版社2016年版，第1页。
④ 参见林梅村《丝绸之路考古十五讲》，北京大学出版社2006年版，第125页；陈晓露《楼兰佛寺考》，北京大学2005年学士学位论文。

址就发现有木雕有翼兽相对中央花瓶而立的图案[①]（L.B.Ⅱ.0011、L.B.Ⅱ.0012、L.B.Ⅱ.0013），尼雅遗址 N.XXVI 屋舍也出土有两身怪兽守护花瓶的木雕板（N.XXVI.iii.1 正、反）（图 5-10）。和田地区的德瓶则成为供养人们礼拜的对象，如 1998 年瑞士探险家鲍默（Christoph Baumer）非法挖掘了丹丹乌里克遗址，在其编号为 D13（可能为斯坦因 D.X）的佛寺遗址墙脚，拍摄到了一家三口跪地、双手合十礼拜德瓶的壁画（图 5-11）。德瓶为小口鼓腹状，瓶口有绵延生长的花叶。[②] 与之相比，Har.D 卢舍那佛胸口"瓶花"的宝瓶部分，在下部添加了双龙，变成了须弥山；花朵部分，也已经脱离了花的形象特征，变成了一种卷曲缠绕、类似植物纹的抽象图案。故而卢舍那佛胸口的复杂图案，不完全是印度佛教或印度教的图像传入，而很可能是在西域南道流行图像的基础上进行的改造。

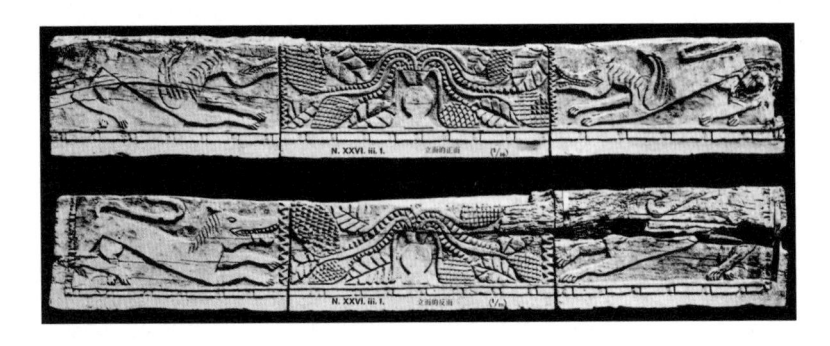

图 5-10　尼雅遗址出土怪兽花瓶木雕板（正反），253.37cm×22.23cm×36.83cm
（〔英〕奥雷尔·斯坦因：《西域考古图记》第五卷，图 18）

[①] 参见林梅村《丝绸之路考古十五讲》，第 125 页。
[②] Ch. Baumer, "Dandan Oilik Revisited: New Finding a Century Later", *Oriental Art*, XLV. 2, 1999, p. 12.

图 5-11 丹丹乌里克 D13 遗址供养人像
(Ch. Baumer, "Dandan Oilik Revisited: New Finding a Century Later",
Oriental Art, XLV. 2, 1999, p. 12.)

结　语

　　以上对卢舍那佛形象的梳理，可以发现同样是表现《华严经》中"佛身充满诸法界"的卢舍那佛，汉地的"法界人中像"侧重于表现佛身化现六道的神力，而于阗的卢舍那佛像则较为抽象复杂。通过对新疆和田地区发现的 18 例 6 至 8 世纪间的卢舍那佛壁画、木板画综合辨析，可知卢舍那佛身上的图案遵循着较为固定的规律：佛像肩头绘日月，胸口绘"吉祥结"和须弥山、摩尼珠等图案，腹部绘圆环、三角和马，上臂绘梵箧，下臂绘金刚杵，掌心画同心圆，腿部绘佛塔或顶端为圆形的分叉波浪线（树杈状物）。这些图案可与《华严经》中譬喻的物象相对应，以视觉化的图像表现华严思想。探究佛身图案的来源，可知既沿用了于阗原有佛教图像，如绘制于佛腿部细长的佛塔就是西域南道特有的样式；也吸收了其他外来宗教因素，如将印度教中的"吉祥结"绘于佛身；此外还将本土图像进行了改造，形成新的物象，如将西域南道流行的"德瓶"图案添改为须弥山。种种艺术表现上的继承与化用，充分展现了于阗佛教文化的多元性与复杂性。

第六章

于阗观音相关典籍与图像

从新疆和田地区发现的文本与图像来看，于阗的观音信仰有多种表现方式。文本方面，于阗5至6世纪时流行的《法华经》写本当中就保存有"观世音普门品"的部分。8世纪以后，观音在于阗已成为本土最受欢迎的菩萨之一，守护于阗的八大菩萨中即有他的名号。密教陀罗尼经咒中观音的愿力、功能囊括了求平安、生子、治愈疾病等人们日常生活需求。图像方面，现今出自和田地区的观音图像皆为壁画或木板画，这些作品里，观音秉承了犍陀罗传来的头戴化佛冠的图像学特征，故而容易被识别出。虽然技法、图像配置各有区别，但都体现了于阗民众对观音菩萨虔诚的信仰与发自内心的热爱。

第一节 于阗观音信仰的相关文本

现今出自新疆地区的《法华经》梵文写本残片已被编辑整理的有20份左右（诸位学者统计数字不同，本文以张丽香教授的最新研究成果为参考）[①]，其余还有大量残片散藏于世界各大博物馆。信仰大乘佛教的于阗是这些古老的《法华经》写本的主要来源之地。观世音的名号"Avalokiteśvara"在这些写本中多次出现，其中以观音信仰为主题的第二十三品"观世音普门品"在西域《法华经》梵文写本中亦多有保存。

根据日本学者辛嶋静志在其博士论文《〈法华经〉诸汉译本与梵本、藏译本的对比研究》中可知"观世音普门品"部分在出自西域的手稿中多有发现[②]，邦加德-列维和沃罗巴耶娃-吉斯雅托夫斯卡雅合著的《中亚发现的印度语文献（列宁格勒收集品）》（"Indian Texts from Central Asia [Central Asian Collection of the Manuscript Fund of the Institute of Oriental Studies]"）著录了彼得罗夫斯基收集的《法华经》残片、藏于印度事务部图书馆的斯坦因与勒科克收集品、霍恩雷写本、霍恩雷收集的来自和田喀达里克的《法华经》残片等。其中彼得罗夫斯基的两种收集品里"观世音普门品"的内容保存较为完整。另外辛嶋静志对1997年蒋忠新公布的旅顺博物馆藏和田出土的5至6世纪《法华经》梵本残片进行了检索，其中"Avalokiteśvara"一词出现了五次；而哈佛大学藏的5至6世纪出现了三次"Avalokiteśvara"的梵语

[①] 关于西域梵文写本的概述参见 Lore Sander, "Buddhist Literature in Central Asia", *Encyclopaedia of Buddhism*, G. P. Malalasekara *et al.*, Vol. IV, Colombo 1979；杨富学《论所谓的喀什本梵文〈法华经〉写卷》，《中华佛学学报》第7期，1994年；杨富学《从出土文献看〈法华经〉在西域、敦煌的传译》，《西域敦煌宗教论稿》，甘肃文化出版社1998年版；史桂玲《关于梵文写本〈法华经〉》，《南亚研究》2012年第3期；张丽香《中国人民大学藏和田新出〈妙法莲华经〉梵文残片二叶》，《西域研究》2017年第3期，第50页。

[②] 〔日〕辛嶋静志：《〈法华经〉诸汉译本与梵本、藏译本的对比研究》，北京大学1991年博士学位论文。

残片，当为"观世音普门品"的片段[①]。

梵文写经之外，安博尔特在和田获得的《法华经》藏文写本同样也有"观世音普门品"的内容。这部手稿共有169页。其中第18品至26品的内容保存较为完好[②]，上面还保留了吐蕃写经人的名字。德国学者西蒙松最早对这一写本进行了研究，并将其年代判断为8至9世纪吐蕃占领于阗期间。[③] 辛嶋静志在题为"An Old Tibetan Translation of the Lotus Sutra from Khotan The Romanised Text Collated with the Kanjur Version"（2005—2008）的四篇文章中对其进行了转写，并与现存《甘珠尔》中的《法华经》进行对勘，判断两者为同一译本，只是和田出土品的形态更加古老。[④] 由此可知吐蕃占领于阗期间，两地曾在《法华经》与法华信仰方面有着深入的交流，并且由于"观世音普门品"在和田发现的藏文译本中有所保留，很可能两地间也在观音信仰方面存在共识。

著名的经典之外，藏文文献《牛角山授记》《于阗教法史》

[①] H. W. Bailey, "Buddhist Sanskrit", *Journal of Royal Asiatic Society of Great Britain and Ireland,* 1955, p. 16. 又参见〔日〕辛嶋静志《〈法华经〉的文献学研究——观音的语义解释》，《中华文史论丛》2009年第1期，第202页。

[②] Seishi Karashima, "An Old Tibetan Translation of the Lotus Sutra from Khotan The Romanised Text Collated with the Kanjur Version" (1), *Annual Reports of The International Research Institute for Advanced Buddhology at Soka University*, Vol.Ⅷ, March, 2005, pp. 191-192.

[③] Nils Simonsson, *Indo-tibetische Studien. Die Methoden der tibetischen Übersetzer, untersucht im Hinblick auf die Bedeutung ihrer Übersetzungen für die Sanskritphilologie,* pp. 16-20.

[④] Seishi Karashima, "An Old Tibetan Translation of the Lotus Sutra from Khotan The Romanised Text Collated with the Kanjur Version" (1-4), *Annual Report of the International Research Institute for Advanced Buddhology at Soka University,* 2005. 3; 2006. 3; 2007. 3; 2008. 3.

《于阗国授记》中观音的名号出现在守护于阗的八大菩萨之中。完成于8世纪后期的《牛角山授记》①对守护于阗各伽蓝的八大菩萨记录如下：

> 尔时，天之天世尊"现在佛真实安住"（da ltar gyi sangs rgyas mngon sum du bzhugs pa）禅定与无数其他如来禅定。尔时，对诸入定者（ting nge 'dzin la snyoms par 'jug pa rnams）与修静虑者（bsam gtan pa rnams）行护持之大势至（mThu chen thob）菩萨于迦叶佛（sangs rgyas 'od srung）窣堵波前住，加持彼地，当彼国现，将有其影像。如是，以大誓愿安住之文殊童子菩萨亦加持牛角山未来将现能断（spong byed）伽蓝之地，使于彼修持者皆能得成就。如是，如虚空般力大无穷之虚空藏（Nam mkha' snying po）菩萨亦加持未来将现萨迦耶仙（'Jig tshogs spong byed）伽蓝之地，使之将成应供福田（mchod gnas）。如是，大悲圣观自在（sPyan ras gzigs kyi dbang phyug）菩萨亦加持未来将现具光（'Od can）伽蓝之地，以促其成就。如是，恒常仁慈之弥勒菩萨亦加持未来将现马斯囊野（Bi si mo nya）伽蓝之地，他将于彼安住。如是，行清净之地藏菩萨亦加持未来将现智山（Ye shes ri）伽蓝之地，使其适宜顶礼。如是，解脱调服众生无碍之药王菩萨亦加持未来将现马囊将（Ba no co）伽蓝之地，以促其成就。如是，具大神变之普贤菩萨亦加持未来将现僧护（dGe 'dun skyong）伽蓝之地，以促其成就。

---

① 朱丽双：《〈牛角山授记〉译注》，朱玉麒主编：《西域文史》第十四辑，科学出版社2020年版，第195—242页。

于是，世尊将瞿摩娑罗乾陀付嘱圣观自在、弥勒等八大菩萨与二万菩萨及其仙人，毗沙门、热舍等八大守护神及其三万五千五百眷属。①

在这一文献里八大菩萨的顺序为大势至、文殊、虚空藏、圣观自在、弥勒、地藏、药王、普贤。观音之名号在其中只排列在第四位。830年完成的《于阗国授记》②观音的位置则有所上升：

（尔时）文殊菩萨和观音菩萨等八菩萨、毗沙门、散脂夜叉大将、善女人无垢光和儒童金刚兄妹、天龙等被如来嘱咐永远护持（此境）。于是，文殊菩萨、弥勒菩萨、观音菩萨、虚空藏菩萨、地藏菩萨、普贤菩萨、大势至菩萨、药王菩萨、毗沙门及其三千眷属夜叉、散脂夜叉大将及其十万眷属、难胜天子及其一千眷属、虚空眼及其八千眷属、金华鬘天子及其五百眷属、热舍龙王及其一千眷属、阿那紧首天女及其一万眷属、他难阇梨天女及其五千眷属、善女人净光明、儒童金刚、意坚天子、诃梨帝母及其眷属等于世尊前起誓，承许护持于阗。③

这部文献里八大菩萨的名号与《牛角山授记》相同，只是排序略有不同，文殊从第二位上升至第一位，观音从第四位调整到第三

---

① 朱丽双：《〈牛角山授记〉译注》，《西域文史》第十四辑，第206、242页。
② 朱丽双：《〈于阗国授记〉的成立年代研究》，《西域文史》第九辑，科学出版社2014年版，第109—133页。
③ 朱丽双：《〈于阗国授记〉译注》（上），《中国藏学》2012年第S1期，第231页。

位。而在此之后的《于阗教法史》八大菩萨的名号有了明显变化：

> 今安住于阗之八大自成菩萨之名如下：金刚手即秘密主，今仍于牛头山最上层常边（Shong pya）住，圣观音于住萨野（'Ju snya）住，虚空藏于萨迦耶仙住，文殊和摩尼跋陀罗（Ma ni bha ba）二者于牛头山住，地藏于陀驴帝住，普贤于奴卢川（To la）之僧伽逋崟（Sang ga po long）住，药王于马囊将（'Ba'no co）住，弥勒于马斯囊野（'Basno nya）住。[1]

金刚手、圣观音、虚空藏、文殊、摩尼跋陀罗、地藏、普贤、药王八位菩萨住于于阗各地。其中金刚手与摩尼跋陀罗的名号在八大菩萨序列中第一次出现，而这两位都是密教经典中的常见菩萨、护法，如唐代一行所撰的《大毗卢遮那成佛经疏》（《大日经疏》）中载：

> 金刚手秘密主者，梵云播尼，即是手掌。掌持金刚与手执义同，故经中二名互出也。西方谓夜叉为秘密，以其身口意，速疾隐秘难可了知故。旧翻或云密迹。若浅略明义，秘密主，即是夜叉王也。执金刚杵常侍卫佛，故曰金刚手。
>
> 次于北门，当置毗沙门天王。于其左右置夜叉八大将，一名摩尼跋陀罗译曰宝贤。[2]

---

[1] 朱丽双：《敦煌藏文文书 P. t. 960 所记守护于阗之神灵——〈于阗教法史〉译注之三》，《敦煌研究》2011 年第 4 期，第 116 页。

[2] ［唐］一行：《大毗卢遮那成佛经疏》卷一、卷五，《大正藏》第 39 册，第 582、634 页。

可见830年之后，密教在于阗已经颇具气候。观音在于阗八大菩萨中上升为第二位，很可能也是受到密教的影响。菩萨安住、护持伽蓝与国土的思想最早源自和于阗渊源深厚的《大方等大集经》，其中"日藏分·护塔品"中记录了释迦付嘱鬼神、龙王等护持阎浮提世界的各处圣迹，守护于阗牛头山的为吃利呵婆达多龙王：

> 复以阎浮提内于阗国中水河岸上牛头山边近河岸侧，瞿摩婆罗香大圣人支提住处，付嘱吃利呵婆达多龙王，守护供养。①

而后在《华严经》"诸菩萨住处品"则延续了这一护持国土、圣迹的思想：

> 佛子！东方有处，名：仙人山，从昔已来，诸菩萨众于中止住；现有菩萨，名：金刚胜，与其眷属、诸菩萨众三百人俱，常在其中而演说法。南方有处，名：胜峰山，从昔已来，诸菩萨众于中止住；现有菩萨，名曰：法慧，与其眷属、诸菩萨众五百人俱，常在其中而演说法。西方有处，名：金刚焰山，从昔已来，诸菩萨众于中止住；现有菩萨，名：精进无畏行，与其眷属、诸菩萨众三百人俱，常在其中而演说法。北方有处，名：香积山，从昔已来，诸菩萨众于中止住；现有菩萨，名曰：香象，与其眷属、诸菩萨众三千

---

① ［北凉］昙无谶译：《大方等大集经》卷四十五，《大正藏》第13册，第294页。

人俱,常在其中而演说法。……摩兰陀国有一住处,名:无碍龙王建立,从昔已来,诸菩萨众于中止住。甘菩遮国有一住处,名:出生慈,从昔已来,诸菩萨众于中止住。震旦国有一住处,名:那罗延窟,从昔已来,诸菩萨众于中止住。疏勒国有一住处,名:牛头山,从昔已来,诸菩萨众于中止住。迦叶弥罗国有一住处,名曰:次第,从昔已来,诸菩萨众于中止住。①

与"日藏分·护塔品"的记载相比,实叉难陀译本的《华严经》"诸菩萨住处品"中菩萨守护各地的记录显得较为粗糙,并且于阗高僧实叉难陀将自己家乡的圣迹牛头山归于疏勒显然是有误的。但是借此经典,菩萨的驻地、道场思想在汉地逐渐形成。文殊菩萨的道场五台山在中唐时已经确立,普贤菩萨的驻地峨眉山在北宋时为民众所认知。而于阗在8世纪时已经出现了明确的菩萨驻地守护思想,据上述《牛角山授记》《于阗教法史》,观音菩萨的驻地为"未来将现具光伽蓝之地"与"萨野"。这两处具体地点虽已不可考,但可知观音信仰在此地的根深蒂固,并且与《大方等大集经》《华严经》中宣扬的菩萨驻地思想相结合,发展为于阗本地的护持菩萨。

这一时期于阗境内有专门供奉观音的佛殿,也当是符合事实。《于阗教法史》中对于阗王"地乳"记载有:

初,彼国之王名地乳(Sa nu)者,乃天竺阿育王(A

---

① [唐]实叉难陀译:《大方广佛华严经》卷四十五,《大正藏》第10册,第241页。

sho ka）之子。天竺阿育王出游而寻找国土，偕同众多军队和侍从，到此漫游。尔时于阗都城地方［刚由］海子［而成虚旷之地。其妃于此生一男孩。阿育王］集诸婆罗门和相者，令观其相如何。相者观之，［此子］乃具殊胜妙相，遂言道："王，与您相比，此王子更具权势。"王生嫉忌，怒，将其子抛弃于最初生之地。王抛弃［其］子之地，即今于阗都城北门内长佛堂旁、圣观音菩萨（A rya ba lo）居住之后面、护法神殿所住［之处］。①

文中记录了于阗都城北门长佛堂、圣观音居住之地和护法神殿的位置信息，可见 9 世纪上半叶时于阗已经有了专门供奉观音的佛堂，显然当时于阗佛寺已经具有多处功能不同佛殿，其规模之大、于阗佛教之昌盛可见一斑。

除了护持国土外，于阗观音的"功用"也具体到保护妇女不受胎死腹中、难产、小儿夭亡等苦难。于阗人认为这些情况是鬼神作祟，观音恰能对治这些恶鬼。中国国家图书馆收藏的于阗文《对治十五鬼护身符》载有：

于是，尊者观自在菩萨对释迦牟尼天佛以额头触脚，鞠躬行礼，并且对天佛这样说："仁慈的天佛，我于一切时护持众生。无论何人，只要他呼唤我的名字，持有此护身符，我将于一切时护持他。"……为了她们，我今说明咒，令她们能遣除孩童身上的疾病。千眼大天说了这番话："此

---

① 朱丽双：《敦煌藏文文书 P. t. 960 所记于阗建国传说——〈于阗教法史〉译注之二》，《敦煌研究》2011 年第 2 期，第 111 页。

番妙语知识,为圣人所说。我也予印契,为了给孩童们造福"……此护持(经)名曰《对治十五鬼》,尊者观自在菩萨于佛前宣说,以悲悯众生,若有女子不能生育,或者无男童,无儿子,或者石女,或者她的儿子不能成活,或者腹中不能怀子,或者丈夫对她十分粗暴。只要(她)携带此明咒,尊者观自在菩萨将如此保佑她,无论她有何种愿望,皆可得实现。①

此据称观音菩萨宣说的陀罗尼为一位于阗贵妇 Sävakä 所供养,生动展示了观音保护妇女、儿童的护生功能。而从此卷子来看于阗的陀罗尼密教颇为盛行。与观音相关的于阗语陀罗尼还见于贝利教授所著的《于阗文文献》第三卷,其中收录了伯希和在莫高窟所获得的于阗语残卷(P.3510)18 纸②,其中 a-g 部分为《观自在陀罗尼》《观自在赞颂》的内容。

第二节 于阗的观音图像

通过新疆和田地区发现的梵文、藏文、于阗文文献里观音的相关记载,我们可以窥探于阗观音信仰涉及对《法华经》及"观世音普门品"的信奉,《大方等大集经》《华严经》的菩萨驻地思想,以及密教内容。此外,观音的功能也逐渐世俗化,从护佑伽蓝到保佑妇女生产、儿童不为鬼神所伤等民众切身利益,也说明

---

① 段晴:《对治十五鬼护身符》,《于阗·佛教·古卷》,第 204—206 页。
② H. W. Bailey, *Indo-Scythian Studies, being Khotanese Texts*, Vol.Ⅲ, Cambridge: The Cambridge University Press, 1956, p. 111.

第六章　于阗观音相关典籍与图像　183

了观音信仰在于阗的深入普及。

　　这一信仰背景之下，于阗也有不少观音图像发现。早在1至3世纪的犍陀罗地区，观音在演变中逐渐形成了头戴化佛冠的图像学特征。如今藏于巴基斯坦白沙瓦博物馆的观音菩萨立像，发冠正中即为一结跏趺坐佛（图6-1），这件作品出自萨尔依-巴赫洛古城遗址（Sahri-Bahlol），年代约为2至3世纪。中国境内的观音造像继承了头戴化佛冠的传统。根据这一特点，威廉姆斯夫人对藏于印度与大英博物馆的图像进行了检索，这些藏品均为斯坦因在和田所获。根据威廉姆斯夫人发表的图片①及斯坦因的发掘报告，外加笔者的调研成果，共整理出7件，对每件作品叙述如下：

图6-1　观音立像，高96.5cm，
　　　　白沙瓦博物馆藏
　　　　　　（作者摄）

---

① J. Williams, "The Iconography of Khotanese Painting", *East and West*, new series Vol. 23, No. 1-2, 1973, p. 130; Fig. 28-34.

1. Bal.03（印度新德里国立博物馆藏），这一残片为斯坦因1913—1916年间第三次在中国新疆探险时于巴拉瓦斯特遗址所获。据《亚洲腹地考古图记》记载："菩萨头像，右转3/4英寸（1.9厘米），略向下看，头饰精致。粉色肌肤，灰色项光，浅绿色光轮，红地。右边是灰色竖条，表面多磨损。7英寸×5.5英寸（17.78厘米×13.97厘米）。"[1] 菩萨有圆形耳环、项圈/璎珞等饰物。

这片壁画发现于巴拉瓦斯特一处佛寺遗址中，周围同时发现的还有Bal.02、Bal.05、Bal.094、Bal.098、Bal.0104等壁画残片。值得注意的是Bal.02上绘制了一座具有犍陀罗特色的建筑，由于没有图片发表，只能依靠《亚洲腹地考古图记》中的记录：

> 左边，在佛像后面是一棵栗色的树，树形似犍陀罗石雕及敦煌彩绸上所见的树。树冠呈椭圆形团块状。树旁是白色和红色的大块，其意不明。右边是一华盖，用红色勾画轮廓，下有柱形物支撑，其柱顶由一组倒转的三片棕榈叶组成。这些支撑着一个装饰性的柱顶过梁，上有一层阁楼，两翼有犍陀罗式柱子。柱顶有倒转的棕榈叶，呈爱奥尼亚柱头式。阁楼柱间的中楣呈鸟型。阁楼上方是一个叶顶饰，以神龛为中心，有横木和莲花。其下有圆锥屋顶，最上面有六层伞盖与圆盘。在华盖和树间是一只鸭子，面对神龛，浅绿色地。上方是装饰条纹带，分成长方形嵌板。[2]

---

[1] 〔英〕奥雷尔·斯坦因：《亚洲腹地考古图记》第一卷，第208页。
[2] 同上书，第207—208页。

第六章 于阗观音相关典籍与图像 185

从斯坦因的描述上看,这块残片很可能表现的是西方净土中的一部分,有树木、华盖、高层建筑、莲花以及一只鸭子。与《佛说无量寿经》中的"七宝诸树周满世界""在虚空中化成华盖,光色晃耀,香气普熏""讲堂、精舍、宫殿、楼观皆七宝庄严,自然化成,复以真珠、明月摩尼众宝以为交露,覆盖其上"①残片。浅绿的底色可能象征着"八功德水湛然盈满"的七宝莲池。观音的头像残片也与之一同发现,很可能是一个画面中的不同部分。据附表二、附表三可知,《无量寿经》《阿弥陀经》在于阗有一定的流行度,故而在于阗的佛寺壁画中出现西方净土以及阿弥陀佛的胁侍观音菩萨亦有可能。

2. F.XII.005(已遗失)(图6-2)。这是一尊非常优美的观音壁画,为斯坦因第二次在新疆探险时(1906—

图 6-2 F.XII.005 观音壁画残片,
78.74cm × 36.83cm
〔英〕奥雷尔·斯坦因:《西域考古图记》
第五卷,第263页

①[曹魏]康僧铠译:《佛说无量寿经》卷一,《大正藏》第12册,第370—371页。

1908）于法哈特伯克亚依拉克 F.XII 佛寺遗址所获。据《西域考古图记》的记录：

> 立菩萨（观音），四分之三右向；右手掌心向上放于胸前，托着长颈瓶，左手向下好像要拢起衣服。人物瘦削，大致属于印度-波斯风格。上半身裸体，仅有深红色披肩，上饰白色条纹，在胳膊上缠绕着；白布挂在肩后，上有几个结；有项圈，项链，臂钏，手镯。肤色浅品红，并以深品红和浅烧红色晕染。臀部以下垂落多彩的裙子，紧贴在腿上，两腿间起褶。裙子上白色与红色、绿色与黑色条纹交织，色彩斑斓。头戴莲花冠，花朵绽放，中央是禅定佛，镶珍珠边；长发披在肩后，深黑褐色并绘以密集的黑线。眼睛下视；鼻子长而直；耳朵拉长，但没有耳环。皮肤都以浅烧红色勾边，眼膜与眉毛用的也是这种颜色，但后者（除了鼻孔，两唇之间的分界线及左脸）用黑色加重了。后面是窄长的卵形背光和圆形头光。背光地子为浅绿色，头光的地子为灰绿色；两者都绘两层边，内边为深品红色，外边是一周浅黄色圆形团花。团花边缘为红色，中心红色和绿色交替。①

从斯坦因团队拍摄的照片来看（图 6-3），观音有着黑色的卷发，头冠中有坐佛，佩戴宽大的臂钏与项圈，胳膊被微微拉长，当是属于印度 8 至 12 世纪流行的波罗风格。这件作品发现

---

① 〔英〕奥雷尔·斯坦因：《西域考古图记》第四卷，第 287 页。

第六章 于阗观音相关典籍与图像

图 6-3 斯坦因所摄法哈特伯克亚依拉克 F.XII 佛寺遗址观音壁画
(〔英〕奥雷尔·斯坦因:《西域考古图记》第四卷,第 263 页)

于一尊衣裙鲜艳的佛/菩萨塑像(上部已残)旁边,观音上方绘有莲台上的坐佛。斯坦因通过该寺出土的梵文《法华经》残片、钱币将 F.XII 佛寺判断为 7 至 8 世纪[①],这与观音菩萨呈现出的时代风格也是接近的。从出土位置来看,这幅姿态优美的观音壁画可能是中间塑像的胁侍。

3. Kha.I.C.0054(印度中亚古物博物馆藏)(图 6-4)。为斯坦因第二次在新疆探险时于喀达里克 Kha.I 佛寺遗址中发现。这座方形大型佛寺中出土了大量精美的壁画,但是由于自然条件及

---

① 〔英〕奥雷尔·斯坦因:《西域考古图记》第四卷,第 272—273 页。

188 沙海浮图：中古时期西域南道佛典与图像

图 6-4 喀达里克 Kha.I. C. 0054 观音壁画残片，44.45cm×38.1cm，印度中亚古物博物馆藏

（〔英〕奥雷尔·斯坦因：《西域考古图记》第五卷，图 12）

人为的挖掘，大多残破不堪。斯坦因将其废弃的年代判断为 8 世纪前后。[①] 据《西域考古图记》的记载，这片观音壁画残片情况如下：

> 系由碎块拼合，可看见菩萨像上半身，菩萨像头左侧，

---

① 〔英〕奥雷尔·斯坦因：《西域考古图记》第一卷，第 367 页。

左肩及右臂上部均残毁。菩萨像黑长发，白色长发带下垂于右肩和右臂，头饰冠，冠前有禅定佛，面庞圆，长耳，嘴和鼻子小，眼睛长而朦胧。颈有三重粗项饰，前两重项饰黄色，分别下垂于颈下，第三重项饰绿色，垂至胸前，有珠子和黄色（黄金）饰物。右手上举自胸前，手掌向外张开，掌绘手纹（？）。手腕饰镯，臂饰钏。上身裸，黄色披巾仅见右臂肘部，细腰。圆形项光暗绿色，边粉红色，其外用白色晕影处理，椭圆形背光绿色，双边红褐色，外边色较暗，其外缘绘细白色线，内边里缘绘白色小联珠纹。菩萨像背光右侧之外，可见三个坐佛像。坐佛像黑发，红褐色袈裟，项光红褐色，背光椭圆形，浅绿色。背光之外为白点黄边，黄边外由红色花瓣组成椭圆形外缘。在三个佛像之间，以分别上卷和下卷的卷叶纹分割，轮廓线红色。该壁画的特点是多用白色。17.5 英寸 ×15 英寸（44.45 厘米×38.1 厘米）。[①]

这件壁画作品虽然残破，但是留存的部分却生动显示了其艺术表现手法。画面中的观音为正面像，面庞圆润，眉眼修长，口鼻小巧，显得面部五官较为舒展。而其肩部宽厚，白色缯带垂于肩后，手臂佩有宽大的臂钏。这些图像细节与 2006 年 10 月中国社会科学院新疆考古队在和田策勒县达玛沟喀拉墩 1 号遗址发现的多臂菩萨壁画残片（06CDKF1:001）高度相似。与之相近的还有敦煌藏经洞所出的 Ch.xxii.0023 号《瑞像图》藏于大英博物馆部分中的菩萨残片。三幅作品中菩萨肩臂的弧度、白色的缯

---

① 〔英〕奥雷尔·斯坦因：《西域考古图记》第一卷，第 417 页。

带、臂钏的款式等等细节几乎一致，由此可以判断三件作品的年代相去不远。喀拉墩1号佛寺的建成年代被认为是7世纪[①]，Ch.xxii.0023号绢画的绘制年代也被判断为7至8世纪[②]，故而Kha.I.C.0054观音像的绘制年代当与之相去不远。

4. Kha.I.C.0056.C（印度新德里国立博物馆藏）为彩色木板画残片。与上件作品一同被发现于喀达里克Kha.i佛寺，同样据《西域考古图记》的描述：

> 顶部、左侧及右侧下部分残破。在右边原始边缘部位存有树皮痕迹。绘有坐佛像，着绿色衣服及红色上衣，双手一起放置在股上。绿花瓣莲花座上绘有粉红色蕊、褐色外侧射线（萼片）以及黄色种子的导管。像上部分刮擦得很厉害，几乎不可辨认。莲花座下面，在浅黄色地上是一只相对大的人的左眼以及内眼角（已残破）。此面部特征与上部分的关系不清楚。所有眼以下部位的色彩均已不存。做工好。14.75英寸×3.25英寸（37.47厘米×8.26厘米）。[③]

整件作品残损严重，仅能看到头冠上的禅定佛像，值得注意的是这件作品虽然仅存一个局部，但是尺寸较大，可以推想整件完整作品的大小。如此巨大的作品在和田地区发现的木板画中也是罕

---

① 中国社会科学院考古研究所新疆考古队：《新疆和田策勒县达玛沟佛寺遗址的发掘与研究》，第323页。
② 〔英〕罗德瑞克·韦陀编集、解说：《西域美术：大英博物馆斯坦因蒐集品》第二卷，林保尧编译，台湾艺术家出版社2019年版，第80页。此处转引自张广达、荣新江：《敦煌"瑞像记"瑞像图及其反映的于阗》，《于阗史丛考》，第189页。
③ 〔英〕奥雷尔·斯坦因：《西域考古图记》第一卷，第418页。

见的。

5. Har.037（印度新德里国立博物馆藏）为彩色木板残件。是英国驻喀什噶尔副领事哈丁收集的新疆和田文物之一。这件文物于1923年捐赠给了印度新德里的中亚古物博物馆，今藏于新德里的印度国立博物馆①。据《亚洲腹地考古图记》附录 M 中发表的弗雷德里克·亨利·安德鲁斯（Frederick Henry Andrews）编写的《从和田带回来的文物目录 承驻中国领事馆的 H. I. 哈定先生热心提供》著录信息如下：

> 正面，画立姿观音像。左手在大腿附近，持净瓶。袍子下半部分红色，披巾大概是深绿色的，磨损很严重，左侧缺失。是对 Har.042 比较拙劣的模仿。背面。除了一个粗略画成的头的上半部分外，都已磨光。头的脸部饱满，戴简单的 Mukuṭa. 10 英寸 ×2.75 英寸 ×0.25 英寸（25.4 厘米 ×6.99 厘米 ×0.64 厘米）。②

这件作品绘制得较为潦草，观音头戴的三珠式头冠、圆润的脸庞与小巧紧凑的五官依然清晰可见。

6. Har.042（印度新德里国立博物馆藏）为彩色木板画。同据安德鲁斯的记录，这件作品情况如下：

---

① 关于这批文物的来历，另参见王冀青《和阗文物哈定收集品获自摩尔多瓦克说》，《敦煌学辑刊》2012年第2期，第135—143页。
② 〔英〕奥雷尔·斯坦因：《亚洲腹地考古图记》第二卷，第1487页。

画有立姿菩萨，可能是观音。菩萨¾朝左，右手持莲花，左手下垂，持卵形瓶。头发很长，戴植物构成的 Mukuṭa。胸衣黄色，已变色；肩附近的胳臂上装饰着涡卷饰。裙子很紧，粉色，点缀着由三个点构成的图案。窄披巾深绿色，背光和项光边是深红色。木板左上角和右上角被削掉了，表明严重磨损。画面底下有婆罗迷文字的痕迹。10.625 英寸 ×3.375 英寸 ×0.376 英寸（26.99 厘米 ×8.57 厘米 ×0.96 厘米）。[①]

这身立姿观音像的身形清楚，其略微低头下视的动作显得优雅而含蓄。需要说明的是木板上端的左右角被削去可能并不是

[①]〔英〕奥雷尔·斯坦因：《亚洲腹地考古图记》第二卷，1488 页。

第六章 于阗观音相关典籍与图像 193

图 6-5 Skrine B 木板画，15.1cm×55.8cm，大英博物馆藏
（大英博物馆：1925，0619.33，https://www.britishmuseum.org/collection/image/1132762001，2018 年 3 月 14 日）

因为损坏后所为，大英博物馆藏 1928,1022.135（Har.038）、1928,1022.139、Mas.459 号木板画皆是如此，为和田出土木板画中的一个类型。从现有材料来看，这种形制的木板画上绘制的多为单身或多身尊像，可能为献给寺院的供奉品或者信众礼拜之用。

7. Skrine B（大英博物馆藏）（图 6-5），馆藏编号 1925,0619.33。为一块较为完整的彩色木板画。这件作品出土地点不详，为斯坦因所获，由斯克莱因捐赠给大英博物馆。[①]

木板上四尊神灵并排而坐，中间有供养人或坐佛点缀。左起第一身为粟特形男性神祇，头顶冠冕不清（可能为三珠冠），黑

[①] 参见大英博物馆：木板画，https://www.britishmuseum.org/collection/object/A_1925-0619-33, 2018 年 3 月 14 日。

色长发披于肩头，头后有土红色头光，长眉大眼，唇上有八字胡，身穿土红色交领窄袖长袍，衣领、前襟、袖口有蓝底白点的滚边装饰。交脚坐，右手置于大腿上，左臂曲肘置于胸侧，手持灯状物（双层碟形），腰间束有腰带，左膝边绘有一束火焰。其左侧上方绘有一身穿红色通肩袈裟的结跏趺坐佛，下方有一身黑色短发、穿白色交领窄袖袍、带红色滚边的供养人，这身供养人为立姿，面向粟特形神祇，双手合十持花，身形较小。最下为一身双手合十的侧身供养人，仅见上半身。左起第二身为交脚而坐的菩萨，头冠中可见结跏趺坐佛，知其身份为观音菩萨无疑。菩萨有着黑色的长发，土红色的头光，淡黄、赭石、土红色的三重圆形身光。为四分之三侧面，杏眼厚唇，面部略有晕染，显得较为立体。其脖颈较短，上身赤裸，下身穿红底白花长裙，赤双足。淡黄色的帔帛搭在菩萨的肩部，双手皆曲肘置于胸前，持物不清，有金色项圈、臂钏、手镯、脚镯装饰。其左侧跪着一位年轻的女性，锥状发髻，身着交领广袖裙，似为唐代汉地女子装扮，双手合十，表情虔诚。左起第三身也为粟特形神灵，黑发，有土红色圆形大身光，脸庞圆润，可能为青年男性或女性，身穿交领窄袖袍子，蓝底上有红色条纹装饰，并且有红色同心圆状的胸甲，双手置于胸侧，右手持黑色长棍状物，足穿黑色长靴。左起第四身为男性神灵，头冠不清，黑色短发从头两侧上翘，有圆形土红色头光。大眼阔口，面向右微侧，其服饰与中间的神祇相同，皆为蓝色镶嵌红色条纹袍服，腰间束有圆环连接的衣带，右手持三叉戟，左手放于腿上。

与以上观音题材的壁画、木板画相比，这件作品是最特殊的。威廉姆斯夫人将这四身神灵从左自右依次判断为国王（King？）、观音（Avalokiteśvara）、毗沙门天（vaiśravaṇa）、散脂夜叉（Sañjava）[①]，但是并未说明判断依据以及彼此间的关系。尽管斯坦因在丹丹乌里克遗址发现的 D.X.3 木板画（大英博物馆馆藏编号 1907,1111.72）正面为三身粟特形神灵，背面为两身佛像、两身菩萨像，但是和田地区出土文物中将观音菩萨与粟特形神灵绘制在一起的作品还是非常少见的。出现这种佛教与粟特形神祇并置的情况有两种可能性：一为由于粟特人在西域南道上的活动，粟特神灵在于阗已经被本地化甚至是佛教化了，故而 Skrine B 木板画上的都是佛教神祇，虽然其具体身份暂时不明；二为观音信仰在于阗已经本土化，融汇于于阗的本地信仰、民间信仰之中。无论是哪一种可能性，都展示了观音在于阗强大的信仰基础。

除了以上材料之外，还有一例可能是观音的壁画进行补充。前文已述于阗曾有为数不少的观音相关的密教典籍发现，根据画史记载，初唐时于阗籍画家尉迟乙僧曾于长安慈恩寺塔画千手千眼观音，"凹凸花面中间千手眼大悲精妙之状，不可名焉"[②]，说明 7 世纪上半叶时于阗的密教观音已经颇为流行。前文中所列达玛沟喀拉墩 1 号佛寺遗址中发现的菩萨壁画残片（06CDKF1:001）（图 6-6），为正面像，脸庞圆润，眉心及手心中绘有慈眼，残存的持物有莲花上的坐佛、佛钵以及内有玉兔捣药的月亮。月亮是千手观音的常见持物，佛钵与莲花坐佛不见于经典、仪轨，可能为千手观音的民间表现形式。同时，喀拉墩 1 号佛寺遗址还有

[①] J. Williams, "The Iconography of Khotanese Painting", *East and West*, new series Vol. 23, No. 1-2, 1973, p. 130; Fig. 34.

[②] [唐] 朱景玄：《唐朝名画录》，载何志明、潘运告编著：《唐五代画论》，湖南美术出版社 1999 年版，第 87 页。

图 6-6　喀拉墩 1 号佛寺遗址多臂菩萨残片，50.5cm×52.2cm，和田地区博物馆藏
（中国新疆文物考古研究所、日本佛教大学尼雅遗址学术研究机构编著：
《丹丹乌里克——中日共同考察研究报告》，彩版 79-1）

数片表现千手的壁画残块发现（06CDKF1:002、06CDKF1:004、06CDKF1:005）[1]，故而这一残片的题材为千手千眼观音的可能性很大。8 世纪后半吐蕃统治时的于阗，可能受到吐蕃佛教的影响，于阗佛教密教化的倾向愈加强烈，有力推动了密教观音的流行。

---

[1] 中国社会科学院考古研究所新疆考古队：《新疆和田策勒县达玛沟佛寺遗址的发掘与研究》，《丹丹乌里克遗址——中日共同考察研究报告》，第 317 页。

结　语

通过对于阗观音相关文本、图像的梳理，可知此地观音信仰兴盛，主要有以下几个方面的体现：首先，由于《法华经》在于阗显赫的地位与广泛的流行度，"观世音普门品"也被推广。于阗发现的多件写本，如彼得罗夫斯基收集品与旅顺博物馆藏《法华经》梵本皆能证明这一点。并且尼尔·安博尔特在和田所获的古藏文《法华经》中包含"普门品"内容，说明观音信仰已是于阗与吐蕃佛教交流的内容之一。其次，《大方等大集经》"日藏分·护塔品"和《华严经》"诸菩萨住处品"中宣扬的释迦付嘱菩萨与鬼神守护阎浮提世界的思想被本地化，形成了守护于阗众多伽蓝、圣地的于阗八大菩萨，观音菩萨即位列其中，体现了观音信仰与菩萨驻地思想的融合。特别是8世纪晚期至9世纪中期，由于密教在于阗兴起，使得观音的地位也有所提高。

图像方面，和田地区发现的观音图像延续了犍陀罗地区头戴化佛冠的图像学特征，易于辨识。现今发现的观音像多为胁侍菩萨，也有与粟特形神祇并置的情况及密教观音尊像，涉及西方净土信仰、佛教-祆教图像的混同等思想，可补充文本之不足。总之，由于其护持国土、庇佑众生的功能，观音在于阗颇为民众尊崇，9世纪时佛寺中可能配置有专门的观音殿。观音相关典籍、图像的传播，也是丝绸之路上文化交流的重要内容。

第七章

"蚕种东来"图像研究

李希霍芬将中国与中亚、中国与印度间的贸易通道命名为"丝绸之路",可见在早期西方学者的视域内,丝绸是勾连这条道路的重要货物。中国的丝绸向印度、中亚甚至远涉古罗马的传播使之成为西方国家最早接触中国的媒介之一。现今,丝绸之路沿线的各个遗址点也多有丝织品出土。但是根据迄今为止的考古发现,丝绸之路上最早以图像方式表现丝绸、蚕种传播故事的作品,则是发现于新疆和田地区的"蚕种东来"木板画以及可能是丝绸公主的壁画残片。

第一节 "蚕种东来"的文本

"蚕种东来"的故事最早见于玄奘的记载。唐贞观十八年(644),取经归国的玄奘在于阗(玄奘记为瞿萨旦那)停留了七八个月之久。讲经说法之余,玄奘还游历了于阗的诸处名胜。《大唐西域记》"瞿萨旦那国"中记录的于阗风土人情、佛教圣迹

多达十二条,仅次于着笔最多的"摩揭陁国"(摩揭陀国)。其中就记载了专门纪念蚕种的麻射僧伽蓝:

> 王城东南五六里,有麻射僧伽蓝,此国先王妃所立也。昔者此国未知桑蚕,闻东国有也,命使以求。时东国君秘而不赐,严敕关防,无令桑蚕种出也。瞿萨旦那王乃卑辞下礼,求婚东国。国君有怀远之志,遂允其请。瞿萨旦那王命使迎妇,而诫曰:"尔致辞东国君女,我国素无丝绵桑蚕之种,可以持来,自为裳服。"女闻其言,密求其种,以桑蚕之子,置帽絮中,既至关防,主者遍索。唯王女帽不敢以验。遂入瞿萨旦那国,止麻射伽蓝故地,方备仪礼,奉迎入宫,以桑蚕种留于此地。阳春告始,乃植其桑,蚕月既临,复事采养。初至也,尚以杂叶饲之,自时厥后,桑树连荫。王妃乃刻石为制,不令伤杀,蚕蛾飞尽,乃得治茧,敢有犯违,明神不祐。遂为先蚕建此伽蓝。数株枯桑,云是本种之树也。故今此国有蚕不杀,窃有取丝者,来年辄不宜蚕。①

这个优美的故事生动展示了机敏的东国王女将蚕种藏入帽子混出关卡,最终将蚕桑技术带入于阗的过程。由于蚕种的珍贵,故而王妃"刻石为制,不令伤杀"。但是令人奇怪的是,玄奘参访的麻射僧伽蓝是一座佛寺,于阗蚕种为什么会与佛教产生联系?玄奘并未说明。

---

① [唐]玄奘、辩机原著,季羡林等校注:《大唐西域记校注》,第1021—1022页。

关于这个问题的答案,可在编成于830年的藏文文献[①]《于阗国授记》中找到:

> 自尉迟毗梨耶王修建瞿摩帝伽蓝,尔后二代于阗王未建其他伽蓝,尔后尉迟阇耶(dza ya)王娶汉王之女你沙罗(pu nye shwa ra)为妃。彼汉王之女以所求桑蚕之种将来于阗国,于麻射(ma zha)地方养之。桑蚕未熟之际,一些不知详情之臣禀告[王]道:"尉迟阇耶王,汉王之女来做王妃者将来许多毒蛇,养在麻射,待其成长,恐将祸害地方,当如何处置?"[王]敕令:"放火烧养蛇房,全部烧毁。"王妃闻此,[自念]此时无法向王陈明详情,乃取少桑蚕,秘而养之。嗣后产出迦湿弥罗丝(kha cher dar)与丝绵(srin bal),[王妃]织成锦缎(dar)与绸子(men dri),出示于王,[且为]细说详情,王亦懊悔。[尔时]比丘尊者僧伽瞿沙(sang gha gho sha)自天竺来至于阗国,[王]邀为善友。王作忏悔,以净治杀死大批桑蚕之罪,建布达梨(po ta rya)与麻射窣堵波及大伽蓝,奉安诸多如来佛骨舍利。据诸尊者授记,为此,自春正月之始,即奉安世尊释迦牟尼之像于此麻射布达梨伽蓝。至今于阗之二部僧伽以及自国王、大臣以下至于士庶百姓,于每年春正月之始做供养,且皆集于布达梨伽蓝。此伽蓝亦威力无边,灵验无比。勒那婆罗(ratna ba la)与勒那首罗(ratna shū ra)二位天神承许作[此伽蓝]之守护神,至今神迹与瑞相常现。[②]

---

① 朱丽双:《〈于阗国授记〉的成立年代研究》,《西域文史》第九辑,第117页。
② 朱丽双:《于阗国授记译注》(上),《中国藏学》2012年第S1期,第251—252页。

与玄奘记录不同的是，这则文献并未讲述东国王女将蚕种带入的经过。它把重点放在蚕种传入后的经历之上。于阗王因听信大臣进言，烧毁了蚕房，杀死大批幼蚕。王妃出示锦缎之后，国王方得悔悟。为了忏悔杀生之重罪，遂在昔日养蚕之地建伽蓝，供奉释迦牟尼佛像，并蒙得守护神勒那婆罗与勒那首罗护佑。

将以上汉文、藏文文献对读，我们始得窥探这则"蚕种东来"故事的全貌：于阗王为得蚕种求婚东国→王女将蚕种藏入帽子混出关卡→在麻射地方养蚕→蚕未熟之时于阗王听信谗言烧毁蚕房→王妃私自藏蚕种，养成后制丝绸示王→于阗王建佛寺忏悔。玄奘将故事的重点放在蚕种的传来，可能由于他自己也是自盛产蚕丝的"东国"而来，故而着力渲染蚕种带入之艰难、东国王女之聪慧。

于阗不杀蚕的风俗也有其他文献佐证，如唐代高僧道宣在《续高僧传》"道休"中点评他"常祖三衣不服缯纩，以伤生也"[1]的善行时结合自己的经历谈道：

> 余曾参翻译，亲问西域诸僧，皆以布毡而为袈裟都无缯绢者，纵用以为余衣，不得加受持也。其龟兹于遁诸国，见今养蚕，惟拟取绵亦不杀害。[2]

于遁即是于阗，此地长期保持着养蚕而不杀的传统，以至于西域僧侣尽知。正是因为于阗王族对蚕种的保护，"他们只能等蚕蛾破茧后，将茧子抽松，再进行纺线，这样的工艺类似棉纺中的纺

---

[1] ［唐］道宣:《续高僧传》卷二十七,《大正藏》第50册，684页。
[2] 同上。

线，与中国缫丝的做法完全不同"[1]。这一习俗也得到了考古材料的佐证：贾应逸在对和田地区尼雅遗址出土的丝织品和屋于来克遗址出土的北朝红色绞缬绢综合分析后，发现这些丝织品所使用的丝线大多粗细不匀，疵点多，原因在于当地待蚕蛾破茧后才缫丝，导致蚕茧有破口，产生的丝断头多且纷乱，故而必须进行加捻再织造。[2]

第二节　和田发现的"蚕种东来"图像

目前，在"蚕种东来"故事的发源地新疆和田地区，共发现有两件美术作品与这个故事息息相关。

---

[1] 赵丰：《锦程——中国丝绸与丝绸之路》，黄山书社2016年版，第129页。
[2] 贾应逸：《新疆丝织技艺的起源及其特点》，《考古》1982年第2期，第177页。

图 7-1 《蚕种东来木板画》，12cm × 46cm，大英博物馆藏
（田辺勝美、前田耕作編『世界美術大全集・中央アヅア』，図256）

1. 英国大英博物馆藏《蚕种东来木板画》（Story of the Silk Princess）

这件作品馆藏编号为1907,1111.73（图7-1），为英国探险家斯坦因1900年第一次到达和田时获取于丹丹乌里克南部废墟的一座小寺庙中。斯坦因编号为D.X.4。木板长46厘米，宽12厘米，为横式构图，画面从左到右一共4身人物，左侧第一身为头戴扇形发冠、身着左衽交领短袖衫的女子，她伸手指着左起第二身女子的头冠。此女子位于画面最核心的位置，与左侧第一身衣着相同，梳高发髻，头戴装饰有宝珠的卷草形头冠，卷发披肩，面容秀美。这位女子右手前伸，身体前放置有一只装满椭圆形物品的碗。左起第三身为一四臂交脚坐于圆垫上的男性神灵，为四分之三侧面，唇上与唇下有髭须。身穿圆领短袖外衫，内着黑色、蓝色紧袖衣。右上臂持三角状锥形物，左上手持物不清，右下手于胸前持酒杯,左下手支于大腿上。足穿黄色带斑点的长靴。左起第四身为头戴扇形冠、手持"马梳"在织机边织布的女子。画面中的四身人物均带圆形头光。木板最右端是"一个看上去像一座带了四个塔楼或是尖顶饰的塔的小图像"[1]。整件作品以黑色短线条绘制而成,画面上大面积留白,只是在衣袖、宝冠、头光等细处涂以褐、蓝、黄等颜色。

斯坦因凭借对《大唐西域记》的熟悉,依据画面左起第二身女子指向的蚕茧,将这件作品判断为"蚕种东来"故事画,并认为画面中心戴卷草纹头冠的就是将蚕种带入于阗的东国王女,她旁边的四臂神灵可能是掌管蚕的天神。目前学界基本沿用斯坦因的观点。

据《古代和田——中国新疆考古发掘的详细报告》的记载,这件《蚕种东来木板画》的发现地D.X佛寺,是一座平面为长方形的佛殿,外部从南到北3.04米,宽2.9米。殿内外的墙壁上为排列整齐的千佛,殿内南墙附近有一尊几乎只剩木柱的佛像,殿内一个约7.6厘米高、12.7厘米宽的可能是放置供品的泥台上搁置着几块绘有图画的方板,"蚕种东来"木板画就是其中之一,另外三块比较清楚的有D.X.5、D.X.6、D.X.8,殿内还有一些婆罗迷文书页残片发现。[2] 由其发现的地点、位置可知,这件《蚕种东来木板画》为信众进献给寺院的供养品。

2. 俄国艾尔米塔什博物馆藏《蚕种东来木板画》(Icon with the Legend of Bringing Silk to Khotan)

---

[1] 〔英〕奥雷尔·斯坦因:《古代和田——中国新疆考古发掘的详细报告》,第273页。
[2] 同上书,第271—274页。

第七章 "蚕种东来"图像研究　205

这件作品馆藏编号为ГА-1125（图7-2）。为1894年俄国驻喀什总领事彼得罗夫斯基所购得，据博物馆信息，这件作品也出自丹丹乌里克。长49.5厘米，宽13厘米。画面为竖式构图，分为三层展开故事。画面最上方为四臂、交脚坐于圆毯上的男性神灵，其头部残损较为严重，可以看到他头戴宝冠，缯带垂于发侧，双目圆睁，身穿圆领短袖外衫，上两臂持物不清，左下臂支撑于大腿上，右手似于胸前持酒杯。下身着长裤、长靴，圆形毯子上绘有十字格花纹。第二层为两位面容清秀的女子，一身头戴高冠，黑发披于肩头，头后垂有头巾，身着圆领衫，双手置于一高足盆中；其旁相对一位跪坐侍女，梳单髻，发髻上插有步摇装饰。侍女一手持剪刀状物，一手

图7-2 《蚕种东来木板画》，
34cm×13.5cm，俄国艾尔米塔什博物馆藏
（田辺勝美、前田耕作编『世界美術大全集・中央アヅア』，图199）

持丝巾，举示前者。第三层为头戴扇形发冠并加以头巾的正面端坐女子，旁边一身着圆领衫的女子以手指其头冠。所有的人物均带有圆形头光。

这幅木板画为连续发展的叙事性绘画，画面上的情节与大英博物馆藏品有诸多相似之处，如端坐的可能是丝绸保护神的四臂神灵、女子手指发冠这一关键性情节的展现，故而与上幅作品为同一题材当是无疑。比对"蚕种东来"的故事内容，这件作品第一层为守护神灵；第二层王女双手探于盆中似乎在做临行前的准备，将蚕种藏于头冠之中。值得注意的是侍女为初唐女子装扮，点明了她们的故土。第三层为易服后的王女与侍女，侍女指出蚕种所在。相较于大英博物馆藏品，这件作品的构图方式与之不同，但是情节上显然更加丰富，两件作品都重点表现了侍女以手指王女发冠的标志性场景。

叙事性的作品以外，和田地区的出土文物中还有一些作品被学者们判断与蚕种东来故事相关：

1. 玛亚克里克遗址的四臂丝绸公主壁画

两幅木板画之外，斯坦因还在和田北部的玛亚克里克遗址（Mayakilk）编号为 Ta.i 的佛寺遗址右侧墙壁上发现了一位四臂女神像，在一身鼠王像的旁边。斯坦因根据其持物将之判断为丝绸公主，因只有斯坦因拍摄的老照片（图 7-3），故而此处引用斯坦因的描述：

> 刚才提到的画板，原来位于右侧的墙面上，也非常特别。上面画了一个站立着的四臂女神像，服饰华丽，有头光与背光。女像面对参拜者，目光向前，眼睛圆瞪。穿着紧身

图 7-3　斯坦因所摄玛亚克里克遗址四臂丝绸公主壁画

（[英]奥雷尔·斯坦因：《西域考古图记》第四卷，第326页）

上衣或大衣，下面覆盖到臀部。往下在上衣两襟后翻处，可见一件蓝夹袄，而在颈部的三条褶纹下面，只能看到它的一点低领。平展的胸部和低腰给这尊拘谨的女像增添了一点古怪的伊丽莎白风格。上衣两襟和紧身长袖上面装饰了精致的小白点花纹。这些小白点象征绣花，有可能也象征珍珠带。头像表现出匀称的年轻的容貌，除了长耳垂没有一点庄严的样子。头发平展地披在前额，直垂于头后耳旁的头发上戴着一顶黄色花冠。与它风格极为接近的是丹丹乌里克画板D.X.4左侧的女性所戴的花冠。头像左侧的花冠已经断落，由于同样的原因，左手所举的东西是不是一朵花，无法断定。右手所持的东西，呈圆形或卵形，白黄色，中央放射出浅品色细线。两只下臂僵硬地垂落在臀上，但是此处壁画磨灭殆尽，两手已无法辨认出来。在她的右肩上，这位女神背了一个小椭圆形花篮，里面伸出四片描绘清晰的细长叶子，在左侧的第一、第二片之间，出现了一个更小的卵形物，也许是另一片上卷的叶子，但也可以视为其他东西。[1]

从这段描述可知，这位四臂女神也是头戴扇形宝冠，身穿紧身上衣，左上手可能持了一朵花，右上手持有一枚蚕茧。背后有一个椭圆形花篮，花篮中伸出四片叶子。可能这尊丝绸公主已经被神化，在形象上将四臂的丝绸保护神与东国王女结合在一起，保留了标志性的蚕茧，从而能够被斯坦因辨认出来。

2. 其他

据威廉姆斯夫人《于阗绘画的图像学研究》一文，表现"蚕种东来"故事的还有出自丹丹乌里克的 D.Ⅱ.10 (《古代和田》)、出自喀达里克的 Kha.Ⅸ.10 (背)(《西域考古图记》)。[2] 这两件作品均为木板画，但是 D.Ⅱ.10 已经失存，Kha.Ⅸ.10 藏于印度国立博物馆，根据斯坦因与威廉姆斯夫人发表的黑白图片无法做出确定的判断，故而在此存疑。

"蚕种东来"的故事，实际上是以联姻为桥梁的民族交流、融合的故事。作为西域南道上的重镇，于阗是往来商旅、僧侣的

---

[1] 〔英〕奥雷尔·斯坦因:《西域考古图记》第四卷，第329—330页。
[2] J. Williams, "The Iconography of Khotanese Painting", *East and West*, new series Vol. 23, No. 1-2, 1973, pp. 147-150.

休憩补给之地，也是佛教、琐罗亚斯德教等宗教的中转站，作为一个多种文化交融之所，各民族宗教艺术的特点也在这两幅作品上有所体现。

第三节　技法与图像的交融

关于大英博物馆藏品（以下按照斯坦因编号称为 D.X.4）与艾尔米塔什博物馆藏品（以下按照馆藏编号称为 ГA-1125），威廉姆斯夫人曾在《于阗绘画的图像学研究》一文中专门进行过介绍。但是这些作品依然有研究的余地。

D.X.4 与 ГA-1125 虽然题材相同，也能看到他们运用了同一图式，但是从绘画技法上看，它们分别体现出两种风格迥异的艺术技巧。斯坦因在发掘英藏品时指出带入蚕种的王女为波斯类型。实际上，英藏品的绘画技法更类似于粟特绘画。画面中的人物以简单的短线条绘制而成，线条粗壮。与之同样的画法见于斯坦因与 D.X.4 同时发掘的 D.X.3。D.X.3 为一件双面图绘的木板画，背面绘制着四身佛与菩萨，正面则绘制着三身粟特神灵（图 7-4），根据威廉姆斯夫人的判断，左起第一身头带冠，手持金刚杵的是因陀罗（Indra），右起三面六臂的为梵天（Brahmā），中间一身未得判断。而根据德国学者马尔库斯·莫德（Markus Mode）在《远离故土的粟特神祇——近年粟特地区考古发现所印证的一些和田出土的粟特图像》[①]一文中将他们与塔吉克斯坦片

---

① M. Mode, "Sogdian Gods in Exile. Some Iconographic Evidence from Khotan in the Light of Recently Excavated Material from Sogdiana", *Silk Road Art and Archaeology*, Ⅱ, 1991/92, pp. 179-183.

图 7-4　D.X. 3 木板画正面粟特神灵，10.2cm×25.8cm×0.8cm，大英博物馆藏（大英博物馆：1907,1111.72, https://www.britishmuseum.org/collection/image/1083985001，2018 年 3 月 18 日）

治肯特（Panjikent）等粟特地区图像进行比对，判断他们为粟特神灵，分别是琐罗亚斯德教中的大神阿克巴（Adbag-ōhmazd），娜娜女神（Nanā），风神维施帕卡（Weshparkar）。从三尊神灵的服饰、形象来看，他们当是粟特神灵。两件作品一同放置在佛殿之中，很可能是同一位画师所作。与这两件作品相似的绘画手法，我们可以在出土于片治肯特的壁画残片上看到，如今藏于艾尔米塔什博物馆命名为《供养者》（Fragment of donors）（图 7-5）的壁画，双手持盘与钵的两位男子皆是以粗壮有力的短线条绘制而成，主要勾勒外轮廓线，衣纹较少，色彩只是略加平涂。尽管片治肯特与和田相隔甚远，但依然能看到绘画技法的传播。

　　而发生在丝绸之路上的图像、美术交流从来不是自西向东的单向传播，就像丝绸与蚕种一样，汉地艺术同样沿着丝绸之路的脉络向西流传。Γ A-1125 在线条的运用上能明确看出汉地绘画的影响。特别是第二段的表现，侍女向王女伸出的手臂衣纹绵密，并且能明显看出粗细变化，是常见的唐代人物画的技法。如唐代

图 7-5 《供养者》壁画，140cm×80cm，艾尔米塔什博物馆藏
（田辺勝美、前田耕作編『世界美術大全集・中央アヅア』，図 173）

张萱所绘《虢国夫人游春图》的宋摹本，骑马女子前伸、握住缰绳的手臂上排列有致的衣纹线。虽然ΓA-1125在表现技巧上与唐代中心地区仕女画的代表作还存在一定的差距，但是相似的线条技法昭显了于阗与唐王朝间的艺术联系。

艺术技巧之外，D.X.4与ΓA-1125两件作品中人物的服饰也颇值得注意。两幅木板画上，一共出现了三个地区的特色服饰。

第一为于阗本地服饰。D.X.4上左边起第一身、左起第四身的女子和ΓA-1125第三层左侧女子的头冠相同，为扇形竖棱头冠，两侧有系起的缯带装饰。斯坦因描述的玛亚克里克遗址里的四臂丝绸公主壁画，也是头戴这样的发冠。这一独具特色的发冠在和田地区多有发现，如策勒县达玛沟托普鲁克墩1号佛寺遗址出土的壁画02CDF1:0012，为一个容貌秀美的女性残片，能够清楚看到她头冠的样式以及头侧扎起的缯带。同在策勒县的喀拉墩1号佛寺发现的一身女性壁画残片也是头戴扇形竖棱头冠，这位女子没有头光，很可能是世俗供养人（图7-6）。2002年，中日共同丹丹乌里克考察队发现的壁画残片CD4:05中的诃梨帝母像，也是头戴扇形头冠，并在冠后佩戴头巾。此外，藏经洞所出的Ch.XXII.0023《瑞像图》里，穿着白色通肩袈裟的立佛像（图7-7），也是依据其头戴的扇形宝冠得以判断为于阗瑞像。[①] 可见这种竖棱扇形头冠为于阗人的常见装饰。更让人惊叹的是，竖棱扇形头冠并不是局限在于阗。日本京都仁和寺藏有两幅《水月观音图》，其中一幅上有时间地点都很清楚的榜题："大宋国泉州清信弟子陈成宗敬为小男法师祈求平安才（彩）画观音菩萨一慎拾（？）前须良门山中大殿求充供养时代辰宽治二年十一月初九日唐（？）释谨题。"（图7-8）可知，这幅《水月观音图》为宋代泉州信众陈承宗为儿子求得平安而绘制，而后被日僧于宽治二年（1088）带回日本。另外一幅（图7-9）虽然没有题记，但是画中面向观音躬身礼拜的男子头戴方折的乌角巾，身穿圆领窄袖袍服，为典型的北宋男子装扮，故而这幅画作为北宋作品当是无疑。男子礼拜的观音结半跏趺坐在层层堆叠的山石上，身着络腋、天衣。头戴的宝冠正是竖棱扇形头冠，头侧同样有系着的缯带。于阗、敦煌之外，佩戴竖棱扇形头冠的神祇或世俗人物仅见

[①] 参见张小刚《敦煌佛教感通画研究》，第298页；陈粟裕《从于阗到敦煌——以唐宋时期图像的东传为中心》，方志出版社2014年版，第116—117页。

图 7-6 喀拉墩 1 号佛寺女供养人壁画残片，60.3cm×57.8cm×1.6cm，和田地区博物馆藏
（中共策勒县委、策勒县人民政府：《策勒达玛沟——佛法汇集之地》，第 50 页）

图 7-7 Ch.XXII.0023《瑞像图》中的白衣立佛瑞像，原作尺寸 310cm×200cm，印度新德里国立博物馆藏
（Lokesh Chandra Nirmala·Sharma, *Buddhist paintings of Tun-huang* India: Niyogi books, 2012, p. 67）

图 7-8 陈成宗供养《水月观音》，高 31.6cm，日本京都仁和寺
（Chingling Wang, "True Identity Reconsidering a Fourteenth-Century Buddhist Painting of the Water-Moon Avalokiteśvara in the Rijksmuseum", *The Rijksmuseum Bulletin*, Vol. 66. No. 2 (2018), p. 109）

图 7-9 《水月观音》，高 31.6cm，日本京都仁和寺
（Chingling Wang, "True Identity Recon-sidering a Fourteenth- Century Buddhist Pain-ting of the Water-Moon Avalokiteś-vara in the Rijksmuse-um", *The Rijksmuseum Bulletin*, Vol. 66. No. 2 (2018), p. 108）

此一例。仁和寺藏品中观音菩萨的头冠与于阗的特色头冠高度相似，说明了随着西域南道上东、西方的交流，于阗服饰、艺术也曾向汉地传播，以至于宋代的水月观音会佩戴于阗特色冠冕，丝绸之路上图像交流的复杂性可见一斑。

第二为画面中四臂的神灵在动作与服饰方面体现出的粟特艺术特征。两幅木板画上，该神灵的形象较为固定，都为戴冠，身着窄袖内衣、外罩圆领短袖衫，下身穿长裤、着皮靴，面带胡须，多臂持物。和田地区出土的文物里，表现这一神灵的木板画还有大英博物馆 D.Ⅶ.6 号（背）木板画（图 7-10）、艾尔米塔什博物馆藏 ГA-1120（图 7-11）等作品①，D'jakonova 女士将之定为纺织的保护神（the Patron of Weaving）②。这些图像画面有简有繁，但其图像学特征较为明显。纺织神的形象显然来自粟特地区，今塔吉克斯坦片治肯特古城壁画中的多处人物服饰与之相近。此处遗址被学者们判断为昭武九姓中米国的钵息德城③，为粟特人聚居之处。如今藏于艾尔米塔什博物馆的壁画《宴饮的贵族》（Feasting Ones）（图 7-12）为一排 6 身宴饮的华服男子。他们交脚而坐的坐姿，一手拄于大腿上、一手置于胸前持酒杯的动作，与 D.Ⅶ.6（背）、D.X.4 上的纺织神前两臂的动作一致。需要指出的是交脚坐、一手拄腿上一手持酒杯的姿态为粟特艺术中的一个经典图式，除了上述之例外，粟特地区的实例还见于片

---

① J. Williams, "The Iconography of Khotanese Painting", *East and West*, new series Vol. 23, No. 1-2, 1973, pp. 147-148.
② N. D'jakonova, "Buddijskaja Ikona iz Sobranjia Petrovskogo", *Soobščenija Gosudarstvennogo Érmitaža*, XVII, 1960, p. 36.
③ 参见马小鹤《米国钵息德城考》，《中亚学刊》第二辑，中华书局 1987 年版，第 65—75 页。

图 7-10　D.Ⅶ.6 号（背）木板画，
33cm×20.2cm，大英博物馆藏
（大英博物館監修:『西域美術　大英博物館
スタイン・コレクシヨン』3，图 70-2）

图 7-11　《纺织保护神》木板画，
34cm× 13.5cm，艾尔米塔什博物馆藏
（田辺勝美、前田耕作編『世界美術大全集・
中央アヅア』，图 241）

图 7-12 《宴饮的贵族》壁画，136cm×364cm，艾尔米塔什博物馆藏

(Pavel B Lurje, Kira Samosjoek, *Expedition Silk Road Journey to the West: Treasures from the Hermitage*, Amsterdam: De Nieuwe Kerk, 2014, p. 183.)

治肯特Ⅵ.Ⅰ区壁画《圣火坛及宴饮图》①《皇室宴饮盘》等作品。②此外入华粟特人的石棺床上也能看到这一坐姿。如日本 Miho 博物馆藏的粟特石棺床 G 图上萨宝宴饮的场景里③，身形肥胖的萨宝就是这一姿态。故而于阗纺织神的姿势来源于粟特的经典图式当是无疑。

服饰方面，《宴饮的贵族》中男子穿着的圆领窄袖服在领口、袖口、两襟精致的滚边，以及腰间别着的弯刀，与 D.Ⅶ.6（背）上的纺织神非常相似，虽然服装的颜色、花纹有所不同，但为同款服装当是无疑。千里之外，山西太原南郊的隋开皇十三年（592）虞弘墓出土的石棺床上，墓主人虞弘的服饰、装扮也是如此。而 D.X.4 与 ΓA-1125 上纺织神的服装虽然形制简单，但亦能看出是对粟特华服的简化。

第三为 ΓA-1125 中跪坐在王女身旁的侍女。她所穿着的右衽窄袖齐胸襦裙为初唐时期女子的流行服饰，关中地区的大量初唐墓室壁画、陶俑仕女即是这种装扮。如唐龙朔三年（663）的新城公主墓（图 7-13），墓室中图绘了大批衣着明艳的年轻侍女，皆穿此类上襦紧窄、下裙修长的服装。发式方面，这位侍女头顶梳单髻，其上插着一只步摇。这种缠得较紧、矗立在头顶的发髻被称为"初唐式高髻"④，类似的发髻我们可以在长安地区有较为集中的发现。如唐景云二年（711）的章怀太子墓前室壁

---

① 参见姜伯勤《中国祆教艺术史研究》，生活·读书·新知三联书店 2004 年版，第 40 页。
② 参见〔俄〕鲍里斯·艾里克·马尔沙克《粟特银器》，李梅田、付承章、吴忧译，上海古籍出版社 2019 年版，第 21、101 页。
③ 参见姜伯勤《中国祆教艺术史研究》，第 82 页。
④ 孙机：《唐代妇女的服装与化妆》，《华夏衣冠——中国古代服饰文化》，上海古籍出版社 2016 年版，第 141 页。

第七章 "蚕种东来"图像研究 *219*

图 7-13　新城公主墓侍女壁画，155cm×280cm，陕西历史博物馆藏
（周天游主编：《新城、房陵、永泰公主墓壁画》，文物出版社 2002 年版，图 21）

画《观蝉捕雀图》（图 7-14）中，三位仕女立于树下，左、右两身皆为头顶部梳起高髻、发尾在髻底缠绕的发式。左侧披着红色帔帛的女子伸手拔出头侧的发簪，说明发髻上会佩戴头饰。再如唐神龙二年（706）永泰公主墓壁画侍女群像、唐高宗龙朔三年（663）至中宗神龙二年（706）间兴教寺石刻《捣练图》[①]中的劳作女性，都有不少梳"初唐式高髻"的人物。由于ΓA-1125 第二层左侧的王女残损较为严重，无法看出她的服饰特征。但是从面对她的侍女与 7 至 8 世纪初的长安女性服饰相仿这一细节上看，

[①] 参见杨涛、李孜宣《长安兴教寺石刻〈捣练图〉考》，《四川文物》2019 年第 4 期，第 72—73 页。

图 7-14　章怀太子墓《观蝉捕雀图》壁画，175cm×180cm，陕西历史博物馆藏
（周天游主编：《章怀太子墓壁画》，文物出版社 2002 年版，图 64）

她们当是从汉地而来。

　　另一个值得注意的细节是 D.X.4 左起第二身王女所佩戴的头冠。这种头冠由卷草纹组成，当中（额上方）镶嵌一颗宝珠（图 7-15）。类似的卷草纹头冠还可见于法国吉美博物馆藏 EO.1171 号敦煌绢画《阿弥陀净土图》残片中的观音菩萨像（图 7-16）。较之 D.X.4，此尊观音菩萨像的头冠更加复杂，卷草纹也为多层，但是从形似如意的卷草纹样上，还是能看出两者为同一头冠的不同变体。另外日本东大寺 749 年完成的卢舍那佛莲花座上镌刻的华藏世界，众多菩萨们也头戴以卷草纹为主体、

图 7-15 大英博物馆藏《蚕种东来木板画》公主局部，原作 12cm×46cm，大英博物馆藏

（田辺勝美、前田耕作編『世界美術大全集・中央アジア』，図 256）

间以莲花装饰的头冠。由此可见，这类卷草纹头冠曾经流行于唐代中心地区，进而辐射到敦煌及于阗，还流传到日本。D.X.4 上王女佩戴这种卷草纹头冠，可能也是为了彰显她的汉家身份。

尽管唐以前的正史中没有关于汉地公主和亲于阗的记载，唐史中也仅见于"尉迟胜"列传里"天宝中来朝，献名马、美玉，玄宗嘉之，妻以宗室女，授右威将军，毗沙府都督还国"[1]这样的记录。故而这位将蚕种传来的"东国王女"的籍贯、身份已不得而知。虽

---

[1] 《旧唐书》卷一百四十四《尉迟胜》，中华书局 1975 年版，第 3924 页。

图 7-16　EO. 1171 号绢画观音局部，全图 58.3cm×54.5cm，法国吉美博物馆藏
（ヅャン・フランンワ・ヅャリーヅュ、秋山光和監修
『西域美術：ギメ美術館ペリオ・コレクシヨン』1，図 20-2）

然有学者推测她可能来自楼兰或鄯善[①]，但是在当时于阗民众的心目中，这位对于阗做出杰出贡献的聪慧女性当是汉家公主。

贞观二十二年（648），唐王朝在龟兹建安西都护府，于阗为"安西四镇"之一，此后直至贞元七年（791）于阗为吐蕃所占。在一百五十年间，虽然吐蕃等势力多次控制于阗，但此地与唐王朝一直保持着密切的关系（参见下表），于阗的木板画上出现标

[①] 参见黄文弼《汉通西域后对西域之影响》，《黄文弼历史考古论集》，第 59 页；林梅村《楼兰公主与蚕种西传于阗和罗马》，《文物天地》1996 年第 4 期，第 12—15 页。

准的唐代仕女形象也是合理的。进一步推论,俄藏 ΓA-1125 的绘制年代当在初唐。

表 7-1　正史里于阗与唐王朝的交往记录表

年代	于阗与唐王朝的交往
贞观二十年（647）	伏阇信入长安朝贡（《旧唐书》卷三《太宗本纪下》）
上元元年（674）	伏阇雄入长安朝贡（《旧唐书》卷四《高宗本纪下》）
上元二年（675）	因伏阇雄击吐蕃有功，置毗沙都护府（《旧唐书》卷四《高宗本纪下》）
天授三年（691）	伏阇璥继位（《新唐书》卷二百二十一《西域列传上》）
开元十三年（725）	尉迟眺叛乱被杀（《旧唐书》卷九十八《杜暹传》）
开元十六年（728）	尉迟伏师战继位（《新唐书》卷二百二十一《西域列传上》）
开元二十四年（736）	伏阇达继位（《册府元龟》卷九二五《外臣部·褒异二》）
开元二十八年（740）	尉迟珪继位（《册府元龟》卷九二五《外臣部·褒异二》）
天宝六年（747）	尉迟胜继位后来朝（《册府元龟》卷九零七至九二七《外臣部·朝贡》）
至德元年（756）	尉迟胜领兵救安史之乱，后留居长安（《旧唐书》卷一百四十四《尉迟胜传》）
广德二年（764）	尉迟曜继位（《旧唐书》卷一百四十四《尉迟胜传》）
贞元五年（789）	悟空西行过于阗（《游方记抄》《悟空入竺记》）
贞元七年（791）	于阗与吐蕃战事激烈（《安迪尔古城题记》）[1]
贞元十四年（798）以后	于阗陷蕃（Hedin24《唐贞元十四年（798）闰四月四日典史怀仆牒为尽收人畜入坎城事》）[2]

---

[1] 斯坦因记录的榜题为"开（贞）元七年记/至建闻其兵马使死及四镇大蕃/和大蕃官太常卿秦嘉兴归于本道"。沙畹与斯坦因均认为是开元七年（719），而盛唐时国力强盛，于阗与唐王朝联系密切。于阗本地的唐王朝年号最晚为贞元十四年，故而贞元七年时，唐王朝与吐蕃在于阗周边激战有较大的可能性。参见〔英〕奥雷尔·斯坦因《古代和田——中国新疆考古发掘的详细报告》，第 594 页。

[2] 此文书为目前和田所见年代最晚的有唐朝年号的于阗语 - 汉语双语文书。文书展现了神山堡附近吐蕃入侵，坎城加强军事备战的状况。参见沈琛《8 世纪末吐蕃占领于阗史钩沉》，《西域研究》2022 年第 3 期，第 54 页。

结合人物形象与服饰特征，可以发现这两幅木板画反映出了一个颇具意味的现象：在粟特身形的纺织神庇佑下，通过汉家公主将蚕种藏入发冠，蚕种从东方顺利传到了于阗。显然这已经不再单纯是对传说故事的图绘，它充分体现了来自东西方不同民族的生活习俗与信仰在西域南道上的于阗相遇融合。这种多民族融合所带来的文化艺术上的丰富多样，正是中古时期于阗艺术的特点。

第四节 "蚕种东来"反映的跨宗教交流

文化的融合不光体现在艺术方面，"蚕种东来"的一系列作品也反映了中古时期于阗多元的宗教信仰，具体而言有如下体现：

首先，是佛教与本土信仰的融合。于阗为西域南道上著名的大乘佛国，早在三国孙吴甘露五年（260）朱士行在此处求得《放光般若经》之前，于阗的佛教已经颇为兴盛。法显、玄奘等求法僧多记录此处佛寺林立、佛法兴旺。佛教之外，于阗本地的神灵信仰也颇为流行，后晋使者高居晦记载此处"俗喜鬼神而好佛"[1]。于阗王因下令放火烧毁蚕房而心生忏悔，故而在原址上营建"麻射僧伽蓝"并将"本种之树"留在寺内，将本地的圣物崇拜与佛教相联系。D.X.4木板画上的王女、侍女均带有圆形头光，可见她们都是被表现为神灵。斯坦因发掘之前，这块木板画放置在佛寺的供养台上，说明这些于阗人信奉的神灵也被纳入佛教系统之中。

---

[1] 《新五代史》卷七十四《四夷附录第三》，中华书局1974年版，第918页。

其次，是火祆教对于阗本地神灵的影响。保佑于阗本地蚕桑、纺织业的神灵拥有粟特式的身形。根据笔者目前对粟特地区图像材料的了解，尚未发现有此类司掌纺织的神灵存在，故而这位纺织神很可能是于阗人"创造"的本土神灵[1]，而在"创造"时于阗人有意识地参考了火祆教中的神祇形象。借鉴粟特人、粟特神灵的模样创造于阗本土神灵的案例还见于策勒县达玛沟托普鲁克墩1号佛寺的散脂夜叉像[2]，他的发冠与D.X.4上王女佩戴的卷草纹头冠极为相似，他所穿的圆领窄袖袍，领口、袖口以及两襟处均有淡绿色卷草纹的滚边装饰（图7-17），与D.Ⅶ.6号（背）木板画上的纺织神服饰相近。

这些立于佛寺的粟特形于阗守护神展现出于阗这片以大乘佛教为主要信仰的土地在面对本土传统信仰与外来宗教、艺术时具有很强的包容性，这为多种宗教、多种信仰的并存创造了良好的条件。而就"蚕种东来"木板画而言，东国公主这位被神化的历史人物与火祆教身形的纺织神置于同一画面上，被放置在佛寺中，更是体现了多种宗教与信仰的融合。

再次，是世俗生活对于宗教艺术的影响。这体现在扇形竖棱头冠的使用上。喀拉墩1号壁画残片上的于阗世俗女子可以佩

---

[1] 康马泰在《于阗佛教壁画中的非佛教神祇及相关问题》一文中，针对此神灵的文化属性提出一条颇值得参考的意见：此类人物在服装、饰物上出现了大量的绿色，但是绿色从未出现在粟特壁画里。参见〔意〕康马泰《于阗佛教壁画中的非佛教神祇及相关问题》，李思飞译，《丝绸之路研究》第一辑，生活·读书·新知三联书店2017年版，第196页。

[2] 参见〔意〕富艾莉《毗沙门还是散脂：和田达玛沟托普鲁克墩1号遗址的一幅壁画新说》，朱丽双译，《艺术史研究》第17辑；陈粟裕《新疆和田达玛沟托普鲁克墩1号佛寺图像研究》，《世界宗教文化》2015年第4期，第89—90页。

图 7-17 托普鲁克墩 1 号佛寺散脂夜叉,原址保留 81cm×49cm,残片 58cm×43cm,策勒县达玛沟佛教遗址博物馆、和田地区博物馆藏
(中共策勒县委、策勒县人民政府:《策勒达玛沟——佛法汇集之地》,第 12 页)

戴，D.X.4与Γ A-1125中将之作为王女与侍女远嫁后改变身份的象征，佛像同样使用了这种世俗头冠。王女与侍女独特的装扮方式：在扇形头冠上披覆头巾，与Ch.xxii.0023号《瑞像图》中的白衣于阗瑞像如出一辙。《大唐西域记》中就记录有于阗以世俗人物装扮装饰佛像的事迹：勃伽夷城供奉的来自迦湿弥罗国的佛像即佩戴着国王的宝冠。显然在于阗有以世俗冠冕装饰佛像的习俗，以珠宝、头冠庄严佛像的同时，也使得佛教造像带有了区域性的色彩。故而当我们看到日本京都仁和寺藏的北宋《水月观音像》时，能够判断观音头冠的来源，认清于阗艺术向汉地传播的细节。

结　语

玄奘在《大唐西域记》里记录的"蚕种东来"传说，我们可以与藏文文献《于阗国授记》进行比对，进而补充完整经过。这则故事在于阗有着广泛的流传与认同，可能直接影响到了于阗丝绸的织造工艺。图像方面，"蚕种东来"主题下的故事画以及衍生出的纺织神看似简单，但图像背后蕴含了来自东西方的文化、宗教和艺术汇集于阗之后，所呈现出的复杂性与多样性。这包括佛教、火祆教和本土神灵的融合与并行，本地传统习俗和佛教间的交融与会通。这种宗教与艺术上的多样性与复杂性，正是勾连欧亚大陆的丝绸之路促成各区域、各民族间交流的结果。正如"蚕种东来"木板画图绘的那样，来自东方的王女与西方神灵模样的守护神，都成为于阗本土民众信仰的对象，纳入了兼容并包的于阗大乘佛教之中。

第八章

旃檀瑞像样式之考论

纵观于阗佛教造像艺术，可以发现这里的雕塑、绘画长期流行着一种非常固定的佛教造像样式，即右手在胸前结印（多为无畏印）、左手自然下垂握袈裟角的正面立佛像（以下简称手把袈裟式佛像[1]）。该类型的佛像正身直立，双足外撇，保持着犍陀罗佛教艺术初传中国时的造像特点，形象古拙。值得注意的是，汉地中古时期传为优填王所造的旃檀瑞像就是这种样式，该造像在南北朝至北宋的佛教发展中扮演了举足轻重的角色，甚至被留学僧迎请至日本。新疆和田地区发现的大量手把袈裟佛像在当地只是作为一般造像还是可能有特殊意义？于阗民众长期在佛寺中坚持供奉这种造型的佛像是否有更为深层的动因？本文试加以讨论。

---

[1] 此名称沿用自张小刚、陈粟裕，参见张小刚《敦煌佛教感通画研究》，第279—282页；陈粟裕《从于阗到敦煌——以唐宋时期图像的东传为中心》，第110—114页。

第一节　优填王造旃檀瑞像的传说

旃檀瑞像又被称为优填王造像或优填王瑞像，是一种非常古老的造像题材。传说释迦上忉利天为母说法，憍赏弥国国王优填王思慕释迦，遂以旃檀木摹写释迦形象。故而该造像被尊为"众像之始"①，在佛教艺术领域有着重要意义。

目前学界对于旃檀瑞像的研究主要集中在两个方面，其一为旃檀瑞像相关的文本研究。如日本学者高田修的《佛像起源》②一书主要讨论了唐以前汉文典籍里对旃檀瑞像的记载，以及故事文本在印度的流传状况。蒋家华的《中国佛教瑞像崇拜研究——古代造像艺术的宗教性阐释》③一书对诸部经典中记录的旃檀瑞像的具体情况包括缘起、像主、材质、灵异等方面进行了深入剖析。尚永琪的《优填王旃檀瑞像流布中国考》④详细考证了各个版本旃檀瑞像东传的经过，特别是对日僧奝然奉迎造像的流传脉络进行了细致讨论。其二为图像研究。主要集中于明清时期藏传佛教领域的旃檀瑞像，如王家鹏的《故宫发现旃檀瑞像杂记》⑤《帝王与旃檀瑞像》⑥主要是对清宫造像、唐卡中的旃檀瑞像进行梳理。金申的《汉藏佛教中的旃檀瑞像》⑦则对汉传、藏传佛教领域的旃檀

---

① ［晋］法显著，章巽校注:《法显传校注》，第61页。
② ［日］高田修:《佛像的起源》,［日］高桥宣治、杨美莉译，华宇出版社1985年版。
③ 蒋家华:《中国佛教瑞像崇拜研究——古代造像艺术的宗教性阐释》，齐鲁书社2016年版。
④ 尚永琪:《优填王旃檀瑞像流布中国考》,《历史研究》2012年第2期。
⑤ 王家鹏:《故宫发现旃檀瑞像杂记》,《收藏家》2001年第3期。
⑥ 王家鹏:《帝王与旃檀瑞像》,《紫禁城》2005年第1期。
⑦ 金申:《汉藏佛教中的旃檀瑞像》,《文物春秋》2005年第4期。

佛像样式进行了分类介绍。法国学者沙怡然（Johan Elverskog）的《从北印度到布里亚特：蒙古人视野下的旃檀瑞像》[1]，系统介绍了蒙元时期供奉的旃檀瑞像在东北亚范围的传布，具有重要学术意义。另外，奝然迎请的旃檀瑞像长期以来被当作此类造像的标准类型之一，并且在日本产生了广泛的影响，关于这方面的研究日本学者多有发力，如百济康义的《〈旃檀瑞像传入中国记〉的回鹘语与藏语译文》[2]、冢本善隆的《嵯峨清凉释迦像封藏的宗教史意义》[3]《清凉寺释迦像封藏的东大寺奝然之手印立誓书》[4]、长冈龙作的《清凉寺释迦如来与北宋社会》[5]、奥健夫的《清凉寺释迦如来像》[6]等，从语言文本、像内装藏及图像传播等方面进行了分析与解读。

旃檀瑞像的来历，相关记载见于《大方便佛报恩经》《增一阿含经》《观佛三昧海经》《出三藏记》《经律异相》《法苑珠林》等典籍，各经的说法多有出入。按照各经的年代进行排列，可以明显看出这一故事的发展脉络。现存年代最早，录于后汉的《大方便佛报恩经》记载如下：

> 尔时如来为母摩耶夫人并诸天众说法九十日，阎浮提中亦九十日不知如来所在。大目捷连神力第一，尽其神力，于

---

[1] 〔法〕沙怡然：《从北印度到布里亚特：蒙古人视野中的旃檀瑞像》，郭丽平、贾维维译，《故宫博物院院刊》2011年第2期。
[2] 百濟康義「栴檀瑞像中国渡来記のウイグル訳とチベット訳」，森安孝夫『中央アジア出土文物論叢』，京都：朋友書店，2004，71—84頁。
[3] 塚本善隆「嵯峨清凉寺釋迦像封藏品の宗教史の意義」，『印度學佛教學研究』3巻1號，1954。
[4] 塚本善隆「清凉寺釋迦像封藏の東大寺奝然の手印立誓書」，『仏教文化研究』四，1954。
[5] 長岡龍作「清凉寺釋迦如来像と北宋の社會」，『國華』106（12），2001。
[6] 奥健夫『清凉寺釋迦如來像』，東京：至文堂，2009。

十方推求，亦复不知；阿那律陀天眼第一，遍观十方三千大千世界，亦复不见；乃至五百大弟子，不见如来，心怀忧恼。优填大王恋慕如来，心怀愁毒，即以牛头栴檀，摽像如来所有色身，礼事供养，如佛在时，无有异也。①

这段文字记录了优填王造像的主要因缘、造像材料，并且明确了造像的意义"如佛在时，无有异也"，即像是佛之替身，礼佛与礼像并无差异。这段记载也是汉译典籍中关于佛像的功能与作用的经典论述，后世大多沿用这一说法。其后活动于前秦、东晋的僧伽提婆所译的《增一阿含经》里，以对话的方式，通过主要人物（阿难、优填王和群臣）的语言，展现了优填王焦虑的动因，并且增加了与优填王先后造像的波斯匿王，使得故事更为生动：

> 是时，波斯匿王、优填王至阿难所，问阿难曰："如来今日竟为所在？"
>
> 阿难报曰："大王！我亦不知如来所在。"
>
> 是时，二王思睹如来，遂得苦患。尔时，群臣至优填王所，白优填王曰："今为所患？"
>
> 时王报曰："我今以愁忧成患。"
>
> 群臣白王："云何以愁忧成患？"
>
> 其王报曰："由不见如来故也。设我不见如来者，便当命终。"
>
> 是时，群臣便作是念："当以何方便，使优填王不令命

---

① ［后汉］失译：《大方便佛报恩经》卷三，《大正藏》第3册，第136页。

终？我等宜作如来形像。"是时，群臣白王言："我等欲作形像，亦可恭敬承事作礼。"

时，王闻此语已，欢喜踊跃，不能自胜，告群臣曰："善哉！卿等所说至妙。"

群臣白王："当以何宝作如来形像？"

是时，王即敕国界之内诸奇巧师匠，而告之曰："我今欲作形像。"

巧匠对曰："如是。大王！"

是时，优填王即以牛头栴檀作如来形像高五尺。

是时，波斯匿王闻优填王作如来形像高五尺而供养。是时，波斯匿王复召国中巧匠，而告之曰："我今欲造如来形像，汝等当时办之。"时，波斯匿王而生此念："当用何宝，作如来形像耶？"斯须复作是念："如来形体，黄如天金，今当以金作如来形像。"是时，波斯匿王纯以紫磨金作如来像高五尺。尔时，阎浮里内始有此二如来形像。①

优填王与波斯匿王分别以珍贵的旃檀和紫磨金模仿释迦形象，后世的文本中常常将优填王造像与波斯匿王造像混淆，造成旃檀瑞像来源上的混乱。与僧伽提婆活动年代相近的佛陀跋陀罗所译的《观佛三昧海经》②在原有的佛教故事基础上增加了灵异的色彩：当释迦从忉利天宫返回时，优填王所造之像躬身相迎，并与释迦互相致礼。由此灵验，该像又被认为是最早的瑞像：

---

① ［晋］瞿昙僧伽提婆译：《增一阿含经》卷二十八，《大正藏》第2册，第706页。
② 据《众经目录》载，此经为佛陀跋陀罗于南朝宋永初（420—422）年间译于扬州，故而年代晚于《增一阿含经》。

佛告父王：云何名如来从忉利天下阎浮提时光相变应？我初下时，无数天子百千天女侍从世尊，独见一佛圆光一寻放千光明，足步虚空蹑阶而下。时佛光中七佛像现，从佛光出导佛前行。时优填王，恋慕世尊铸金为像，闻佛当下，象载金像来迎世尊！莲华色比丘尼化作瑠璃山，结加趺坐在山窟中，无量供具奉迎世尊！尔时金像，从象上下犹如生佛，足步虚空足下雨华，亦放光明来迎世尊！时铸金像，合掌叉手为佛作礼。尔时世尊！亦复长跪合掌向像，时虚空中百千化佛，亦皆合掌长跪向像。①

这段文句优美的经文展现了佛教美术史上的两个经典题材：佛下三十三天（佛下三道宝阶）、旃檀瑞像拜迎释迦。前者多见于犍陀罗石刻与龟兹壁画，后者在敦煌壁画中多有表现。唐代，玄奘亲临憍赏弥国后，在优填王造像的故事中补充了"乃请尊者没特伽罗子（即目犍连）以神通力接工人上天宫，亲观妙相"的记录，此后的典籍多沿用此说法。如成书于麟德元年（664）的《集神州三宝感通录》，活动于大历、元和年间的沙门神清所撰的《北山录》等，都强调了目犍连驮运工匠前往忉利天亲睹释迦的过程。如《北山录》载：

佛升忉利三月（佛生七日，摩耶生忉利天，佛往过夏为母说法也），优陀延王（南海王也）怀不归之咏。目连以三十二匠往瞻相好，刻紫檀为像，王洎国人若与神对。像设

---

① ［晋］佛陀跋陀罗译：《佛说观佛三昧海经》卷六，《大正藏》第15册，第678页。

之兴，自此始也。①

中唐以后目犍连以三十二工匠往忉利天模写释迦形象的情节，基本稳定在旃檀瑞像的故事中。这一细节的加入使得旃檀瑞像作为释迦的替代品更加合法化、神圣化。

旃檀瑞像相关的经典在汉地翻译、传播之外，优填王造像故事的发生地憍赏弥国，对旃檀瑞像的礼拜与供奉亦是长盛不衰。作为著名的佛教圣迹，东晋时的法显与初唐时的玄奘都曾到此地参拜。

出城南门千二百步道西，长者须达起精舍。精舍东向开门，门户两边有二石柱，左柱上作轮形，右柱上作牛形，精舍左右池流清净树林尚茂。众华异色，蔚然可观，即所谓祇洹精舍也。佛上忉利天为母说法九十日，波斯匿王思见佛即刻牛头栴檀作佛像置佛坐，处佛后还入精舍像即避出迎佛，佛言："吾般泥洹后可为四部众作法式。"还坐，像即还坐。此像最是众像之始，后人所法者也。②

城内故宫中有大精舍，高六十余尺，有刻檀佛像，上悬石盖，邬陀衍那王（唐言出爱。旧云优填王，讹也）之所作也。灵相间起，神光时照。诸国君王恃力欲举，虽多人众，莫能转移。遂图供养，俱言得真，语其源迹，即此像也。初，如来成正觉已，上升天宫为母说法，三月不还。其王思慕，愿图形像。乃请尊者没特伽罗子以神通力接工人上天宫，亲观妙相，雕刻栴檀。如来自天宫还也，刻檀之像起

---

① ［唐］神清撰，慧宝注：《北山录》卷八，《大正藏》第52册，第622页。
② ［晋］法显著，章巽校注：《法显传校注》，第61页。

迎世尊，世尊慰曰："教化劳耶？开导末世，实此为冀。"[1]

法显与玄奘瞻仰旃檀瑞像的年代相去两百余年，虽造像之主有所出入（显然此处出现了优填王与波斯匿王的混淆），但是瑞像故事的主要情节、瑞像在释迦涅槃后所担负的"开导末世"的作用是相同的。可见东晋至唐，古印度与中国佛教信众对于旃檀瑞像所在的位置、来历、功能等相关认知是比较清楚的。

第二节　南梁优填王造像的传播

汉地对于旃檀瑞像的图像表现主要有三种方式：一为叙事型图像，主要表现释迦自忉利天而下，旃檀瑞像跪迎释迦的场景；二为正面倚坐像，这类造像仅见于初盛唐时期的龙门、巩义石窟；三为一手结印一手下垂的正面立像。

第一种类型主要见于9至11世纪的敦煌石窟。这一时间段的敦煌分别为吐蕃与张氏、曹氏归义军统治。由于频繁的战乱与不稳定的社会环境，具有护持国土、庇佑平安功能的瑞像广为流行。不少洞窟都在主龛的盝顶四披与甬道顶，绘制瑞像与佛教圣迹图，旃檀瑞像跪迎释迦是其中必不可少的部分。敦煌石窟中最早见到的此类图像见于8世纪初洞窟西龛盝顶。如吐蕃统治敦煌时期营建的231窟西龛盝顶四披绘满了来自印度、新疆各地的瑞像，其中西披最北侧的两格利用三角形的位置刻画了从天而降的释迦与双手合十、跪地迎接的旃檀瑞像（图8-1）。而在张

---

[1] ［唐］玄奘、辩机原著，季羡林等校注：《大唐西域记校注》，第468—469页。

氏、曹氏归义军时期流行的《佛教圣迹图》中，该题材为叙事性场景，构图方式与叙述方式复杂，有着目犍连带三十二工匠往兜率天图佛、旃檀瑞像跪迎释迦、释迦与瑞像互相礼拜三个情节。[①] 但是这种叙述性的优填王瑞像故事仅流行于张氏、曹氏归义军时期的敦煌石窟，其他地域未曾见到。

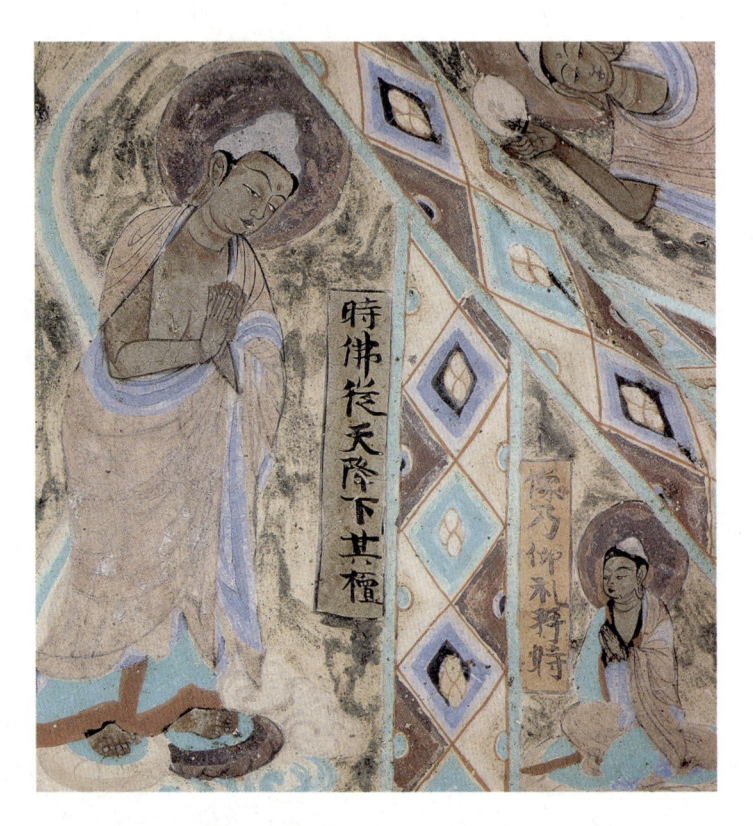

图 8-1 莫高窟 231 窟旃檀瑞像跪迎释迦壁画，甘肃省敦煌市
（敦煌研究院编：《敦煌石窟全集 12 佛教东传故事画卷》图 5）

[①] 参见陈粟裕《敦煌石窟中佛教圣迹图内容考证》，中国社会科学院历史研究所文化史研究室编：《形象史学研究》第三辑，人民出版社 2013 年版，第 156 页。

第二类为龙门石窟与巩县石窟中广为图刻的倚坐优填王造像（图8-2）。此类造像多数伴随有造像题记，可知其造像目的。如"敬善寺北龛比丘□□造像记"："比丘□□，为亡父母敬造优填王一躯，法界共同斯福德。永徽六年十月十五日。"又如"李大娘造像记"："显庆四年七月□□，李大娘为亡夫斯德造优填王像一龛，愿托生西方及法界众生，共同斯福。"据统计，龙门石窟中优填王造像龛至少有42处之多，造像数目不少于70尊。巩县石窟凿刻有5尊，现存1尊。① 这类优填王造像的样式非常统一，

图8-2 龙门石窟倚坐优填王像，河南省洛阳市
（作者摄）

---

① 参见李文生《我国石窟中的优填王造像——龙门石窟优填王造像之早之多为全国石窟之最》，《中原文物》1985年第4期，第104—105页。

均为正面端坐的倚坐佛像，身着袒右式袈裟，衣纹光洁，左手置于左膝之上，右手置于胸前，为说法印，两腿下部袈裟下方系有衣穗。造像形体简练，有明显的程式化倾向。虽然玄奘曾亲自前往憍赏弥国瞻仰瑞像，在他带回的佛像目录中也确有"拟憍赏弥国出爱王思慕如来刻檀写真像"一条，但是据日本学者滨田瑞美和肥田路美的研究，龙门石窟与巩县石窟的此类造像有可能是"佛法相承的象征从优填王，转换成配置同样装饰性背障的倚坐弥勒佛"①。

第三类为正面立像，其常见造型为佛像身着通肩袈裟，一手于胸前或胸侧结印，一手自然下垂或握住袈裟下摆。这是一种非常古老的造像样式，2021年陕西省考古研究院在咸阳成任村发掘的东汉晚期家族墓中就出土了一尊此种样式的金铜佛像（图8-3）。此尊造

图8-3 咸阳成任村东汉墓出土金铜佛像，10.5cm×4.7cm，陕西省考古研究院藏

（陕西省考古研究院：《陕西咸阳成任墓地东汉家族墓发掘简报》，《考古与文物》2022年第1期，彩版）

---

① 濱田瑞美「中国初唐時代の洛陽周辺における優填王像について」，『佛教藝術』287（2006.07），63—64頁；另见〔日〕肥田路美：《优填王像的流行与意义》，颜娟英、曹德启译，《云翔瑞像：初唐佛教美术研究》，颜娟英、张名扬、曹德启、郭佩君、曾尧民译，台湾大学出版社2018年版，第157页。

像编号为M3015:10，是典型的犍陀罗风格，通高10.5厘米，身穿通肩袈裟，左手下垂持袈裟角，右手上举施无畏印。根据对佛像的综合检测，此像为本土铸造的犍陀罗风格造像，制作年代下限为东汉晚期，"系目前考古出土的时代最早的金铜佛像"[1]。可见东汉晚期此类样式的佛教造像即已传入汉地中心地区。西秦北魏时期的石窟造像中多见此样式，如甘肃永靖炳灵寺169窟西壁上部与南壁上部的立佛像，皆是左手下垂右手胸前结印的姿态。而此类样式的造像在汉地与灵验故事相联系，成为一种"瑞像"的固定样式，与梁武帝时旃檀瑞像初传中国的故史密切相关。

优填王所造的旃檀瑞像初传汉地有诸多说法与记载[2]，尤以梁武帝时传入说流传最广，影响最大。此事最早见于官方文献《梁书》"扶南国"条：

（天监）十八年，复遣使送天竺旃檀瑞像、婆罗树叶，并献火齐珠、郁金、苏合等香。[3]

519年，扶南国将旃檀瑞像、婆罗树叶等物作为贡品进献给梁武帝。《南史》中亦有同样的记载。道宣的《广弘明集》《集神州三宝感通录》则将其传入的年代记为天监十年（511），并且缘起是天监元年梁武帝夜梦檀像，遂遣使往天竺模写原像。《集神州三宝感通录》对其有较为详细的记载：

---

[1] 陕西省考古研究院：《陕西咸阳成任墓地东汉家族墓发掘简报》，《考古与文物》2022年第1期，第3页。
[2] 参见尚永琪《优填王旃檀瑞像流布中国考》，《历史研究》2012年第2期，第165—171页。
[3] 《梁书》卷五十四《诸夷》，中华书局1973年版，第790页。

> 梁祖武帝，以天监元年正月八日，梦檀像入国。因发诏募人往迎，案佛游天竺记及双卷《优填王经》。云：佛上忉利天，一夏为母说法，王臣思见，优填国王遣三十二匠及赍栴檀，请大目连神力运往，令图佛相。既如所愿，图了还返座，高五尺，在祇桓寺，至今供养。帝欲迎请此像。时决胜将军郝骞、谢文华等八十人应募往达，具状祈请。舍卫王曰："此中天正像不可。"乃令三十二匠更刻紫檀人图一相，卯时运手至午便就。相好具足而像顶放光，降微细雨并有异香。故《优填王经》云："真身既隐次二像现。"普为众生深作利益者，是也。①

文中讲述了旃檀瑞像的来历以及入华的经过，优填王以旃檀模拟佛相，梁武帝遣使以紫檀图刻而回，供奉在荆州大明寺（《广弘明集》载）实际为二次模写。但是，这段记载对于梁武帝的叙述部分有明显模仿汉明帝夜梦金人的痕迹，故而可能是僧众们创作的"传说"。尽管道宣对于南梁的故事的记录存在偏差，但是对隋至初唐时这尊旃檀瑞像在南方和京城图写流传的经过却记载得十分清楚：

> 又问："荆州前大明寺栴檀像者，云是优填王所造，依传从彼摸来至梁。今京师又有，何者是本？"答云："大明是其本像，梁高既崩，像来荆渚至元帝承圣三年。周平梁后，收簿宝物，皆入北周。其檀像者，有僧珍法师，藏隐房

---

① ［唐］道宣：《集神州三宝感通录》，《大正藏》第52册，第419页。

内，多以财物赂遗使人遂得停。隋开皇九年，文祖遣使人柳顾言，往定寺僧，又求像令镇荆楚。顾是乡人，从之令别克檀，将往恭旨。当时匠得一婆罗门僧名真达为造，即今兴善寺像是也，亦甚灵异。本像在荆，僧以漆布漫之相好不及旧者，真本是作佛生成七日之身，令加布漆，乃与壮年相符，故殊绝异于元本。大明本是古佛住处，灵像不肯北迁故也。近有妙义法师，天人冥赞，遂悟开发，剥除漆布，具容重显，大动信心，披觌灵仪，合檀所作，本无补接。光跃殊异，蒙牙雕刻。卒非人工所成，兴善像身一一乖本。"①

初唐时，荆州大明寺的旃檀瑞像因年代久远加以漆布髹饰，与本来面目相异，兴善寺摹刻的为髹饰后的佛像，故而与古老本略有不同。妙义法师将漆布去除后，此像又露出本来面貌。

南梁时由于梁武帝笃信佛法，民间传说中有多种瑞像现世，考古发现也能对此期的瑞像崇拜加以印证。自20世纪30年代始四川成都市万佛寺遗址、西安路遗址等南梁佛教窖藏坑中曾陆续出土了近十件形貌古拙的立佛像，今多收藏于四川博物院。其形象为卷曲头发布满肉髻，大眼大口，唇上有短胡须，身穿通肩袈裟，袈裟衣纹呈现"U"字形层层下坠，显得材质厚重，双手曲肘置于身侧（手皆不存）与同期出土的佛教造像呈现出完全不同的样式特征。两件作品的像座上写明此类佛像的名称。一件为川博113510号藏品，像座刻有"（益）州总管柱国/赵国公招敬造/阿育王像一躯"可知其为北周武帝保定二年至五年（562—

---

① ［唐］道宣：《道宣律师感通录》，《大正藏》第52册，第438页。

565)的益州总管宇文招（？—580）所造。可惜此像头部已经丢失，只余佛身。另一件更为完好的为成都考古所 HI：4 号藏品（图 8-4），榜题为"太清五年/九月卅日/佛弟子杜僧逸为亡儿李/佛施敬造育王像供养/愿存亡眷属在所生处/（值）佛闻法早悟无生七/□因缘及六道合令普/同斯誓谨/□"[①]可知此像为 551 年杜僧逸为亡子而造。此像彩绘鎏金，除了手部遗失、背光残留一段之外，基本完好，其螺旋状佛发、唇上胡须、外八字的双足，乃至背光中的千佛、足下莲花座都清晰可见。故而此像可以当作"阿育王像"的标准像。

与旃檀瑞像正史记载、流传有序不同，梁代阿育王造像则是自从河底突然现世，其故事充满灵验色彩：

图 8-4　杜僧逸造阿育王像，高 48cm，成都文物考古研究所藏

（四川博物院、成都文物考古研究所、四川大学博物馆编著：《四川出土南朝佛教造像》，中华书局 2013 年版，第 147 页）

[①] 四川博物院、成都文物考古研究所、四川大学博物馆编著：《四川出土南朝佛教造像》，中华书局 2013 年版，第 42—43、147—149 页。

又昔晋咸和中丹阳尹高悝,于张侯桥浦里掘得一金像,无有光趺,而制作甚工。前有梵书云:是育王第四女所造。悝载像还至长干巷口,牛不复行非人力所御。乃任牛所之,径趣长干寺。尔后年许,有临海渔人张系世,于海口得铜莲华趺浮在水上,即取送县。县表上上台,敕使安像足下,契然相应。后有西域五僧诣悝云:昔于天竺得阿育王像,至邺遭乱藏置河边,王路既通寻觅失所。近得梦云:像已出江东为高悝所得,故远涉山海欲一见礼拜耳。悝即引至长干,五人见像歔欷涕泣,像即放光照于堂内。五人云:本有圆光今在远处。亦寻当至。晋咸安元年交州合浦县采珠人董宗之。于海底得一佛光。刺史表上。晋简文帝敕施此像。孔穴悬同光色一重。凡四十余年东西祥感光趺方具。达以刹像灵异倍加翘励。①

这段资料亦见于《南史》卷七十八"扶南国"条,可见东晋、南朝时也有阿育王像的传入。虽然文中说明为西域五僧带入,但是此像的来源并不清楚。从杜僧逸造像等阿育王像的形象上看,其表现方式与新疆和田所出的3至4世纪的青铜佛头非常接近。如大谷光瑞在和田所获的一件青铜佛头,今藏于日本东京国立博物馆,杏仁形的眼睛、宽阔的上下眼睑,以及唇上胡须,皆与杜僧逸造像相同。姚崇新也曾撰文考察成都所出的阿育王像与西域间的关系。②但是关于南梁时的外来瑞像,还应更

---

① [南朝梁]慧皎:《高僧传》卷第十三,《大正藏》第50册,第409页。
② 参见姚崇新《成都地区出土南朝造像中的外来风格渊源》,《中古艺术宗教与西域历史论稿》,商务印书馆2011年版,第42—62页。

进一步地加以思考。

我们再将目光转移到旃檀瑞像。唐代此像依然在南方供奉,北宋太平兴国年间,此像被迎请至洛阳启圣禅院:

> 以天监之十有八年,扶南国遂以天竺旃檀瑞像来,因置之金陵瓦棺阁。传陈、隋、唐,至伪吴杨氏、南唐之李氏,迄本朝开宝,既降下江南,而瑞像在金陵不涉。及太宗皇帝以东都有诞育之地,乃新作启圣禅院。太平兴国之末,始命迎取旃檀泗宝公二像自金陵,而内于启圣,置两侧殿。其中如正寝者,则熙陵之神御也。其后取熙陵神御归九禁。大观间,鲁公因奏请:"愿以侧殿之瑞像,复之于正寝。"诏曰:"可。"特命将作监李、内臣石寿主之。故事,奉安必太史择日,教坊集声乐,有司具礼仪,奉彩舆而安置之焉。①

启圣禅院为宋太宗七座神御殿之一,是北宋时汴京的重要佛教寺院。大中祥符九年(1016)注辇国(即朱罗国,今印度东南沿海一带)的使臣娑里三文曾在此"会僧以祝圣寿"②。可见启圣禅院在当时还担负着一定的外交功能。故而雍熙元年(984)、熙宁五年(1072)日僧奝然、成寻先后到此处参拜。奝然入宋的一项重要功绩就是请雕造博士张荣将启圣禅院的旃檀瑞像进行模刻。奝然弟子盛算编撰的《优填王所造旃檀释迦瑞像历记》载:

> 明年(雍熙元年)正月……入滋福殿,大师并一行人礼

---
① [宋]蔡絛:《铁围山丛谈》卷五,中华书局1983年版,第85页。
② 《宋史》卷四百八十九《外国五》,中华书局1977年版,第14098页。

第八章　旃檀瑞像样式之考论　245

拜瑞像……心欲奉造之间，其像移以安置内里西化门外新造启圣禅院。院是今上官家舍一百万贯钱所造也。于是，招雇雕佛博士张荣，参彼院奉礼见移造。彼朝雍熙三年，载台州客郑仁德船，奉迎请像耳。①

这尊造像（图8-5）现藏于日本京都清凉寺。1953年，进行修理时发现了胎内纳入品，其中就有僧奝端手书的《奝然入宋求法巡礼瑞像造立记》，其中对于模写旃檀瑞像的因缘叙述如下：

奝然自庆多生，叨逢像运，因闻往昔优填王于忉利天雕刻释迦瑞像，显现既当于西土，写邈或到于中华，以日域之遐陬，想梵容而难

图8-5　旃檀瑞像，高160cm，日本京都清凉寺藏
（奈良国立博物馆『聖地寧波：日本仏教1300年の源流-すべてはここからやつて来た』奈良国立博物院，2009，图23）

---

① 盛算「盛算記」，高楠顺次郎编『大日本仏教全書』第14册『優填王所造旃檀釈迦瑞像暦記』，京都清凉私藏本，東京：共同印刷株式会社1931，319页。此处转引自尚永琪《优填王旃檀瑞像流布中国考》，《历史研究》2012年2期，第172页。

进睹，奄然遂舍衣钵，收买香木，召募工匠，依样雕锼。七月二十一日起功，八月十八日毕手。①

故而日本学者长冈龙作认为此像是依据张荣所模拟的画样，在台州请张延皎、张延袭兄弟以中国特产的魏氏樱桃木雕造而成。②这尊旃檀瑞像高160厘米，为正面立像，佛头肉髻高耸，波浪纹卷发，面庞圆润，长眉细目，双颊鼓出，身着紧贴身体的通肩袈裟，一手举于胸侧，为施无畏印，一手下垂于身侧，掌心向外，双足呈外八字状，跣足立于复瓣莲花台上。身后为镂空雕刻的卷草纹装饰的背光。虽然在盛算编撰的文字中，对于此尊旃檀瑞像的来源、传承记录甚为混乱，但是根据对汉地文献的梳理，我们不难看出此像与南梁时经由扶南国传入的旃檀瑞像间的关系：很可能清凉寺藏的旃檀瑞像就是南梁旃檀瑞像不断被模写、翻刻后的造像。

从佛教造像样式来看，清凉寺藏的旃檀瑞像与成都地区出土的阿育王像有异曲同工之妙，尽管清凉寺旃檀瑞像的面容在历代的传抄中已经丧失了底本的特征，鼓起的双颊、精致小巧的下颌流露出唐代造像的特点，但是佛像笔直挺立的身姿、紧贴身体的通肩袈裟、袈裟裹住身体呈现出的绵密"U"字形衣纹、外八字的双足无不说明两者之间的相似性。虽然东晋、南梁时的阿育王像与优填王像有完全不同的传入记载，各自拥有不同的灵验故事，但是从清凉寺模写的旃檀瑞像推测，南梁时的阿育王像与旃檀瑞像的造像样式当是非常接近的。他们共同指向一种在犍陀罗流行、

---

① 奈良国立博物館編『聖地寧波——日本仏教1300年の源流～すべてはここからやって来た』，奈良国立博物館2009，図24-1。
② 長岡龍作「清凉寺釈迦如来立像」，小川裕充、弓場紀知『世界美術大全集・東洋編』第5巻「五代・北宋・遼・西夏」，東京：小學館，1998，328頁。

第八章　旃檀瑞像样式之考论　247

传播于丝绸之路南北两道的古老造像样式：手把袈裟式佛像。

第三节　西域南道的手把袈裟式佛像

身着通肩袈裟，一手举于胸侧，一手下垂的造像在2至3世纪的犍陀罗艺术中是较为常见的一种。如巴基斯坦白沙瓦博物馆和印度新德里国家博物馆藏的两身释迦如来立像（图8-6、图8-7），都是这种造型。两尊佛像均为波浪纹卷发，高鼻深目，为典型的

图 8-6　释迦立像，高 245cm，巴基斯坦白沙瓦博物馆藏
（田辺勝美、前田耕作編『世界美術大全集·中央アヅア』，図118）

图 8-7　释迦立像，114cm，印度新德里国立博物馆藏
（田辺勝美、前田耕作編『世界美術大全集·中央アヅア』，図117）

犍陀罗造像。① 通肩袈裟从左自右包裹住身体，衣纹绵密、贴体，能够看到衣纹之下身体的起伏。一手自然下垂，微微握住袈裟角，一手曲肘举于胸侧，虽右手均有残损，但新德里国家博物馆藏品能够认出是与愿印。犍陀罗造像中，此种样式的立像存世较多，散藏于世界各大博物馆，虽然其身份尚不明确，学者们多以"释迦像"称呼。这种类型的"释迦像"还会被当作造像的底本（底稿），在原有样式的基础上进行变化，增加其他元素，成为新的主题性造像。如法国吉美博物馆藏的舍卫城神变像（图 8-8）就是在释迦立像的基础上加以变化，此像同样为右手施无畏印、

图 8-8　舍卫城神变像，高 81cm，法国吉美博物馆藏
（田辺勝美、前田耕作編『世界美術大全集・中央アヅア』，図 152）

① 参见〔日〕宫治昭《犍陀罗美术寻踪》，李萍译，第 138 页。

第八章　旃檀瑞像样式之考论　249

左手下垂握袈裟的动作，释迦肩头与足下分别刻出水与火，两侧各有一身坐佛，释迦头后的背光上有两身持华盖的飞天，与《譬喻集·因缘谭》中释迦为了降服外道现大神变，身上身下交替现出水与火的记载相符合。再如阿富汗喀布尔博物馆藏的《燃灯佛授记本生》，也是以手把袈裟式佛像为底本，在其足边加上了跪地布发的儒童，头顶添上供养燃灯佛的五朵莲花。伴随着佛教的传播，此类造像样式沿着丝绸之路与海上丝绸之路传入汉地。

　　位于丝绸之路北道的龟兹石窟也存有手把袈裟式佛像的变体，如建于6至7世纪被称为"十二佛窟"的188窟[①]正壁和左右两侧壁各绘四身立佛像（图8-9），这些佛像正身直立，虽

图8-9　克孜尔石窟188窟立佛像，新疆维吾尔自治区库车市
（中国壁画全集编辑委员会编：《中国新疆壁画全集》三，
新疆美术摄影出版社、天津人民美术出版社1995年版，第85页）

[①]　此窟年代在545—685年及其前后，参见廖旸《克孜尔石窟壁画年代学研究》，社会科学文献出版社2012年版，第376页。

然袈裟为袒右式与通肩式两种,手姿也各不相同,但是从动作、衣纹等方面能够明显看出犍陀罗手把袈裟式佛像的影响。

位于西域南道的于阗则对这种犍陀罗传来的手把袈裟式佛像有着较好的传承与沿用。据记录于阗传说的藏文写本《牛角山授记》,于阗佛教造像有"模范"存在。释迦咐嘱诸瑞像守护各境时提到了一尊"珂跋之燃灯佛":

> 土罗工所作之燃灯佛影像将来等邪伽蓝,瞻部洲土罗工所作之一切影像中,此像最先出现,人称:"珂跋之燃灯佛",乃于阗土罗工所作一切影像之模范,守护如来佛法及国土。①

按照此文献,"珂跋之燃灯佛"为最早出现的瑞像,是于阗一切佛像的"模范"。虽为过去佛瑞像,但"瞻部洲土罗工所作之一切影像中,此像最先出现"的说法与旃檀瑞像颇为相似,而纵观于阗的佛教立像确实造型较为统一,遵从着古老而固定的样式。

根据19至20世纪西方探险家的发掘报告,斯坦因在1901年4月对热瓦克佛寺周边的寺院进行考古发掘时,发现这里的大型立佛像多使用了手把袈裟式或类似的造型。如西南墙内壁外壁斯坦因编号为R.i、v、ix、x、的巨大佛像以及东南墙内壁的R.xxxvi、xxxviii—xlii、东南墙外壁的R.iv、lvii、lix、lxi、lxiii、lxvi。佛像今已埋于沙漠之下,斯坦因拍摄的照片又模糊不清

---

① 朱丽双:《〈牛角山授记〉译注》,《西域文史》第十四辑,第225页。

（图2-19），我们仅能凭借斯坦因的记录为参照：

> 从西角高沙丘下清理出的第一尊雕像是一尊巨型立佛R.i。立佛除右手残失外，肩部以下保存完整。……毫无疑问，其左手应是下垂并置于垂衣边缘，如雕像R.v、ix、x一样，他们是相同雕像的复制品。它的右前臂挽着多褶的垂衣，姿势明显是"施无畏印"，我们已从丹丹乌里克和克格里克浮雕中熟悉了这一姿势。热瓦克大光轮R.xii和R.xiii中的许多小佛像也采取与它相同的姿势。这似乎也是东南内壁上许多大于真人尺寸的雕像所采取的姿势，它们显然全都属于同一类型，虽然其中只有几尊（R.xxxvi、xxxviii—xli）保存着右臂，可以确定其位置。东南墙外壁上的巨型雕像中，大多数保存有右臂或其痕迹（R.lv、lvii、lix、lxi、lxiii、lxvi）的那些雕像，似乎同样也是这种姿势。[①]

尽管这些造像的肩部以上都已残毁，但是现场观察的斯坦因还是敏锐判断出，这类造像为同样的样式。集中使用这种手把袈裟式佛像的遗迹还见于今和田市策勒县达玛沟流域的托普鲁克墩1号佛寺遗址。这也是目前和田地区发现的保存状况最好的佛寺遗址。此寺体量较小，南北长2米，东西宽1.7米，面积仅为3.4平方米[②]，北壁主尊的两侧各绘有一身立佛，东壁、西壁各绘制着两身立佛，一共六身佛像。尤以主尊右侧的佛像保存完好

---

① 〔英〕奥雷尔·斯坦因：《古代和田——中国新疆考古发掘的详细报告》，第534页。
② 中国社会科学院考古研究所新疆考古队：《新疆和田地区策勒县达玛沟佛寺遗址的发掘与研究》，《丹丹乌里克遗址——中日共同考察研究报告》，第293—333页。

（图 8-10），壁面高 63 厘米，可以看到是一尊身体微侧的佛像，头部为四分之三侧面，肉髻与面部用劲爽的线条勾勒，身穿土红色鸡心领通肩袈裟，右手于胸前施无畏印，左手下垂于身侧（或握袈裟角），双足呈外八字状分开。其余佛像的上半身均已损毁，但是

图 8-10　托普鲁克墩 1 号佛寺主尊右侧立佛，高 63cm，
新疆维吾尔自治区策勒县达玛沟佛教遗址博物馆藏
（中共策勒县委、策勒县人民政府：《策勒达玛沟——佛法汇集之地》，第 16 页）

从残存在墙上的下半身局部可以看到他们的左手均是置于身侧,其中主尊左侧(南壁东侧)立佛、西壁南侧立佛为明确的手握袈裟动作。笔者曾根据东壁北侧的白衣立佛将此佛寺中包括泥塑主尊在内的七尊佛像判断为过去七佛[①],无论题材如何,这座营建于6至7世纪的小佛寺充分反映了手把袈裟式佛像在于阗的流行程度。

时间方面,手把袈裟式佛像在和田地区流行的年代相当长,4世纪的热瓦克佛寺周边之外,5世纪的喀拉赛遗址(Karasai)(图8-11)与6世纪的喀达里克遗址、8世纪的丹丹乌里克遗

图 8-11　喀拉赛遗址立佛塑像,15cm×9cm,大英博物馆藏
(大英博物館監修『西域美術　大英博物館スタイン・コレクション』3,图62)

---

① 陈粟裕:《新疆和田达玛沟托普鲁克墩1号佛寺图像研究》,《世界宗教文化》2015年第4期,第85—89页。

址等地均有此类型的佛像发现。但是这些造像的体量较小，多为墙壁上的半肉塑像，有的明确为主尊背光或头光中的装饰佛像。对于此类造像，斯坦因认为其最明显的特征是"对垂衣的处理"，"它们几乎是希腊式的，并且每一个细节都有源自于犍陀罗雕像的迹象"。[①] 实际上不光是衣纹线条，还包括佛像的姿态、动作，都显示出于阗流行的手把袈裟式佛像与犍陀罗艺术间的联系。

与犍陀罗相同的是，于阗的工匠也会将这种古老的造像样式作为"创作"的底本。著名的卢舍那佛像木板画，在和田有数例发现。[②] 通常其正面绘制身穿袈裟的立佛像，背面为身上绘有日月等各种图案的"裸体佛像"，而不论是衣衫严整的立像还是"裸体佛像"几乎都是左手自然下垂于身侧、右手置于胸前的动作，可以看出是在手把袈裟式佛像基础上进行的变化。如斯坦因编号为 D.Ⅳ.4 的双面木板画（图 8-12），出土于丹丹乌里克，正面为一尊穿土红色通肩袈裟的立佛，衣领、胸口的衣纹绵密且层层下垂，右手置于胸口施无畏印，左手则下垂于身侧。背面的法界人中像，只穿有布条包裹的短托蒂（Short Dhotī）胳膊上绘制的金刚杵和小腿部的佛塔能够判断其身份，尽管衣饰与正面完全不同，但是身姿、动作是一模一样的。另一件大英博物馆编号为 MAS.459 的藏品，为斯坦因在法哈特伯克亚依拉克遗址所获，同样为裸身法界人中像，与前例不同的是，此像为四分之三侧面像，手部动作也不是与愿印，但还是能看出对手把袈裟式佛像的

[①] 〔英〕奥雷尔·斯坦因:《古代和田——中国新疆考古发掘的详细报告》，第536页。
[②] J. Williams, "The Iconography of Khotanese Painting", *East and West*, new series Vol. 23, No. 1-2, 1973, pp. 117-124.

图 8-12　D.Ⅳ.4 双面木板画，26.3cm×13.1cm×1.5cm，大英博物馆藏
（大英博物馆：1907，1111.67，https://www.britishmuseum.org/collection/object/
A_1907-1111-67，2018 年 3 月 18 日）

延续。"裸体佛像"的袈裟虽已消失，"手把袈裟"的动作却保留了下来，可见这种古老样式在于阗的稳定性。

更值得注意的是印度、于阗的手把袈裟式佛像，以瑞像的方式在 7 至 8 世纪初[①]传到了敦煌。藏经洞所出的著名绢画《瑞像图》(Ch.xxii.0023) 中，有一身穿着白色通肩袈裟，头戴扇形宝冠的立佛像（图 7-7），此为于阗瑞像是学界公认的。[②] 这身白衣

---

① 参见〔英〕罗德瑞克·韦陀编集、解说《西域美术：大英博物馆斯坦因蒐集品》，林保尧编译，第 80—89 页。
② 参见张小刚《敦煌佛教感通画研究》，第 298 页；陈粟裕《从于阗到敦煌——以唐宋时期图像的东传为中心》，第 116—117 页。

256　沙海浮图：中古时期西域南道佛典与图像

瑞像就是秉承着右手施无畏印、左手下垂握袈裟角的特点。8至9世纪吐蕃统治敦煌时期，由于战乱频繁，瑞像救世的思想流行，莫高窟231、237窟中就汇集了来自印度、西域等各地的瑞像。其中相当多的一部分为一手自然下垂，一手曲肘举于胸侧的立佛像（图8-13）。以231窟为例，此类佛像的具体名号、特征参见下表：

图8-13　莫高窟231窟"于阗坎城瑞像"与"海眼寺瑞像"，甘肃省敦煌市
（敦煌研究院编：《敦煌石窟全集12　佛教东传故事画卷》，图92、图93）

表 8-1　莫高窟 231 窟手把袈裟式佛像列表

窟号	名号（榜题）	位置	图像特征	来源
231 窟	中天竺摩诃菩提寺造释迦瑞像	南披西起第 2 格	身穿土红色袈裟，身色为褐色，面部等处有晕染。	古印度
	中天竺憍焰弥宝檀刻瑞像	西披南起第 10 格	袈裟、面容皆为白色。	
	高浮图寺放光佛其光如火	西披南起第 11 格	身穿土红色袈裟，身色为褐色，面部有晕染。	
	于阗石佛像	北披西起第 1 格	身色、袈裟均为浅蓝色。	于阗
	释迦牟尼佛真容从王舍城腾空住海眼寺	北披西起第 2 格	身穿土红色袈裟，身色为褐色，面部、颈部等处有晕染，形象有立体感。	
	此牛头山像从耆山履空而来	南披西起第 1 格	身色、袈裟均为浅绿色。	
	迦叶佛从舍卫城腾空于固城住瑞像	西披南起第 4 格	袈裟为白色，身色为褐色。	
	于阗海眼寺释迦圣容像	西披南起第 6 格	戴红色山字形头冠，袈裟为白色。	
	微波施佛从舍卫城腾空于固城住	西披南起第 8 格	戴红色山字形头冠，袈裟为白色。	
	于阗坎城瑞像	西披南起第 9 格	身穿土红色袈裟，身色为褐色，面部有晕染。	
	老王庄北佛在地中马足掊出	西披南起第 3 格	身穿土红色袈裟，身色为褐色，面部有晕染。	不明（可能是汉地）
	陈国圣容像	西披南起第 5 格	身穿土红色袈裟，身色为褐色，面部有晕染。	

231 窟共有瑞像 35 种，其中手把袈裟式瑞像 12 种，占了三分之一。涉及古印度、于阗及其他区域，尤其以于阗瑞像为多，共 7 种。共同的姿势、动作之外，还可发现表现方式为"身穿土红色袈裟，身色为褐色，面部有晕染"的瑞像共 6 种，其形貌、动作几乎一模一样，彼此间只能依靠榜题来进行区分。造成这种现象有两种可能性：一为瑞像的传播有可能一部分只有名号，

敦煌的工匠参照某类或某身作为底本"创作"出新的瑞像；二为以上这些传入敦煌的瑞像都遵循着手把袈裟式佛像这一古老且固定的图像底本。考虑到敦煌莫高窟231、237窟的相当一部分瑞像（如鹿野苑瑞像、摩伽陀国放光瑞像、于阗西玉河虚空藏菩萨等）[①]能够找到对应的原始图像，故而第二种可能性更大。

从名号（榜题）上看，"释迦牟尼佛真容从王舍城腾空住海眼寺""此牛头山像从耆山履空而来""微波施佛从舍卫城腾空于固城住"这三身虽然名为于阗瑞像，但是也标明了印度的来源。这些现象显示出了于阗对于印度传入古老造像样式的遵从与坚持。

手把袈裟式佛像在于阗还有一种重要变体，即在原有样式基础上，饰以宝冠、璎珞等庄严具，形成"装饰佛像"。[②]如前文所述《瑞像图》Ch.xxii.0023中的白衣立佛。在保持着姿态、动作不变的同时，佛像所穿的袈裟变成了白色，并且有宝冠、璎珞的装饰。托普鲁克墩1号佛寺东壁北侧的白衣立佛、231窟的海眼寺瑞像、固城微波施佛瑞像皆是如此。尽管头冠、璎珞各具地域特色，我们还是能看出这是同一类图像。以宝冠装饰佛像的行为可以从《大唐西域记》瞿萨旦那国"勃伽夷城"条中找到依据：

王城行至三百余里，至勃伽夷城，中有佛坐像，高七尺

[①] 参见张小刚《敦煌佛教感通画研究》，第7—72、126—169页；陈粟裕《从于阗到敦煌——以唐宋时期图像的东传为中心》，第106—125页。
[②] 此类佩戴宝冠、璎珞、钏、镯的佛像，学界多称以"装饰佛像"，参见张小刚《敦煌壁画中的于阗装饰佛瑞像及其相关问题》，《敦煌研究》2009年第2期；王静芬：《触地印装饰佛像在中国的形成与传播》，淦喻成、赵晋超译，《佛学研究》2018年第1期。

余，相好允备，威肃嶷然，首戴宝冠，光明时照。闻诸土俗曰："本在迦湿弥罗国，请移至此。"……（王）与迦湿弥罗王谢咎交欢，释兵而返，奉迎沙弥时所供养佛像，随军礼请。像至此地，不可转移，环建伽蓝，式招僧侣，舍宝冠置像顶。今所冠者，即先王所施也。①

玄奘所见的勃伽夷城瑞像为宝冠坐佛像，虽不是上文所述的立像，但可见以世俗冠冕装饰佛像也是于阗的风俗，Ch.xxii.0023《瑞像图》中的于阗瑞像、托普鲁克墩 1 号佛寺的白衣立佛及海眼寺瑞像等等，都反映了于阗本土对印度传来古老造像样式的吸收与改造。

由此可以发现从 4 世纪至 9 世纪，手把袈裟式佛像在于阗长期流行，500 余年的时间段中几乎没有什么变化。该样式本身发展、演变脉络不明显，也给此类造像的断代造成了一定难度。此外，于阗民众还在此样式的基础上发展出具有于阗特色的法界人中像和白衣瑞像。于阗对于这种源于犍陀罗古老造像的坚持，也反映了当地佛教信众对于古印度佛教造像的尊崇：一方面此类造像在佛寺中广泛使用，另一方面传至敦煌的著名于阗瑞像，也在榜题中强调其西方源头。瑞像中大量使用手把袈裟式佛像作为底本，也说明至少在 6 世纪以后，这种样式的佛像已经具有神圣且特殊的意义。这充分体现了于阗作为佛教与艺术中转站的同时，强调自身法脉、艺术承自古印度，从而进一步确立自身在佛教传播过程中的正统性。

---

① ［唐］玄奘、辩机原著，季羡林等校注：《大唐西域记校注》，第 1015—1016 页。

第四节　元明清时期旃檀瑞像的传布

以上由南梁旃檀瑞像的样式问题讨论了手把袈裟式佛像在犍陀罗地区及丝绸之路南北道的传播，特别是西域南道上的于阗对于这种印度传来的佛教造像样式的尊崇。如果说于阗将手把袈裟式佛像当作一种"百工之范"的造像模式加以推崇，进而创造出于阗特色佛教造像，那么汉地这种样式的影响力还是集中于旃檀瑞像。元明清时期，旃檀瑞像主要盛行于藏传佛教领域。

藏传佛教的经典中，对旃檀瑞像也有大量记载："藏文有13世纪中的《tsan-dan-jo-bovi-rgyus》，收入北京版《丹珠尔》经ru字函，系从畏兀儿文转译为藏文，汉文译文为《旃檀瑞像来仪记略》（1263年）……"[①] 在此之后，成书于1346年的《红史》、1388年的《西藏王统记》中均有优填王以旃檀木造释迦像的记载。作为一种特殊的帝王造像，元代宫廷中对旃檀瑞像的信奉盛极一时。最为著名的就是至元九年（1272）为安置旃檀瑞像建造的大圣寿万安寺。元代程矩夫撰写的《敕建旃檀瑞像殿记》详细记录了旃檀瑞像的来源和流传和传入中国的经历，以及至元二十六年（1289）世祖忽必烈将其从万寿山仁智殿迎至大圣寿万安寺的过程：

北至燕京，居今圣安寺十二年。北至上京大储庆寺二十年。南还燕宫内殿居五十四年。大元丁丑岁三月，燕宫火，

---

① 王尧、陈庆英主编：《西藏历史文化词典》，西藏人民出版社1998年版，第336页。

尚书石抹公迎还圣安寺居。今五十九年而当世祖皇帝至元十二年乙亥,遣大臣孛罗等,四众备法驾仗卫音伎奉迎万寿山仁智殿。丁丑建大圣万安寺二十六年己丑,自仁智殿奉迎于寺之后殿,世祖躬临,大作佛事。①

虽然此尊旃檀瑞像的来源含混不清,但丝毫不影响它在元代备受崇仰。元贞元年(1295)元成宗铁穆耳在大圣寿万安寺亲自供奉旃檀瑞像,并大做佛事。随着统治者的推广,旃檀瑞像的传说也在蒙古贵族中流行开来。清康熙四年(1665)将此像从鹫峰寺迎自弘仁寺,直到 1900 年法国侵略者将此寺焚毁,弘仁寺一直是清王朝重点经营的对象。每至新年的第一天,皇帝都要亲自到这里参拜旃檀佛像,故而又被俗称为旃檀寺。更为重要的是,据《蒙藏佛教史》记载,该寺为章嘉活佛驻锡之地,17 世纪章嘉活佛亲自著有《旃檀佛像史略及绕礼功德》。在清帝与章嘉活佛的推动下,旃檀瑞像的崇信者遍及满、蒙、藏地区。弘仁寺的旃檀佛像也成为蒙古人入京朝圣的重要圣像。例如,1892 年 11 月 14 日,俄罗斯东方学家阿·马·波兹德涅耶夫(A. M. Pozdneev)在外蒙古杭爱山脉(The Khangai Mountains)遇到两个蒙古族徒步旅行者,他们说正要去往北京朝拜旃檀佛。②此外,多位蒙古的高僧大德都曾到弘仁寺参拜,如 1698 年一世哲布尊丹巴呼图克图扎纳巴扎尔、1738 年二世哲布尊丹巴都曾膜拜该像。

虽然这尊著名的旃檀瑞像在弘仁寺焚毁后消失不见,我们

---

① 〔元〕念常:《佛祖历代通载》卷二十二,《大正藏》第 49 册,第 730—731 页。
② 〔法〕沙怡然:《从北印度到布里亚特:蒙古人视野中的旃檀佛像》,郭丽平、贾维维译,《故宫博物院院刊》2011 年第 2 期,第 87 页。

从清代的版画作品中依然可以看到此尊瑞像的形象，如《鸿雪因缘图记》旃檀寺的插图中可以看到这尊造像为正面立像，头戴五佛冠，一手举于胸侧，掌心向外，一手下垂。而据清代文人的记载，如《日下旧闻考》卷四十一引《金鳌退食笔记》：

> 弘仁寺在太液池西南岸，……旃檀佛像高五尺，鹄立上视，后瞻若仰，前瞻若俯，衣纹水波骨法见其表，左手舒而直，右手舒而垂，肘掌皆微弓，……相传为旃檀香木，扣之声铿锵若金石，入手不濡，轻如髹漆，……万历中慈圣太后始傅以金。①

从记载中可知这尊造像身着紧贴身体的袈裟，一手自然下垂，秉承着旃檀瑞像所特有的造像样式。留存至今的雍和宫旃檀瑞像为乾隆帝的母亲钮祜禄氏所供奉，从其样式来看很可能为弘仁寺旃檀像的摹本。清代旃檀瑞像头戴五佛冠，可能是藏传佛教领域对于旃檀瑞像的装饰与改造。

根据笔者对于旃檀瑞像图像的收集，发现现存中国境内最东方的遗存当为辽宁省阜新市海棠山摩崖石刻群中的一身。该造像为正面立像，头戴莲花宝冠，缯带飘扬于头侧，面部五官刻画清秀，脸庞圆润，身着宽大的通肩大衣（图8-14）。一手置于胸侧面，为施无畏印，一手自然下垂，掌心向外，掌心中隐约可见法轮状图案，赤足立于莲台之上。四川大学李翎女士在《海棠山摩

---

① 此处转引自金申《汉藏佛教中的旃檀瑞像》，《文物春秋》2005年第4期，第35页。

图 8-14　海棠山石刻旃檀瑞像，辽宁省阜新市
（却吉提供）

崖造像与阜新地区清代密教特征》①一文里确定了它的题材。据嘉木扬·凯朝在《中国蒙古族地区藏传佛教》中的论述，"海棠山摩崖造像开始于道光年间。在摩崖题记中发现造像最早的时间也是道光年间，共有五处，其中一处摩崖题记只雕刻有藏历土鼠年，未刻皇帝纪年……定为道光八年（1828）。……四世活佛丹毕道尔吉住持寺院期间，普安寺向本旗百姓特别是富人家，化缘集资"②。嘉庆元年（1796）四世活佛被授予"莫日根堪布呼图克图"称号，可见清代宗教事务对普安寺的重视。这种情况下，弘

---

① 李翎:《海棠山摩崖造像与阜新地区清代密教特征》，《中国藏学》1999年第2期，第48—49页。
② 嘉木扬·凯朝:《中国蒙古族地区佛教文化》，民族出版社2009年版，第234页。

仁寺旃檀瑞像的样式通过蒙古族僧侣的活动，传播至海棠山，是完全有可能的。

结　语

　　本章对中亚、东亚范围内旃檀瑞像传播的文本及样式进行了深入梳理，通过对北宋时日僧奝然从汴京启圣禅院模刻的旃檀瑞像，以及成都地区出土的北周、南梁时阿育王像样式的分析，推测出中古时期汉地信奉的旃檀瑞像的形象特征为手把袈裟式佛像。继而对此类造像样式的源头进行了探究，这种样式可以远溯到古代犍陀罗地区，通过丝绸之路南、北两道以及海上丝绸之路传入内地。在于阗由于对佛教本源古印度的推崇，这种从西方传来的古老样式在于阗至少流行了500余年，并且于阗民众以此图像为底本创造了法界人中像、白衣瑞像等于阗人信奉的具有于阗特色的佛教造像。而汉地这种手把袈裟式佛像主要依附于旃檀瑞像进行传播，其流行的年代长，区域广，为民众信仰深，从南梁直至清末一直长盛不衰，传播的范围从敦煌一直延展至东北边陲的海棠山摩崖石刻群，在历朝历代受到了帝王的崇敬与礼拜。故而，不论是从造像样式在丝绸之路上的流行度，依靠此样式为底本创造新的佛像的类型，还是旃檀瑞像本身的灵验故事及在中国佛教发展史中的作用，旃檀瑞像都不愧是"众像之始"。

第三编

多民族、跨宗教的图像交融

由于西域南道的特殊地理位置，这里的佛教文化和艺术展现出了多民族、跨宗教的互动面貌。8至11世纪于阗与吐蕃、汉地三地间的交往，使得于阗佛教故事在《甘珠尔》和敦煌遗书中留存，显示出于阗佛教向周边传播的轨迹。与此同时，敦煌石窟壁画中出现了于阗传说中宣扬的守护神和瑞像，反映出西域南道上的佛教在艺术领域对周边区域产生过深远影响。粟特人也在西域南道留下了深深的痕迹，佛寺与墓葬中可以发现不少粟特因素。在这里，火祆教神祇与佛教尊像共存于同一个宗教空间，于阗佛教守护神在一定程度上借鉴了粟特神灵的形象。种种现象生动展现了火祆教在传播过程中与佛教并存互鉴的状况。

第九章

8至10世纪西域、藏、汉交流视域下的佛教与图像

尽管从7世纪下半叶起，吐蕃与唐王朝的势力在西域南道此消彼长，但吐蕃长期统治西域南道各区域、产生确实的影响是在8世纪中期。由于安史之乱（755—763）造成唐王朝对西域控制力量的弱化，吐蕃人趁机占领了塔克拉玛干沙漠南部的大片领土，并进军河西，控制了瓜、沙二州。吐蕃人对西域南道上佛教重镇于阗的统治，导致于阗佛教向吐蕃传播并造成一定程度的影响。从于阗文译成藏文的经典与文献中，最重要的五篇为《于阗国授记》《牛角山授记》《僧伽伐弹那授记》《于阗阿罗汉授记》《于阗教法史》。这五篇传说与历史交织的文献详细记录了于阗佛教发展历史、于阗与吐蕃自7世纪始的交流以及8世纪西域南道上由于社会动荡、佛法衰微而盛行的"末法"思想。而这段于阗与吐蕃佛教交流的故事，还涉及位于河西走廊的瓜州与沙州。不但藏经洞中保存下了珍贵的藏、汉文文书，敦煌石窟里也有体现于阗"末法"思想的壁画作品。近年来，随着藏文、于阗文文书

的精准翻译与解读，使得我们能够仔细研究这五篇关于于阗的藏文文献，并从中挖掘出 8 至 9 世纪西域南道的佛教与图像状况。

第一节　8 至 9 世纪于阗、吐蕃与敦煌间的交流

吐蕃赞普赤松德赞（742—797）即位之后，继承父辈的基业，迅速充实了吐蕃的军事实力。8 世纪中叶，崛起的吐蕃向东攻占至凉州、甘州、肃州等地，向西扩张至中亚，与唐王朝、突厥争夺西域。"从八世纪末叶开始完全控制了整个天山南路地区，而且此时吐蕃对于中亚的统治，由于控制了东部的河西地区，和西部的帕米尔地区，是相当稳定的。"[①] 直至 842 年，吐蕃末代君主朗达玛（约 838—842 在位）遇刺，吐蕃在河西、西域的力量随之瓦解。

吐蕃的扩张中，在历时十年的兵临城下之后，敦煌于 786 年协议以"勿徙他境"的条件向吐蕃开城投降。从此至 848 年沙州张议潮率众起义收复瓜、沙二州之前，敦煌在长达 80 余年的时间里，处于吐蕃人的统治之下。[②] 而于阗被吐蕃彻底占领的年代晚于敦煌，据青年学者沈琛的最新研究成果，吐蕃占领于阗的

---

① 〔日〕森安孝夫：《吐蕃在中亚的活动》，劳江译，《国外藏学研究译文集》第一辑，西藏人民出版社 1986 年版，第 130 页。
② 关于沙州陷蕃的时间，说法不一，但主要集中在 8 世纪 80 年代：1. 大历十二年（777），马德主张此说；2. 建中二年（781），出《元和郡县志》，支持此说的有徐松、翟理斯、向达、陈祚龙、藤枝晃、史苇湘等；3. 贞元元年（785），苏贞一支持此说；4. 贞元二年（786），陈国灿主此说；5. 贞元三年（787），戴密微、饶宗颐、苏莹辉（补订说）等持此说。本文取陈国灿 786 年说，参见陈国灿《唐朝吐蕃陷落沙州城的时间问题》，《敦煌学辑刊》1985 年第 1 期，第 6 页。

第九章　8至10世纪西域、藏、汉交流视域下的佛教与图像　269

时间为贞元十四年（798）。[①]我们可以从两件考古材料了解双方战事的激烈。一为斯坦因在和田安迪尔古城东南部的一处佛寺墙壁上发现了一处题记："开（贞）元七年记/至建闻其兵马使死及四镇大蕃/和大蕃官太常卿秦嘉兴归于本道"。[②]斯坦因的记录里，最重要的、能判断明确纪年的第一字已经模糊不清，根据唐代年号，有开元七年（719）、贞元七年（791）两种可能，沙畹（Édouard Émmannuel Chavannes, 1865—1918）将之判断为前者。而观《旧唐书》的记载，武周长寿元年（692）"武威军总管王孝杰大破吐蕃，复龟兹、于阗、疏勒、碎叶镇。"[③]而后直到开元十三年（725），于阗王尉迟眺引突厥叛唐，于阗才再次出现在正史的记载中。开元前期唐王朝国力强盛，故而本书认为，贞元七年更为可能。二为斯文·赫定所获的Hedin 24《唐贞元十四年（798）闰四月四日典史怀仆牒为尽收人畜入坎城事》（图9-1）为于阗文、汉文双语文书，记录了神山堡至坎城一带的军事行动，汉文录文如下：

（]指前缺，[指后缺）

1]□□乘驼人桑宜本口报称：闻神山堡□

2]□三铺人并驼三头，今日卯时□，濡马屈萨

3]得消息，便来走报来者。准状各牒所

4 由者,]人畜一切尽收入坎城防备，如有漏失，

5]罪科所由者，故牒。

[①] 沈琛：《8世纪末吐蕃占领于阗史事钩沉》，《西域研究》2022年第3期，第61页。
[②] 〔英〕奥雷尔·斯坦因：《古代和田——中国新疆考古发掘的详细报告》，第594页。
[③] 《旧唐书》卷六《则天皇后》，中华书局1975年版，第123页。

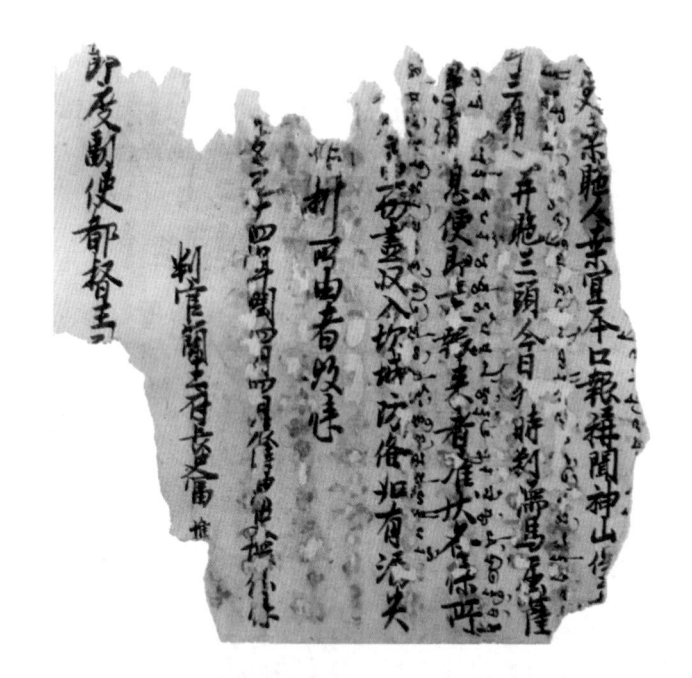

270　沙海浮图：中古时期西域南道佛典与图像

图 9-1　Hedin 24 号　汉语于阗语双语文书，瑞典国立人种学博物馆藏
（张广达、荣新江：《于阗史丛考》（增订新版），上海书店出版社 2021 年版，彩图）

6　　　　贞元十四年闰四月四日辰时，典史怀□牒。
7　　　　　　判官简王府长史富惟谨 [
8　节度副使都督王 [尉迟曜]①

　　这件由尉迟曜签署的文书表现出吐蕃入侵之前的山雨欲来：神山堡的三位骑驼兵士在一处名叫屈萨的地方发现了敌人踪迹，于是一切人畜皆收入坎城，做好防备。于阗的抵抗并未能阻止吐蕃人的侵袭，随后的半个多世纪里，以于阗为代表的南道诸地、

---

① 张广达、荣新江：《8世纪下半叶至9世纪初的于阗》，《于阗史丛考》，第242页。

瓜州、沙州的情况几乎不见于唐王朝正史的记载。我们只能从考古发掘的多语言文书（藏文、于阗文、汉文）以及保存在《甘珠尔》中的文献一窥这段时期的文化面貌。[①] 兰州大学教授朱丽双女士近年来在藏文文献、经典的翻译、考证上做出极大贡献，展现了于阗、吐蕃与汉地间佛教信仰与流传方面的部分内容，本章主要依赖朱丽双教授的翻译成果，特此说明。

吐蕃时期编撰的三个佛经目录《登噶目录》（Ldan/Lhan dkar ma）、《青浦目录》（Mchims phu ma）（已佚）、《旁塘目录》（'Phang thang ma）中已经著录了于阗流行的经典《无垢光天女请问经》（Lha mo dri ma med pa'i zhus pa）、《月藏经》、《僧伽伐弹那授记》、《牛角山授记》等内容。[②] 13世纪的藏族高僧迥丹热贝热智（Bcom ldan rig pa'i ral gri,1227—1305）编撰的佛典目录《佛教广大庄严日光》（Bstan pa rgya pa rgyan gyi nyi'od）、其弟子卫巴罗赛（Dbus pa blo gsal）完善后供养在那塘寺遗存至今的部分目录（《论典目录》Bstan bcos kyi dkar chag）中记载了《无垢光天女请问经》、《牛角山授记》、《锡杖经》（Mkhar sil gyi mdo che chung gnyis）、《太子须大拏经》（Rgyal bu don grub gyi mdo）、《说善不善异熟经》（Dge mi dge las kyi rnam smin gyi mdo）等21部经典的译者是于阗著名译师天主光（surendrakaraprabha）等与主译师虚空（Nam mkha'）从于阗语译成藏文。[③] 而据1322年《布顿佛教史》所附的佛经目录，《牛

[①] 参见沈琛《吐蕃与于阗佛教交流史事考述》，《西域研究》2020年第3期。
[②] 参见朱丽双《〈于阗国授记〉的成立年代研究》，《西域文史》第九辑，第113页。
[③] Kurtis R. Schaeffer and Leonard W. J van der Kuijp. An Early Tibetan Survey of Buddhist Literature: The Bstan pa rgya pa rgyan gyi nyi'od of Bcom ldan ral gri. Cambridge, 2009, pp. 117, 138, 161-162. 转引自沈琛《吐蕃与于阗佛教交流史事考述》，《西域研究》2020年第3期，第138页。

角山授记》《僧伽伐弹那授记》《于阗国授记》和《月藏经》中的《月藏请问经中佛说入灭后教法住灭授记经》(Zla ba snying pos zhus pa'i mdo las sangs rgyas mya ngan las 'das nas bstan pa gnas pa dang 'jig pa lung bstan pa'i mdo) 为于阗高僧释迦斡 (Shākya 'od, 译言释迦光) 所译;《无垢光天女请问经》为益西德 (Ye shes sde, 译言智军) 所译[1]。

这些典籍中《于阗国授记》《牛角山授记》《僧伽伐弹那授记》《于阗阿罗汉授记》《于阗教法史》由于记录了于阗历史、社会与佛教发展的大量内容,自20世纪初东方学兴起时就为西方学者所重。这五篇的文本内容、翻译以及研究情况分述如下:

《于阗国授记》,今保存在藏文大藏经《甘珠尔》部。早在1921年,日本学者寺本婉雅将其译成日文,名为《于阗国史》进行公布出版。随后1935年英国学者托马斯 (F. W. Thomas) 在《有关西域的藏文文献与文书》[2]一书中将之翻译为英文。1967年恩默瑞克在《关于于阗的藏文文献》(Tibetan Texts concerning Khotan)[3]中又再次进行了藏英重译。2012年和2014年朱丽双以德格版 (Sde dge) 为底版进行了藏汉译注工作。[4]自此,该文献能以清楚的面貌展现在中国学者面前。这篇文献主要记录了(1)毗沙门天王与舍利弗决海、释迦于牛头山说法;(2)于阗国的建

---

[1] 朱丽双:《〈于阗国授记〉的成立年代研究》,《西域文史》第九辑,第114页。
[2] F. W. Thomas, *Tibetan Literary Texts and Documents concerning Chinese Turkestan, Part I: Literary Texts*, pp. 89—136.
[3] R. E. Emmerick, *Tibetan Texts concerning Khotan*, pp. 1—75.
[4] 朱丽双:《〈于阗国授记〉译注》(上下),《中国藏学》2012年S1期,第223—268页、2014年S1期,第121—131页。

立与佛法初传于阗；(3) 于阗之王统世系，佛教在于阗的发展，于阗诸王兴建佛寺，诸神护持。其中佛教受到于阗诸王的拥护，各处伽蓝、佛塔建立的缘起为本文记录的重点。目前，学界对于这篇文献的讨论主要集中在年代，托马斯将之判断为1046年由藏文写成的文本[1]，恩默瑞克认为在890或902年[2]，此外还有11世纪译自于阗文本、8世纪末至9世纪中叶在王室里传承下来的"王统史"[3]等看法。朱丽双根据其中记录的于阗世系，及其在吐蕃时期佛经文献的著录情况，判断为成立于830年，原为于阗语，藏文本由活动在8世纪后半至9世纪前期的吐蕃高僧释迦斡所译。[4]

《牛角山授记》见录于812/824年的《登噶目录》与830年的《旁塘目录》，为于阗著名译师天主光等与主译师虚空从于阗语译成藏文，今收藏在《甘珠尔》部。敦煌藏经洞中所出、藏于法国国家图书馆的藏文文书P. t. 953与P. t. 961经朱丽双艰苦检索而出，判断为《牛角山授记》的残片。[5]2020年，四川大学张延清教授发现北京大学图书馆藏敦煌藏文文献北大D055号，是《牛角山授记》的结尾部分，并且在文书最后有"比丘智胜赴于

---

[1] F. W. Thomas, *Tibetan Literary Texts and Documents concerning Chinese Turkestan, Part I: Literary Texts*, pp. 75–76.
[2] R. E. Emmerick, *Tibetan Texts concerning Khotan*, p. 76.
[3] 吉田豊『コータン出土8—9世紀のコータン語世俗文書に關する覺え書き』，(神戸市外國語大學研究叢書第38冊)，神户市外國語大學外國語研究所，2006，81—82頁。
[4] 朱丽双：《〈于阗国授记〉的成立年代研究》，《西域文史》第九辑，第115—117页。
[5] 朱丽双：《敦煌藏文文书〈牛角山授记〉残片的初步研究》，《西域文史》第八辑，科学出版社2013年版，第23—26页。

阗将此于阗一切授记作了审定"的题记①，非常可贵。敦煌藏文文书的发现充分说明了关于牛角山的信仰在8世纪上半叶已经传入了河西地区。《牛角山授记》全文最早由托马斯在《有关西域的藏文文献与文书》②中翻译成英文。朱丽双将之译成汉文③，并判断其编成年代在8世纪后期。这篇文献相对较短，重点讲述释迦在于阗牛角山授记的经过与内容，如付嘱菩萨和守护神护持各处伽蓝圣地，提示僧众当佛法衰微时前往他国避难等。

《僧伽伐弹那授记》最早著录在《登噶目录》中，亦见著于《佛教广大庄严日光》与《论典目录》，今收藏在《甘珠尔》部。其英文版同样最早由托马斯进行翻译。④朱丽双在《〈阿罗汉僧伽伐弹那授记〉译注》⑤一文中进行了中文翻译与注释，根据同作者《9世纪于阗的法灭故事》⑥一文的研究，这篇文献由释迦翰于811年前后译自于阗语，主要讲述了于阗法灭故事。于阗因天灾人祸、民众怠慢佛法，众僧在菩萨与守护神的帮助下出走吐蕃；资助他们的吐蕃王汉妃亡故后，僧人们在乾陀罗国、天竺辗转；最后于俱睒弥国发生僧净，互相残杀，"一切比丘皆死"由是正法灭没。

与《阿罗汉僧伽伐弹那授记》内容接近的《于阗阿罗汉授

① 张延清：《北京大学图书馆藏敦煌藏文〈牛角山山授记〉译解》，《中国藏学》2020年第3期，第202页。
② F. W. Thomas, *Tibetan Literary Texts and Documents concerning Chinese Turkestan, Part I: Literary Texts*.
③ 朱丽双：《〈牛角山授记〉译注》，《西域文史》第十四辑。
④ F. W. Thomas, *Tibetan Literary Texts and Documents concerning Chinese Turkestan, Part I: Literary Texts*.
⑤ 朱丽双：《〈阿罗汉僧伽伐弹那授记〉译注》，《敦煌吐鲁番研究》第十八卷。
⑥ 朱丽双：《9世纪于阗的法灭故事》，《中山大学学报》（社会科学版）2019年第5期，第158页。

第九章　8至10世纪西域、藏、汉交流视域下的佛教与图像　275

记》同样保存在《甘珠尔》中。这篇文献的定名略为复杂。其原名为《于阗国授记》(Li yul lung bstan pa)，1884年柔克义（William Woodville Rockhill, 1854—1914）最早在将之翻译成英文时，按照其内容分成两个部分，第一部分定名为《于阗国授记》(The Prediction of Li yul/Li yul lung bstan pa)，第二部分定名为《于阗国编年史》(The Annals of Li yul/Li yul gyi lo rgyus pa)[①]，此后学者多沿用此名。而三份敦煌藏文文献的发现与研究则彻底改变了学界的看法，这三份文书斯坦因编号为Ch.08、Ch.9.I.3和Ch.73.Ⅶ.3/2，普散（Louis de la Vallée Poussin）重新编号为ITJ597、ITJ598、ITJ601.2。[②] 这三份文书的内容与原为《于阗国授记》的文献内容十分接近，故而遵从敦煌文书，将保存于《甘珠尔部》的文献重新定名为《释迦牟尼如来像法灭尽于阗阿罗汉授记》简称为《于阗阿罗汉授记》。[③] 活动于吐蕃统治敦煌时期的僧人法成，将此文献译成中文，题为《释迦牟尼如来像法灭尽记》，保存在藏经洞中，今藏于法国国家图书馆编号为P. ch. 2139，而后收入《大正藏》，编号No. 2090。据日本学者上山大峻的研究，这件作品为法成晚年所译，其年代不晚于法成去世的859年。[④] 汉译方面，朱丽双根据藏文版本对这篇文献进行了完整的翻译并与法成的译本进行了对勘。[⑤] 其内容同样讲述

[①] W. W. Rockhill, *The Life of the Buddha and the Early History of his Order*, London, 1884. pp. 230—246.

[②] Louis de la Vallée Poussin, *Catalogue of the Tibetan Manuscripts from Tunhuang in the India Office Library*, London: Oxford University Press, 1962, pp. 183, 185.

[③] 参见朱丽双《〈于阗阿罗汉授记〉对勘与研究》，朱凤玉、汪娟编:《张广达先生八十华诞祝寿论文集》，台湾新文丰出版有限公司2010年版，第609页。

[④] 上山大峻『敦煌佛教の研究』，京都：法藏馆，1990，229—230页。

[⑤] 朱丽双:《〈于阗阿罗汉授记〉对勘与研究》。

于阗法灭故事,情节较《阿罗汉僧伽伐弹那授记》更为简单。

《于阗教法史》是五篇文献中内容最丰富的一篇。这篇文献在藏地没有遗存,唯一的文本为敦煌藏经洞所出的藏文文献,藏于法国国家图书馆,编号为 P.t.960。这篇文献藏译英的工作依然是托马斯与恩默瑞克完成[1],汉译方面,我国杰出的藏学家王尧(1928—2015)先生于 1983 年进行翻译[2];朱丽双对文中的诸多名号进行考订后,再次做了汉译[3]。其编撰年代在 9 世纪上半叶,晚于 830 年的《于阗国授记》。[4]

由此,可将五篇文献的年代、藏地、内容制表如下:

表 9-1　五篇于阗藏文文献信息表

题名	年代	藏地		内容				
		西藏(《甘珠尔》)	敦煌	释迦于牛头山授记	毗沙门天王与舍利弗决海	菩萨、守护神护持伽蓝	于阗王统及佛教发展	于阗法灭
《牛角山授记》	8 世纪后期	√	√	√	√	√		部分
《僧伽伐弹那授记》	811	√						√
《于阗国授记》	830	√		√	√	√	√	

---

[1] F. W. Thomas, *Tibetan Literary Texts and Documents concerning Chinese Turkestan, Part I: Literary Texts*, pp. 303-323. R. E. Emmerick, *Tibetan Texts concerning Khotan*.
[2] 王尧、陈践:《敦煌吐蕃文献选》,四川民族出版社 1983 年版。
[3] 朱丽双:《〈于阗教法史〉译注》,荣新江、朱丽双:《于阗与敦煌》,甘肃教育出版社 2013 年版。朱丽双:《敦煌藏文文书 P. t. 960 所记于阗佛寺的创立——〈于阗教法史〉译注之一》,《敦煌研究》2011 年第 1 期。《敦煌藏文文书 P. t. 960 所记于阗建国传说——〈于阗教法史〉译注之二》,《敦煌研究》2011 年第 2 期。《敦煌藏文文书 P. t. 960 所记于阗之神灵——〈于阗教法史〉译注之三》,《敦煌研究》2011 年第 4 期。
[4] 朱丽双:《〈于阗教法史〉译注》,《于阗与敦煌》,第 419 页。

续表

题名	年代	藏地		内容				
		西藏（《甘珠尔》）	敦煌	释迦于牛头山授记	毗沙门天王与舍利弗决海	菩萨、守护神护持伽蓝	于阗王统及佛教发展	于阗法灭
《于阗教法史》	9世纪上半叶晚于830		√		√	√	√	√
《于阗阿罗汉授记》	859年之前	√	√					√

从上表可知这五部文献在藏地、敦煌的流存状况不尽相同：包含了另外四篇文献主要内容的《于阗教法史》[1]在西藏地区并没有著录，但释迦授记、于阗王统与佛教发展、诸神护持伽蓝、于阗法灭等情节，都有更为详细的文本留存于藏地。而流传于敦煌的文献中，除了《于阗教法史》对于阗王统世系与佛教发展经过有所涉及，但是其内容相对《于阗国授记》而言非常简单，这导致于阗历史、于阗佛教史在敦煌地区并没有形成广泛的认知。这些文献在敦煌流传的主要部分为：释迦在牛头山授记、诸神护持佛寺、于阗法灭故事。图像方面，由于于阗本土自11世纪伊斯兰化之后，佛教遗存大多残毁，青藏高原虽有壁画、建筑等艺术遗存能够说明于阗对西藏确有影响[2]，但是藏传佛教艺术年代很少有

---

[1] 朱丽双曾对《于阗教法史》与其他文献的对应关系进行过分析，参见朱丽双《敦煌藏文文书P. t. 960所记于阗佛寺的创立——〈于阗教法史〉译注之一》，《敦煌研究》2011年第1期，第82—83页。

[2] 如今西藏日喀则康马县艾旺寺（Iwang）的无量寿佛殿壁画，有榜题写明根据于阗样式（Li lugs）绘制。参见图齐著，魏正中、萨尔吉主编《梵天佛地》第四卷，上海古籍出版社2009年版，第95页。另有温姜多寺、昌珠寺也有藏文文献证明于阗工匠参与了寺院的营建。参见谢继胜、贾维维《温姜多无例吉祥兴

11世纪之前的作品。故而能够找到与五篇藏文文献记载的内容相对应的图像，只有在敦煌。

吐蕃统治敦煌时期，敦煌壁画中即有于阗瑞像。张氏、曹氏归义军时期，归义军政权与于阗交流密切，特别是后唐清泰元年（934）曹议金之女与于阗王李圣天成婚后，大量于阗人居住在敦煌。我们在这一时期的莫高窟、榆林窟壁面上发现了数量众多的于阗守护神、瑞像及佛教圣迹图，这些图像虽然年代略晚于藏文文献，但可进行图文间的对读，解读于阗佛教对敦煌的影响。

第二节 于阗八大守护神图像源流

作为张氏、曹氏归义军时期于阗与敦煌在宗教、文化方面交流的明证，带有"守护于阗国"榜题的八大守护神（迦迦那莎利神、莎那末利神、莎耶摩利神、阿隅阇天女、毗沙门天王、阿婆罗质多神、摩诃迦罗神、悉他那天女）与瑞像、佛教圣迹图形成固定图像组合，出现在敦煌石窟的壁画中。这种特殊的组合恰能体现五篇关于于阗的藏文文献中记录的佛法将灭、瑞像与守护神护持的思想。

一、八大守护神的名号与图像

根据洞窟壁画遗存与伯希和拍摄的老照片，莫高窟与榆林窟共有14个洞窟绘有于阗守护神。分别为莫9窟、340窟、98窟、

（接上页）善寺修建史实考述——兼论藏文史书记载的温姜多寺、昌珠寺与于阗工匠入藏的关系》，《故宫博物院院刊》2011年第6期，第27—29页。

108 窟、39 窟、146 窟、397 窟、401 窟、126 窟、25 窟、454 窟、342 窟，榆林 33 窟、莫 220 窟（已剥落），时间上从 9 世纪晚期持续至 10 世纪末。[①] 于阗八大守护神（以下简称八大守护神）的组合、身姿与持物，在八十余年中基本保持一致。洞窟位置方面，除了榆林 33 窟、莫 220 窟的佛教圣迹图与于阗守护神等绘制在主室南壁之外，其余图像均位于洞窟的甬道顶。如 9 窟长甬道顶（图 9-2）就清楚展示了于阗守护神、瑞像与佛教圣迹图的图像组合情况。

图 9-2　莫高窟 9 窟甬道顶全景，顶部 545cm×240cm，甘肃省敦煌市
（敦煌研究院编：《敦煌石窟全集 12　佛教东传故事画卷》，图 72）

[①] 现有洞窟可以判断年代者，年代最早的为 9 世纪末的 9 窟，年代最晚的为 976 年前后的 454 窟。参见马德《敦煌莫高窟史研究》，甘肃教育出版社 1996 年版，第 130—134 页；贺世哲《从供养人题记看莫高窟部分洞窟的营建年代》，敦煌研究院编：《敦煌莫高窟供养人题记》，文物出版社 1986 年版，第 229 页。

研究方面，20世纪80年代，张广达、荣新江从敦煌文书里的四篇"瑞像记"（P.3033、P.3352、S.5659、S.2113）中发现汉文八大守护神的名号[1]。而后，张小刚在《敦煌瑞像图中的于阗护国神王》一文里，对敦煌石窟中八大守护神图像进行了系统调查，明确了他们出现的位置、名号及特征。[2]并在其专著《敦煌佛教感通画研究》中补充并完善了相关材料。荣新江、朱丽双的《图文互证——于阗八大守护神新探》详细探讨了汉、藏文献中的八大守护神名号的变化、在敦煌石窟中的图像学特征等问题，并指出，石窟中题写的汉文八大守护神名号来自于于阗语发音的转译。[3]由此，敦煌石窟中八大守护神各自的名号、图像学特征得以明确。笔者曾利用守护神的服饰细节，讨论了于阗、敦煌、长安间图像的交流问题。[4]目前学界对八大守护神的研究主要偏重于文献与图像间的互证，讨论于阗护国思想在敦煌的流行。而对于八大守护神的来源，学者们多倾向为于阗向敦煌的图像传播。

然而，2002年中国社会科学院考古所新疆队在和田策勒县发掘了托普鲁克墩1号佛寺，寺门西侧壁画展现的武士，很可能

---

[1] 参见张广达、荣新江《敦煌"瑞像记"、瑞像图及其反映的于阗》，《于阗史丛考》，第50—56页。
[2] 参见张小刚《敦煌瑞像图中的于阗护国神王》，《敦煌研究》2005年第1期。
[3] 荣新江、朱丽双:《图文互证——于阗八大守护神新探》，樊锦诗、荣新江、林世田主编:《敦煌文献·考古·艺术综合研究——纪念向达先生诞辰110周年学术研讨会论文集》，中华书局2011年版，第190—218页。
[4] 陈粟裕:《敦煌石窟中的于阗守护神图像研究》，《故宫博物院刊》2012年第4期，第54—74页。

是散脂夜叉①。其形象和服饰与敦煌石窟中的八大守护神相去甚远。不得不让人重新思考，榜题为"守护于阗国"的八大守护神是于阗样式传入还是另有来源（敦煌本地创造）？本文试加探讨，以补前人之阙。

论及于阗的藏文文献中，常记载护持佛寺、伽蓝的守护神，但是每部典籍里，八大守护神的名号都有出入，与石窟中的榜题读音最为接近的是吐蕃统治敦煌晚期的藏文写本 P.t.960《于阗教法史》。该文献记载的八大守护神名号为：

〔为使〕于阗正法不灭而安住〔于此〕之八大地方守护神〔如下〕：毗沙门大护法、散脂大将、阿婆罗质多、迦迦那莎利神、莎那末利神、具钩、悉他那、吃利呵婆达多龙王等。彼等之具誓眷属，共有护持者三万，〔其中〕天神一千五百有七守护。②

荣新江、朱丽双曾指出，这份文献中除了具钩天女之外，"全部用藏文直接转写梵文或于阗文的音译方式写出他们的名称"③。

---

① 参见〔意〕富艾莉《毗沙门还是散脂：和田达玛沟托普鲁克墩 1 号遗址的一幅壁画新说》，朱丽双译，《艺术史研究》第十七辑，第 167—182 页；陈粟裕《新疆和田达玛沟托普鲁克墩 1 号佛寺图像研究》，《世界宗教文化》2015 年第 4 期，第 89—90 页。
② 引自荣新江、朱丽双《图文互证——于阗八大守护神新探》，《敦煌文献·考古·艺术综合研究——纪念向达先生诞辰 110 周年学术研讨会论文集》，第 196 页。
③ 同上。

虽然此文本中守护神的读音与洞窟中的榜题接近，但在八大守护神的身份方面，两者并不完全一致，特别是洞窟中用摩诃迦罗神取代了吃利呵婆达多龙王（热舍龙王），据此可推断石窟中的八大守护神可能另有文本来源。

现存的八大守护神图像最早出现在莫高窟第 9 窟，洞窟甬道北壁绘有张承奉、李弘定，南壁绘索勋、李弘谏供养像。虽然目前学界对其营建年代尚有争议，但多集中于 9 世纪最后十年[①]，而根据荣新江对 P.4640V《己未至辛酉年（899—901）归义军军资库司布纸破用历》与 S.4359V《谒金门·开于阗》等文书的研究，张氏归义军政权与于阗正式的官方接触是在 901 年[②]。故而，八大守护神的图像出现在敦煌的时间当在 848 年至 9 世纪末，早于于阗使臣抵达敦煌之前。本文主要以最早出现八大守护神形象的第 9 窟（图 9-3）以及绘有于阗王李圣天供养像的第 98 窟（图 9-4、图 9-5）为例进行研究，其他洞窟的图像为参考。试述 9 窟与 98 窟图像如下表：

---

① 关于第 9 窟的营建年代，学者们多从张承奉、索勋等人的题记进行判断。如姜亮夫、贺世哲、马德认为该窟年代为唐景福元年（892）；荣新江推断张、索二人的题记写于景福二年（893），而李氏兄弟的题记写于 894 年后，并非同时完成。张景峰推论该窟开凿于乾宁三年初至四年六月九日前（896—897）。李军考证 9 窟完成为乾宁四年二月至光化元年（897—898）之间。参见姜亮夫《莫高窟年表》，上海古籍出版社 1985 年版，第 444—446 页；贺世哲《从供养人题记看莫高窟部分洞窟的营建年代》，第 214 页；马德《敦煌莫高窟史研究》，第 104、231 页；荣新江《归义军史研究——唐宋时代敦煌历史考索》，上海古籍出版社 1996 年版，第 91、206 页；张景峰《敦煌莫高窟第 9 窟甬道供养人画像年代再探》，《兰州学刊》2009 年第 11 期，第 25 页。

② 张广达、荣新江：《关于敦煌出土于阗文献的年代及其相关问题》，《于阗史丛考》，第 85—86 页。

表 9-2　9 窟、98 窟八大守护神图像表

守护神名号	位置	9 窟	98 窟
阿隅阇天女	南披西起第一身	天女形，头戴扇形冠，覆以头巾。身着黑色广袖衫，佩云肩、项圈，下身着长裙，有短外裙、长腰带装饰。左手持火焰摩尼珠，右手持长茎莲叶。	与 9 窟同，足下地面有数枚火焰形摩尼珠。
莎耶摩利神	南披西起第二身	天王形，头戴扇形宝冠，头侧缯带向上飞舞，身穿汉式铠甲，帔帛绕身，双臂交叉一手持长杵拄地，立于地鬼之上。	动作与第 9 窟同，其扇形宝冠两侧饰有双翼，面容绘制细腻，蓝眼、张口，唇上有短胡须。
莎那末利神	南披西起第三身	夜叉形，戴方形冠，赤裸上身，多臂（手臂数不清），可见一手在腹前持长剑。下身着短裙，系宽腰带，穿凉鞋。	六臂夜叉，头发上竖，戴双翼冠，璎珞帔帛装饰，右上手持金刚杵，中手持长剑，下手持花叶；左上手持镜，中手持海螺，下手持莲花杖。下身着短裤。
迦迦那莎利神	南披西起第四身	天王形，头戴扇形宝冠，头侧缯带飘扬，身穿汉式铠甲，一手持长杵，一手置于胸前。立于绿色水池上，有白色龙形物*绘于两腿之间。	头戴三珠冠，身形、持物与第 9 窟同，双足立于绿水上，双腿间有白色山状物。
悉他那天女	北披西起第一身	兽首女神，头戴扇形冠，上身着铠甲，下身穿长裙，一手持钩，一手握帔帛。	短象鼻兽首（猪首），戴宝珠冠，上身着鳞片状明光甲，下身着长裙，手持摩尼宝珠。
摩诃迦罗神	北披西起第二身	天王形，身着汉式铠甲、头盔，双手于胸前托盘，盘中物不明。	天王形，头戴兜鍪，头光后有火焰纹，双手捧盛有摩尼珠的托盘。
阿婆罗质多神	北披西起第三身	夜叉形，上身着布衣，下身着短裙，两手置于胸前，穿凉鞋。	夜叉形，头饰若菩萨头冠，身披云肩，下穿短裙，一手持长柄香炉，一手置于胸前结印。
毗沙门天王	北披西起第四身	天王形，头戴莲花冠，身着汉式铠甲，一手持长戟一手持宝塔，立于地鬼身上。	服饰、持物与 9 窟同。

* 白色龙形物为张小刚发现，他早期将其判断为龙王，后修正为迦迦那莎利神。参见张小刚《敦煌瑞像图中的于阗护国神王》,《敦煌研究》2005 年第 1 期，第 52 页。

图 9-3 莫高窟 9 窟八大守护神，甘肃省敦煌市（敦煌研究院编：《敦煌石窟全集 12 佛教东传故事画卷》，图 62、图 63）

图 9-4 莫高窟 98 窟甬道南披守护神，甘肃省敦煌市
（敦煌研究院编：《敦煌石窟全集 12 佛教东传故事画卷》，图 64）

图 9-5 莫高窟 98 窟甬道北披守护神，甘肃省敦煌市
（敦煌研究院供图 乔兆福摄）

二、天王形的摩诃迦罗神

敦煌石窟中八大守护神里的摩诃迦罗神名号,并不见于任何藏文、于阗文撰写的八大守护神序列,而其头戴兜鍪、身穿铠甲、双手捧盛有摩尼珠托盘的武士形象,与常见的一面四臂、三面六臂神灵形象亦相去甚远。摩诃迦罗(Mahākāla)意译为大黑天或大黑神,源自印度教,其原型比较复杂,一种说法是湿婆(Siva)的别名①,湿婆神的恐怖像(Aghora-Mūrti)在进入汉、藏佛教系统之后,成为重要的护法神祇。摩诃迦罗在汉地的兴起,主要源自于初、盛唐时翻译的密教经典,如菩提流志所译《不空羂索神变真言经》、善无畏所译《阿吒薄俱元帅大将上佛陀罗尼经修行仪轨》以及不空译的《仁王护国般若经》《大乐金刚不空真实三昧耶经般若波罗蜜多理趣释》《金刚恐怖集会方广轨仪观自在菩萨三世最胜心明王经》等。这些典籍里,摩诃迦罗多作恐怖、愤怒之形,有一面二臂、三面六臂、一面八臂等区别。一面二臂如《金刚恐怖集会方广轨仪观自在菩萨三世最胜心明王经》所记:

摩诃迦罗天像前,苏末那揾三甜护三洛叉已。现为使方为成办于一切(大黑天也,披象皮,横把一枪,一头穿人头、一头穿羊)。但于一切天像前,以彼所敬爱之花,护洛

---

① Kalpika Mukherjee, "Vajrayogini and Mahākāla: Two most Fearful Deities in the Buddhist Tantric Pantheon", N. N. Bhattacharyya, *Tantric Buddhism: Centennial Tribute to Dr Benoytosh Bhattacharyya*, New Delhi: Manohar Publisher, 1999, pp. 208–214.

第九章 8至10世纪西域、藏、汉交流视域下的佛教与图像 287

叉,皆来为使者。①

三面六臂者,如唐代嘉祥寺神恺在《大黑天神法》中记录的密宗大黑天形象为:

> 大黑天神者,胎藏界梵号云摩诃迦罗天,亦云大黑天神。用普印,三摩耶形剑。青色三面六臂。前左右手横执剑,左次手执人头(取髻提也),右次手执羊牝,次左右象皮张背后,以髑髅为璎珞也。②

不空的弟子慧琳在《一切经音义》中对摩诃迦罗释义则记录为八臂:

> 摩诃迦罗(梵语也,唐云大黑天神也。有大神力。寿无量千岁。八臂身青黑云色,二手怀中横把一三戟叉,右第二手捉一青羖羊,左第二手捉一饿鬼头髻,右第三手把剑,左第三手执揭吒冈迦,梵语也,是一髑髅幢也。后二手各于肩上共张一白象皮,如披势。以毒虵贯穿髑髅以为璎珞,虎牙上出作大忿怒形,雷电烟火以为威光。身形极大,足下有一地神女天以两手承足者也。)③

---

① [唐]不空译:《金刚恐怖集会方广轨仪观自在菩萨三世最胜心明王经》,《大正藏》第20册,第11页。
② [唐]神恺译:《大黑天神法》,《大正藏》第21册,第355页。
③ [唐]慧琳:《一切经音义》卷十,《大正藏》第54册,第366页。

敦煌石窟中，摩诃迦罗的形象并不多见，松本荣一先生曾对藏经洞绢纸画中的摩诃迦罗形象进行过专门收集，虽与文献记载的形象有所出入，但均为六臂或八臂愤怒尊形。[①] 如大英博物馆藏敦煌绢画 Ch.lvi.0019《千手千眼观音曼荼罗》中摩诃迦罗局部（图 9-6），为三面六臂，上两臂置于头侧，撑象皮，中两臂持长叉，下两臂横持长棍，立于大蛇身上。

两臂天王形的摩诃迦罗神，除了前述恐怖形之外，张小刚注意到义净所撰《南海寄归内法传》中记录的"西方诸大寺处"立

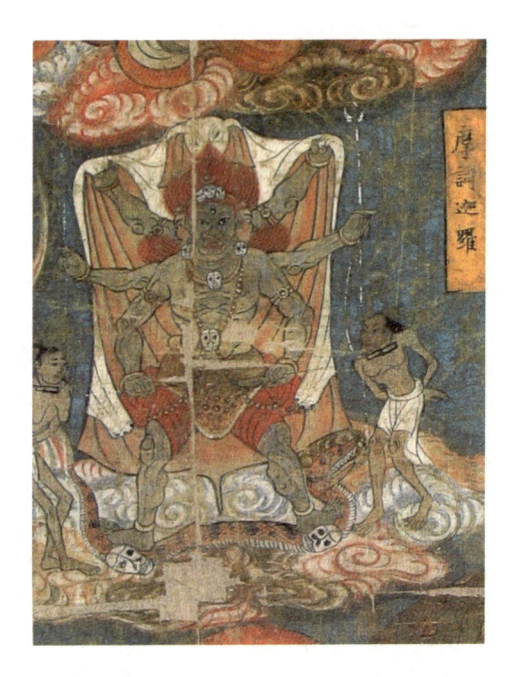

图 9-6 敦煌绢画《千手千眼观音曼荼罗》中的摩诃迦罗，全图
222.5cm×167cm，大英博物馆藏
（大英博物馆监修:『西域美術　大英博物館スタイン・コレクション』1，图 18-2）

---

① 〔日〕松本荣一:《敦煌画研究》，第 413—415 页。

第九章　8至10世纪西域、藏、汉交流视域下的佛教与图像　289

于食橱柱侧或大库门前的神王形大黑天神亦是两臂,并且八大守护神序列中的摩诃迦罗神双手托举的宝盘里盛有如意宝珠,"象征了此神施财施福的宗教性格"[①]。这一判断突破了对摩诃迦罗形象的固有认知,非常难能可贵。但从图像源流上看,天王形的摩诃迦罗神更有可能遵循了汉地传统。我们先看《南海寄归内法传》的记载:

> 又复西方诸大寺处,咸于食厨柱侧或在大库门前,雕木表形。或二尺三尺,为神王状,坐抱金囊却踞小床,一脚垂地。每将油拭黑色为形,号曰莫诃哥罗,即大黑神也。古代相承云是大天之部属,性爱三宝、护持五众,使无损耗、求者称情。但至食时,厨家每荐香火,所有饮食随列于前。……淮北虽复先无,江南多有置处。求者效验,神道非虚。[②]

义净在印度所见的摩诃迦罗为神王形、身黑色,怀抱金囊,一脚垂地的坐姿像。义净最后强调,这种具有厨神身份的摩诃迦罗神曾流行于中国江南地区。他于唐高宗咸亨二年(671)年十一月由广州出发,前往南海诸国和印度求学,在此之前的约一年时间里,周游于扬州、丹阳等地。《南海寄归内法传》完成于室利佛逝(今印度尼西亚苏门答腊岛),天授二年(691)他派遣大津将此书送回国内。[③]故而此书记载的江南祀厨神大黑天的风

[①] 张小刚:《敦煌佛教感通画研究》,第182页。
[②] [唐]义净原著,王邦维校注:《南海寄归内法传校注》,中华书局2020年版,第64页。
[③] [唐]义净原著,王邦维校注:《南海寄归内法传校注》,中华书局2020年版,第195页。

俗,当在 671 年之前所见。

与之相近的记录,还见于神恺所撰的《大黑天神法》。在前文所引的多臂摩诃迦罗之前,同样有神王形摩诃迦罗的记载:

> 大黑天神者,大自在天变身也。五天竺并吾朝诸伽蓝等皆所安置也。有人云:"大黑天神者,坚牢地天化身也。"伽蓝安之,每日所炊饭上分供养此天,誓梦中语词之中曰:"若吾安置伽蓝,日日敬供者,吾寺中令住众多僧。每日必养千人之众,乃至人宅亦尔也。若人三年专心供吾者,吾必此来,供人授与世间富贵乃至官位爵禄,应惟悉与焉。吾体作五尺,若三尺若二尺五寸亦得通免之。肤色悉作黑色,头令冠乌帽子悉黑色也。令着袴驱裹不垂,令着狩衣,裙短袖细。右手作拳令收右腰,左手令持大袋,从背令悬肩上,其袋之色为鼠毛色,其垂下裎余臀上,如是作毕。居大众食屋礼供者,堂屋房舍必自然之荣。"①

据李翎考证神恺活动在 8 世纪以后,其所在嘉祥寺位于浙江会稽。② 可见 8 世纪时,神王形的摩诃迦罗在江南佛寺中已流行,并且其身份也从司掌厨房饮食的厨神,扩展到"供人授与世间富贵乃至官位爵禄"的财富之神。这种身负大袋的摩诃迦罗可能由日本留学僧带回日本,后受到最澄大师的重视,被列为日本天台宗的重要护法神。③ 据日本康治二年(1143)的《观音寺灯

---

① [唐]神恺译:《大黑天神法》,《大正藏》第 21 册,第 355 页。
② 李翎:《大黑天图像样式考》,《敦煌学辑刊》2007 年第 1 期,第 127 页。
③ 京都国立博物館、東京国立博物館『最澄と天台の国宝』,東京:読売新聞社,2005,336 頁。

油料·恒例佛事料等相折堪文》载,福冈观世音寺有在食堂祭祀摩诃迦罗的传统。日本现存最古老的厨神摩诃迦罗造像就藏于这座观世音寺(图9-7)内。此像雕造于平安时代(11—12世纪),为一身负布袋、身穿布衣直身而立的中年男子形象。从其服饰、造型上看,已经有明显日本化的倾向。另据李翎在《大藏经》中找到的大黑天图像,同样为身穿深色布袍、持袋的男子,踞坐在台上,头发上竖,宛如夜叉,相对福冈观世音寺造像,《大藏经》中收录的大黑天虽年代、藏地不明,但更近于神恺的记载。

　　以上两例的摩诃迦罗像均穿布袍,而根据义净所记的"神王状",摩诃迦罗亦有穿铠甲的可能。北朝晚期至唐的中国佛教美术中,神王与天王的服饰多参照现实生活中的将军或武士,他们的形象极为相似,以致于只能依靠榜题、洞窟位置关系进行辨识。如河北邯郸北响堂山4窟(释迦洞)中的4身神王、9窟(大佛洞)中的8身神王均身穿铠甲(图9-8)。再如河南安阳大住圣窟窟外的迦毗罗神王与那罗延神王(图9-9),两者均戴头盔,那罗延神王上身赤裸,下身着裙;迦毗罗神王则穿着花纹繁复的铠甲,披膊为兽首装饰,胸前戴有人面形明光甲。

　　莫高窟第9窟有现存最早的八大守护神像,迄今尚未发现更早的神王(天王)形摩诃迦罗,此外也没有敦煌祭祀厨神摩诃迦罗的直接文献证据。然而,伯希和从藏经洞中带走的P.2001号卷子《南海寄归内法传》卷一部分,完整保留了记录厨神摩诃迦罗的文字。据王邦维先生研究,该卷写成时间在8世纪前半,即"义净原书开始流传后数十年间"[①]。由此推知,敦煌民众可能对于

---

① 王邦维:《敦煌写本〈南海寄归内法传〉(P.2001)题记》,《中华文化》(创刊号)1989年第1期,第44—46页。

图 9-7 摩诃迦罗像，171.8cm，日本福冈观音寺

（京都国立博物館：『最澄と天台の国宝』，京都：株式会社便社堂，2005，図131）

图 9-8 响堂山 9 窟中的火神王浮雕，河北省邯郸市

（张建宇摄）

第九章 8 至 10 世纪西域、藏、汉交流视域下的佛教与图像 293

图 9-9 大住圣窟的迦毗罗神王与那罗延神王，迦毗罗神王（左）178cm×60cm，
那罗延神王（右）174cm×70cm，河南省安阳市
（张建宇提供）

厨神、财富神身份的摩诃迦罗有一定的认知。

我们再来看摩诃迦罗的形象，现存敦煌石窟中的摩诃迦罗神图像非常稳定，其衣着与盛唐时长安地区的天王像高度相似。如西安碑林博物馆藏的天王残像（图 9-10）与临潼庆山寺地宫石门上的线刻天王像（图 9-11）等，均身穿铠甲，着长及大腿中下部的战裙，足蹬长靴，肩部有宝珠装饰，肩带系住胸前的明光甲，胸部下方的甲带与腰带勒出浑圆的腹部，帔帛穿过跨带在两腿间形成 U 字形，种种细节，均与 9 窟的摩诃迦罗像相合。庆山寺舍利塔记碑上有"大唐开元廿九年（741）四月八日"题记，故而可以推论出八大守护神序列中的摩诃迦罗造型，很可能延续了盛唐汉地厨神和财富神摩诃迦罗的形象。

图 9-10　天王残像，110cm×91cm，西安碑林博物馆藏
（作者摄）

图 9-11　天庆山寺舍利塔地宫石门天王像线描图，原石左 82cm×35cm×8cm，右 80cm×35cm×8cm。
（熊雯：《涅槃与生死：唐庆山寺地宫宗教、艺术与文化》，西安美术学院 2016 年博士学位论文，第 95 页）

三、毗楼勒叉或莎耶摩利的图像来源

甬道南披与摩诃迦罗神相对应的神灵也同样为天王形,根据 9 窟与 98 窟的造型,这位守护神头戴具有于阗特色的扇形宝冠(98 窟宝冠两侧还有双翼装饰)[1],铠甲与战裙的样式与摩诃迦罗神接近,同样是典型的唐代天王服饰。其双臂交叉于腹前,一手下持长杵,双足踩地鬼,形貌威武。据张小刚对敦煌石窟中八大守护神题记的检索,146 窟、45 窟[2](图 9-12)此身守护神的榜题为"毗楼勒叉天王神守护于阗国""毗楼勒叉天王护于阗"而在 126 窟、108(图 9-13)窟中,同样一尊神灵的名号则是"莎耶摩利神护于阗国时""莎耶摩利神护于阗国"[3]。

毗楼勒叉为南方天王增长天的音译,经典中所用的汉字多不相同,常见的译名有毗楼勒、毗楼勒迦、毗留勒叉、毗流离等[4]。四天王的组合及其名号在汉译佛经中出现的年代很早,后秦时佛陀耶舍与竺佛念共译的《长阿含经》中就已经清楚记录了四天王的名号、眷属等信息:

> 复有东方提头赖咤天王,领干沓惒神,有大威德,有九十一子,尽字因陀罗,皆有大神力。南方毗楼勒天王,领诸龙王,有大威德,有九十一子,亦字因陀罗,有大神力。

---

[1] 陈粟裕:《敦煌石窟中的于阗守护神图像研究》,《故宫博物院院刊》2012 年第 4 期,第 63—65 页。
[2] 45 窟此身画像仅双臂相交,无长杵。
[3] 张小刚:《敦煌佛教感通画研究》,第 191 页。
[4] 王惠民:《从"丑目天王"到"广目天王"——四天王译名演变》,《大足学刊》第二辑,重庆出版社 2018 年版,第 279 页。

图 9-12 莫高窟 45 窟 "毗楼勒叉天王护于阗",甘肃省敦煌市
(敦煌研究院数字研究所制作)

图 9-13 莫高窟 108 窟 "莎耶摩利神护于阗国",甘肃省敦煌市
(张小刚:《敦煌佛教感通画研究》,甘肃教育出版社 2015 年版,第 191 页)

西方毗楼博叉天王,领诸鸠盘茶鬼,有大威德,有九十一子,亦字因陀罗,有大神力。北方天王名毗沙门,领诸悦叉鬼,有大威德,有九十一子,亦字因陀罗,有大神力。此四天王护持世者,有大威德,身放光明,来诣迦维林中。①

---

① [后秦]佛陀耶舍共竺佛念译:《长阿含经》卷十二,《大正藏》第 1 册,第 79—80 页。

四天王在汉地广为流行与其护国功能紧密相连,如《金光明经》专有"四天王品"叙述其能力:

尔时佛赞四天王等:"善哉,善哉!汝等四王,乃能拥护我百千亿那由他劫所可修习阿耨多罗三藐三菩提,及诸人王受持是经恭敬供养者,为消衰患令其安乐;复能拥护宫殿舍宅城邑村落国土边疆,乃至怨贼悉令退散,灭其衰恼令得安隐,亦令一切阎浮提内所有诸王无诸凶衰斗讼之事。"①

图像方面,毗楼勒叉天王多与其他一尊或三尊天王配置,形成双天王或四天王组合,少见单独供奉的案例。现存汉地最早的、榜题明确的南方天王图像见于广州中山大学图书馆收藏的石刻造像座拓本,李裕群判断其年代为北魏承平元年(452)②。题为"南维睒文"的天王像交脚而坐,头梳双髻,裸上身,下身着短裤,配有璎珞、项圈等装饰,左手托火焰宝珠,右手置于腿上。陕西神德寺隋仁寿四年(604)舍利石函上榜题为"南方毗娄勒叉天王"的尊像为立像,上身赤裸、下身着长裙,一手持剑,一手持长戟。唐代以后的毗楼勒叉天王多为将军装,穿精致华丽的铠甲,如唐咸通十五年(874)封埋的法门寺四天王鎏金银函上的"南方毗娄博义天王"(图9-14)。

身姿与持物方面,唐永徽五年(654)阿地瞿多所译的《大陀罗尼集经》"四天王法"中记录如下:

---

① [北凉]昙无谶译:《金光明经》卷二,《大正藏》第16册,第341页。
② 李裕群:《神王浮雕石佛座拓本考释》,《文物》2010年第7期,第67页。

图 9-14　法门寺四天王鎏金银函"南方毗娄博义天王",
23.5cm×20.2cm×20.2cm,陕西省扶风县法门寺博物馆藏
(陕西省考古研究院等编著:《法门寺考古发掘报告》,文物出版社 2007 年版,彩版 100)

　　提头赖咤天王像法:其像身长量一肘作,身着种种天衣,严饰极令精妙,与身相称。左手申臂垂下把刀,右手屈臂,向前仰手,掌中着宝,宝上出光。毗噜陀迦天王像法:其像大小衣服准前,左手亦同前天王法。申臂把刀,右手执矟,矟根着地。毗噜博叉天王像法:其像大小衣服准前,左手同前,唯执矟异,其右手中而把赤索。毗沙门天王像法:其像大小衣服准前,左手同前,执矟拄地,右手屈肘擎于佛塔。①

---

① [唐]阿地瞿多译:《陀罗尼集经》卷十一,《大正藏》第 18 册,第 879 页。

毗噜陀迦即毗楼勒叉的不同音译。尽管经文中有如此规定，唐代毗楼勒叉天王持物与动作并不固定，常见持物有弓箭、长剑、长戟、斧钺等[①]。并且除毗沙门天王持塔相对固定之外，其余三位天王的持物常常互换，缺乏明确、稳定的图像特征。而榜题为南方天王或毗娄勒叉天王，也有持剑（杵）拄地姿势的实例，除了146窟、45窟之外，还见于前述法门寺四天王舍利函与敦煌藏经洞所出的Ch.lv.0046号绢画（图9-15）等。Ch.lv.0046完成于10世纪，天王踩地鬼而立，双手一上一下持长剑，剑锋拄鬼头，榜题为"西方毗娄勒叉"。这里显然将南方天王毗楼勒叉与西方天王毗娄博叉相混淆。

持长剑（杵）拄地的天王像，虽然无法明确具体名号，但唐至宋初的现存实例确是不少，从对这一时间段的汉地石窟、佛塔装藏以及藏经洞绢画中天王像的梳理，可将其样式分为四个类型：1. 单手拄剑（杵）的天王像。如法门寺四天王银函之"南方毗娄博义天王"、Ch.iv.0018号绢画《多闻天王》（图9-16）。前者为坐姿，拄剑抚膝，后者为立姿，拄剑持塔。2. 双手上下持长剑（杵）拄地的天王像。除前述Ch.lv.0046号绢画之外，另有Ch.0035号绢画（图9-17），为一身躯硕壮的阔髯天王像。3. 两手相握，一手拄长剑（杵）的天王像。如Ch.xliv.007号绢画、北京房山云居寺开元十年（722）石塔门侧天王像、甘肃永靖炳灵寺第10窟南壁天王像（剑或杵已遗失）以及新疆吐鲁番柏孜克里克石窟第9窟中间窟室右壁天王像等例。这类天王像单

[①] 参见李淑敏：《四天王组像及其持物类型学研究》，华东师范大学2009年硕士学位论文，第45—49页。

图 9-15 Ch.lV. 0046 号绢画"西方毗娄勒叉",63.5cm × 19.69cm,大英博物馆藏

(张小刚:《敦煌佛教感通画研究》,第 193 页)

图 9-16 Ch.lV. 0018 号绢画《多闻天王》,50.5cm × 17.5cm,大英博物馆藏

(大英博物館監修『西域美術 大英博物館スタイン・コレクシヨン』1,図 65)

手拄剑（杵），另一手握住拄剑手的手腕，如 Ch.xlix.007 号绢画，天王的左手持剑，右手的拇指与无名指轻轻搭在手腕上，其余三指舒张开，刻画十分生动（图 9-18）。4. 两手（臂）交叉、单手拄剑（杵）的天王像。如 146 窟、45 窟八大守护神中的毗楼勒叉天王像。

最后一种类型，即是敦煌八大守护神序列中毗楼勒叉天王或莎耶摩利神的固定姿势。八大守护神之外，这种姿势的天王像在汉地留存极少，在日本佛教图像中却有发现。奈良博物馆藏《纸本白描东大寺戒坛院扉绘图》，这幅著录于 1251 年《高山寺经藏圣教内真言书目录》的白描图样为东大寺戒坛院图像的摹本，纸背朱书"天平胜宝七年（755）五月亥"。画面绘出 16 身树下伎乐菩萨、帝释天、大梵天、四大天王以及两身力士。其中第 15—16 纸、旁注有小字"赤肉色"的天王像，为侧面立像，双臂相交，右手拄握长剑、左臂向前伸出（图 9-19）。

奈良东大寺戒坛院造于 754 年 9 月，唐代高僧鉴真东渡日本在东大寺为天皇、皇后、皇太子授戒后，"于大佛殿西，别作戒坛院，即移天皇受戒坛土筑作之"①。其完成出于鉴真的授意，故而戒坛院中使用的图像很可能是鉴真带去的唐本。据受过鉴真化导的真人元开 779 年撰述的《唐大和上东征传》载，天宝二年（743）十二月，鉴真第二次东渡时就携带有"画五顶佛像一铺，宝像一铺，金（漆）泥像一躯，六扇佛菩萨障子一具"②等绘画、雕塑作品。天宝十二年（753）十月，第六次东渡则带有"功德

---

① 〔日〕真人元开著，汪向荣校注：《唐大和上东征传》，中华书局 1979 年版，第 93 页。佐保山尭海『東大寺』，京都：淡交社，1981，140 页。
② 〔日〕真人元开著，汪向荣校注：《唐大和上东征传》，第 47 页。

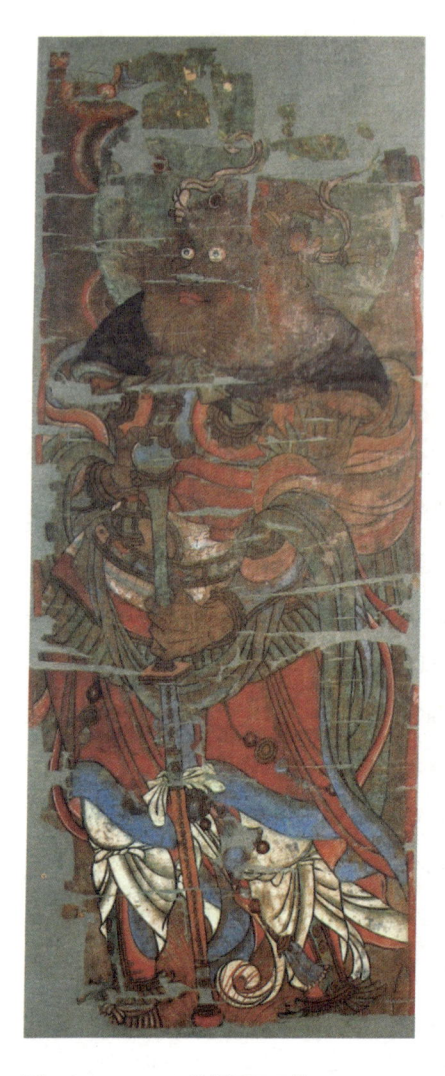

图 9-17　Ch.0035 号绢画天王像，43.5cm× 18cm，大英博物馆藏
（大英博物館監修：『西域美術　大英博物館スタイン・コレクシヨン』1，図64）

图 9-18　Ch.xlix.007 号绢画天王像，45.5cm×16cm，大英博物馆藏
（大英博物館監修：『西域美術　大英博物館スタイン・コレクシヨン』1，図61）

第九章　8 至 10 世纪西域、藏、汉交流视域下的佛教与图像　303

绣普集变一铺、阿弥陀如来像一铺、雕白旃檀千手像一躯、绣千手像一铺、救（苦）观世音一铺、药师、弥陀、弥勒菩萨瑞像各一躯……阿育王塔样金铜塔一区"①。可见佛籍之外，佛教美术作品也是鉴真携带的重点。"戒坛院扉绘图"中图绘的伎乐菩萨、天王力士、帝释、梵天为常见佛教母题，虽无法与真人元开的记录完全对应，但此画作中人物的风格、样式确实来源于唐王朝无疑。如第 11 纸、12 纸图绘的帝释天、大梵天，头梳高髻，身着天衣、佩璎珞，持麈尾或拂尘，与盛唐以后敦煌壁画中的帝

图 9-19　《纸本白描东大寺戒坛院扉绘图》天王像，28.9cm×1114cm（纵 28.9cm，一纸长 1114cm，全长 11136.5cm），奈良博物馆藏
（奈良博物馆：东大寺戒坛院厨子扉绘图像，https://www.narahaku.go.jp/collection/1423-0.html，2009 年 7 月 10 日）

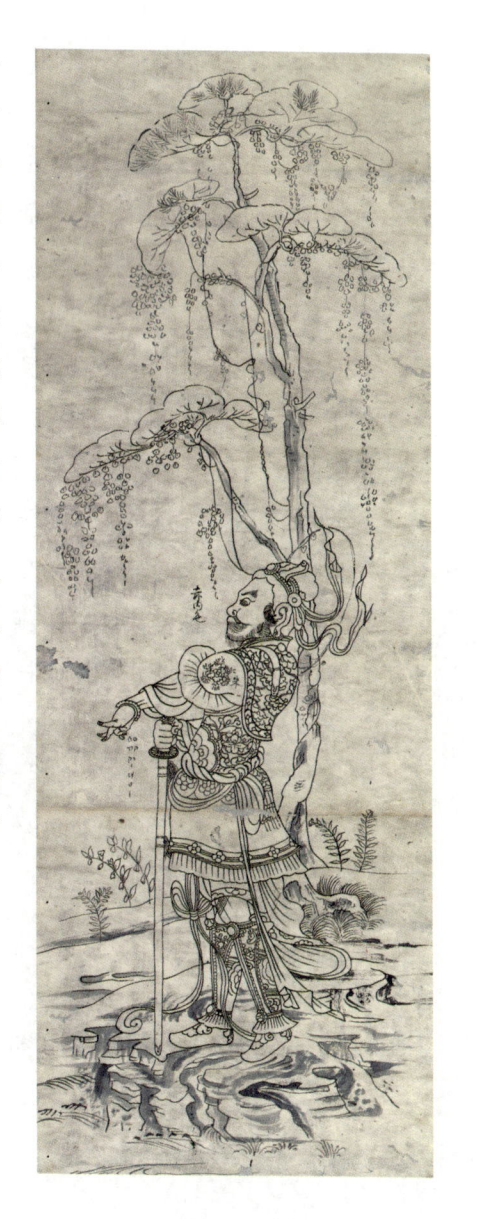

① 〔日〕真人元开著，汪向荣校注：《唐大和上东征传》，第 88 页。

释天、大梵天的动作、持物、服饰高度相似。同样四大天王像也是典型的初、盛唐天王造像样式，西安、洛阳多有相似之例。

正仓院南仓所藏的"漆金银绘佛龛扉"第1扇绘制的天王像（图9-20），为四分之三侧面立像，也同样呈双臂交叉，一手挂长剑的身姿，足下有一身地鬼。其绘制较"戒坛院扉绘图"中的天王像更为精细，年代可能略晚。两幅同样姿势的天王像一正、一侧，充分说明该样式天王像在8世纪有一定的流行度。此后奈良兴福寺北圆堂791年所造的持国天（剑已丢失）[①]、日僧心觉完

图9-20 "漆金银绘佛龛扉"天王像，180.5cm×23.2cm，正仓院南仓藏
（百橋明穗、中野徹編『世界美術大全集・隋・唐』，東京：小學館，1997，図231）

[①] 日本奈良兴福寺北圆堂的四天王像，据日弘安八年（1385）寺僧玄得业修理时发现的铭文，可知是延历十年（791）建造于大安寺的雕像。

成于12世纪的《别尊杂记》里"四天王"之东天①、《大正藏·图像部》卷六"诸文殊图像"中收录的"普贤延命菩萨"左上角的天王像②等作品，皆延续了四分之三侧面、交臂挂剑的姿势。由此可以得出以下结论：敦煌石窟中于阗八大守护神序列中的毗楼勒叉/莎耶摩利像，使用了8世纪时流行于汉地的一种天王图式，这种图式向东传到日本，向西传至敦煌。

回到敦煌石窟，在已公布有于阗守护神名号的4个洞窟（第146、45、108、126窟）中，第108窟完工于939年③，第126窟建于曹元忠时期④，但146窟和第45窟甬道具体营建年代尚不明确。从图像与名号上看，第146、45窟中榜题均为"毗楼勒叉天王"，图样符合汉地天王像造型。第108、126窟位置、身形相同的神灵则均标注为"莎耶摩利神"。同一个神祇却标了两种名号，这有两种可能：其一，如果第146、45窟甬道的年代早于第108、126窟，说明可能敦煌的八大守护神序列中先有"毗楼勒叉天王"，而后随着敦煌与于阗交往的深入（第108、126窟都建于934年之后⑤），导致"莎耶摩利神"最终取代了"毗楼勒叉天王"；第二种可能，由于敦煌八大守护神图像中的"莎耶摩利神"与毗楼勒叉天王形象过于接近，以至于工匠在题写榜题

---

① 〔日〕心觉：《别尊杂记》卷第四十七，《大正藏·图像部》卷三，第574页。
② 《大正藏·图像部》卷六，第100页。
③ 马德认为，此窟为张怀庆所建，年代为939年，根据窟内供养人题记反映，此窟建成时，张怀庆已死。贺世哲认为此窟建于曹元德掌权时期（936—940）。参见马德《敦煌莫高窟史研究》，第129页；贺世哲《从供养人题记看莫高窟部分洞窟的营建年代》，《敦煌莫高窟供养人题记》，第224页。
④ 126窟为盛唐所建，建中二年以后完成，五代曹元忠时重修。参见敦煌文物研究所整理《敦煌莫高窟内容总录》，文物出版社1982年版，第41页。
⑤ 曹议金于清泰元年（934）将女儿嫁与于阗王李圣天，此后敦煌与于阗联系日益紧密。

时发生混淆。

莎耶摩利神为于阗语 Saṃñī 的音译，梵文写作 Saṃjñin/Saṃjñāya[①]，汉译常作散脂夜叉。散脂夜叉是于阗重要的护法神灵，典型图像实例见于和田策勒达玛沟托普鲁克墩1号佛寺寺门南侧[②]，他头戴卷草纹头冠，冠中心的圆形装饰中绘有一只鸟雀，散脂夜叉虽面容庄严，口中却生出獠牙，昭显其夜叉的身份，身着粟特传统的圆领窄袖袍服，方格纹的帔帛绕于肩、臂。左手持长枪或长戟（上部已残），右手残损。其身后有一只趴伏的鹿（图7-17）。根据《于阗教法史》的记载，散脂夜叉曾化身为鹿，引导尉迟毗梨耶王建塔：

> 尔后，（尉迟）毗梨耶王于于阗都城苏密堡上东南隅眺望，见城堡外似有一金银毛色之鹿。王及其侍从追之，来至今牛头山下瞿摩帝，大窣堵波所在之处，见鹿化为散脂夜叉王，散脂夜叉王告（尉迟毗梨耶）王道："嗨！大王，你宜于此地建一窣堵波。"[③]

托普鲁克墩1号佛寺之外，1928年，德国人特林克勒曾在巴拉瓦斯特遗址中发现了一片壁画残片：长靴后的一只兽头。由

---

① 参见荣新江、朱丽双《图文互证——于阗八大守护神新探》，《敦煌文献·考古·艺术综合研究——纪念向达先生诞辰110周年学术研讨会论文集》，第201页。
② 参见〔意〕富艾莉《毗沙门还是散脂：和田达玛沟托普鲁克墩1号遗址的一幅壁画新说》，朱丽双译，《艺术史研究》第十七辑；陈粟裕《新疆和田达玛沟托普鲁克墩1号佛寺图像研究》，《世界宗教文化》2015年第4期，第85—90页。
③ 参见朱丽双《敦煌藏文文书 P. t. 960 所记于阗佛寺的创立——于阗教法史译注之一》，《敦煌研究》2011年第1期，第85页。

于其角部残毁，无法判断究竟是哪种动物，格洛普认为可能是牛。[①]这只动物的位置、面目特征等与托普鲁克墩1号遗址的鹿非常接近，可能此片壁画为散脂夜叉的一部分。

汉译佛经中散脂夜叉或散脂大将是著名的护法鬼神，北凉昙无谶所译《大方等大集经》、姚秦鸠摩罗什所译《孔雀王咒经》等经典中均已出现。又有散脂迦、散脂修摩、半只迦、半支迦等译法。唐代义净在《金光明最胜王经》中译作"僧慎尔耶药叉大将"。据法国国家图书馆藏敦煌白描画稿P.3998与吐蕃统治敦煌时期营建的154窟南壁的两铺《金光明最胜王经变》，画中榜题为"僧慎尔耶药叉大将"的人物为坐姿、身着将军装，双手合十。

于阗本土的散脂夜叉像、敦煌《金光明最胜王经变》中的僧慎尔耶药叉大将与八大守护神序列中的莎耶摩利神，三者在动作、持物上相去甚远。显然，作为八大守护神的莎耶摩利神并非于阗传入或延续敦煌石窟中的原有图像，他更可能是借鉴内地（特别是两京地区）天王像而创造的神祇形象。

四、余论

以上通过摩诃迦罗神与莎耶摩利神的形象分析，可以发现这两尊神祇在图像方面对汉地天王的挪用与借鉴。不仅如此，迦迦那莎利神和毗沙门天王同样身穿汉式铠甲。如果说迦迦那莎利光腿、立于水池之上的形象属于天王与夜叉形象的融合，那么毗沙门天王则全然采用了汉地天王样式，与于阗天王样式迥异。唐

[①] G. Gropp, *Archäologisches Funde aus Khotan, Die Trinkler-Sammlung im Übersee-Museum*, abb. 41.

宋之际，毗沙门天王由于其护国救世的功能在各地广泛流行，敦煌、西安、洛阳以及四川地区多有图像遗存。[①] 从现存材料来看，主要分为汉式与于阗式两类，另外榆林15窟还有吐蕃式毗沙门天王，但仅此一例且形象特殊，故而不在本文的讨论范围内。

这两类毗沙门天王样式的区别主要在于铠甲。从现有考古材料来看，隋唐时期的甲胄多为明光甲[②]，汉式毗沙门天王的服饰通常是在隋唐甲胄上加大装饰力度，有围护、披膊、胸甲、脐护、腰带、膝裙、战裙等部件，胸甲往往突出刻画。于阗式毗沙门天王像则传为唐玄宗时传入，其突出特点为天王身穿过膝长甲，有的甚至长及脚踝。[③] 莫高窟第9窟中心柱与西壁相联接处顶部南面所绘的正坐毗沙门天王像（图9-21）即是于阗式；同窟内还有八大守护神中的毗沙门天王则是典型的汉式天王像（图9-22）。而这一现象也存在于其他洞窟，笔者考察莫高窟、榆林窟时曾注意到，八大守护神序列中的毗沙门天王像，几乎都穿着汉式铠甲，虽然榜题为"守护于阗国"的毗沙门天王，但图像确是汉地固有的传统天王像，而并非于阗传入的长甲天王样式。

八大守护神中的四身天王形守护神（摩诃迦罗、莎耶摩利、迦迦那莎利、毗沙门天王）在服饰、姿势等方面呈现出典型的汉式天王像特色，此外八大守护神图像上还出现了于阗、波斯

---

① 参见北進一「毘沙門天像の変遷」，田辺勝美、前田耕作編『世界美術大全集・中央アジア』，東京：小學館，1999，311—318頁。
② 杨泓：《中国古代的甲胄》，《中国古代兵器论丛》，文物出版社1985年版，第53页。
③ 关于长甲毗沙门天王讨论较为丰富，可参见〔日〕松原文三郎《兜跋毗沙门天王考》，金申译，《敦煌研究》2003年5期；谢继胜《榆林15窟天王像与吐蕃天王图像演变分析》，《装饰》2008年6期；等等。

图 9-21 莫高窟 9 窟中心柱后上毗沙门天王像，甘肃省敦煌市

（中国敦煌壁画全集编委会：《中国美术分类全集·中国敦煌壁画全集》"晚唐卷"，天津人民美术出版社 2006 年版，图 189）

图 9-22 莫高窟 9 窟于阗守护神中的毗沙门天王，甘肃省敦煌市

（敦煌研究院编：《敦煌石窟全集 12 佛教东传故事画卷》，图 63）

等因素，也值得继续思考。笔者曾在《敦煌石窟中的于阗守护神图像研究》①一文中根据大英博物馆、艾尔米塔什博物馆所藏的两幅《蚕种东来木板画》等材料，将9窟、98窟阿隅阇天女与莎耶摩利神头戴的扇形竖棱头冠判断为"于阗因素"。从现有材料来看，这种于阗特色的头冠并不仅见于敦煌。日本京都仁和寺藏有两幅《水月观音图》，其中一幅旁边有明确的题记，说明为日本宽治二年（1088）转绘"大宋国泉州清信弟子陈成宗为小男□□祈求平安彩画观音菩萨"。另一幅虽无纪年榜题（图7-9），但是画面左下角向观音作供养状的男子，头戴乌角巾，身穿圆领窄袖服，为典型的宋代男子装扮。画中主尊为坐于山岩上低眉俯视的观音，戴扇形竖棱头冠，两旁增加了花朵、缯带装饰，但是这一特殊的头冠样式却是于阗所特有的。由此作品可以推论，唐至宋初，于阗与汉地的交往使得扇形竖棱冠传入中原以及南方，再经由中日文化交流，继而将这种于阗特色的宝冠样式传播到日本。

作为典型的波斯因素，"双翼冠"自北魏以来在汉地有着深远的传统②，并且有一定的流行度。比如前文所述，隋开皇九年（589）大住圣窟窟门两侧的"迦毗罗神王"与"那罗延神王"均佩戴中间镶有宝珠、两旁饰以双翼的头冠。法门寺地宫所出的捧真身菩萨仰覆莲座束腰部分鉴刻的四身天王像中，有两身头戴有翼冠（图9-23）。故而在9世纪末期的敦煌石窟出现头戴"双翼冠"的守护神，很难判断是西亚地区向敦煌的直接传入，或是经

---

① 陈粟裕:《敦煌石窟中的于阗守护神图像研究》,《故宫博物院院刊》2012年第4期。
② 参见李崧:《略论中国早期天王图像及其西方渊源》,《长安艺术与宗教文明》, 中华书局2002年版,第132—134页。

第九章　8至10世纪西域、藏、汉交流视域下的佛教与图像　*311*

**图 9-23　法门寺捧真身菩萨仰覆莲座束腰四大天王像，
全像通高 38.5cm，陕西省扶风县法门寺博物馆藏**
（陕西省考古研究院等编著：《法门寺考古发掘报告》，第 142—143 页）

由中原地区的折射。

由此，我们再重新对于阗八大守护神的图像进行审视，可以发现这是一组汉地风格非常明显的神祇。不论是天王形守护神所穿的铠甲，还是于阗式扇形冠，抑或波斯式双翼冠，在汉地中心地区都有迹可循。然而对比于阗本土图像，除了托普鲁克墩 1 号佛寺的散脂夜叉外，还有大量天王像或佛教护法形象可资比照，如斯坦因在丹丹乌里克D.Ⅱ佛寺发现的毗沙门天王残像[1]，以及他在于阗获的绘有毗沙门天王形象的木板画，此外还有策勒县达玛沟托普鲁克墩3号佛寺发现的男女护法神（可能是鬼子母与半支迦）等。这些守护神的形象均与敦煌石窟中的于阗八大守护神相去甚远。

综上所述，敦煌石窟中的于阗八大守护神，很可能是只有与之相关的文献及名号传入，并不是于阗向敦煌的图像传播。藏经洞中关于于阗的藏文文献的年代，很可能属于吐蕃统治敦煌时期，这时八大守护神护持佛法、伽蓝和国土的传说就已经传入敦煌。到张氏归义军时期，继而加入了摩诃迦罗神。这组与藏文典籍不完全一样的于阗八大守护神，体现出敦煌民众对于八大守护神的信仰并非全盘接受，而是进行了消化与吸纳。这使得9世纪末，当敦煌与唐王朝重新建立联系之后，敦煌民众利用汉地图像样式创造出了在于阗找不到图像原型的"于阗守护神"，所以他们具有汉译于阗语音的名字以及汉地护法神的外形。这一现象充分体现出敦煌作为东西文化汇聚之地的艺术特质：当外来信仰传入时，敦煌的工匠们将自己熟悉的图像略加调整，形成新的神灵形象。经过图像挪移与转换，外来神灵和信仰被吸纳之后，上述榜题为"守护于阗国"的守护神们，实际上成为了敦煌的守护神。

第三节　晚唐五代瑞像图

敦煌石窟壁画中出现大量瑞像是在吐蕃统治敦煌的9世

---

[1]〔英〕奥雷尔·斯坦因：《古代和田——中国新疆考古发掘的详细报告》，第260页。

纪上半叶,以营建于939年的231窟(阴嘉政窟)与237窟为代表,另有藏经洞中发现的绢画《瑞像图》(Ch.xxii.0023、Ch.xxii.0025[①]),今分藏于印度新德里博物馆、大英博物馆。据大英博物馆研究员、伦敦大学亚非学院教授韦陀先生判断,其年代可能在7至8世纪初。[②]张氏、曹氏归义军时期的瑞像,多与于阗守护神一同出现在甬道盝顶南北两披,在延续前期瑞像图的基础上又有所变化。如前文讨论的第9窟甬道,南北两披的于阗守护神之后各绘有四身瑞像,各自特征如表所示:

表9-3　9窟甬道盝顶南北披图像

西				北披			东
悉他那天女	摩诃迦罗神	阿婆罗质多神	毗沙门天王	正面立佛像,一手持锡杖,一手托佛钵。	正面立佛像,一手上举、一手下伸,各指日月。	六臂菩萨立像,可见其持杨柳枝、莲叶、帔帛等物。	一片白色的佛影,可见头光与身光。

西				南披		东	
阿隅阇天女	莎耶摩利神	莎那末利神	迦迦那莎利神	一男子伸手向佛头,佛躬身低首。	灰白色佛像,可见佛身穿袈裟,背光中有千佛。	八臂菩萨立像	双头佛像

现存14个洞窟中,有部分洞窟的瑞像残毁,曹氏归义军后期营建的洞窟,瑞像的数量也有增加。9窟中的8身瑞像,也是现存洞窟中出现次数最多、最为常见的。

关于敦煌石窟中的瑞像,除韦陀教授之外,孙修身、张广达、荣新江、张小刚、肥田路美等学者先后从内容考释、图像文

[①] 参见〔英〕韦陀:《〈瑞像图〉加一残片,再提几个问题》,王平先译,《艺术设计研究》2014年第4期。

[②] 参见〔英〕罗德瑞克·韦陀编集、解说:《西域美术:大英博物馆斯坦因蒐集品》,林保尧编译,第80—89页。

本、题材辨析及图像传播等角度进行了研究。[1]本文在前人的基础上对瑞像的定名、来源等问题做进一步讨论。

一、指日月像、僧伽罗国授珠瑞像、犍陀罗国分身瑞像

我们先来看最容易辨识的三尊像。分别为北披西起第六格的手指日月瑞像、南披西起第五格僧伽罗国授珠瑞像[2]、第八格犍陀罗国双头瑞像。这三尊瑞像图像特征清晰、来源明确，是最容易辨认的。并且这三身瑞像的传播并没有止步于敦煌，长安与四川等地亦能看到类似的图像遗存。

指日月像身穿袈裟，一手指日，一手指月，图像学特征稳定。此像在吐蕃统治敦煌时期已经出现，231窟西龛盝顶南北披各有一身，其中一身榜题为"指日月像"（图9-24）。237窟亦有此像，只是无榜题。Ch.xxii.0023号绢画《瑞像图》大英博物馆部分，也绘有此像（图9-25），并在太阳内画了一只金乌。西安碑林博物馆藏榜题为"释迦牟尼佛降服外道时"的造

---

[1] 参见孙修身《莫高窟的佛教史迹故事画》，敦煌文物研究所编著：《中国石窟 敦煌莫高窟四》，文物出版社1987年版。《莫高窟佛教史迹故事画介绍（一）～（四）》，敦煌文物研究所编：《敦煌研究文集》，甘肃人民出版社1982年版；《敦煌研究》1982年试刊第一；《敦煌研究》1982年试刊第二；《敦煌研究》1983年创刊号。《莫高窟佛教史迹故事画考释（五）》，《敦煌研究》1985年第3期。《莫高窟佛教史迹画内容考释（六）～（九）》，《敦煌研究》1986年第2期；1987年第3期；1988年第1期；1988年第4期。又可参见张广达、荣新江《敦煌"瑞像记"、瑞像图及其反映的于阗》，《于阗史丛考》；张小刚《敦煌佛教感通画研究》；〔日〕肥田路美《西域瑞像流传到日本——日本13世纪画稿中的于阗瑞像》，卢超译，《丝绸之路研究集刊》第一辑，商务印书馆2017年版。

[2] 关于此像的名号，玄奘称为"俯首佛像"，孙修身称为"施宝瑞像"，张小刚称为"授珠瑞像"，本文沿用张小刚的命名。

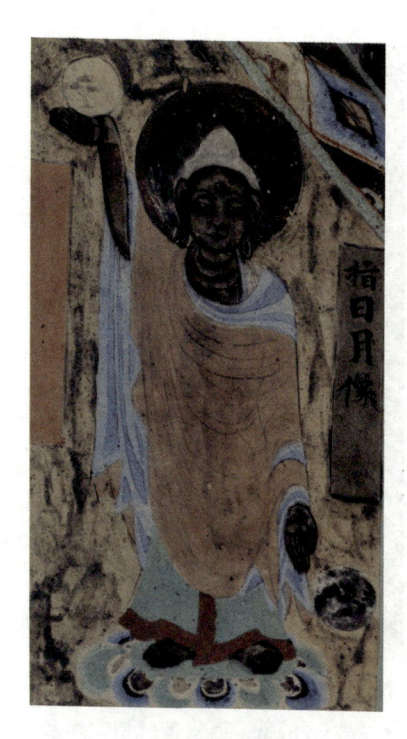

第九章　8至10世纪西域、藏、汉交流视域下的佛教与图像　*315*

图 9-24　莫高窟 231 窟指日月像，
甘肃省敦煌市
（张小刚：《敦煌佛教感通画研究》，第 69 页）

图 9-25　Ch.xxii.0023 号绢画
《瑞像图》指日月像，45cm×43cm，
大英博物馆藏
（作者摄）

像（图 9-26）同样也是一手指日、一手指月，只是日月中有乘马车、鹅车的神祇。荣新江将之判断为祆教神灵，乘马车为日神密斯拉、乘鹅车的是月神祖尔万[①]；冉万里则根据丝绸之路沿线日天、月天的演变将之判断为拟人化的日天与月天[②]。敦煌石

[①] 参见荣新江《〈释迦降服外道像〉中的密拉斯和祖尔万》，《中古中国与外来文明》，生活·读书·新知三联书店 2014 年版，第 341 页。
[②] 参见冉万里《唐代长安地区佛教造像的考古学研究》，科学出版社 2017 年版，第 179—191 页。

窟壁画、绢画中的指日月像,日月中常绘有金乌与月桂,代表着日、月的本源含义,而"释迦牟尼佛降服外道像"很可能是指日月像的变体。这一瑞像的来源虽不见载,但曾一度流行于汉地,据王剑平、雷玉华对四川、中原地区石窟的调查,广元千佛崖 582 号龛、535-37 号龛、535-40 号龛、河南巩义石窟 1 号窟北造像,均为双手上指日月①,为敦煌指日月像的另一种形式。

僧伽罗国授珠瑞像为表现佛躬身将宝珠授与贫士的场景。据 72 窟榜题:"中印度境佛额上宝珠时有贫穷士即见宝珠乃生盗心像便曲既躬授珠与贼"(图9-27)。《瑞像记》(S.2113V-a)中抄录的洞窟榜题更为清楚:

图 9-26 释迦降服外道像,72cm×42cm×20cm,西安碑林博物馆藏
(作者摄)

中印度境有寺,佛高二丈,额上宝珠。时有贫士,既见宝珠,乃生盗心,诈见清君,尽量长短,构梯遂乎欲登,其梯犹短,日日如是渐增高,便与念曰:"我闻诸佛,求者不

---

① 参见王剑平、雷玉华《四川唐代摩崖造像中部分瑞像的辨识》,《敦煌学辑刊》2009 年第 1 期,第 81—85 页。

第九章 8 至 10 世纪西域、藏、汉交流视域下的佛教与图像   317

违。今此素像吝此明珠如姓明（性命），并为座（坐）阐（禅）"，语讫，像便曲躬，授珠与贼。①

佛像授宝珠与贫士的故事初唐时就已传至汉地，玄奘在僧伽罗国（今之斯里兰卡）曾见此像，载为"俯首佛像传说"：

佛牙精舍侧有小精舍，亦以众宝而为莹饰。中有金佛像，此国先王等身而铸，肉髻则贵宝饰焉。其后有盗伺欲窃取，而重门周槛，卫守清切。

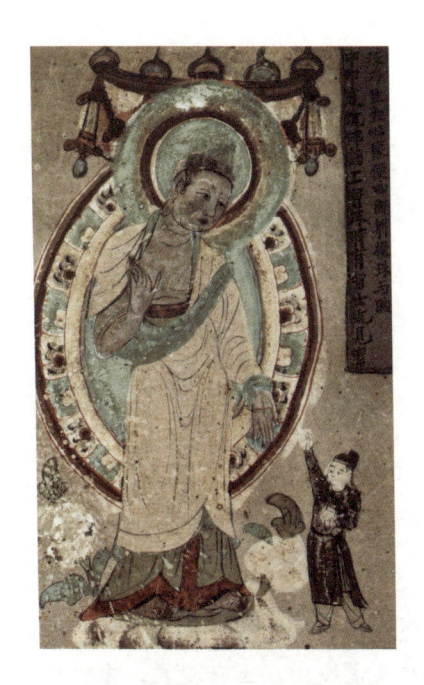

图 9-27 莫高窟 72 窟僧伽罗国授珠瑞像，甘肃省敦煌市
（张小刚：《敦煌佛教感通画研究》，第 49 页）

盗乃凿通孔道，入精舍而穴之，遂欲取宝，像渐高远。其盗既不果求，退而叹曰："如来在昔修菩萨行，起广大心，发弘誓愿，上自身命，下至国城，悲愍四生，周给一切。今者，如何遗像吝宝？静言于此，不明昔行。"佛乃俯首而授宝焉。是盗得已，寻持货卖，人或见者，咸谓之曰："此宝乃先王金佛像顶髻宝也，尔从何获，来此鬻卖？"遂擒以白王。王问所从得，盗曰："佛自与我，我非盗也。"王以为不诚，命使

---

① 张广达、荣新江：《敦煌"瑞像记"、瑞像图及其反映的于阗》，《于阗史丛考》，第 173 页。

观验，像犹俯首。王睹圣灵，信心淳固，不罪其人，重赎其宝，庄严像髻，重置顶焉。像因俯首，以至于今。①

《大唐大慈恩寺三藏法师传》也有类似的记载，显然为玄奘西行中的重要发现：

> 其侧又有精舍，亦以杂波庄严。中有金像，此国先王所造，髻有宝珠，无知其价。后有人欲盗此珠，守卫坚牢，无由得入，乃潜穴地中入室欲取，而像形渐高，贼不能及。却而言曰："如来昔修菩萨道，为诸众生不惜躯命，无悋国城，何于今日反悭固也？以此思之，恐往言无实。"像乃俯身授珠。其人得已，将出货卖，人有识者，擒之送王。王问所得。贼曰："佛自与我。"乃具说所由。王自观之，像首尚低。王覩灵圣，更发深心，以诸珍宝于贼处赎珠，还施像髻。今犹现在。②

敦煌石窟之中，此像的表现通常为佛像躬身、面前小人伸手取珠或双手合十。有的洞窟（85 窟）还配有凳子等道具，Ch.xxii.0023 号绢画《瑞像图》中有男子上攀扶梯的局部残片，可能表现的也是此授珠瑞像。

南披第八格内的分身瑞像为双头、一佛身的表现形式，形象奇异，有坐姿、立姿两种。此像 231、237 窟中即已出现，237

---

① ［唐］玄奘、辩机原著，季羡林等校注：《大唐西域记校注》，第 882 页。
② ［唐］慧立本、［唐］彦悰笺：《大唐大慈恩寺三藏法师传》卷四，《大正藏》第 50 册，第 242 页。

第九章　8至10世纪西域、藏、汉交流视域下的佛教与图像　*319*

窟榜题为"分身瑞像者乾陀逻国贫者二人出钱画像其功能至已一身双头"（图9-28）。《瑞像记》（S.2113V-a）中也有详细记载：

  分身像者，中印度境犍驮逻国东大窣堵波所，有画像一长，胸上分现，胸下合体。有一贫女，将金钱一文，谓□我今图如来妙相，匠功取钱，指前施主像示，其像遂为变形。①

  日本学者松本荣一早在1937年出版的《敦煌画研究》一书中考证出此图源自于《大唐西域记》中的记载，其来源为白沙瓦雀离浮图之像，"在双身瑞像传入东方之际起到决定性作用的当属王玄策《西域志》图画四十卷等"②。玄奘同样也记录有这尊瑞像的信息，据《大唐西域记》"健驮逻国·大窣堵波周近诸佛像"：

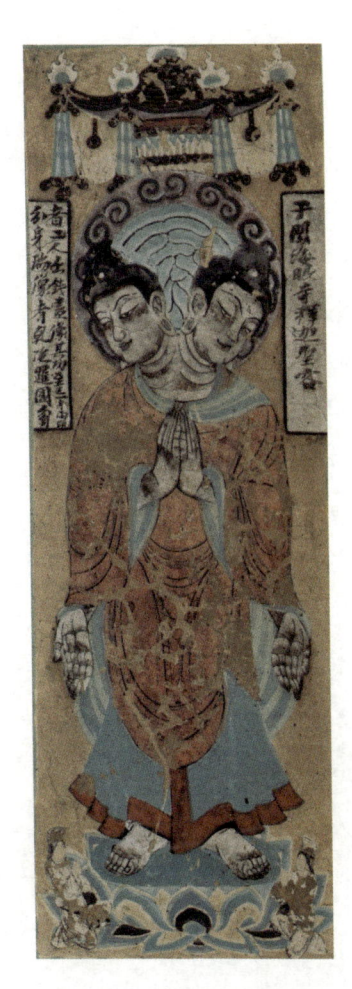

图9-28　莫高窟237窟犍陀罗国分身瑞像，甘肃省敦煌市
（张小刚：《敦煌佛教感通画研究》，第61页）

---

① 张广达、荣新江：《敦煌"瑞像记"、瑞像图及其反映的于阗》，《于阗史丛考》，第175页。
② 〔日〕松本荣一：《敦煌画研究》，李梅译，第188—192页。

大窣堵波石陛南面有画佛像，高一丈六尺，自胸已上，分现两身，从胸已下，合为一体。闻诸先志曰：初有贫士，佣力自济，得一金钱，愿造佛像。至窣堵波所，谓画工曰："我今欲图如来妙相，有一金钱，酬工尚少，宿心忧负，迫于贫乏。"时彼画工鉴其至诚，无云价直，许为成功。复有一人事同前迹，持一金钱求画佛像。画工是时受二人钱，求妙丹青，共画一像。二人同日俱来礼敬，画工乃同指一像示彼二人，而谓之曰："此是汝所作之佛像也。"二人相视，若有所怀。画工心知其疑也，谓二人曰："何思虑之久乎？凡所受物，毫厘不亏。斯言不谬，像必神变。"言声未静，像现灵异，分身交影，光相照著。二人悦服，心信欢喜。①

二贫士供养的细节在敦煌壁画中也有体现，237窟分身瑞像的莲台两侧，各有一位侧身胡跪的吐蕃装人物，体现了敦煌画匠对异域图本、故事的转换。敦煌之外，分身瑞像还在四川巴中石窟②、新疆吐鲁番高昌故城佛寺遗址及内蒙古黑水城遗址等地有发现，年代从盛唐一直持续到西夏。

二、药师如来还是于阗玉河浴佛像？

第9窟甬道北披西起第五格持佛钵与锡杖的正面立佛像（图9-29）的定名，一直以来存在争议。汉地佛教美术系统里，锡杖与佛钵长久以来一直是药师佛的图像学特征。托钵药师像隋

---

① ［唐］玄奘、辩机原著，季羡林等校注：《大唐西域记校注》，第242页。
② 宁强：《巴中摩崖造像中的佛教史迹故事初探》，《四川文物》1987年第3期，第40—42页。

第九章　8至10世纪西域、藏、汉交流视域下的佛教与图像　321

代已经出现，莫高窟302窟中心柱北向面有隋开皇四年（584）的发愿文榜题，南北东侧即绘有药师佛说法图，药师佛为正面立像，一手托佛钵。唐代民众相信药师佛具有治病去灾、护佑游子的功能，故而药师信仰流行。据《全唐文》卷六百二十九吕温著《药师如来绣像赞》载，在他奉德宗之命出使吐蕃时，其妻兰陵萧氏绣药师如来像以求庇佑。新疆库车县阿艾石窟、巴蜀地区的大足石窟、广元千佛崖、剑阁石窟、丹棱郑山等处多有持杖捧钵药师像的留存。敦煌地区，持杖捧钵的单身药师像在初盛唐时期多有图绘。盛唐晚期至吐蕃统治敦煌初期，西龛（主龛）盝顶四披流行绘制排列整齐的单身药师立像，如199窟（盛唐）、126窟、144窟、155窟等。此后，到了吐蕃统治敦煌后期，在同样的位置图绘印度、西域等地的瑞像。到了晚唐初期的72窟[1]，西龛盝顶四披甚至出现了多种瑞像与"药师琉璃光佛"并置的情况。

　　72窟西龛盝顶中另有一身捧钵佛像，身青色，只能看清其轮廓与持物。榜题为"于阗河浴佛像身杖余杖锡持钵形而立"。张小刚凭借此条记录，将9窟持杖捧钵佛像判断为于阗玉河浴佛瑞像[2]（图9-30）。S.2113V-a中抄录的洞窟榜题更为明确："于阗王（玉）河浴佛瑞像，身杖余，杖锡持钵，尽形体而立。其像赤体立。"明说于阗玉河浴佛像为赤身、持钵形。根据此造型在洞窟中检索，另有231窟西龛盝顶北披榜题为"酒泉郡释迦牟尼瑞像"的佛像与之相符。这种赤身捧钵佛像与新疆和田地区发

---

[1] 此窟年代存在争议，有晚唐初、宋初诸说，参见霍旭初《莫高窟第72窟及其南壁刘萨诃与凉州圣容佛瑞像史迹变》，《文物》1993年第2期，第46页。
[2] 张小刚：《敦煌佛教感通画研究》，第145页。

图 9-29　莫高窟 9 窟持锡杖瑞像，甘肃省敦煌市

（张小刚：《敦煌佛教感通画研究》，第 146 页）

图 9-30　莫高窟 72 窟于阗浴佛瑞像，甘肃省敦煌市

（敦煌研究院编：《敦煌石窟全集 12 佛教东传故事画卷》，第 112 页）

现的赤身法界人中像颇有相似之处。如大英博物馆馆藏编号为 1907,1111.67 的木板画，正面为一身穿袈裟的尊像，背后则是只穿有"托蒂"的裸体佛立像。另外一件馆藏编号为 MAS.459 的木板画，上绘四分之三侧面立佛像，身穿"托蒂"，身上绘有日月、梵箧、鸟雀、佛像等图案。根据图像样式、洞窟榜题与文书记录综合判断，231 窟的"酒泉郡释迦牟尼瑞像"很可能是榜题题写错误，此尊佛像当明确与于阗有关。早稻田大学的肥田路美教授在对《大正藏》"图像卷"的检索中发现，日本醍醐寺本图

第九章　8至10世纪西域、藏、汉交流视域下的佛教与图像　323

像"祈雨发悬曼荼罗等"中有一身赤身持钵立像榜题为"海眼寺药师琉璃光佛像者复从江中踊出"（图9-31），与敦煌、于阗的上述图像相似，肥田路美将之判断为于阗图像向日本的传入案例。[①] 海眼寺为于阗著名寺院，231窟有榜题为"释迦牟尼真容从王舍城腾空住海眼寺"的手把袈裟式瑞像，故而可能在从于阗到日本传播的过程中，于阗瑞像的具体地点、身份已经与其他瑞像相混淆。回到第9窟中，鉴于"于阗玉河浴佛瑞像"有赤身的特点，本人更侧重于将甬道北披西起第五格内持佛钵与锡杖佛像判断为"药师琉璃光如来"。

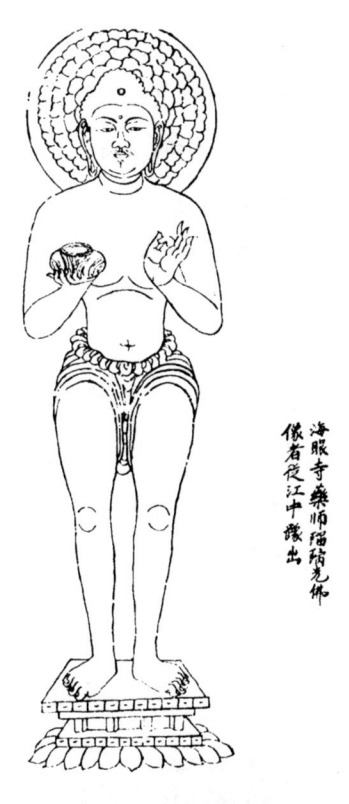

图9-31　海眼寺药师琉璃光佛像，日本京都醍醐寺
（《大正藏》"图像卷"四，第39页）

三、两尊观音瑞像

位于9窟甬道北、南披西起第7格内的尊像为两身相对的六臂、八臂菩萨。张小刚在《敦煌感通画研究》一书中将北披六臂菩萨像判断为摩揭陀国救苦观音像，南披八臂菩萨判断为于阗观

[①] 参见〔日〕肥田路美《西域瑞像流传到日本——日本13世纪画稿中的于阗瑞像》，卢超译，《丝绸之路研究集刊》第一辑，第200—216页。

音瑞像。^①观231、237窟中的榜题为"天竺摩加国观世音"（231窟西龛盝顶北披）、"天竺摩伽国救苦观世音菩萨"（237窟西龛盝顶北披）皆是四臂，且上两臂手举日月，而"于阗观音"在敦煌石窟中并没有确定的榜题出现[②]，这两身菩萨的名号故只能暂时存疑。需要说明的是，两身菩萨像在服饰、造像风格上与敦煌同期菩萨相似，很难看出外来图像的痕迹。

四、背光千佛瑞像与白色佛影

背光千佛瑞像位于9窟南披第6格内，为一身穿灰白色袈裟的佛像，背光中有千佛，但是已经风化褪色，只能看清圆形头光与身光。据张小刚在敦煌石窟中的调查，此类背光中有千佛的瑞像榜题并不固定，有如下几种：

□赏弥国有瑞佛□（像？）□（心？）□来住于阗国。（146窟南披西起第7格）

……住海眼寺（126窟南披西起第6格）

……□□国腾空而来在于阗坎城住。（126窟南披西起第7格）（图9-32）

……佛真容白□香为身从……坎城住。（108窟北披西起第7格）

……结迦宋佛从舍卫国来在……（72窟西龛西披南起

---

① 参见张小刚《敦煌佛教感通画研究》，第30—33、166—169页。
② S.5659号《瑞像记》中有"观世音菩萨助于阗国"的记载，但其上下文分别为"本师释迦牟尼佛令住牛头山""宝坛花菩萨助于阗国"，故而此处观世音菩萨更有可能出现在佛教圣迹图之中。

第九章　8至10世纪西域、藏、汉交流视域下的佛教与图像　325

第6格)。①

坎城与海眼寺俱是于阗之地,此种背光中有千佛的瑞像与斯坦因在和田热瓦克佛塔寺院南面内角落发现的巨大残像②相接近。斯坦因拍摄的图片中,背光中的千佛可见每一尊手结无畏印、面带微笑,迄今依然能在热瓦克周边发现此类千佛残片。这种背光的表现方式与策勒县达玛沟托普鲁克墩1号佛寺东壁南侧发现的白衣立佛、Ch.xxii.0023号《瑞像图》中戴扇形

图9-32　莫高窟126窟于阗坎城瑞像,甘肃省敦煌市
(张小刚:《敦煌佛教感通画研究》,第136页)

冠的白衣佛像如出一辙。需要说明的是,托普鲁克墩1号佛寺与Ch.xxii.0023号《瑞像图》中的白衣立佛均头戴宝冠,故而学者们认为他们更有可能与72窟中戴头冠的瑞像一致,为"结迦宋佛"瑞像。③"结迦宋佛"即过去七佛中的第四位"拘留孙佛",

---

① 张小刚:《敦煌佛教感通画研究》,第125—145页。
② 〔英〕奥雷尔·斯坦因:《古代和田——中国新疆考古发掘的详细报告》,第535页。
③ 参见张小刚《敦煌壁画中于阗白衣立佛瑞像源流研究》,《创意设计源》2018年第1期,第23—24页;陈粟裕《新疆和田达玛沟托普鲁克墩1号佛寺图像研究》,《世界宗教文化》2015年第4期,第87页。

根据 P.3033、P.3352、S.5659、S.2113 四篇《瑞像记》的记载，敦煌石窟中曾存在过"徽施波佛""迦叶佛""伽你迦牟尼佛"等从"舍卫国腾空而来住于阗国"的过去佛瑞像。Ch.xxii.0023 号《瑞像图》大英博物馆部分也印证了这一点，该馆收藏的绢画中存有千佛背光残片，一身主尊为菩萨（可见其肩部、头侧缯带）、一身为身穿白衣的倚坐像。由此可知，由于阗传入、带千佛背光的瑞像不止一尊。故而第 9 窟的白色、背光带千佛的瑞像可能是于阗传入的某一身过去佛瑞像。

9 窟甬道北披西起第八格内为一片白色的佛影，可见其轮廓背光。45 窟中亦有此像，且与 9 窟位置相同。关于其名号有几种可能。吐蕃统治敦煌时期的 231 窟中就有四身以纯色涂抹佛身的瑞像，分别为"于阗国石佛像"（北披）、"牛头山像从耆山履空而来"瑞像（南披）、"张掖郡佛影像月支王时现"瑞像、"中天竺白银弥勒"瑞像。这四身像前两身分别为绿色、蓝色，立姿；后两身为背景本色、坐姿。考虑到身色的不同，9 窟内的这身瑞像更有可能为张掖郡佛影像。

佛影为北天竺那揭罗曷国（此地为今之阿富汗贾拉拉巴德，玄奘称为那揭罗曷国、法显作那竭，《洛阳伽蓝记》作那迦罗诃）[①] 的著名佛教圣迹，据《佛说观海三昧经》载，此处为龙王祈请释迦说法后所留影像[②]。法显、宋云、惠生、玄奘等求法僧都曾到此瞻仰圣迹。

---

① ［唐］玄奘、辩机原著，季羡林等校注：《大唐西域记校注》，第 221 页。
② ［晋］佛陀跋陀罗译：《佛说观海三昧经》卷七，《大正藏》第 15 册，第 680—681 页。

第九章　8 至 10 世纪西域、藏、汉交流视域下的佛教与图像

那竭城南半由延有石室博山，西南向佛留影。此中去十余步，观之，如佛真形。金色相好、光明炳著。转近、转微，髣髴如有。诸方国王遣工画师摹写莫能及。彼国人传云："千佛尽当于此留影。"①

那竭城中有佛牙佛发，并作宝函盛之，朝夕供养。至瞿罗罗鹿见佛影，入山窟十五步，四面向户。遥望则众相炳然，近看瞑然不见。以手摩之，唯有石壁，渐渐却行始见其相。容颜挺特，世所希有。窟前有方石，石上有佛迹。②

伽蓝西南，深涧峭绝，瀑布飞流，悬崖壁立。东岸石壁有大洞穴，瞿波罗龙之所居也。门径狭小，窟穴冥暗，崖石津滴，溪径余流。昔有佛影，焕若真容，相好具足，俨然如在。近代已来，人不遍睹，纵有所见，髣髴而已。至诚祈请，有冥感者，乃暂明视，尚不能久。昔如来在世之时，此龙为牧牛之士，供王奶酪，进奉失宜；既获谴责，心怀恚恨，即以金钱买花，供养受记窣堵波，愿为恶龙，破国害王。即趣石壁，投身而死。遂居此窟，为大龙王，便欲出穴，成本恶愿。适起此心，如来已鉴，愍此国人为龙所害，运神通力，自中印度至。龙见如来，毒心遂止，受不杀戒，愿护正法。因请如来："常居此窟，诸圣弟子，恒受我供。"如来告曰："吾将寂灭，为汝留影。遣五罗汉常受汝供。正法隐没，其事无替。汝若毒心奋怒，当观吾留影，以

---

① ［晋］法显著，章巽校注：《法显传校注》，第 39 页。
② ［北魏］杨衒之著，周振甫译注：《〈洛阳伽蓝记〉校注》，第 195 页。

慈善故，毒心当止。此贤劫中，当来世尊，亦悲愍汝，皆留影像。"①

从法显至玄奘的记载，可以看出龙池佛影像的痕迹正在逐渐变淡，从"去十余步"可见，到"有冥感者，乃暂明视"。但历代求法僧们的多次参拜、记载，使得龙池佛影的故事在中国有一定的流传度。莫高窟中榜题为"张掖郡佛影"的瑞像，孙修身认为可能是那揭罗曷国佛影像或雀离浮图佛像的复制品②；张小刚认为是天竺佛影东传张掖时留下的遗存③，此像榜题为"张掖郡"，但其图本来源为天竺当是可能。

以上，在对9窟瑞像进行考察、确定部分图像的名称之后做图表如下：

表9-4　9窟甬道盝顶南北披守护神、瑞像名称

西	北披	东				
悉他那天女	摩诃迦罗神	阿婆罗质多神	毗沙门天王	药师琉璃光佛	指日月像	六臂菩萨	张掖郡佛影像

西	南披	东				
阿隅阇天女	莎耶摩利神	莎那末利神	迦迦那莎利神	僧伽罗国授珠瑞像	于阗（过去佛）瑞像	八臂菩萨立像	犍陀罗国分身瑞像

甬道南北披图像明晰之后，我们再结合甬道顶的图像讨论这一固定组合：于阗守护神、瑞像和佛教圣迹图背后蕴含的思想及其在敦煌出现的动因。

---

① ［唐］玄奘、辩机原著，季羡林等校注：《大唐西域记校注》，第221页。
② 参见孙修身《莫高窟佛教史迹画内容考释（七）》，《敦煌研究》1987年第3期，第35—42页。
③ 参见张小刚《敦煌佛教感通画研究》，第30—33、223页。

第四节　牛头山授记与法灭思想

9窟甬道顶绘制的大型佛教圣迹图，绘制着大量印度、于阗、汉地圣迹及佛经故事。孙修身、张小刚以及笔者等对画面细节一一进行过考证，三者间只是个别细节的题材释读方面有所区别[1]，但是对画面主体"旃檀瑞像—番禾瑞像—牛头山释迦说法"的辨识是一致的。纵观佛教圣迹图、于阗守护神与瑞像的内容，可在五篇藏文文献中找到与画面对应的文本，以下就图像内容与文献记载的图文关系进行梳理。

一、舍利弗与毗沙门天王决海

舍利弗与毗沙门天王决海绘制在佛教圣迹图的左上角，身穿汉式铠甲（服饰、颜色与守护神中的毗沙门天王相同）的毗沙门天王与比丘装扮的舍利弗各持长戟与禅杖，两器相交，下方为绿色大海，海上有莲花、坐佛（图9-33）。这一图像延续自吐蕃统治敦煌时期的同题材壁画，231、237窟西龛盝顶北披东侧都绘有毗沙门天王与舍利弗决海的场景。两窟内毗沙门天王穿着于阗式长甲，237窟还附有榜题："于阗国舍利弗毗沙门天王决海时。"前表已示，记载有这一故事的文献有《牛头山授记》《于阗教法史》《于阗国授记》三篇，记录了舍利弗与毗沙门天王在释迦的授意下，将海水排干，于阗得以沧海变为桑田。

---

[1] 参见孙修身《莫高窟的佛教史迹故事画》《中国石窟·敦煌莫高窟四》；张小刚《敦煌佛教感通画研究》；陈粟裕《敦煌石窟中佛教圣迹图内容考证》，《形象史学研究》第三辑。

330　沙海浮图：中古时期西域南道佛典与图像

图 9-33　莫高窟 9 窟毗沙门天王与舍利弗决海，甘肃省敦煌市
（敦煌研究院编：《敦煌石窟全集 12　佛教东传故事画卷》，图 72）

如《于阗国授记》载：

　　昔者，于阗乃为海子，释迦牟尼佛为授记此海子将成桑田且予加持，乃与菩萨、声闻与天龙八部等二十万众眷属俱，由灵鹫山腾空，既至于阗。（于阗）时为海子，（释迦牟尼佛）乃宴坐于今西玉河近处水中莲花座上，授记此海子将成桑田（且）予加持，乃口申教敕，命八大菩提萨埵及两万眷属、八大护法神祇及其三万五千五百有七眷属护持此尊圣之应供处及此境城。舍利弗与毗沙门誓愿卷起墨山，排出海水而得土地。佛宴坐于先前莲花座上，即今牛角山上立有释迦牟尼大像处入深禅定七昼夜，而后返回天竺之吠舍厘城。①

《牛角山授记》中还专门提及了海中莲花与坐佛：

> 复次，尔时世尊于牛角山住，诸大菩提萨埵、大阿罗汉放出种种光明，布满于阗。尔时于一刹那间，自大海子中升起三百五十三朵莲花，每朵莲花上住一佛和菩萨影像，放出光明。②

就文本叙述的内容来看，画工尽力表现了舍利弗与毗沙门天王的动态、海中升起莲花及莲花上坐佛等细节，图文关系非常清楚。

二、释迦于牛头山授记

《牛角山授记》通篇详细记录释迦在牛头山授记的内容，即付嘱诸菩萨、守护神守护于阗国土、佛法和伽蓝。牛头山又作牛角山，玄奘在《大唐西域记》中对其圣迹有所记录，本文因敦煌壁画绘制牛头顶上释迦说法（图9-34），故而以牛头山通称。文章开头讲述释迦带领菩萨、弟子众前往还是大海的于阗时写道：

> 尔时，天之天世尊释迦牟尼随念未来世（将现）之净善

---

① 朱丽双：《于阗国授记译注》（上），《中国藏学》2012年第S1期，第231页。
② 朱丽双：《〈牛角山授记〉译注》，《西域文史》第十四辑，第207页。

图 9-34　莫高窟 9 窟释迦于牛头山说法，甘肃省敦煌市
（敦煌研究院编：《敦煌石窟全集 12　佛教东传故事画卷》，第 90 页）

第九章　8至10世纪西域、藏、汉交流视域下的佛教与图像

国，告诸眷属言："善男子，北方牛角山近处瞿摩河畔，有一牟尼大仙住所，名瞿摩娑罗乾陀窣堵波。彼处有一必然需作之事，今前去之时已至。"①

释迦在有修行者居住的牛头山说法，也见于玄奘的记载：

> 王城西南二十余里，有瞿室䭾伽山（唐言牛角）。山峰两起，岩隒四绝，于崖谷间建一伽蓝，其中佛像时烛光明。昔如来曾至此处，为诸天人略说法要，悬记此地当建国土，敬崇遗法，遵习大乘。
>
> 牛角山岩有大石室，中有阿罗汉，入灭心定，待慈氏佛，数百年间，供养无替。近者崖崩，掩塞门径。国王兴兵欲除崩石，即黑蜂群飞，毒螫人众，以故至今石门不开。②

这说明释迦在牛头山授记的传说7世纪时已在于阗流传，8世纪后期成立的《牛角山授记》沿用的是于阗本地的佛教传说。内容方面，则明显延续着《大方等大集经·月藏分》的护国思想。《月藏分》"分布阎浮提品"中详细记录了释迦付嘱菩萨、天龙八部、鬼神等护持阎浮提世界的诸多国家。而《牛角山授记》中则把付嘱菩萨、守护神、瑞像守护的范围缩小至"净善国"一国，具体至伽蓝、都市。护持于阗各处的诸多守护神与瑞像，遂一一登场。

---

① 朱丽双：《〈牛角山授记〉译注》，《西域文史》第十四辑，第199页。
② ［唐］玄奘、辩机原著，季羡林等校注：《大唐西域记校注》，第1013页。

三、守护神、瑞像之护持

《月藏分》流行的年代正是西域佛教的发展、繁荣期。故而在"分布阎浮提品"中，释迦授记菩萨、鬼神守护的缘起是：

> 分布安置此阎浮提一切国土、城邑、宫殿、王都、聚落、山岩、寺舍、园池、旷野、诸树林间，付嘱护持勿令有恶。又令大地精气、众生精气、正法精气增长炽然。佛正法眼久住于世，绍三宝种使不断绝，损减恶趣增益善道，令此阎浮提一切安隐丰乐可乐。①

而到了《牛角山授记》中释迦授记则主要是为了抵御自然灾害及吐蕃、苏毗、突厥及回鹘的入侵。内忧外患的背景之下八大守护神与各种瑞像逐一登场：

> 尔时世尊对毗沙门天王、僧儿耶大菩萨、难胜天神、热舍龙王、虚空音天神、金花鬘天神、阿那紧首天女、他难阇梨天女言曰："善男女！（我）将瞿摩娑罗乾陀窣堵波、牛角山及其国土、我之教法与诸弟子付嘱于汝等，守护之、庇护之、保护之，使之成为应供福田；此国之如法国王、执掌地方之大臣与施主亦付嘱于汝等，（汝等）亦当如此；此《牛角山授记经》亦付嘱于汝等，使之流布传播。当此国为火、水外敌侵扰而贫困，尔时，若念诵此经，做经忏，供养之，思维之，修习之，此国之祸患将会息止。当未来世众生宿业完满成熟，苏毗与吐

---

① ［北凉］昙无谶译：《大方等大集经》卷五十五，《大正藏》第13册，第362页。

蕃将来此国，尔时念诵此经，当聆听此经，因此经之力与诸天之加持，诸无正信者将不灭此国，且将守护之，修造福德。"①

以上文字记录的八大守护神并不是文章开头释迦携带的侍者，此处也是八大守护神团体第一次出现，说明他们很可能是于阗本地特殊信奉的神灵，守护国土与伽蓝也守护着《牛角山授记》这一典籍。瑞像的出现则有着更为强烈的护国、守城色彩：

> （此国）疆界已得确定，当未来诤劫之时，苏毗、各部突厥、回鹘与其他诸无正信者前来此国。尔时，自他方余国，曾受加持之如来影像将来此国，守护国境，以此福德之力，此国永不毁灭。诸大力之菩萨、天、龙亦将追随彼等影像而至此，于各处制止祸患，是故外敌不能取胜。如来影像名乐源者将自净善城来，在西方固城住，守护国境。北方圣哪若地方之如来影像名圣哪势者，将从底下现，守护国境。如来影像名垢朗者将来，在东方媲摩城住，守护国境。如来影像名纰西者将来，在北方牛角山迦叶佛之窣堵波旁住，使诸阿兰若处比丘升起善根，守护如来佛法与国境。净善城内名迦萨地若之集市，如来影像将于王宫"居处"住，守护净善城及国境。雅沃么野地方叶护罗王为建城而商议之处，如来影像名朱俱盘者将住，守护净善城及国境。土罗工所作之燃灯佛影像将来等邪伽蓝，瞻部洲土罗工所作之一切影像中，此像最先出现，人称："珂跋之燃灯佛"，乃于阗土罗工

---

① 朱丽双：《〈牛角山授记〉译注》，《西域文史》第十四辑，第214页。

所作一切影像之模范，守护如来佛法及国土。尚有多宝佛之影像飞来此国中部，确定十方边界。直至如来影像住在各方，成为应供福田，此国将不毁灭。[1]

这些守护于阗东西南北以及重要城市的瑞像多为"自他方余国"而来，如：如来影像乐源从净善城来，住于西方固城；如来影像垢朗，住于东方媲摩城；如来影像朱俱盘，住于雅沃么野地方；燃灯佛影像住于等邪伽蓝；等等。与之对应的是，敦煌石窟中绘制的于阗瑞像也会标明自印度某处腾空而来，如231窟中有"释迦牟尼真容从王舍城腾空住海眼寺"瑞像、"微波施佛从舍卫国腾空于国城住"等。这充分显示了于阗作为佛教传播中转站的地位，众多瑞像从他地而来驻留于阗之后，又随着于阗人与吐蕃人的活动传到了敦煌。故而9窟中甬道南披所绘的有带有千佛背光的于阗瑞像，按照P.3033、P.3352、S.5659、S.2113四篇《瑞像记》中过去佛瑞像多从舍卫国来的记录，其榜题可能为"结迦宋佛从舍卫国腾空而来住于阗国"。

9窟营建过程中，在瑞像的选择方面很可能也是遵循着佛教世界的方位观念。若以敦煌为中心，甬道两披所绘的四身瑞像里，犍陀罗分身瑞像源于北天竺，授珠瑞像所在的僧伽罗国属于南天竺，具有于阗特色的瑞像从西边传入，张掖郡佛影则在敦煌以东。而这四身瑞像也是晚唐五代时绘制的守护神、瑞像与佛教圣迹图组合里最常见的，说明最初的设计并非随意选择，可能包含了东西南北四方瑞像咸聚敦煌、守护此地的愿望。

---

[1] 朱丽双：《〈牛角山授记〉译注》，《西域文史》第十四辑，第225页。

四、"法灭"忧患与张氏-曹氏归义军时期于阗传说的转化

《牛角山授记》里，释迦讲述众多如来影像纷纷出现的原因，一方面是因为苏毗、突厥及回鹘等强敌的侵犯，另一方面是"净劫"的来临。朱丽双女士在翻译中使用的"净劫"一词，源自于玄奘所译的《瑜伽师地论》：

> 谓于末劫、净劫、秽劫正现前时，无量有情于小随小众多学处不乐修学，未入法者不欲趣入，已入法者复欲离散，由此圣教渐渐衰退不得增盛。①

《僧伽伐弹那授记》《于阗阿罗汉授记》重点讲述的于阗法灭缘由，除了外敌入侵之外，很大程度上是由于民众与僧团"未入法者不欲趣入，已入法者复欲离散"。关于"法灭"故事，Jan Nattier（那体慧）、朱丽双、刘屹等学者先后进行过讨论。② 根据学者们的研究，俱睒弥国法灭故事形成于公元前 3 至 2 世纪，在 566 年翻译的《大方等大集经·月藏分》中就已经完整记录了故事内容，说明至少在 6 世纪时，俱睒弥国法灭故事已经在于阗深入传播，而后在吐蕃占领于阗的 8 世纪后期，这个故事被"改头

---

① ［唐］玄奘译:《瑜伽师地论》卷六十九,《大正藏》第 60 册，第 680 页。
② 参见 Jan Nattier, *Once upon a Future Time: Studies in a Buddhist Prophecy of Decline*, Berkeley, Cal.: Asian Humanities Press, 1991；朱丽双《9 世纪于阗的法灭故事》,《中山大学学报》（社会科学版）2019 年第 5 期；刘屹《印度"Kauśāmbī"法灭故事在中国的传播与影响》,《丝路文明》第二辑，上海古籍出版社 2017 年版；刘屹《憍赏弥国法灭故事在于阗和吐蕃的传播（文献篇）》,《敦煌吐鲁番研究》第十八卷；刘屹《经录与文本:〈法灭尽经〉类佛经的文献学考察》,《文献》2018 年第 4 期；刘屹《〈迦旃延偈〉"法灭故事"形成的时代和地域》,《宗教学研究》2019 年第 3 期。

换面",主角也由俱睒弥国僧人变成了于阗僧人,并加入了于阗僧人在吐蕃、犍陀罗等国颠沛流离等情节。故而《牛角山授记》中虽未涉及"法灭"内容,但文中提到的"净劫"很可能指的就是"法灭",正是在这样正信不稳、外敌入侵的恐慌之下,大量瑞像与守护神逐一登场。《僧伽伐弹那授记》也记录了于阗僧人在四处逃散的过程中受到瑞像、守护神的帮助与庇佑:

> 当晚,(众比丘)住在赞摩伽蓝。天明时,一位正信妇女邀请(众比丘)进小餐,尔时扣击犍槌,众僧伽绕转伽蓝而做供养,(尔时)释迦影像之底座破裂,裂缝间现一充满东西的小匣,打开此小匣,内现金子所做之七份食盘。

> 众比丘自彼伽蓝启程,前往吐蕃之境。大功德天女为众僧故,将满满一袖金币,放置于途中一旧窣堵波旁,众僧取而分之,用于购置路上行装物品。

> (新戒比丘与比丘尼)将与众僧伽俱,带着忧伤之心,朝着加持之国,遥望亲属之足迹,踏上名迦之路。如是前行。毗沙门和大功德天女二者起大悲心,化作牧人与牧女二人之身,迎请众僧,在名迦之地于三个月间供给午斋,且馈送途中所需资具。①

守护神、瑞像在护持佛法国土之外,亦有对普通僧人、信

---

① 朱丽双:《〈阿罗汉僧伽伐弹那授记〉译注》,《敦煌吐鲁番研究》第十八卷,第461、464、466页。

众的护佑之力。去国离乡的僧人们在他们的帮助下得以克服种种困难，顺利前行。于阗法灭的故事与牛头山授记等内容通过吐蕃人的活动传到了敦煌，并且其中的部分文献还得到了汉译。藏文《于阗阿罗汉授记》汉译本为《释迦牟尼如来像法灭尽之记》，以于阗阿罗汉之口讲述于阗法灭的经过。此文献原藏于敦煌藏经洞，编号为 P.2136，根据题记"国大德三藏法师沙门法成译"，可知译者为 9 世纪上半叶活动在河西地区的吐蕃高僧法成。根据陈寅恪[1]、山上大峻[2]、王尧[3]等先生的考订，我们对法成在河西的译经活动已经有了比较充分的了解。法成出生于吐蕃贵族世家，精通汉藏语言，至少在 813 年之前就已到达沙州从事译经工作，根据山上大峻的统计，其汉文翻译和集成共 10 部，藏文翻译和著作共 22 部。[4]藏经洞中法成翻译的作品署名也有鲜明的时代特色，如吐蕃统治敦煌时期的译作落款多为"大蕃国大德三藏法师沙门法成"，848 年张义潮收复河西之后则隐去"大蕃"二字，只署"国大德三藏法师沙门法成"[5]。据此判断，《释迦牟尼如来像法灭尽之记》的翻译年代当在 848 至 859 年[6]之间。张氏归义军

---

[1] 陈寅恪：《大乘稻芊经随听疏跋》，《金明馆丛稿二编》，生活·读书·新知三联书店 2001 年版。

[2] 山上大峻「大蕃國大德三藏法師沙門法成の研究」，『敦煌佛教の研究』，京都：法藏館，1990。

[3] 王尧：《藏族翻译家管·法成对民族文化交流的贡献》，《文物》1980 年第 7 期。

[4] 山上大峻「大蕃國大德三藏法師沙門法成の研究」，『敦煌佛教の研究』，84—112 頁。

[5] 王尧：《藏族翻译家管·法成对民族文化交流的贡献》，《文物》1980 年第 7 期，第 51 页。

[6] S.6483《瑜伽师地论》卷 55 尾题有"大中十三年（859）岁次己卯四月廿四日比丘明照随听写"的题记，此为法成最后一次讲法的记录，故而笔者认为《释迦如来像法灭尽之记》的翻译当在此之前。参见徐健《吐蕃高僧吴法成生平三题》，《敦煌学辑刊》2017 年第 1 期。

政权的节度使张义潮年轻时曾在沙州听法成讲经,自称是法成的学生,851年他将法成从甘州迎请回沙州之后,对老师甚是礼遇。故而法成在河西的译经传法活动已经为第9窟出现释迦牛头山授记、诸神瑞像守护等新题材提供了文本和思想方面的基础。

第9窟营建时,张氏、李氏及索氏家族对归义军政权争夺激烈,甬道所绘的张承奉和李弘定、索勋和李弘谏供养像正是这一复杂局势的体现。此外沙州回鹘滋扰不断,频繁的内患外乱导致了金山国时期(909—911)人口锐减,为归义军时期人口的最低谷。[①] P.3633《辛未年(911)七月沙州耆寿百姓等一万人状上回鹘天可汗》中直言10世纪初敦煌的惨状:

> 近三五年来,两地被人斗合,彼此各起仇心。遂令百姓不安,多被被煞(杀)伤;沿路州镇,逦迤破散。死者骨埋□□,生者分离异土。号哭之声不绝,怨恨之气冲天。耆寿百姓等,披诉无地。[②]

普通民众种种奔离哭号恰是于阗"法灭"故事中佛法将尽、生灵涂炭的现实写照。因此敦煌艺匠们利用汉地天王和神祇图像创造出于阗八大守护神,从吐蕃统治时期留存的瑞像图中选择四方瑞像,并拼合他们熟悉的壁画图稿,创作佛教圣迹图[③],正是希望守护神与瑞像能护持同样四境不安、具有"法灭"威胁的敦煌。

---

① 参见陈双印《敦煌西汉金山国人口及其出现低谷原因蠡测》,《敦煌研究》2022年第6期。
② 上海古籍出版社、法国国家图书馆编:《法藏敦煌西域文献》第26册,上海古籍出版社2002年版,第156页。
③ 参见陈粟裕《敦煌石窟中佛教圣迹图内容考证》,《形象史学研究》第三辑。

9窟甬道顶及盝顶两披的设计选择了于阗守护神，并图绘了藏文文献中记录的毗沙门天王与舍利弗决海、释迦在牛头山授记等于阗传说，却将图像的重心转移到了敦煌：表现印度、于阗和汉地各处圣迹的佛教圣迹图正中绘制的是敦煌民众崇奉的番禾瑞像。番禾瑞像又称为凉州瑞像，据《集神州三宝感通录》的记载，北魏高僧刘萨河至番禾郡礼御容山，预言："此山崖当有像出，灵相具者则世乐时平，如其有缺则世乱人苦。"①而后正光元年（520）果有像出。此像样式固定，并在敦煌颇受尊崇，从初唐至西夏，敦煌石窟中绘制了大量番禾瑞像。②选择番禾瑞像作为佛教圣迹图乃至整个甬道顶的中心，一方面可能是因为番禾瑞像象征的末法观③与于阗法灭故事不谋而合；另一方面，以番禾瑞像统摄的诸多佛教圣迹也体现了归义军政权将敦煌竖立为阎浮提世界中心的意图。

由此我们看到吐蕃时传入的于阗故事，在张氏归义军时期经由敦煌艺匠之手被创作了出来，不论是汉地样式的于阗守护神还是释迦在牛头形的山顶说法，都体现了敦煌民众对于阗佛教传说的想象与艺术创造，而其最终目的是确立以敦煌为中心的佛教世界，利用于阗守护神与四方瑞像守护敦煌。曹氏归义军时期，敦煌与于阗交往频繁，大量于阗人活动在敦煌。这些被创造出的于阗图像也被于阗人所接受，于阗王李圣天"即是窟主"的98窟

---

① ［唐］道宣：《集神州三宝感通录》，《大正藏》第52册，第417页。
② 参见张小刚《凉州瑞像在敦煌——体现地方性的一种瑞像实例》，武汉大学中国三至九世纪研究所、武汉大学文科学报编辑部编：《魏晋南北朝隋唐史资料》第二十六辑，上海古籍出版社2010年版。
③ 参见张善庆、沙武田《刘萨诃与凉州瑞像信仰的末法观》，《敦煌研究》2008年第5期，第9—13页。

甬道顶依然残留着 8 身于阗守护神与部分佛教圣迹图就是证明。可能正是在敦煌民众与于阗人友好积极的互动中，于阗守护神、瑞像与佛教圣迹图的组合在曹氏归义军时期被进一步推广，守护双方的神灵、共同的"法灭"隐忧，无疑加深了两地文化上的认同。

结　语

《于阗国授记》《牛角山授记》《僧伽伐弹那授记》《于阗阿罗汉授记》《于阗教法史》这五篇由于阗文翻译成藏文的文献，保留下了大量于阗相关的历史、神话与传说。其中的部分内容如释迦于牛头山授记、毗沙门天王与舍利弗决海、菩萨和守护神护持伽蓝、于阗法灭故事等，伴随吐蕃人的活动东传到敦煌，使得张氏、曹氏归义军时期的敦煌石窟中出现了于阗守护神、瑞像与佛教圣迹图组合的新壁画题材。目前最早绘制这一题材的洞窟为 9 世纪末营建的莫高窟第 9 窟，此后由于统治敦煌的曹氏家族与于阗联姻，敦煌与于阗的密切接触，强化了于阗神灵与传说在敦煌的地位，故而该组合在敦煌石窟中流行长达 80 余年。但是根据榜题为"守护于阗国"的八大守护神的形象分析，特别是对摩诃迦罗神和莎耶摩利神的样式与服饰辨析，可以发现敦煌壁画中的于阗八大守护神图像很可能是敦煌艺匠们根据汉地流行的天王、神祇形象改造而成，并非于阗向敦煌的图像传播。

尽管在于阗守护神、瑞像与佛教圣迹图组合中蕴含了大量于阗故事，但是绘制在盝顶两披的瑞像来源于以敦煌为中心的四个方位：犍陀罗分身瑞像（北）、僧伽罗国授珠瑞像（南）、于阗瑞像（西）、张掖郡佛影像（东），并且在甬道顶佛教圣迹图最中心的位置绘制番禾瑞像，这些细节都反映出敦煌试图利用、改造大乘佛国于阗的诸多因素，将自身塑造为阎浮提世界中心的意图。在这一将藏文献中的于阗故事吸收转化，最终形成图像的过程中，7至8世纪时于阗流行的"法灭"思想予以敦煌重要影响。9世纪末至11世纪初的敦煌，虽然在归义军政权的统治下避免了中原晚唐、五代时的战乱，但政权更迭频繁，且敦煌本地的民众多次受到甘州回鹘、流寇的滋扰，"法灭"的隐忧之下，敦煌民众希望于阗守护神、四方瑞像能够守护敦煌，护持阎浮提世界的愿望通过图像得以展现。

第十章

西域南道粟特人的活动与图像

本章将集中探讨西域南道上入华粟特人的活动及与之相关的图像。荣新江教授在《西域粟特移民聚落考》[①]一文中，对沿着塔克拉玛干沙漠南北展开的各个聚落进行过深入考证，于阗、鄯善是其中的重要部分。在整理西域南道佛教艺术材料时可以发现入华粟特人的身影也缠绕其中，其信仰的琐罗亚斯德教艺术在某种程度上对于西域南道以及汉地的佛教艺术产生了深远影响。由于喀什、叶城一带罕有粟特文书和艺术品披露，故而本章主要通过梳理鄯善、于阗两地的遗存，对前贤学者提出的可能是粟特美术遗迹的材料予以辨析，并分析火祆教与佛教在艺术、图像方面交融的状况。

第一节 鄯善地区粟特美术的辨析

鄯善的粟特文献与美术遗存在年代上均早于于阗。据荣新

[①] 荣新江：《西域粟特移民聚落考》，《中古中国与外来文明》（修订版），生活·读书·新知三联书店2014年版。

江教授对楼兰 L.A.I.iii.1 号汉简上"建兴十八年三月十七日粟特胡楼兰（中缺）一万石钱二百"的识读，他认为前凉建兴十八年（330）之前，就有粟特人聚居于此。[①] 唐代贞观年间，"康国大首领康艳典东来，居此城，胡人随之，因成聚落，亦曰典合城。上元二年改为石城镇，隶沙州"[②]。可见此地由于气候、环境等原因，曾有多次、多批粟特团体羁留于此。此地出土的粟特文书多为斯坦因所获，今藏于英国伦敦大英图书馆，其中包括一部分佛教与摩尼教文献残片，伦敦大学教授辛威廉（Nicholas-Sims-Williams）针对这批文书进行过翻译与释读[③]。目前学界主要利用粟特及汉文文书、史料分析鄯善地区粟特人聚落的状况。[④]

由于鄯善地区出土的粟特文书相对较少，且多为残片，很难与此地留存的图像进行对读。西安美术学院李青教授曾在《古楼兰鄯善艺术综论》对楼兰鄯善地区可能是粟特艺术的壁画进行过搜集，但有的作品其性质还有待商榷。目前，随着我们对中亚壁

[①] 参见荣新江《西域粟特移民聚落考》，《中古中国与外来文明》（修订版），生活·读书·新知三联书店 2014 年版，第 25 页。

[②] 池田温「沙州図経略考」，『榎博士還暦記念東洋史論叢』，東京：山川出版社，1975。转引自荣新江《北朝隋唐粟特人之迁徙及其聚落》，《中古中国与外来文明》（修订版），第 41 页。

[③] N-Sims-Williams, "The Sogdian Fragments of the British Library", *Indo-Iranian Journal*, 1976, Vol. 18, No. 1/2, pp. 43–82.

[④] 关于鄯善粟特人的相关研究，参见 Yoshida Yutaka, "Additional Notes on Sims-Williams' Article on the Sogdian Merchants in China and India.", *Cina e Iran: Da Alessandro Magno alla Dinastia Tang*, Firenze, 1996；林梅村《从考古发现看火祆教在中国的初传》，《汉唐西域与中国文明》，文物出版社 1998 年版；荣新江《西域粟特移民聚落补考》，《西域研究》2005 年第 2 期；百济康义、ヴェルナー・ズンダーマン、吉田豊编『大谷探検隊収集・龍谷大学所蔵中央アジア出土イラン語資料』（龍谷大学善本叢書/龍谷大学佛教文化研究所編 17），京都：法藏館，1997；罗帅《玄奘之纳缚波与马可波罗之罗卜再研究——兼论西晋十六国时期楼兰粟特人之动向》，《敦煌研究》2019 年第 6 期。

画、入华粟特人墓葬材料的了解,可以对鄯善地区有可能与粟特人相关的图像进行再讨论。

一、米兰与楼兰的有翼兽图像

米兰M.V佛寺青年男子与怪兽搏斗壁画为斯坦因1907年2月第二次到达米兰时挖掘。位于寺庙回廊围着内殿墙壁的南面,长约0.91米,离开地面最高处1.07米,为半圆组成的护壁和上方的装饰带。下半部被斯坦因切割,今藏于印度新德里国立博物馆,编号为M.V.004。上半部挖掘时已经毁坏,仅存当时拍摄的照片:画面下方是半圆形黑带,上方为身穿红色衣衫的有翼天人胸像。再往上绘一位青年男子与有翼怪兽搏斗的场景[①](图2-8)。由于原作已经不存,故而参照斯坦因的描述:

> 我们看到,其中有一个青年男子像,他长得十分强壮,肌肉发达,裸体,右手持一棒,正在与一怪兽搏斗。怪兽则作势向他扑去。遗憾的是,由于灰泥剥落,怪兽的头完全被毁掉了。但怪兽的躯体很清楚,为狮身,轮廓完美,尾巴和翅膀弯曲,毫无疑问,这是一头古典翼狮型怪兽。……
>
> 上部饰带的底色是明亮的庞培(意大利古城)红色,上面清楚露出翼狮像淡紫色的身体,它的翅膀为深蓝灰色,羽毛的内线为红陶色。除怪兽外,左边还有一条精心描绘的绿色叶形装饰痕迹,叶形装饰附近是一片悬垂着的棕榈叶,叶形装饰的下面是暗红褐色大水果形物体。人像右上

---

① 以上数据和描述参见〔英〕奥雷尔·斯坦因《西域考古图记》卷二,第308—310页。

方也见类似的叶形装饰痕迹。饰带上散落着单个小蔷薇画和叶，除填充空白处外，没什么明显的目的，这些单个小蔷薇花和叶的样式，似乎与我们熟悉的近东晚期希腊艺术风格相近。[1]

斯坦因在米兰挖掘的诸遗址里，M.V佛寺是壁画残存最多的一个，在这座2世纪末至3世纪上半叶[2]回廊结构佛寺里，除了这幅人兽搏斗壁画之外，还有数幅佛传故事，以及有翼天人和肩扛花绳的男女青年内容的壁画残片，题材丰富。鄯善地区的佛寺中出现有翼兽并不是孤例，类似的狮身有翼兽图像还见于楼兰L.B.Ⅱ佛寺遗址。

1901年斯文·赫定在楼兰L.B.Ⅱ佛寺遗址发掘了许多木雕构件，其中有一件有翼神兽的木雕像，残高70厘米，经伯格曼（Folke Bergman）将其复原后[3]，可以看清是一只回首咬住自己腿部的有翼兽，身躯弯曲成一个圆环。而后斯坦因在同一处遗址发现了L.B.Ⅱ.0011、L.B.Ⅱ.0012、L.B.Ⅱ.0013三块木雕镶板（图10-1），"可能是属于一体的，虽然没有连在一起。左边立一怪兽，长体几乎弯成圆形，头向右回望。只能看到其一只角和一只耳。在0012上，显示有两只山羊式的后腿，前腿不清楚"[4]。林梅村教授将斯文·赫定同斯坦因发现的木雕怪兽进行了拼合，形成

---

[1] 〔英〕奥雷尔·斯坦因：《西域考古图记》卷二，第309—310页。
[2] 参见陈晓露《鄯善佛寺分期初探》，《华夏考古》2013年第2期，第97页。
[3] F. Bergman, *Archaeological Researches in Sinkiang especially the Lop-Nor Region*. Stockholm: Bokförlags Aktiebolaget Thule, 1939, p. 122. 转引自林梅村《丝绸之路考古十五讲》，第137页。
[4] 〔英〕奥雷尔·斯坦因：《西域考古图记》卷二，第154页。

图 10-1　楼兰 L.B.Ⅱ佛寺三块木雕怪兽，0011, 58.42cm×15.24cm×2.54cm；
0012, 45.72cm×13.97cm×2.54cm；0013, 17.15cm×1.91cm×1.91cm（左起）

（〔英〕奥雷尔·斯坦因：《西域考古图记》第五卷，第33页）

两只有翼兽面向中央花瓶相对而立的图案。[1]

关于这组图像，林梅村在1999年出版的《楼兰：一个世纪之谜的解析》一书中将 L.B.Ⅱ 佛寺中的有翼兽判断为火祆教中的神灵 Senmurva（森摩夫），并将 L.B.Ⅱ 佛寺判断为祆教寺院。[2] 其后在2006年出版的《丝绸之路考古十五讲》中，林梅村援引陈晓露的研究以及大英博物馆藏的一件表现两只格里芬相对而立、中间一只花瓶的石雕板，认为 L.B.Ⅱ 佛寺出土的

---

[1] 林梅村：《丝绸之路考古十五讲》，第125页。
[2] 林梅村：《楼兰：一个世纪之谜的解析》，中共中央党校出版社1999年版，176页。

有翼兽木雕源头是公园前1世纪至公元2世纪帕提亚的格里芬守护花瓶石雕板,[①] 但是对有翼兽木雕的宗教性质并没有进一步的判断。有翼兽与花瓶的组合,除了 L.B.Ⅱ 佛寺出土的作品之外,1906年斯坦因在尼雅的 N.XXVI 住宅遗址也发现有雕刻了怪兽花瓶图案的居室厅堂托梁(N.XXVI.ⅲ.1)。据斯坦因描述,这件托梁上,怪兽形状为"兽长颈,长鳄鱼颚,齿与舌突出。鬃毛用深V形线刻表示。竖直的小翅膀向前弯曲(类似古代柯林斯式马的翅膀)。长尾向前伸到背上。脚掌有四个和五个爪"[②]。

综合米兰佛寺壁画与楼兰装饰木板,可知2至3世纪时有翼兽图像曾经流行于鄯善地区。自公元前3000年前,两河流域出现有翼兽以来,它在欧亚大陆流行的时间之长、涉及的文化区域带之多、图像变种之丰富,一直是各国学者讨论的热门对象[③],其中最重要、影响最大的为格里芬(Griffin)。根据李零教授在《论中国的有翼神兽》一文中对前9至前4世纪亚述、波斯和中亚地区的分类研究,有两类图像可以与米兰、楼兰的有翼兽相对应。一为"狮首的格里芬加角","加角是波斯、中亚、南西伯利亚和阿尔泰艺术的特点,亚述艺术未见,黑海地区的艺术也少见。它们主要是仿野山羊角,即借自下一种。野山羊的角也有

---

① 林梅村:《丝绸之路考古十五讲》,第125页。陈晓露:《楼兰佛寺考》,北京大学2005年学士学位论文。
② 奥雷尔·斯坦因:《西域考古图记》卷一,第646页。
③ 如 S. J. Rudenko, "The Mythological eagle, the gryphon, the winged lion, and the wolf in the art of northern nomads", *Artibus Asiae*, 1958, Vol. 21; Guitty Azarpay, "Some Classical and Near Eastern Motifs in the Art of Pazyryk", *Artibus Asiae*, 1959, Vol. 22 ; 李零:《论中国的有翼神兽》,《入山与出塞》,第87—161页。

两种，一种是尖角，一种是末端上卷"。①仔细观察楼兰 L.B.Ⅱ 佛寺的木雕像，其后足为明显的狮爪，张口咆哮的兽头似狼头，弯曲的羊角上卷，符合狮首的格里芬加角这一特点。二为南俄草原、南西伯利亚和阿尔泰地区流行的斯基泰艺术里的"鹰首格里芬"，他背后的鬃（mane）"早期作锯齿状，晚期作鱼鳍状"是受到希腊艺术的影响。而米兰佛寺壁画中的有翼兽，兽首部分已经残损，但是在长长的脖颈后有明显的鱼鳍，与李零的发现相合。

由此，我们可以看到，米兰 M.V 佛寺与楼兰 L.B.Ⅱ 佛寺中的有翼兽可能分属不同的文化系统，楼兰佛寺中的装饰木板上的有翼兽更有可能自中亚传来。中亚粟特国家流行的火祆教里，这种有翼怪兽被称为 Sēnmurv（有森木鹿、圣姆尔、森摩夫等多种译法，今多译为森穆鲁）或 Simurgh（席穆尔格），是火祆教中的圣兽，在其经典《阿维斯塔》中有多种形态：

其中有两种以乳哺育幼者，诸如森莫夫，活动于夜晚。据说，被造的森莫夫有三类：属犬者，属鸟者，属麝者；其原因在于，会飞而类鸟，有齿而类犬，栖于洞穴而类麝鼠。（《班达希申》第十四章二十四）②

楼兰佛寺装饰木板上有翼兽嘴部很长，张口露出密集的牙齿，与"属犬"的森穆鲁相对应。故而虽然楼兰 L.B.Ⅱ 佛寺不是林梅村所判断的祆教寺庙，但是这块佛寺之中的装饰木板可

---

① 李零：《论中国的有翼神兽》，《入山与出塞》，第 119—121 页。
② 魏庆征：《古代伊朗神话》，山西人民出版社 1999 年版，第 153 页。

能是由经行在丝绸之路上的粟特人所供奉,或者是粟特工匠的作品。

二、罗布淖尔壁画墓中的粟特因素

2003年2月,罗布泊的科考探险队追随盗墓分子,发现了一座精美的壁画墓(现编号为楼兰03LE)。为坐南朝北斜坡式墓道双室墓,墓道宽约1.5米,长约7米。墓室东西呈长方形,边长5—6米,高约2米。前墓室中心有直径约0.65米的土泥质圆柱体,下有方形台基。圆柱上绘有圆形轮状图案。[1]壁画主要集中于前室,入口处南墙:

> 绘有一只黑色奔驰的独角兽,左面绘一朱砂色类似结跏坐式人物和一身蓝色面朝坐像跪拜人物,东墙绘有3男3女,除了南侧第一身作抬右手并伸食指势外,其余5人皆手持杯、瓶、盘类器物。男性着圆领长衫,系腰带,女性着套装,胸前饰环状结。人物头部皆被炸毁,无一完形者。北壁(双室之隔墙)通道右侧绘一身穿白衣,足穿黑靴的站立男子像,上身皆已毁。通道西侧绘一朱砂色跃蹄之雄性马形,造型特意强调雄性特征,马头亦被毁。西壁画红驼、白驼互咬,两侧各站立一人着白衣黑靴持木棍欲将两驼分开,人像头部被毁。[2]

---

[1] 数据来源:李青《古楼兰鄯善艺术综论》,第527—528页;李青、高占盈《楼兰古墓粟特壁画艺术之新发现》,《西北美术》2009年第3期,第17—19页。
[2] 李青、高占盈:《楼兰古墓粟特壁画艺术之新发现》,《西北美术》2009年第3期,第17—18页。

此墓葬残损十分严重，但是学者们还是对其进行了细致探究。最早将此墓判断为粟特墓葬的是中国社会科学院考古所的孟凡人（1939—2023）研究员，针对被盗掘后的墓室及壁画状况，他认为"墓葬残存的大面积壁画的画风、人物、形象、服饰、手持酒杯的姿势和酒杯的形制等，颇具粟特壁画风格"[1]。李青在《古楼兰鄯善艺术综论》中结合墓葬形制、壁画人物面部、服饰特征，特别是将6身并排而坐的人物与粟特地区流行的宴饮图进行了对比，推论此墓葬的主人为4世纪时生活在罗布泊一带的粟特人。[2] 林梅村则主要依据2004年在墓前室东壁发现的可能是壁画作者签名的佉卢文题记，将之定为"侨居在楼兰的贵霜移民墓地"，并认为此墓壁画"至少融合了三种不同文化因素。第一，中原汉文化因素；第二罗马文化因素；第三贵霜文化因素"[3]。随后李青在《楼兰03LE壁画墓再讨论》一文中同意了林梅村的看法。[4]

尽管有佉卢文题记的发现，墓主人的安葬方式也为棺木葬而并非粟特传统的火葬，但是笔者依然认为墓内壁画仍体现出浓烈的粟特因素。

首先，楼兰03LE前墓室中心立有土泥质圆柱体，下为方形台基相承，圆柱上绘有圆形轮状图案（图10-2），并且后室也绘满了圆轮图案。这些圆轮形状相同，圆内皆绘有放射状轮辐。类

---

[1] 孟凡人：《楼兰考古学的重要性与开展楼兰考古工作的紧迫性、艰巨性、复杂性和可行性》，《新疆文物》2003年第2期，第83页。
[2] 参见李青《古楼兰鄯善艺术综论》，第400—410页。
[3] 林梅村：《丝绸之路考古十五讲》，第176—177页。
[4] 参见李青《楼兰03LE壁画墓再讨论》，《西北民族论丛》第十三辑，社会科学文献出版社2016年版。

第十章　西域南道粟特人的活动与图像　*353*

图 10-2　楼兰 03LE 前室中心圆柱体，直径 50cm
（李青:《楼兰绘画艺术源流考》,《美术》2004 年第 5 期，第 123 页）

似的图像，我们可以在吉尔吉斯斯坦所出的粟特骨瓮上见到（图 10-3）。根据展览目录①，这只骨瓮长 73 厘米，宽 35 厘米，高 43 厘米，椭圆，有盖顶。瓮身正面刻有两个圆轮，圆轮内为八个花瓣状的轮辐。另外圆轮旁浮塑着两身男子像，皆盘发于头顶，双手交叉于胸前，下身着裙，穿高靴。这件骨瓮发现于吉尔吉斯斯坦楚河州坎特镇红河古城遗址（nekpeonolb），年代约为 7 至 8 世纪。同样的圆轮图案还见于新疆维吾尔自治区博物馆藏的出自吉木萨尔的穹隆形纳骨器。纳骨器上有泥塑的人头，刻画

---

① 《吉尔吉斯艺术文物（古代与中世纪）展览目录》，转引自姜伯勤《中国祆教艺术史研究》，第 188 页。

图 10-3　吉尔吉斯所出纳骨器，73cm × 35cm × 43cm

（姜伯勤:《中国祆教艺术史研究》，生活·读书·新知三联书店 2004 年版，第 188 页）

的圆轮以及三角形组成的十字纹，年代约在 7 至 8 世纪之间。虽然两件作品的年代较晚，但都是刻有放射状轮辐的圆轮使用于粟特葬器的重要案例，而这一特殊的图案很可能为粟特人祭祀的对象——太阳。[①] 正如苏联历史学家加富罗夫指出那样：

> 可以判定粟特人的拜火教和当时伊朗萨珊王朝典型的拜火教有很大差别，粟特拜火教的特点是它保留了当地古代祭祀的部分（包括祭祀祖先和天体——太阳与月亮）。[②]

[①] 李青在《古楼兰鄯善艺术综论》一书中（第 407 页）同样判断为太阳纹。
[②] 〔苏〕Б·Г·加富罗夫:《中亚塔吉克史》，肖之兴译，中国社会科学出版社 1985 年版，第 121 页。

第十章　西域南道粟特人的活动与图像　355

楼兰03LE墓葬前室中以太阳纹装饰的圆柱体，上方已残毁，下方有方形台座，从侧面上看与乌兹别克斯坦撒马尔罕出土的《刻有圣火仪式的纳骨器》（7世纪）正面浮雕的圣火坛（图10-4）很接近。圣火坛是火祆教中的圣物，入华粟特人的墓葬如安伽墓、虞弘墓都有装饰华美的圣火坛表现。由此可以推论，竖立在03LE墓葬前室，图绘了太阳纹的圆柱体有可能是圣火坛，而绘满太阳纹的后室，或许是希望营造一个光明的空间。

其次，该墓葬前室绘制了一组宴饮人物。李青指出主要人物坐成一排的构图、手持酒杯的坐姿与塔吉克斯坦片治肯特遗址等粟特人聚居区壁画具有很高的相似度。[①] 本书认同这一观点。

图10-4　撒马尔罕《刻有圣火仪式的纳骨器》，52cm×34cm×27cm，乌兹别克斯坦撒马尔罕雷吉斯坦广场博物馆藏

（田辺勝美、前田耕作編『世界美術大全集・中央アヅア』，図140）

---

① 参见李青《古楼兰鄯善艺术综论》，第408页。

另外值得注意的是身穿红衣、下颌有黑色短须的男子（图 10-5），即现存壁画中较为清晰的一身，他一手持酒杯于胸前，另一手弯肘挂于大腿上——同样的姿势除了见于 8 世纪上半叶片治肯特遗址的壁画《宴饮的贵族》（Feasting Ones）之外，还见于斯坦因在新疆和田丹丹乌里克遗址发现的木板画 D.X.3（正）上的三身粟特神灵。D.X.3 木板画的年代约为 6 世纪，《宴饮的贵族》壁画的年代为 8 世纪，均晚于楼兰 03LE 墓葬，但这一现象也说明了一手持酒杯、一手挂腿的姿势在中亚至新疆流行年代之长。

最后，我们再关注一下墓室内的动物图像。整个墓室中一共

图 10-5　楼兰 03LE 墓持酒杯人物
（李青：《楼兰绘画艺术源流考》，《美术》2004 年第 5 期，第 119 页）

出现了三种动物：黑色的独角兽（图10-6）、枣红色的骏马以及争斗的红、白色骆驼。独角兽低头弓身，状若牛，这种独角兽并不见于粟特美术，其形状更近于中国内地汉代墓室壁画与画像石中的独角兽，如河南南阳、陕北地区的东汉画像石皆是如此。枣红色的骏马作向上跃起状，上半部分已经残损。马是丝绸之路的重要交通工具，向上跃起的骏马在伊朗高原、粟特地区、北方草原地区以及汉地均能见到，故而无法判断其文化属性。而争斗、撕咬的骆驼则可能为粟特因素。"在祆教经典《阿维斯陀》中，骆驼是胜利之神与正义之神韦雷特拉格纳。"[1] 韦雷特拉格纳（Verethraghna）又译作巴赫拉姆，《阿维斯陀》第14篇《耶什

图10-6　楼兰03LE墓独角兽

（李青：《楼兰绘画艺术源流考》，《美术》2004年第5期，第119页）

---

[1]　姜伯勤：《中国祆教艺术史研究》，第229页。

特》中有大量内容歌颂巴赫拉姆。虞弘墓中就有两块浮雕表现墓主人骑在骆驼上与狮子搏斗的场景，其中一块上刻画墓主人弯弓射向扑上来的狮子，身下的骆驼则回首咬住下方狮子的臀部，展现出战斗场景的激烈与精彩。楼兰03LE墓葬中表现红、白骆驼争斗的图像或与火祆教的神灵崇拜相关。故而即使该墓葬的主人不是粟特人，其墓葬营建时也可能受到火祆教与粟特艺术的影响。

对鄯善地区可能是粟特艺术的美术作品进行辨析之后，可知该地粟特艺术的痕迹并不浓重，不论是有翼兽图像还是墓葬艺术，我们只能看到其中的粟特因素，并从中推测出粟特人的活动可能影响了当地的美术现象，但具体的细节并不清楚。如楼兰L.B.II佛寺内的木雕有翼兽源自粟特文化系统，然而佛寺整体图像配置不明，很难推断有翼兽在佛教空间内的作用与意义。无论如何，米兰、楼兰及尼雅遗址发现的有翼兽图像以及楼兰03LE墓葬都反映出了中亚艺术对古代鄯善的直接影响，彰显了鄯善文化的丰富性，值得我们深入研究。

第二节　于阗的粟特形神祇

相对于鄯善地区艺术中粟特因素的模糊与含混，生活在于阗的粟特人则在这里留下浓重的痕迹，甚至对于阗的佛教艺术产生了深入影响。

1906年11月，斯坦因在安迪尔古城发现了一件记录粟特人买卖骆驼的佉卢文契约书No. 661号（《西域考古图记》中编号为 E. VI. 009）[1]，据挪威学者科诺夫（Sten Konow, 1867—1948）与荣新江的研究，这件文书的年代约在 4 至 7 世纪之间[2]。据此，学界认为粟特人进入于阗的年代当在 7 世纪之前。[3]

粟特语文书方面，1908 年 4 月斯坦因第一次到达麻扎塔格古堡时，在这里发现了 4 件粟特文书，分别为 M.Tagh.a.0048、M.Tagh.a.0049、M.Tagh.a.ⅳ.0016、M.Tagh.a.ci.00171；[4]1913 年再次在此处发现了 M.Tagh.0449[5]、M.Tagh.0626、M.Tagh.038.b 前后共 7 件。[6]荣新江从贝利教授、熊本裕博士的研究中检出 11 件文书，分别是 Hedin1.6、Hedin19.18、Hedin19.20、Or.11252,2.17、Or.11252,36.b2、Or.11252,38.2、Or.11252,38.3、Or.11344,4.4、Or.11344,16.2、Or.6394,2.3-4、D.ⅳ.6.1、M.T.0463。[7] 2010 年中国人民大学博物馆收藏的新疆文献中有数件粟特语文书，毕波与辛威廉公布了其中部分经济文书、信件与杂项残片。分别为 GXW0116、GXW0438、GXW04320、GXW0434[8]；GXW0114、GXW0435、GXW0436、GXW0115、

---

[1] 参见〔英〕奥雷尔·斯坦因《西域考古图记》卷一，第 707 页。
[2] S. Konow, "Where was the Saka Language reduced to Writing", *Acta Orientalia*, Ⅹ, 1932, p. 74. 参见张广达、荣新江《关于和田出土于阗文献的年代及其相关问题》，《于阗史丛考》，第 56—57 页。
[3] 参见荣新江《西域粟特移民聚落考》，《中古中国与外来文明》（修订版），第 20 页。
[4] 参见〔英〕奥雷尔·斯坦因《西域考古图记》卷四，第 371 页。
[5] 参见〔英〕奥雷尔·斯坦因《亚洲腹地考古图记》卷二，第 1480 页。
[6] N. Sims-Williams, "The Sogdian Fragments of the British Library", *Indo-Iranian Journal,* Vol. 18, 1976.
[7] 参见荣新江《西域粟特移民聚落考》，《中古中国与外来文明》（修订版），第 22 页。
[8] Bi Bo and Nicholas Sims-Williams, "Sogdian Documents from Khotan, Ⅰ: Four Economic Documents", *Journal of the American Oriental Society*, 2010, Vol. 130, No. 4.

GXW0117、GXW0284、GXW0125[1]。这些发现自于阗的粟特语文书，除了 M.Tagh.a.0048 为摩尼教文献之外，其余为经济文书或意义不明的残片。

一、"佛像还是祆神"之考辩

尽管涉及宗教类的粟特语文书稀少，但于阗佛教艺术中确实能够看到不少粟特形神灵出现在佛寺空间内，这些神灵的身份、他们进入佛寺的契机，一直是学界关注的热点。[2]值得注意的是，目前和田地区发现的所有与粟特相关的图像都集中在达玛沟流域，特别是丹丹乌里克遗址，出土有多件可能是祆教神灵的木板画与壁画。丹丹乌里克遗址唐代时称为杰谢镇，为羁縻六城州（今策勒县达玛沟以东区域）下属的一个城镇。根据这里发现的文书与美术作品，这座沙漠中的小镇为于阗人、汉人乃至犹太人多民族聚居之所。粟特人可能在这里定居已久，两份关于征税的于阗语文书 Or.6394,2.3-4 以及 D.ⅳ.6.1 上明确出现了 sūlī（复数为 sūlya）一词[3]，即是粟特人之意。居住在这里的粟特人还拥有汉名，如汉文文书 Or.6407《唐建中七年（786）七月苏门悌举钱

---

[1] Bi Bo and Nicholas Sims-Williams, "Sogdian Documents from Khotan,Ⅱ: Letters and Miscellaneous Fragments", *Journal of the American Oriental Society*, 2015, Vol. 135, No. 2.
[2] 近年来，故宫博物院孟嗣徽女士利用丹丹乌里克 CD4 东墙发现的壁画《如来与诸神图》及《摩诃婆罗多·森林篇》的记载，将这些粟特风格的神祇判断为"护童子十五鬼神"，对此笔者认为这些图像的风格、服饰更接近于粟特传统，并且图像的发现地也有粟特人相关的文书进行佐证，故而本文依然判断这些图像的文化属性为粟特艺术，特此说明。参见孟嗣徽《〈护诸童子十六女神〉像叶与于阗敦煌地区的护童子信仰》，《艺术史研究》第二十三辑。
[3] 荣新江：《古代塔里木盆地周边的粟特移民》，《西域研究》1993 年第 2 期，第 9 页。

契》①记录了商人苏门悌因为急需用钱,向乡里借款,参与这起借贷事件的保人安芬是来自安国的粟特人,入华之后入乡随俗,便以国为姓,可见他们汉化程度之深。

在此多民族聚居之地,彼此间文化艺术的交流也是水到渠成。具有鲜明粟特风格的美术作品如斯坦因在丹丹乌里克发现的D.X.3木板画以及1998年瑞士人鲍默(Christoph Baumer)组织的"中瑞探险队"非法进入丹丹乌里克重新挖掘D.X佛寺后发现的两组神祇坐像②。D.X.3为双面木板画,正面为三身并排而坐的神灵(图10-7),背面为四身佛、菩萨像。据斯坦因在《古代和田——中国新疆考古发掘的详细报告》的描述:

> 长方形,正面:3个坐菩萨像。第一个(右边):头朝

图10-7 D.X.3木板画正面粟特神灵,10.2cm×25.8cm×0.8cm,大英博物馆藏
(大英博物馆:1907,1111.72,https://www.britishmuseum.org/collection/image/1083985001,2018年3月14日)

---

① 荣新江编著:《和田出土唐代于阗汉语文书》,中华书局2022年版,第2—3页。
② Ch. Baumer, "Dandan Oilik Revisited: New Finding a Century Later", *Oriental Art*, XLV. 2, 1999, pp. 2-14.

右，四分之三脸。有6个尖状王冠。顶结。长发垂在肩上。右前臂赤裸，手镯。右手在胸部拿着金刚。左手放在大腿上。衣服上部紧身，披巾绕在胳膊上并垂在背后。黄色腰带。长的缠腰带衣。光轮为黄色，光环为蓝色。头发和所有轮廓线为黑色，装束、皮肤和王冠为白色（或粉色）。金刚为黄色。第二个：头的四分之三朝右，宽袖，长的黄袍，蓝带，袖筒外缘为白边；深红色长袖内衣。黑色长发，在肩上卷曲。王冠为白色。长长飘动的蓝色衣饰从坐像下面垂到座前（蒲团）。四臂：右边第一个臂在胸前拿着金刚，第二个拿着转轮；左边第一个放在腿上，第二个拿着圆形物（莲花或水果，或是空的盛水器皿）。所有轮廓线为黑色，光环为黄色。无光轮。第三个：三头，每个头上有黄色喙状的王冠。黑发，很长，在肩上飘动。又细又长的眼睛，前面的脸上有薄的中国式胡子；前面的脸的四分之三朝右；右边的脸朝右，左边的脸朝左。四臂：右边第一只手在胸部拿着杯子，第二只拿着一个双头的物体，像一个小夹子，尾端是金刚形状的；左边第一只手放在腿上，第二只拿着弓。短袖外衣（白或黄色），有肥袖筒，每个上边有黄色带子。腰带在背后穿过，末端（粉色）在前面，长袖内衣，白或黄色。红色和黄色蒲团（锦缎）。光环，蓝底，黄边。无光轮。轮廓线为黑色。方板背景为白色或粉色。①

---

① 〔英〕奥雷尔·斯坦因：《古代和田——中国新疆考古发掘的详细报告》，第317—318页。

这件作品今藏于大英博物馆，馆藏编号为 1907,1111.72，学者们对它的讨论主要集中在正面三位神祇尊格的判断上。斯坦因认为是金刚手菩萨、弥勒菩萨和文殊菩萨。[1]威廉姆斯夫人判断为因陀罗（Indra）、摩耶夫人或丰饶女神（Māyā-Srī）、梵天（brahmā）。[2]关于 D.X.3（正）最具影响力的论作当属德国考古与艺术史家马尔库斯·莫德（Markus Mode）的《远离故土的粟特神祇——近年粟特地区考古发现所印证的一些和田出土的粟特图像》[3]。这篇论文里，作者率先提出了著名的"双重图像志"（"二元图像志"）（the two folded iconography/a doubled iconography）概念，意为某个火祆教图像中的神灵，既可以有"印度式"形象（"Indian" type），也可以有伊朗式形象（"Iranian" one）。进而他将 D.X.3（正）上的三位神祇解释为琐罗亚斯德教中的大神阿克巴·马兹达（Adbag-ōhmazd）、娜娜女神（Nanā）和风神维施帕卡（Weshparkar）。粟特神灵出现在佛寺中的原因，莫德解释为活动在丝绸之路上的粟特信众将他们的神灵安放在佛寺的万神殿中，或是很早以来，粟特神灵就是丝绸之路南道佛教部派中的常见神像要素。[4]随后荣新江在《粟特祆教美术东传过程中的转化——从粟特到中国》一文中认为杰谢镇（丹丹乌里克）有祆祠的存在，

---

[1] 〔英〕奥雷尔·斯坦因：《古代和田——中国新疆考古发掘的详细报告》，第 273 页。

[2] J. Williams, "The Iconography of Khotanese Painting", *East and West*, new series vol. 23, No. 1-2, 1973, pp. 140-142.

[3] M. Mode, "Sogdian Gods in Exile. Some Iconographic Evidence from Khotan in the Light of Recently Excavated Material from Sogdiana", *Silk Road Art and Archaeology*,Ⅱ, 1991/1992.

[4] M. Mode, "Sogdian Gods in Exile. Some Iconographic Evidence from Khotan in the Light of Recently Excavated Material from Sogdiana", *Silk Road Art and Archaeology*,Ⅱ, 1991/1992, p. 183.

不然无法在佛教的语境中解释这些祆教神灵。①姜伯勤教授在 2004 年出版的《中国祆教艺术史研究》中沿用了莫德对神祇身份的考释。

两个方面的新材料使这个问题得到了突破，一为学界注意到《须大拏本生经》(*Vessantara Jātaka* VJ 908-922) 以及其他粟特语佛教文献（Pelliot sogdien 8，41-42）与粟特美术间的关系。这些文献中记录了几位重要的琐罗亚斯德教神祇与印度教神灵的对应性，即琐罗亚斯德教中的最高神灵阿克巴·马兹达（Adbag-ōhmazd）相当于因陀罗（Indra），祖尔万（Zrvān）相当于梵天（Brahmā）②，风神（Weshparkar）相当于湿婆（Śiva）。

二为 1998 年鲍默重新挖掘了 D.X 佛寺之后公布了两组并排而坐的人物。第一组位于北墙西侧（图 10-8），左起第一身为三面四臂神祇，当中一面束发戴中央有圆珠的头冠，头后带圆形头光。额头上绘第三只眼睛，唇上有八字须。左边一面为愤怒状，右边一面为女性容貌。身穿圆领紧身短袖衣，左右上手持日月，左下手置腿上，似握金刚杵，右下手持珠或圆形器皿于胸前。两腿相交而坐，圆毯下有一只黑色的公牛。中间一身为面容秀美的女性神祇，头戴扇形宝冠，带圆形头光，身穿圆领短袖紧身衣，怀抱一名包裹紧严的婴儿，坐在束腰座上，双重腰带垂于座下，

---

① 参见荣新江《粟特祆教美术东传过程中的转化——从粟特到中国》，《中古中国与外来文明》，第 314 页。
② 参见 E. Benveniste, *Vessantara Jātaka Texte sogdien édité traduit et commenté*, Paris, 1946, pp. 57-58; p. 107，转引自〔意〕康马泰《粟特神祇的印度图像研究——考古和文字证据》，李欣译，《敦煌学辑刊》2008 年第 4 期，第 147 页。另见 A. M. Belennitskii, et al., *Sogdian Painting: The Pictorial Epic in Oriental Art*. Berkeley Los Angeles and London: University of California Press, 1981, p. 29.

图 10-8　丹丹乌里克 D.X 佛寺北墙西侧人物
（Ch. Baumer, "Dandan Oilik Revisited: New Finding a Century Later",
Oriental Art, XLV. 2, 1999, p. 12.）

后有格纹圆垫。右边一身也为三面四臂的男性神灵。左、中头戴圆珠状头冠，右头不清。中间一头脸庞圆润，同样眉间有第三只眼睛，左边一头容貌若女性。身穿圆领半袖紧身衣，长璎珞相交于胸前，上两手举于头侧持日月，下一手置于两膝上，横持三叉戟，交脚坐于圆毯上。

第二组位于西墙南侧（图 10-9），画面中人物的头光、中间女性的服装被施以淡绿色。左起第一身为三头四臂交脚而坐的神灵，当中一头为童子面，上身赤裸，佩戴有项圈、臂钏、手镯等物，下身着短裙。上二手分别持弓与箭，左下手当胸托一只鸟（公鸡？），右下手拄于腿上。坐垫旁有一只鹅，神灵的左膝搭在鹅身上。中间一身为女性神祇，头戴宝冠，黑发披肩，容貌慈

图 10-9　丹丹乌里克 D.X 佛寺西墙南侧人物
(Ch. Baumer, "Dandan Oilik Revisited: New Finding a Century Later",
Oriental Art, XLV. 2, 1999, p. 13.)

祥，双目微微下垂注视怀中婴儿。婴儿的包裹方式同北墙，另有一赤裸的孩子坐在她的左腿上，双手抱住她的胳膊。右边一身为兽头神祇，头戴双叶宝珠冠，侧首看向中间，头部为野猪首或狼首，带大耳环。四臂，上两手持日月，下右手置于腿上持莲花，下左手置于胸前，持物不清。

　　关于这两组图像，鲍默将东墙图像判断为摩醯首罗、诃梨帝（Hārītī）、梵天；第二组判断为梵天、诃梨帝、守护儿童的揭啰诃神（Graha）。[①]荣新江在《佛像还是祆神？——从于阗看丝路宗教的混同形态》一文中则充分运用了火祆教神灵与印度教神

---

① Ch. Baumer, "Dandan Oilik Revisited: New Finding a Century Later", *Oriental Art*, XLV. 2, 1999.

灵对应的关系,认为"第一组左面的神像,依佛教观点是摩醯首罗,在祆教徒眼中,他则是一个胡天神";中间的神像"她可能就是在于阗地区备受崇拜的呵利帝神";右边的神像"用佛教来解说应当是梵天",祆教中则是风神(Weshparkar)。第二组"左面第一幅神像也是佛教的梵天"但他"对应祖尔万更合适,因为在祆教图像里,祖尔万的坐骑正是鹅";"中间的一幅也是呵利帝",右面的则可能是印度教神祇。①对于粟特神灵出现在佛教寺庙中的原因,荣新江解释为:"粟特人曾经在杰谢这一丝路孔道上的村镇经行和居住,他们原本应当有供奉自己的祆神的祆祠,但于阗自古以来即是西域南道的佛教圣地,特别是大乘佛教的中心,因此,来到这里的粟特人或可能逐渐皈依了势力强大的佛教,或是仅仅表面上承认佛教在当地信仰体系中的主导地位,但并不甘心放弃自身原来的信仰,于是仍然把自己所喜爱的祆神形象,以类似于佛教神祇的形象绘制在佛教寺庙不太显眼的地方,以这种不易察觉的方式,巧妙地在潜意识里继续膜拜着来自故土的神灵,遵从着先辈的信仰。"②

荣新江的研究揭示了于阗乃至西域南道宗教艺术领域一个非常有代表性的现象,就是不同宗教神祇的混同:同样形象的神祇,在佛教徒与火祆教徒的眼中有各自的对应。而 D.X 佛寺中的粟特形神灵都处于壁面的下层,可能在 7 至 8 世纪的于阗,他们已经成为守护神,被吸纳进了佛教系统。

---

① 荣新江:《佛像还是祆神?——从于阗看丝路宗教的混同形态》,《丝绸之路与东西文化交流》,第 322—326 页。
② 同上书,327 页。

二、其他粟特形神灵

除了以上神灵之外，于阗还有骑马神祇、骑驼神祇及丝绸保护神等粟特形神祇被学者们研究、讨论。

骑马神祇为一身骑着马的男性神灵，面部有八字胡，头侧缯带上扬，一手握马缰，一手置于胸前托着碗。其身前或身后有一只黑色的飞鸟。该形象在木板画与壁画中是比较固定的，可见于大英博物馆藏木板画《毗沙门天王与骑马神祇》（1925,0619.35）、《骑马与骑骆驼的神祇》（1907,1111.70）（图10-10）、斯坦因在丹丹乌里克发掘的 D.X.5 木板画（失存）、丹丹乌里克 D.Ⅱ 佛寺东壁吉祥天女壁画下角、2002 年"中日共同丹丹乌里克遗址学术研究项目"挖掘的丹丹乌里克 CD4 佛寺遗址壁画残片以及托普鲁克墩 2 号佛寺壁画残片的千佛下方。值得一提的是 CD4 佛寺的出土的一块壁画残片上绘有骑马人物及于阗文榜题，根据段晴与文欣解读为"此八天神，供养人 Budai 令绘，愿他们保佑！"[①]（图10-11）。另据威廉姆斯夫人检索，还有印度新德里国立博物馆藏的 F.Ⅱ.ⅲ.002，她将之判断为保护回鹘-突厥的英雄佩卡尔（Pekar, the tutelary hero of the Hor or Uighur Turks）[②]。针对于阗文榜题的发现，古比丽亚将之判断为于阗八大守护神[③]，但这一说法遭到了李翎的反驳，后者在《"八天神"图像之误读——关于丹丹乌里克壁画残片的释读》一文中利用敦煌

[①] 文欣、段晴：《丹丹乌里克佛寺壁画上的于阗文题记考释》，《丹丹乌里克——中日共同考察研究报告》，第 261 页。

[②] J. Williams, "The Iconography of Khotanese Painting", *East and West*, new series vol. 23, No. 1-2, 1973, p. 151.

[③] 古比丽亚：《丹丹乌里克新发现佛寺壁画初探》，《丹丹乌里克遗址——中日共同考察研究报告》，第 244 页。

图 10-10 《骑马与骑骆驼的神祇》木板画，38.4cm×17.9cm×1.5cm，大英博物馆藏

（大英博物馆：1907,1111.70，https://www.britishmuseum.org/collection/object/A_1907-1111-70，2018 年 3 月 14 日）

图 10-11 CD4:15 骑马人物与题记，12cm×21cm，新疆文物考古研究所藏

（中国新疆文物考古研究所、日本佛教大学尼雅遗址学术研究机构编著：《丹丹乌里克——中日共同考察研究报告》，彩版 40-2）

材料进行了辨析，并认为骑马神祇为于阗的一个地方神灵。[1] 意大利学者康马泰（Matteo Compareti）将于阗的骑马神祇与伊朗、粟特地区的相似图像进行了比较研究，认为这一图像有可能是"一位与粟特神祇有某种相似之处的当地神祇，因为两种有着相同的伊朗（确切地说是东部伊朗）文化背景"[2]。

骑骆驼的神祇见于大英博物馆藏木板画《骑马与骑骆驼的神祇》（1907,1111.70）与2002年在丹丹乌里克发现的CD10佛寺壁画残片。《骑马与骑骆驼的神祇》中，骑马人物下方有一身头戴毡帽、身穿绿色圆领窄袖袍的骑骆驼人物，一手持缰绳，一手举于胸前，持酒杯状物。虽然面部残损，但他的腰间佩有长剑，可知为男性，臂弯间的帔帛飘扬于身后。CD10佛寺壁画上的骑骆驼神灵则位于两身骑马神灵的后方，同样身穿绿色圆领衫。骆驼是丝绸之路上的重要交通工具，但是骆驼上人物的服饰、向后上方飘扬的帔帛都具有粟特神灵的特征。俄罗斯著名考古学家马尔沙克教授（Boris Ilich Marshak, 1933—2006）将之判断为伊朗的 Verathraghna 的变种，即粟特人称为维施帕卡（Weshparkar）的风神，莫德、姜伯勤亦同意此观点[3]。康马泰则认为这一神灵"根植于于阗前佛教时代的当地宗教"[4]。蚕桑与纺织保护神在"蚕

---

[1] 参见李翎《"八天神"图像之误读——关于丹丹乌里克壁画残片的释读》，《西域研究》2011年第2期，第100页。
[2] 〔意〕康马泰：《于阗佛教壁画中的非佛教神祇及相关问题》，李思飞译，《丝绸之路研究》第一辑，第203页。
[3] 参见 M. Mode, "Sogdian Gods in Exile. Some Iconographic Evidence from Khotan in the Light of Recently Excavated Material from Sogdiana", *Silk Road Art and Archaeology*, II, 1991/92, p. 184, 另见姜伯勤《中国祆教艺术史研究》，第199页。
[4] 〔意〕康马泰：《于阗佛教壁画中的非佛教神祇及相关问题》，李思飞译，《丝绸之路研究》第一辑，第205页。

种东来图像研究"一节中已经讨论，此处不再赘述。

　　以上神灵虽然服饰、动作与粟特地区的神灵、人物相近，但是在火祆教中并没有确切的原型可以对应，马尔沙克对骑骆驼的神祇身份有所推测，然其形象与中亚流传下来的维施帕卡（Weshparkar）图像还是相去甚远。由此可以推测：这些出现在佛寺中的粟特形神灵，并不是火祆教固定的图像传入，很可能是于阗人根据粟特神灵形象创造出的本地神灵。关于这一点，康马泰提出于阗"前佛教信仰"的说法，认为这些神祇是琐罗亚斯德教在当地的变体："在1世纪时于阗统治者很可能还信奉这种宗教……在改宗新的信仰之后，所有那些当地神祇要么以偶像的形式，要么作为连接佛祖或菩萨与信众的'圣人'身份而留存下来。"[①] 这一说法注意到了于阗"俗喜鬼神而好佛"[②]的传统，但是，现今和田地区发现的粟特形神灵的年代普遍集中于6至8世纪，故而本书认为当是活动在丝绸之路南道上的粟特人将火祆教的神祇图像带入于阗，于阗人利用这些形象创造了本地神灵，而最终他们以佛教护法神、守护神的身份出现在于阗佛寺之中。

　　关于于阗人挪用粟特神灵形象创造本地佛教护法神的做法，和田策勒县托普鲁克墩1号佛寺壁画中的散脂夜叉（图9-21）就是一个典型的案例。

　　散脂夜叉是佛教中的重要护法神，在1至3世纪的犍陀罗，他常作为诃梨帝（Hārītī）的配偶出现，其形象也为古印度的贵族装扮。如今藏于拉合尔博物馆的散脂夜叉造像（图10-12），

---

① 〔意〕康马泰：《于阗佛教壁画中的非佛教神祇及相关问题》，李思飞译，《丝绸之路研究》第一辑，第205页。
② 《新五代史》卷七十四《四夷附录第三》，第918页。

虽为单身像，但其旁边围绕的儿童昭示了他的身份。其形象为一大腹便便的中年男子，头冠华丽，上唇上有八字胡，佩戴有耳饰、项圈，长璎珞贯穿其肩头、腋下，上身赤裸，下身着长裙，双膝张开坐于座位上，一手持长戟，长璎珞或绳索从长戟的上端垂下搭在他的膝盖上。而汉地的散脂夜叉则常作为毗沙门天王的眷属出现，如《大正藏·图像部》收录的"僧慎尔耶夜叉"，为铠甲严整

图 10-12 散脂夜叉造像，高 152cm，巴基斯坦拉合尔博物馆藏
（田辺勝美、前田耕作編『世界美術大全集·中央アヅア』，図 128）

的唐装天王形象，一手持长戟，一手于胸前托摩尼珠，旁有小字"僧慎尔耶药叉又（亦）名散脂大将，唐名正了知，毗沙门之弟/赤肉色"。此外散脂夜叉还出现在敦煌的《金光明最胜王经变》与"于阗八大守护神"之中。莫高窟 8 世纪末至 9 世纪初营建的 154 窟南壁绘有两铺"金光明经变"，将之与法国国家图书馆藏敦煌白描画稿 P.3998 对读，可知散脂夜叉（《金光明最胜王经》译作僧慎尔耶夜叉）为汉地将军装人物。同样敦煌石窟"于阗八大守护神"序列中的"莎耶摩利神"（此为于阗语散脂夜叉

Saṃñī 的音译[①]）也采用了唐代天王像的姿态。[②] 犍陀罗与汉地的散脂夜叉造型各具特色，充分说明了这一神祇的图像并不是由西向东传入，故而没有固定的图像学特征。

于阗的散脂夜叉却是一位粟特因素明显的神灵。关于托普鲁克墩1号佛寺壁画中的散脂夜叉身份，学者们已有深入讨论[③]，本文不再赘述。这位身后有鹿的神灵头戴卷草纹头冠，头冠中心的宝珠中绘有一只鸟，身穿圆领窄袖袍，领口、袖口以及两襟处有淡绿色卷草纹的滚边装饰，淡绿色方格纹的帔帛绕身，腰间的革带上系有短刀，其服装、佩刀的方式与片治肯特遗址发现的粟特贵族形象非常接近。由此，我们可以发现于阗艺匠会利用粟特人的服饰特征创造佛教中的守护神。这些被图绘在佛寺中的粟特形神灵，有可能即是祆神又是佛教护法神，也可能是纯粹的佛教神祇。

结　语

西域南道是中古时期粟特人进入汉地的重要路径之一，鄯善和于阗都有粟特相关的文书及美术作品发现。从现有材料来看，鄯善地区具有粟特因素的文物和遗址主要集中在3至4世纪之间，年代较早，主要是怪兽、太阳纹等相对简单的图像，其文

---

① 荣新江、朱丽双：《图文互证——于阗八大守护神新探》，《敦煌文献·考古·艺术综合研究——纪念向达先生诞辰110周年学术研讨会论文集》，第201页。
② 参见本书第九章"8至10世纪西域、藏、汉交流视域下的佛教与图像"。
③ 参见〔意〕富艾莉《毗沙门还是散脂：和田达玛沟托普鲁克墩1号遗址的一幅壁画新说》，朱丽双译，《艺术史研究》第十七辑；陈粟裕《新疆和田达玛沟托普鲁克墩1号佛寺图像研究》，《世界宗教文化》2015年第4期，第89—90页。

化属性略显模糊。而于阗7至8世纪间有大量粟特人聚居于此,故而艺术形式更加成熟、丰富。根据于阗语文书Or.6394,2.3-4、D.iv.6.1以及汉文文书Or.6407《唐建中七年(786)七月苏门悌举钱契》的记录,粟特人在于阗诸城镇与于阗人、汉人比邻而居,彼此间友善互助,并且粟特人拥有汉名,汉化程度颇深。多民族友好互动的背景之下,宗教艺术领域更是交流深入,丹丹乌里克、达玛沟托普鲁克墩2号佛寺壁画、木板画上的粟特神灵,有可能具有"二重图像志"的特点:在粟特信众的眼中,他们是火祆教神灵;佛教徒看来,他们是佛教神祇。另外,于阗佛教艺术也积极吸收了粟特因素,如散脂夜叉等佛教守护神就被塑造成一位粟特武士的形象。这些图像在展现粟特对于阗深入影响的同时,也说明了于阗大乘佛教强大的包容、吸收能力。

结　　论

纵览西域南道延续近千年的佛教文化与艺术，不论是多种古文字抄写的小乘、大乘佛教典籍，还是沙漠中残存的建筑遗迹、雕塑和壁画，都展现出了极为丰富多元的文化内涵。尽管大部分写本与文物散藏于世界各地，但我们依然能够收集、整理这些珍贵的材料，从中解读"犍陀罗→疏勒→于阗→鄯善→敦煌"这条西域南道上佛教传播和流行的历史实况。本文在西域南道整体视角的观察下，相继讨论了鄯善和于阗两地的佛教艺术特征，重要佛典与图像间的互证，于阗与周边民族在佛教文化艺术上的交流状况。最后得出如下几项认识。

第一，作为现今留存于中国新疆境内最早的佛教遗迹，以及中国现存最早的佛寺壁画之所在，古代鄯善地区很可能是中国最早大规模流行佛教的区域。由于贵霜王朝移民于此，虽然鄯善地处丝路南道东部，但是从留存下来的佛教典籍使用的文字、佛寺壁画风格来看，这里反而是整个西域南道与犍陀罗关联最为紧密的地区，故而鄯善地区可以被视作佛教文化艺术中国化的第一站。通过考察米兰 M.Ⅲ、M.Ⅴ佛寺遗址的壁画图像、寺院空间结构，可知这里虽然延续着中亚绘画风格，但已经开始尝试着将犍陀罗佛塔表层的佛传、本生故事、支撑佛教世界的阿特拉斯等图像，挪移到绕塔通道的壁面，拓展了宗教场所的视觉空间。而后米兰 M.Ⅱ佛寺、热瓦克佛塔展现了大乘佛教的多佛信仰，并列成排的佛像取代了早期佛传、本生故事的位置，围绕着佛塔配置大型列像。当佛寺的中心从佛塔转换成大像后，"回"字形佛殿沿用着塔院式佛寺的布局方式，回廊两侧图绘并列立像、扛花绳的童子（阿特拉斯）依然居于佛寺壁面的最下层。于田县的亚兰干佛寺遗址充分展现了丝路南道佛寺已由传统的"塔中心式"布局方式转变成新兴的"像中心式"。这一寺院视觉空间的转变，展示了佛教中国化的重要步骤。

第二，讨论西域南道流行的佛教典籍与其图像呈现方式，是本文的重点所在。于阗地区流行的几部重要典籍——《般若经》《法华经》《华严经》《金光明经》和《贤劫经》，都有相应的图像表现。从现有材料来看，经典的流行度与图像并不对等，并且每部典籍的图像表现方式并不相同。其中《般若经》和《法华经》主要以描绘佛说法场景的佛经插图为主，数量虽不多，但颇具特色。并且从图文对读上能够看到于阗的梵文《法华经》写本对"七宝塔"的文字描述与西域南道佛塔的样式特点基本一致。《华严经》的图像呈现主要体现为卢舍那佛像，现存大量关于这一母题的壁画和木板画。和田地区发现的卢舍那佛坐像、立像几乎遵循着固定的图像配置，这些佛身上的图像一方面取自《华严经》中描述的常见物象，另一方面也是于阗多元而复杂的佛教艺术现象之明证。另一部大乘佛典《金光明经》在于阗地区弘布，直接导致承托佛足的地神形象以壁画或雕塑形式广泛流行。8世纪于阗文《金光明最胜王经》传播开后，地神的功能进一步拓展，产生出地神与毗沙门天王、地神与于阗王的图像组合，并向汉地传播。《贤劫经》虽然留存的写本稀少，但千佛图像在和田地区有很多遗存，说明这里长期流行千佛信仰。

在依据重要经典绘制图像之外，于阗佛教艺术中还有一些值得注意的现象。首先，是凭借《法华经》"观世音普门品"兴起的观音信仰，于阗观音相关的文本与图像展现出一定的密教倾向与民间化的痕迹，充分说明6至8世纪时观音信仰已在于阗开启了本土化进程。其次，《大唐西域记》中记载的"蚕种东来"故事有不少图像化的遗存。不论是叙事性的木板画，还是丝绸公主或纺织保护神的形象，都反映了这一佛教化的故事深入人心。细究这一题材的表现方式、人物形象，展露出汉地、于阗和粟特三地间图像、艺术交流的丰富内涵。于阗特有的"蚕种东来"图像中所蕴含的不同区域、民族间的交流状况，正是于阗佛教艺术的重要特征。最后，于阗壁画和雕塑长期流行着一种固定的佛教造像样式——"手把袈裟式佛像"。考察艺术渊源，它可以远溯至犍陀罗佛教造像，汉地广为流传的优填王所造的旃檀瑞像也是承自该造像样式。于阗民众以此图像样式为底本创造了法界人中像、白衣瑞像等具有于阗特色的佛教造像，折射出于阗佛教界对于自身法脉和艺术传统承自古印度的着意强调，是树立自身佛教正统的表现。

第三，由于西域南道的特殊地理位置，这里的佛教文化和艺术展现出了多民族、跨宗教的互动面貌。8至11世纪于阗与吐蕃、汉地三地间的交往，使得《甘珠尔》和敦煌藏经洞留存有五篇关于于阗佛教、历史的古藏文文献。这些文献显示出于阗佛教向周边传播的轨迹。不仅如此，9世纪晚期至12世纪初，沙州曹氏归义军政权与于阗王族互通婚姻，使得敦煌石窟中出现了《牛角山授记》《于阗国授记》等于阗文献中宣扬的守护神和瑞像图。从这些守护神的形象上看，很可能是敦煌本地信众和工匠根据于阗文献创造而来的。这一现象体现出 8 世纪以后，由于西域南道上的绿洲城邦社会动荡、佛法衰微而盛行"法灭"思想，该思想对周边区域（敦煌、吐蕃）产生过深远影响。

第四，由于粟特人的活动，西域南道上存在不少粟特因素，乃至存有火祆教神祇图像。但是这些图像常常出现在佛寺之中，与佛教尊像共存于同一个宗教空间。于阗佛寺中的守护神也在一定程度上借鉴了粟特神灵的形象，此类图像生动展现了火祆教在传播过程中与佛教并存互鉴的状况。

简而言之，本文以中古时期多语种佛典与佛教图像为研究对象，主要讨论了如下三方面内容：其一为西域南道上佛教文化和艺术的中国化、本土化进程；其二为西域南道佛典与图像间的互动；其三为西域南道上佛教艺术体现出的多民族、跨宗教的交流。这三方面内容从不同视角，共同展现出中古时期西域南道佛教在图像和艺术领域的实况与特色。

附　　表

表一　斯坦因所获梵文佛教经典目录

佛典名称	编号（斯坦因）	来源
《法华经》saddharmapuṇḍarīka sūtra	Kha. 0011（1张）	1906—1908收购
	Kha. 0013.b（2张）	
	Kha. 0014.b（1张）	
	Kha.i. 24、33、35、36（共2张）	1906喀达里克Kha.i佛寺遗址出土
	Kha.i. 66（1张残片）	
	Kha.i. 74.b（1张残片）	
	Kha.i. 92.b（1张残片）	
	Kha.i. 102（3张残片）	
	Kha.i. 134.b（6张残片）	
	Kha.i. 171.b（4张残片）	
	Kha.i. 174.c（1张残片）	
	Kha.i. 177（2张残片）	
	Kha.i. 185.c、Kha.i. 186（3张残片）	
	Kha.i. 213（11张残片）	
	Kha.i. 215.a（1张残片）	
	Kha.i. 219（1张残片）	
	Kha.i. 303.b（1张残片）	
	Kha.i. 305.b（1张残片）	
	Kha.i. 311.a（2张残片）	
	Kha.i. 317.b（2张残片）	

续表

佛典名称	编号（斯坦因）	来源
《法华经》saddharmapuṇḍarīka sūtra	Kha.ix. 1.3（3张残片）	1906喀达里克 Kha.ix遗址出土
	Kha.ix. 15（1张）	
	Kha.ix. 16.a、b（7张残片）	
	Kha.ix. 17（13张残片）	
	Kha.ix. 18（2张残片）	
	Kha.ix. 21（1张残片）	
	Kha.ix. 23（1张残片）	
	Kha.ix. 24（1张残片）	
	Kha.ix. 28（3张残片）	
	Kha.ix. 32（7张残片）	
	Kha.ix. 36（5张残片）	
	Kha.ix. 38、Kha.ix. 42（多张残片）	
	F.XII. 3（1张残片）	1908法哈特伯克亚依拉克遗址F.XII佛寺遗址出土
	F.XII. 7（多张）	
	F.XII. 9（3张）	
	Balaw. 0153（1张残片）	1913—1916购得
	Domoko. 0120（1张）	
	Domoko. 0124（1张残片）	
	Ile-dong. 09（1张残片）	
	Khad. 016（1张残片）	
	Khad. 027	
《般若波罗蜜多经》Prajñāpāramitā sūtra	Kha. 0013.a（11张）	1906购于巴德鲁丁
	Kha. 0014.b（8张残片）	1906—1908收购
	Kha. 0015.a（2张残片）	
	Kha. 0042.a-c（14张残片）	
	Kha.i. 5（1张）	1906喀达里克 Kha.i佛寺遗址出土
	Kha.i. 19（2张残片）	
	Kha.i. 54（1张残片）	

续表

佛典名称	编号（斯坦因）	来源
《般若波罗蜜多经》*Prajñāpāramitā sūtra*	Kha.ⅰ. 60（9张残片）	1906喀达里克Kha.i佛寺遗址出土
	Kha.ⅰ. 62（1张残片）	
	Kha.ⅰ. 66（1张残片）	
	Kha.ⅰ. 74.b（1张残片）	
	Kha.ⅰ. 75（1张残片）	
	Kha.ⅰ. 76（5张残片）	
	Kha.ⅰ. 79.b（5张残片）	
	Kha.ⅰ. 81.b（10张残片）	
	Kha.ⅰ. 89.c（7张残片）	
	Kha.ⅰ. 90（11张残片）	
	Kha.ⅰ. 95.c（3张残片）	
	Kha.ⅰ. 97.b（3张残片）	
	Kha.ⅰ. 108.b（6张残片）	
	Kha.ⅰ. 125（1张残片）	
	Kha.ⅰ. 127.c（7张残片）	
	Kha.ⅰ. 128.b（4张残片）	
	Kha.ⅰ. 129.b背（1张残片）	
	Kha.ⅰ. 130（1张残片）	
	Kha.ⅰ. 132（1张残片）	
	Kha.ⅰ. 151（2张残片）	
	Kha.ⅰ. 169（3张残片）	
	Kha.ⅰ. 175（2张残片）	
	Kha.ⅰ. 191（1张残片）	
	Kha.ⅰ. 196、Kha.ⅰ. 199.c（2张残片）	
	Kha.ⅰ. 200.b（2张残片）	
	Kha.ⅰ. 203.c（2张残片）	
	Kha.ⅰ. 205.b（6张残片）	
	Kha.ⅰ. 206.b（16张残片）	
	Kha.ⅰ. 209（7张残片）	

续表

佛典名称	编号（斯坦因）	来源
《般若波罗蜜多经》 Prajñāpāramitā sūtra	Kha.i. 210（2张残片）	1906喀达里克 Kha.i 佛寺遗址出土
	Kha.i. 212（4张残片）	
	Kha.i. 213（4张残片）	
	Kha.i. 219（2张残片）	
	Kha.i. 222.a（7张残片）	
	Kha.i. 302.b（1张残片）	
	Kha.i. 304（1张残片）	
	Kha.i. 306.c（1张残片）	
	Kha.i. 307.b（1张残片）	
	Kha.i. 309.a. 2（3张残片）	
	Kha.i. 309.b. 3（2张残片）	
	Kha.i. 314（7张残片）	
	Kha.i. 316.b、Kha.i. 317.a（2张残片）	
	Kha.ⅷ. 8（1张残片）	
	Kha.ⅸ. 13.b（1张残片）	
	Kha.ⅸ. 57.a（20张残片）	
	Khad. 017、021、022、023、025、026（6张残片）	1913—1916购得
《十万颂般若波罗蜜多经》 śatasāhasrikā-prajñā-pāramitā	Kha.i. 85（来自1、2张中的23个碎片）	1906喀达里克 Kha.i 佛寺遗址出土
《大般若波罗蜜多经》 Pañcavimsatisāhasrikā-Prajñāpāramitā sūtra	D.Ⅲ. 7、D.Ⅲ. 8	1900丹丹乌里克 D.Ⅲ 佛寺遗址出土
《大阿弥陀经》 Aparimitāyuḥ sūtra	Kha. 0013. c（1张）	1906—1908收购
《宝积经》 Mahā ratnakūṭa sūtra	Kha. 0014. b（1张）	
《金刚经》 Vajracchedikā	Kha.i. 304（1张残片）	1906喀达里克 Kha.i 佛寺遗址出土
	Kha.i. 26（4张）	
	Kha.i. 39（1张残片）	

续表

佛典名称	编号（斯坦因）	来源
《金刚经》Vajracchedikā	D.Ⅲ. 13b（19张）	1900 丹丹乌里克 D.Ⅲ 佛寺遗址出土
《金光明经》suvarṇaprabhāsottama sūtra	Kha.i. 45. a（1张）	1906 喀达里克 Kha.i 佛寺遗址出土
	Kha.i. 94. d（5张残片）	
	Kha.i. 301. b（1张残片）	
	F.XII. 1（1张残片）	1908 法哈特伯克亚依拉克遗址（Farhād-bēg-yailaki）F.XII 佛寺遗址出土
	F.XII. 6（6张残片）	
《金光明最胜王经》赞美的诗 Suvarṇabhāsotta-masū-tréndrarāja	Kha.i. 306. c（7张残片）	1906 喀达里克 Kha.i 佛寺遗址出土
《首楞严三昧经》Śūraṅgamasamādhi sūtra	Kha.i. 96（5张残片）	
	Kha.i. 189（3张残片）	
	Kha.i. 303. b（1张残片）	
《圣宝幢大乘经》Āryaratnketu Mahāyāna-sūtra	Kha.viii. 2. a（9张残片）	1906 喀达里克 Kha.viii 遗址出土
《经集义品解》Aṭṭhaka Vagga	Kha. 0012. b（4张）	1906—1908 收购
《能夺聚集经》Sarvavaidalya saṃgraha	Kha.i. 199. a（1张）	1906 喀达里克 Kha.i 佛寺遗址出土
《无边功德赞》Guṇāparyanta-stotra	Kha.i. 199. b（2张残片）	
《佛所行赞》Buddhacarita	Kha.i. 183（2张残片）	
《宝幢陀罗尼经》Ratnaketu- dhāraṇī	Kha.viii. 2. a（1张残片）	1906 喀达里克 Kha.viii 遗址出土

续表

佛典名称	编号（斯坦因）	来源
《大佛顶陀罗尼》 *Mahāpratyaṅgirā dhāraṇī*	Kha.i. 156（1张）	1906 喀达里克 Kha.i 佛寺遗址出土
《宝星陀罗尼经》 *Ratnaketuparivarta*	Kha.i. 222. a（8张残片）	
未具名陀罗尼 *dhāraṇī*	Kha.i. 95. b（5张残片）	
未具名陀罗尼 *dhāraṇī*	Kha.i. 307. a（1张）	
瞻波城和苏希拉仙人或希拉王阇国王的故事	Kha.i. 79. c，Kha.i. 31（1张与3残片）	
佛陀与阿难陀讨论关于施舍食物和寺主	Kha.i. 200. c（1张残片）	
对如来、金刚宝云、僧力持法界光等的问候	Kha.i. 316（1张残片）	
有"罗睺罗""阿僧祇亿劫"等内容	Kha.i. 316. a（5张残片）	
本生故事或是"往昔历史"	Kha.Ⅷ. 2. b（3张残片）	1906 喀达里克 Kha.Ⅷ 遗址出土

资料来源：

〔英〕奥雷尔·斯坦因：《古代和田——中国新疆考古发掘的详细报告》（二卷本），巫新华、肖小勇、方晶、孙莉译，山东人民出版社 2009 年版。

〔英〕奥雷尔·斯坦因：《西域考古图记》（五卷本），中国社会科学院考古研究所主持翻译，广西师范大学出版社 2019 年版。

〔英〕奥雷尔·斯坦因：《亚洲腹地考古图记》（四卷本），巫新华、秦立彦、龚国强、艾力江译，广西师范大学出版社 1998 年版。

表二 于阗梵文佛教经典

佛经名称	编号
《胜军长者授记》 Ajitasenavyākaraṇa	IOL San 701, 1202; SI P/63
《出入无边门陀罗尼经》 Anantamukhanirhāra dhāraṇī	H.144 SA 1; IOL San1015(?), 1460, 1461; Or.15010/2, 183; SHT Ⅲ 1014, Ⅺ 4370,4378; Otani Lüshun(? Cf. Karashima 2003)
《八阳神咒经》 Aṣṭabuddhaka sūtra	Or.15010/66, 110
《撰集百缘经》 Avadānaśataka	国图 BH4-234
《药师经》 Bhaiṣajyaguru sūtra	SHT Ⅺ 4393
《贤劫经》 Bhadrakapika sūtra	国图 BH4-11
《大菩萨藏经》 Bodhisatvapiṭaka sūtra	IOL San 1072
《佛名经》 Buddhanāma sūtra	(TT 928, T 443) Cf.Wille 1996, 1999; IOL San 184, 1088; Or.12637/42; Or.15001/26; SI P/76; SHT Ⅺ 4444; 国图 BH4-33
《佛顶尊胜陀罗尼经》 Buddhoṣṇīṣavijaya dhāraṇī	IOL Khot S.46, lines 1-11
《大方等大集经·月藏经》 Candragarbha	Or.15011/20

续表

佛经名称	编号
《佛说法身经》 Dharma śarīra sūtra	SI P/69
Diśāsauvāstika sūtra	SHT XI 4392, 4393
《华严经》 Gaṇḍavyūha sūtra	IOL San1244; Or.15010/85, 93, 98; SHT I 531
《象腋经》 Hastikakṣya sūtra	Or.15009/672
《智炬陀罗尼经》 Jñānolka dhāraṇī	Or.15009/259; SHT XI 4369; 国图 BH4-227+BH4-226
《大宝积经·迦叶品》 Kāśyapaparivarta	Cf. Vorobyova-Desyatovskaya 2002; Mannerheim 3; IOL San101, 673; Or.15009/17, 18, 38; SI P/20.2
《普曜经》 Lalitavistara	Or.15010/48
《楞伽经》 Laṅkāvatāra sūtra	IOL San191, 787
《涅槃经》 Mahā parinirvānamahā sūtra	Cf. Matsuda 1988; Habata 2007; IOL San 712, 1352, 1147-1456, 1458, 1459; Or.15009/246, 287; Or.15010/1, 46, 63, 65, 72, 105, 118, 137, 139, 161; Or.15011/17; SI P/85b, 88a-d, 89
《守护大千国土经》 Mahāsāhasrapramardanī	SHT XI 4373
《真谛最胜经》 Paramārthadharmavijaya sūtra	Or.15010/134
《般若理趣经》 Adhyardhaśatikā	Or.8672B(1); Crosby 114f.+ 18f.+ 194f.; SI P/4(Skt./Khot. bilingual)
《八千颂般若波罗蜜多经》 Aṣṭādaśasāhasrikā prajñāp-āramitā	IOL San 1156(?); Or.15009/312; Or.15010/35, 70, 82; ed Bidyabinod 1927; ed Konow 1942; 国图 BH4-147
《佛说帝释般若蜜多心经》 Kauśika prajñāpāramitā sūtra	IOL Khot S.3
《一万颂般若经》 Daśasāhasrikā prajñāpāramitā	GXW0291

佛经名称	编号
《大品般若经》 Larger *prajñāpāramitā*	IOL San 534; Or.8212/174(1 frg. Ed.); Or.15001/3(?), 6, 9, 23, 24; Or.15009/13(?), 290-292, 297, 299, 300, 311; Or.15010/19, 23, 26, 27, 31, 37, 39, 41, 44v, 49, 50, 53a, 54, 55, 56, 57, 75, 76, 77, 79, 80, 81, 91, 95, 97, 99, 101, 104, 108, 115, 120, 121, 123, 131, 144, 149, 165, 177, 189, 190, 200; Crosby254/255, 260/261, SI P/19.1, 3; SHTX4301,4353; Ⅺ 4364, 4454 frgs. b-d
《五波罗蜜多经》 *Pañcapāramitānirdśa sūtra*	Or.15010/61; SI P/146; Mannerheim 9
《二万五千颂般若经》 *Pañcavīṃśatisāhasrikā prajñāpāramitā*	Or.8212/165, 251; Or.15009/5, 28, 236, 251(?), 253, 260, 278(?), 288(?), 675, 678; Or.15010/31, 49; Or.15012/21+25+30, 23, 24, 28, 38-41, 43, 44; SI P/147a, 147a.1; Mannerheim 7, 8; 国图 BH4-32, BH4-15, BH4-146+BH4-152, BH4-143+ BH4-145, BH4-161; GXW287/15, 287/25, 289, 290, 0391/1
《般若波罗蜜多赞》 *Prajñāpāramitāstotra*	IOL San 913
《十万颂般若经》 *Śatasāhasrikā prajñāpāramitā*	Or.8212/32
《善勇猛问般若》 *Suvikrāntavikrāmiparipṛcchā*	Or.15009/1, 224, 232, 305, 317; Or.15010/16, 87
《金刚经》 *Vajracchedikā*	IOL San 382-387, 419-422, 424-427; Or.8212/18, 20; Or.15009/247; Or.15010/4, 94, 113, 126; Or.15012/26; SI P/81; Otani Lüshun(?)(Cf. MS Ⅳ , pp. 73ff)
般若类未定名者 *prajñāpāramitā*	国图 BH4-19, BH4-18, BH4-24; GXW0287, 0391, 0423, 0424
《般舟三昧经·贤护分》 *Pratyutpanna buddha saṃukhāvasthita samādhi sūtra Bhadrapāla sūtra*	Or.15009/257, 258; Or.15010/15; Or.15011/16; Crosby 252/253
《究竟一乘宝性论》 *Ratnagotravibhāga-Mahāyānottaratantraśāstra*	IOL Khot S.5; Pelliot 2740

续表

佛经名称	编号
《宝星陀罗尼经》 Ratnaketuparivarta	IOL San 535, 664, 729, 819, 820, 934, 936, 1099, 1223-1230, 1235, 1236, 1464, 1478; Or.8212/1, 65(2); Or.15009/306; Or.15010/33, 47, 59, 67, 68, 103, 154, 210; Or.15011/19; 3 compl. foll. Without sign. (BL); Otani(Ryukoku) 625; Pell. Skt. vert8; Huntington J; 国图 BH4-12, BH4-50, BH4-7, BH4-29, BH4-21, BH4-26+BH4-22, BH4-6, BH4-8+BH4-16, BH4-28+ BH4-3, BH4-5, BH4-4, BH4-17, 未标号者 *
《宝梁聚经》 Ratnarāśi sūtra	IOL San 964, Or.8212/24(2); Or.15011/22; SI P/20.1
《法华经》 Saddharmapuṇḍarīka sūtra	Cf. Yuyama 1970; Toda 1983; SMSR I, pp. 14-25; Wille 2000, 2004; IOL San 7, 32, 40, 53, 70, 71, 77, 117, 187, 195, 197, 212, 214, 225, 256, 259, 264, 270, 283, 325, 365, 374, 546, 548, 586, 587, 650, 654, 723, 730, 818, 898, 948, 1034, 1055, 1097, 1138, 1151, 1243, 1353, 1421-31; Or.8212/6(14)+25(1)+(3), 26(2), 33(3), 63(6); Or.8672B(2), (3), C(7); Or.15001/4, 11-14, 16, 22, 25, 29(?), 31, 35(?); Or.15006/66; Or.15009/6, 9, 23, 25, 34, 39, 223, 231, 240, 245, 249, 250, 316; Or.15010/12, 14, 22, 36, 73, 83, 88, 96, 107, 111, 116, 122, 129, 132, 133, 135, 138, 143, 153, 157, 166, 173(?), 187, 203, 208; Or.15012/27; Otani(Ryukoku)623; Otani(Lüshun)20.1554/26-4, 5, 6, 7, 8; Mannerheim 5; Huang 8; SI L/14, P/67(2), P/68; SHT XI 4374, 4454 frg. a, GXW0427, 0426, 0422/1; 国图 BH4-20, BH1-28, BH4-10, BH4-220, BH4-34
《月灯三昧经》 Samādhirāja sūtra	Or.8212/7(1)+ Or.6403B/2[Hoernle, M. 3]; Or.15010/32; Pell. Skt. Mass. Godfrey A, SI P/67.11, P/85; SHT XI 4382
《智光明庄严经》 Sarvabuddhaviṣayāvatāra-jñālokālaṃkāra sūtra	IOL San 428-481; Or.8212/47

续表

佛经名称	编号
《大佛顶如来放光悉憺多钵憺陀罗尼》 Sarvatathāgatoṣṇīṣasitātapatrānāma-aparājitā-mahāpratyaṅgirā-(Mahāvidyārajñī)	IOL Khot S.46, lines 12-195; Or.8210/S.2529; Or.8212/44; Or.15011/12
《等集众德三昧经》 Sarvapuṇyasamuccayasamādhi sūtra	Or.15010/42
《济诸方等学经》或《大乘方广总持经》 Sarvavaitulyasaṃgraha sūtra	IOL San 1457; Or.15010/43
《大吉祥天女十二契一百八名无垢大乘经》 Śrī mahādevī vyākaraṇa	Otāni Lüshun(? Cf. Karashima 2003)
《阿弥陀经》 Sukhāvatīvyūha sūtra(smaller)	Or.15009/41
《善法方便陀罗尼经》 Sumukha sūtra/ Sumukhadhāraṇī	Cf. Wille 1996; IOL San 189, 989; Or.8212/44; Crosby 74f., 134f., 152f., 266f.; SHT XI 4765
《首楞严三昧经》 Śūraṅgamasamādhi sūtra	IOL San 130, 529, 557, 915, Or.8212/15(3), 33(2), 67(1), (2); Or.15001/1; Or.15009/284, 289; Or.15010/51, 60, 71, 102, 106, 207; Or.15011/24; Crosby 262f.; SHT XI 4368
《大方等大集经·日藏经》 Sūryagarbha	Or.15011/23
《金光明经》 (Suvarṇabhāsottama sūtra)	Cf. Skjærvø 2004; IOL San73, 83, 91, 373, 589, 663, 687, 811, 1163, 1172, 1184, 1331, Or.8212/34(2); Or.15009/280, 673, 677; Or.15010/13, 62, 114, 125, 127, 136, 150, 156, 159, 181, 201, 205; SHT XI 4388; 国图 BH4-14, BH4-27, BH4-1+BH4-2+BH4-23
《中阿含经》 Madhyamāgma sūtra	Or.15011/27

续表

佛经名称	编号
《波罗提木叉经》 Prātimokṣa sūtra	IOL San 1000, 1001, 1006, 1007, 1010, 1014; Crosby 30f., 64f., 70f., 124f., 130f., 132f., 142f., 168f., 222f., 230f., 264f.+162f.
《杂阿含经》 Saṃyukāgama	Or.8212/103A, B and Or.8212/39
《舍头谏太子二十八宿经》 Śārdūlakarṇāvadāna	Or.15010/6, 20
《经集》 Suttanipāta	IOL San 517-521
《自说品》 Udānavarga	Or.8212/6.1(b); Or.15009/265
"具足戒白"（羯磨）** Upasampadājñapti	Or.15010/90
不知名陀罗尼 Dhāraṇī	Or.12637/42

注：
* 此文书未入藏中国国家图书馆，照片、转写、翻译收入段晴、张志清主编《中国国家图书馆藏西域文书：梵文、佉卢文卷》，中西书局2013年版，第62—69页。
** 该典籍无汉译，此据中国社会科学院世界宗教研究所周广荣研究员翻译，特此致谢。

资料来源：
K. Wille, "Buddhist Sanskrit Sources from Khotan", Seishi Karashima and Klaus Wille, ed., The British Library Sanskrit Fragments, Vol. Ⅱ, pp. 25-72.
段晴、张志清主编：《中国国家图书馆藏西域文书：梵文、佉卢文卷》。
张丽香：《中国人民大学博物馆藏于阗文书——婆罗谜字体佛经残片：梵语、于阗语》，中西书局2020年版。

表三　新疆和田地区所出于阗文佛典（部分）

经名	编号	出土地 / 馆藏地
《出入无边门陀罗尼经》 *Anantamukhanirhāra dhāraṇī*	国图 BH3-69, BH3-70	中国国家图书馆
	Or.12637/48	达玛沟 / 大英图书馆
	IOL Khot 8/4; IOL Khot 9/10; IOL Khot 18/4, 10; IOL Khot 19/8; IOL Khot 24/3, 4, 7; IOL Khot 32/6; IOL Khot 36/1; IOL Khot 38/1; IOL Khot 151/ 2, 3, 4; IOL Khot 152/1; IOL Khot 155/6; IOL Khot 159/1; IOL Khot 160/7; IOL Khot 195/1	大英图书馆
《药师经》 *Bhaiṣajyaguru-vaiḍūryaprabharāja sūtra*	Or.6402B/1	丹丹乌里克 / 大英图书馆
	Or.12637/57.3	巴拉瓦斯特遗址 / 大英图书馆
	IOL Khot 8/6, 7; IOL Khot 17/2, 3; IOL Khot 22/6; IOL Khot 24/12; IOL Khot 29/11; IOL Khot 112/6; IOL Khot 147/3, 4; IOL Khot 148/1, 2, 3; IOL Khot 149/1, 2; IOL Khot 173/8; IOL Khot 191/8, 9; IOL Khot 195/15; Khot missing frags.5, 7, 9	大英图书馆
"有支" 文献 *Bhavāṅga*	Or.12637/63.1, 2, 3, 4, 5, 6, 7, 8, 9, 10	大英图书馆
《无边功德赞》 *Guṇāparyanta sūtra*	Or.12637/41	大英图书馆

续表

经名	编号	出土地 / 馆藏地
《智炬陀罗尼经》 Jñānolka dhāraṇī	IOL Khot 156/1, 2; IOL Khot 158/4; IOL Khot 204/6; Berlin Khot 1(KS 3); Berlin Khot 3(KS 5)	大英图书馆
	国图 BH2-21/1	中国国家图书馆
《分别业经》 Karmavibhaṅga	IOL Khot 111/2, 3	达玛沟 / 大英图书馆
	IOL Khot 169/1, 3; IOL Khot 174/9; IOL Khot 175, 176	大英图书馆
《入楞严经》 Laṅkāvatāra sūtra	IOL Khot 114/2, 3	大英图书馆
《百五十般若波罗蜜多经》 Adhyardhaśatikā rajñāpāramitā	IOL Khot 160/8	大英图书馆
	国图 BH3-66, BH3-67+74+76	中国国家图书馆
《无垢净光大陀罗尼经》 Raśmivimalaviśuddhaprabhā nāma dhāraṇī	国图 BH3-75/1-2	中国国家图书馆
《宝积经》 Ratnakūṭa sūtra	Or.12637/72.10; IOL Khot 36/2; IOL Khot 163/1	大英图书馆
宝洲*文献与甘露光陀罗尼 Ratnadvīpa text and Amṛtaprabha-dhāraṇī	IOL Khot 164-166/1	大英图书馆
《僧伽吒经》 Saṅghāṭa sūtra	Or.12452D/14; Or.12637/47, 57.1	巴拉瓦斯特遗址 / 大英图书馆
	Or.12637/54.1	达玛沟 / 大英图书馆
	IOL Khot 4/1, 8, 9, 12, 13, 14	丹丹乌里克遗址 / 大英图书馆
	IOL Khot 5/1, 2; IOL Khot 6/1, 2	安迪尔遗址 / 大英图书馆
	Or.8212/1700e, 1732; IOL Khot 1/5, 7; IOL Khot 15/6; IOL Khot 16/8, 9, 10, 11; IOL Khot 18/1, 16;	大英图书馆

续表

经名	编号	出土地 / 馆藏地
	IOL Khot 20/11; IOL Khot 21/7, 8; IOL Khot 22/1; IOL Khot 23/1, 9; IOL Khot 24/6; IOL Khot 25/3; IOL Khot 26/8, 12, 17; IOL Khot 28/6, 8, 9, 10, 15; IOL Khot 29/3; IOL Khot 30/1, 10; IOL Khot 31/11, 18; IOL Khot 32/2, 3; IOL Khot 35/4, 5; IOL Khot 39/4; IOL Khot 112/32; IOL Khot 115/6, 7; IOL Khot 141/1, 2, 3, 4, 5; IOL Khot 142/1, 2; IOL Khot 143/1, 2, 3; IOL Khot 144/1; IOL Khot 159/9; IOL Khot 161/2; IOL Khot 162/6, 9; IOL Khot 169/2, 4; IOL Khot 170/1, 2, 3, 4; IOL Khot 172/3; IOL Khot 174/3, 13; IOL Khot 177/4, 5, 6, 7, 8; IOL Khot 178, 179, 180, 181, 182, 183, 184; IOL Khot 185, 186; IOL Khot 192/1; IOL Khot 193/4, 6; IOL Khot 194/8, 12; IOL San Hoernle 27.3c7, 27.3c9, 27.3c10; Khot missing frags.13, 14	
	GXW0420, 0422, 0292, 0419+0421/1, 0421, 0425	中国人民大学博物馆
《首楞严三昧经》 *Śūraṅgamasamādhi sūtra*	IOL Khot 10, 11, 12, 13, 14; IOL Khot 17/5; IOL Khot 24/14; IOL Khot 39/5, 6, 7, 8, 9, 10, 11, 12, 13; IOL Khot 145/1, 2, 3, 4, 5, 6; IOL Khot 146/1, 2, 3, 4, 5; IOL Khot 187, 188, 189, 190; IOL Khot 215/22, 23, 24, 25, 26, 27, 28, 29, 30; Berlin Khot 2(KS 4)	大英图书馆
	IOL Khot 1/3, 6; IOL Khot 4/1, 2, 3, 4, 5, 6, 7; IOL Khot 18/7; IOL Khot 24/1	丹丹乌里克 / 大英图书馆
《金光明经》 (*Suvarṇabhāsottama sūtra*)	Or.12452D/6; Or.12637/57.5	巴拉瓦斯特遗址 / 大英图书馆
	IOL Khot 4/10	丹丹乌里克 / 大英图书馆

续表

经名	编号	出土地 / 馆藏地
	IOL Khot 111/21	安迪尔遗址 / 大英图书馆
	Or.6402B/3.1(G.1); Or.9609; Or.8212/33.1; Or.12637/19.6; IOL Khot 7/6; IOL Khot 8/3; IOL Khot 9/1, 9; IOL Khot 15/4; IOL Khot 17/1, 15; IOL Khot 18/3; IOL Khot 18/6, 11, 18, 24; IOL Khot 19/1; IOL Khot 20/2, 13, 14; IOL Khot 21/1; IOL Khot 22/8, 9, 11; IOL Khot 23/11, 12; IOL Khot 24/2; IOL Khot 25/2; IOL Khot 26/2, 3, 4, 5, 7, 14, 18, 21; IOL Khot 27/1, 3, 4, 5, 6, 7, 8, 9, 11, 12, 13; IOL Khot 28/7, 17; IOL Khot 29/1, 2, 4; IOL Khot 30/9; IOL Khot 31/15, 16; IOL Khot 32/7; IOL Khot 33/1, 2, 3, 4, 6; IOL Khot 39/1, 15; IOL Khot 40/6, 7, 8, 9; IOL Khot 114/1; IOL Khot 115/2, 13; IOL Khot 144/2, 3; IOL Khot 159/2; IOL Khot 162/4, 7; IOL Khot 163/3, 4, 5; IOL Khot 166/4; IOL Khot 167/5, 6; IOL Khot169/5; IOL Khot 173/3; IOL Khot 191/1, 2, 3, 4, 5, 6, 7, 16, 18, 19, 20, 21, 23.1, 23.2, 23.3; IOL Khot 195/14; IOL Khot 202/13; IOL Khot 203/16; Khot missing frags.12	大英图书馆
	国图 BH2-23, 24	中国国家图书馆
《金光明经》 *Suvarṇabhāsottama sūtra* 梵音、婆罗谜字母	IOL Khot 204/1, 2, 3, 4, 5; IOL Khot 216/9; IOL Khot 218/12; IOL Khot 220/4, 5, 6, 7	法哈特伯克亚依拉克遗址 / 大英图书馆
	Or.12637/57.15	巴拉瓦斯特遗址 / 大英图书馆
《维摩诘所说经》 *Vimalakīrtinirdeśa sūtra*	IOL Khot 16/5, 6; IOL Khot 20/16; IOL Khot 32/9; IOL Khot 153/1, 2, 3; IOL Khot 163/2; IOL Khot 173/6; IOL Khot 174/5; IOL Khot 191/10, 11, 12, 13, 14; IOL Khot 203/26; IOL Khot 218/4	大英图书馆

续表

经名	编号	出土地/馆藏地
《赞巴斯塔之书》 *The Book of Zambasta*	Or.12452D/11; Or.12637/1, 39, 40, 50.1, 50.3, 57.2, 57.14, 57.17, 57.18, 57.22, 57.23, 57.24	巴拉瓦斯特遗址/大英图书馆
	IOL Khot 111/5, 6, 12	达玛沟/大英图书馆
	Or.8212/37.1, 1618d, 1699a, 1699c; Or.8672C/2; Or.9614; Or.12637/8.1, 19.5, 22.5, 22.6, 27.3, 27.4, 70.7, 70.12, 72.1, 72.2, 72.3; IOL Khot 7/7; IOL Khot 8/8; IOL Khot 9/5, 7; IOL Khot 17/10; IOL Khot 18/9; IOL Khot 20/10, 15, 19, 21; IOL Khot 21/4, 5, 6, 11, 13, 14; IOL Khot 22/3, 10, 20; IOL Khot 23/1, 13; IOL Khot 25/1, 6, 7, 8; IOL Khot 28/11, 12, 13; IOL Khot 29/7, 8; IOL Khot 31/2, 4, 7, 19; IOL Khot 32/1; IOL Khot 32/4; IOL Khot 39/3; IOL Khot 40/11; IOL Khot 112/1; IOL Khot 115/21, 23; IOL Khot 141/6; IOL Khot 152/2, 3, 4; IOL Khot 154/1, 6, 7, 8; IOL Khot 155/5; IOL Khot 156/3, 7; IOL Khot 158/1; IOL Khot 159/3, 7; IOL Khot 160/2, 3; IOL Khot 161/4; IOL Khot 162/3, 5; IOL Khot 163/9, 10; IOL Khot 166/2, 3; IOL Khot 167/1, 2; IOL Khot 168/1, 2, 3; IOL Khot 173/7; IOL Khot 174/1, 2; IOL Khot 192/4, 5, 7, 12; IOL Khot 194/16.1, 2, 3; IOL Khot 195/11; IOL Khot 199/11; IOL Khot 202/2, 3, 7, 8, 9, 14, 15, IOL Khot 203/14, 20; IOL Khot 214/14; IOL Khot 215/4, 8; IOL Khot 217/26, 27, 28; IOL Khot 218/5, 13	大英图书馆
	国图 BH3-68	中国国家图书馆
《对治十五鬼护身符》	国图 BH1-18	中国国家图书馆

续表

经名	编号	出土地/馆藏地
普贤菩萨相关文书	Or.12637/57.19	巴拉瓦斯特遗址/大英图书馆
	IOL Khot 17/21; IOL Khot 26/13; IOL Khot 114/4; IOL Khot 149/3; IOL Khot 150/1, 2, 3, 4; IOL Khot 151/1; IOL Khot 218/10, 11	大英图书馆
"菩萨入胎降生"	国图 BH2-22	中国国家图书馆
菩萨相关汇编 Bodhisattva compendium	IOL Khot 15/4, 8, 9, 10, 11, 12, 13; IOL Khot 18/15; IOL Khot 19/2, 3, 4, 5, 6; IOL Khot 20/3, 4, 5, 6; IOL Khot 153/4; IOL Khot 154/2, 4; IOL Khot 156/5, 6; IOL Khot 159/5, 6; IOL Khot 160/5, 6; IOL Khot 161/6, 7, 8; IOL Khot 162/1	大英图书馆
文殊相关的佛教故事	Or.6400/2.3(G.1)	大英图书馆
佛名号 Buddha titles	IOL Khot 162/2	大英图书馆
不知名陀罗尼 Dhāraṇī	IOL Khot 4/11	丹丹乌里克/大英图书馆
不知名陀罗尼 Dhāraṇī	IOL Khot 29/6	大英图书馆
不知名陀罗尼 Dhāraṇī	IOL Khot 162/8	大英图书馆

注：
*［唐］玄奘、辩机原著，季羡林等校注：《大唐西域记校注》，第 867 页。
资料来源：
P. O. Skjærvø, *Khotanese Manuscripts from Chinese Turkestan in the British Library: A Complete Catalogue with Texts and Translations, with contributions*, London: The British Library, 2002.
段晴：《中国国家图书馆藏西域文书：于阗语卷（一）》，中西书局 2015 年版。
段晴：《于阗语无垢净光大陀罗尼经》，中西书局 2019 年版。
张丽香：《中国人民大学博物馆藏于阗文书——婆罗谜字体佛经残片：梵语、于阗语》，中西书局 2020 年版。

表四 敦煌藏经洞于阗文佛教写卷
（巴黎国立图书馆、大英图书馆）

表4-1 巴黎国立图书馆藏敦煌藏经洞于阗文佛教写卷

编号	内容
P.t.821 （P.4518 ［27］）	正面：藏文《入楞伽经》 背面：绘毗沙门天王像一身，胁侍为功德天女与宝藏神，功德天女旁有汉文题记。分别为"王上卿一心供养"，右下角为一供养人，榜题为"发心供养，张儒者"。左下角为一象头神，天王足下为地天。最下方为三行于阗文题记，内容为"王上卿令绘（此图），惟愿长生福庆，（卯）兔年三月十日敬礼讫。"
P.2023	正面：汉文《妙法莲华经》 背面：于阗人发愿文
P.2025	正面：汉文《大般若波罗蜜多经》卷五六三 背面：于阗语文书 1. 于阗使臣上书残稿（第1—7行） 2. 抒情诗（第7—79行） 3. 神威（Ṛddhiprabhāva）撰《善财譬喻经》（Sudhanāvadāna）（第80—267行）
P.2026	正面：汉文《金光明最胜王经》卷三 背面：于阗语文书 1.《维摩诘书》（第1—60行） 2.《佛名经》（第61—63行） 3.《礼佛赞文》（第64—89行） 4. 佛像两躯，旁绘贡桌、供养人、小塔。塔内汉书"维大晋天福十年乙巳，敕于阗班上监一心供养"旁有"韩宰相""秦宰相"等十三人名。 5. 戒文（第90—99行） 6. 佛教文献（第100—121行）

续表

编号	内容
P.2027	正面：汉文《妙法莲华经》卷七 背面：于阗语文书 1. 游方僧诗歌与于阗公主在沙州写的思亲诗（第1—66行） 2.《佛名经》（第67—86行）
P.2029	1. 佛教文献（正面第1—11行）（背面第12—16行） 2.《妙法莲华经纲要》（背面第17—21行）
P.2740	正面：汉文《大乘无量寿经》 背面：于阗语 嗢呾罗神变（Uttaratantra）文献
P.2742	正面：汉文《大方等大集经》卷三"贤护分" 背面：于阗语《佛名经》（第1—63行） 中间夹有汉文"南无师子佛"等。
P.2782	于阗语文书 1.《妙法莲华经纲要》（第1—61行） 供养人之一为 ḍyau tceyi-śinä 或 ḍyau sikhūṃ。 2.《陀罗尼》（梵文第62—72行） 3. 一位巡礼僧人的书信（第73—80行）用于阗文字母与正字法拼写的藏文写成。 4. 于阗使臣上书朝廷文书（第80—83行） 5.《陀罗尼》（第84—86行），正面前两行为粟特语文书纪年。
P.2784	正面：汉文《妙法莲华经》 背面：神威撰《善财譬喻经》
P.2787	正面：汉文《阿毗达磨顺正理论》 背面：于阗语文书 1. 尉迟僧伽罗摩（Viśa'Saṃgrāma）王颂词（第1—154行） 2. 迦腻色伽王传说（第155—195行）
P.2790	正面：《大般若波罗蜜多经》卷四八四 背面：于阗语文书 1. 于阗使臣上书朝廷文书（第1—126行） 2. 佛教文献（第127—144行），其中第140行以下写在正面。
P.2798	正面：《大般若波罗蜜多经》卷四九四 背面：于阗语文书 1. 习字练习（第1—122行） 2. 阿育王传说（第123—212行） 3. 阿育王传说题记（第213—223行），其中有于阗语"天兴九年[午]马岁（958）十月"纪年。

续表

编号	内容
P.2800	正面：汉文《大般若波罗蜜多经》卷四九四 背面：于阗文《皈依三宝文》
P.2855	藏、汉、于阗文杂写文书 正面： 1. 藏文毗卢折那佛命名仪轨杂卷 2. 汉文《回向愿文》 3. 于阗文《阿难陀目却 Nirhāri 陀罗尼咒》 背面： 1. 藏文曼陀罗 2. 于阗文《阿难陀目却 Nirhāri 陀罗尼咒》 3. 汉文《般若波罗蜜多心经》
P.2893	正面： 1. 汉文《报恩经》卷四，旁有"僧性空与道圆雇人写记"。 2. 于阗文文书，写在《报恩经》卷四的页边。 背面：于阗语文书 1. 于阗人发愿文（第 1—31 行） 2. 医药文献（第 32—267 行）
P.2896	正面：汉文《大乘密严经》卷中 背面：于阗语文书 1. 于阗使臣上书朝廷文书（第 16—48、56—71 行），杂有汉字"从德""司空"等。 2. 神威撰《善财譬喻经》（第 2—15 行） 3. 抒情诗（第 49—55 行）
P.2897	正面：汉文《金刚般若波罗蜜经》 背面：于阗语文书 1. 佛教文献（第 1—13 行） 2. 于阗使臣上书朝廷文书（第 14—44 行）
P.2900	正面：汉文《药师经》题记为"上元二年十月廿七日，弟子女人索八娘为难月，愿无诸苦恼，分难平安"。 背面：佛教梵文《佛名经》（8 行）
P.2906	正面：汉文《妙法莲华经》页边为于阗《佛名经》1 行 背面：于阗文《佛名经》（32 行）
P.2910	正面：汉文《大方广佛华严经》卷十 背面：于阗文《佛名经》（37 行）

续表

编号	内容
P.2925	正面：汉文《妙法莲华经》卷四 背面：于阗语文书 1. 文书（第1—58行） 2. 于阗体梵文《佛说帝释般若波罗蜜多心经》（第59—60行）
P.2929	正面：汉文《妙法莲华经》卷七 背面：于阗人发愿文（21行）
P.2933	正面：汉文《金光明最胜王经》卷三 背面：于阗文佛陀弟子大劫宾那的故事诗（10行）
P.2942	正面：汉文《唐永泰元年（765）至大历元年（766）河西巡抚使判集》 背面：于阗人发愿文（19行）
P.2949	正面：汉文《妙法莲华经》卷三 背面：于阗文《贤劫千佛名经》序（18行）
P.2957	正面：汉文《妙法莲华经》卷三 旁有于阗文字 背面：于阗语文书 1. 模糊文献（第1—13行） 2. 神威撰《善财譬喻经》（第14—160行） 3. 残文书（第160—163行） 4. 神威撰《善财譬喻经》（另一抄本第164—171行）
P.2958	正面：汉文《金光明经》卷二，页边有杂写的于阗文字句。 背面：于阗语文书 1. 阿育王传说（第1—120行） 2. 于阗官文书杂纂（第121—227行）
P.3510	贝叶形于阗语文书 1.《从德太子礼忏发愿文》（第1—8叶） 2. 礼忏文（第9—10叶） 3.《般若心经》（c, d, g, f, a, b, e 七叶，每叶正、背面各三行） 4.《陀罗尼》（用于阗体梵文书写，A1叶，正三行，背两行）
P.3513	贝叶形于阗语文书 1.《佛名经》（第1—12叶） 2.《般若心经疏》（第13—42叶） 3.《普贤行愿赞》（第43—58叶） 4.《金光明最胜王经·忏悔品》（第59—75叶） 5.《礼忏文》（第76—84叶）

续表

编号	内容
P.3861	册页形于阗语、汉文、藏文杂写文书 1. 于阗人发愿文（3行） 2. 汉文《金刚二十八戒》《散食法》《三棄法皝仪》等 3. 藏文与汉文相间书写的曼陀罗
P.4089	正面：于阗语神威撰《善财譬喻经》（21行） 背面：于阗语文书（22行）
P.4099	于阗文《文殊师利无我化身经》 （*Mañjuśrīnairātmyāvatāra-sūtra*）两面共445行 卷末题记为"rradāna rrada viśa' sabava jsa habrrīhe basyśasta brruva"（我愿王中之王尉迟输僧乌波早生净土），"rrada viśa' sūra jsahabrriha jsana hūṣaya"（我愿尉迟输罗王已躬永寿）。
P.4649	正面：绘六臂观音菩萨坐像 背面：于阗人发愿文（共22行）
P.5532	于阗文《不空羂索咒心经》（53行） 文末有汉文"□□□诸比丘□□□"。
P.5535	《陀罗尼经咒》（8行）用于阗体梵文书写。 第9行为汉文"大宝于阗国进奉使司空刘再昇"。
P.5536	于阗文《佛名经》（正背面11行）
P.5536 bis	于阗语文书 正面：书仪类文书（第2—7行） 背面：神威撰《善财譬喻经》（第1—8行）
P.5537	《佛说帝释般若波罗蜜多心经》共76行，部分用于阗体梵文书写。
P.5538	于阗语文书 正面： 1. 天尊四年（970）于阗王尉迟输罗致沙州大王舅曹元忠书（81行） 2. 于阗使臣上书朝廷文书 背面： 1. 梵文于阗双语对照文书（第1—8行） 2. 朝五台山的于阗僧人与甘州人的对话（第9—87行）
P.5597	正面：汉文《金光明经》卷一 背面：于阗文《梁朝傅大士颂金刚经》（共5行，每行残存一半）

资料来源：
张广达、荣新江：《巴黎国立图书馆所藏敦煌于阗语写卷目录初稿》，《于阗史丛考》，中国人民大学出版社2008年版，第118—148页。

表 4-2　大英图书馆藏敦煌藏经洞于阗语佛教写卷

编号	内容
Or.8210/S.2469	正面：汉文《金光明最胜王经》卷四，卷尾"丙戌年（746）五月十四日弟子杜日新为合家顺平善记" 背面：于阗文佛教题记
Or.8210/S.2471	正面：汉文《大般若波罗蜜多经》四百八十七卷 最右边为两条于阗文题记，第二条的作者是 Hūyī Kīma Tcūna 中间有一小片于阗文 背面：为于阗语文书 1. Hūyī Kīma Tcūna 的礼佛文书（第 1—91 行） 2.《无量寿宗要经》（*Aparimitāyuḥ sūtra*）（第 92—221 行） 礼佛文书（第 222—298 行）
Or.8210/S.2529	正面：汉文《法华经》 背面：梵文《白伞盖经咒》（Skt. Sitātapatra） 结尾有"白伞盖陀罗尼功毕"的于阗文题记
Or.8210/S.6701	正面：汉文《大般若波罗蜜多经》 背面：于阗文佛教文献
Or.8210/S.9224.5	正面：《大般若波罗蜜多经》 背面：于阗文佛教文献
Or.8212/162.1-164	正面：汉文《法华经》 背面：于阗语文献 1. 于阗文-汉文短语手册（第 1—12 行） 2. Nāgai'drravarrda 写给 Gūśa'ṃdā 的寺院的信（第 13—81 行） 3.《法华经》（第 82—90 行） 4. Drūttīra 寺院住持 Tathāgataśrībhadra 的信（第 91—164 行）
IOL Khot55/1-4	于阗文金刚乘典籍
IOL Khot56/2	于阗文《无量寿宗要经》
IOL Khot57-59	于阗文《金刚经》
IOL Khot60-64	于阗文《无量寿宗要经》 卷尾题记："ṣau Krraśīsä, Cā Ḍī Pyaninä 以慈悲心令写此经。"（"The ṣau Krraśīsä, Cā Ḍī Pyaninä, ordered this Aparimitāyuḥ Sūtra to be written in love of bodhi."）
IOL Khot65-74	于阗文《佛本生赞》（*Jātakastava*） 卷尾有大段的题记。 从中可知，此经为 Cā Kīmä Śanä 抄写，此期间的国王为 Viśa'Sūra（尉迟输罗）。

续表

编号	内容
IOL Khot75-82	于阗文《金刚经》 第一页有小坐佛插画。
IOL Khot83-84	于阗文礼佛文书
IOL Khot S.5	正面：汉文《无量寿宗要经》 背面：1. 于阗文嗢呾罗神变 2. 于阗文和汉文练习
IOL Khot S.6	正面：汉文《无量寿宗要经》 背面：于阗语文书 1. "关于一个中国女人归属的诉讼"（第1—13行） 2.《右绕佛塔功德经》(Pradakṣiṇā sūtra)（第14—71行）
IOL Khot S.7	正面：汉文《金光明经》 背面：于阗文婆罗迷字母拼写的汉文《梁朝傅大士颂金刚经》 (Chinese Vajracchedikā in Khotanese cursive) 与 P.5597 可缀合
IOL Khot S.8	正面：汉文《瑜伽师地论》 背面：于阗文三皈依（Triśaraṇa）
IOL Khot S.10	正面：汉文《法华经》 背面：于阗语文书 1. 爱情诗（第1—42行） 2.《善财譬喻经》（第44—223行） 3.《维摩诘故事》(Book of Vimalakīrti)（第224—386行）
IOL Khot S.11	正面：汉文《法华经》有榜题 "调露二年（680）二月弟子张则为亡女索氏写"。 背面：于阗皇太子总绍祈愿文（Invocation of Prince Tcū-Syau）
IOL Khot S.12	正面：汉文《涅槃经》 背面：于阗语文书 1. 于阗文礼佛文（第1—131行） 2. 于阗文忏悔文（第132—228行）
IOL Khot S.46	梵文、于阗文文书 1. 梵文《佛顶尊胜陀罗尼经》(Bhddhoṣṇīṣavijaya dhāraṇī)（第1—11行） 2. 梵文《白伞盖陀罗尼经》(Sitātapatra)（第12—195行） 3. 于阗文题记（第195—198行） 4. 于阗文《贤劫经》(Bhadrakalpika sūtra)（第199—754行）

续表

编号	内容
IOL Khot S.46	5. 于阗文祈请发愿文（第 755—840 行） 6. 于阗文题记（第 841—851 行） 7. 于阗文《善门经》（*Sumukha dhāraṇī*）（第 852—1057 行） 8. 于阗文题记（第 1058—1061 行） 9. 于阗文发愿文（第 1062—1101 行） 10. 于阗文题记（第 1101—1109 行）
IOL Khot S.47	Cā Kīmä-Śanä 的金刚乘文本（*Vajrayāna Texts*）

资料来源：
P. O. Skjærvø, *Khotanese Manuscripts from Chinese Turkestan in the British Library: A Complete Catalogue with Texts and Translations, with contributions*, London: The British Library, 2002.

缩略语说明

ed Bidyabinod	B. B. Bidyabinod, "Fragment of a prajñāpāramitā Manuscript from Central Asia," *Memoirs of the Archaeological Survey of India* 32, 1927, pp. 1−11.
国图 BH	中国国家图书馆藏
Crosby	Central Asian manuscripts in the Crosby Collection, Washington D. C
GXW	中国人民大学博物馆藏
H	Central Asian manuscripts in the Hoernle Collection (London).
Habata	Hiromi Habata, *Die zentra-lasiatischen Sanskrit-Fragmente des Mahāpariniryāṇa- mahā-sūtra, Kritische Ausgabe des Sanskrittextes und seiner tibe-tischen Übertragung im Ver-gleich mit den chinesischen Übersetzungen,* Marburg (Indica et Tibetica 51), 2007.
Huntington	the Huntington Collection
IOL	British Library: India Office Library.
ed Konow	S. Konow, *Central Asian fragments of the Ashṭādaśasāhasrikā prajñā-pāramitā and an unidentified text*, Calcutta (Memoirs of the Archaeological Survey of India, 69), 1942.
Cf. Matsuda	Kazunobu Matsuda, *Sanskrit Fragments of the Mahāyāna Mahāparinirvāṇasūtra, A Study of the Central Asian*

	Documents in the Stein/Hoernle Collection of the India Office Library, London, Tokyo(Studia Tibetica), 1988.
Or	Central Asian manuscripts in the British Library
Pell. Skt	Central Asian manuscripts in the Pelliot Collection (Paris)
SHT	Sanskrithandschriften aus den Turfanfunden, Teil 1-9, ed. E. Waldschmidt et al., Wiesbaden/ Stuttgart 1965, 1868, 1971, 1980, 1985, 1989, 1995, 2000, 2004, 2009 (Verzeichnis der orientalischen Handschriften in Deutschland,X, 1-10).
SI L	Central Asian manuscripts in the Lavrov Collection(St. Peterburg)
SI P	Central Asian manuscripts in the Petrovsky Collection(St. Peterburg)
SMSR	*Sanskrit manuscripts of saddharmapuṇḍarīka. Collected from Nepal, Kashmir and Central Asia. Romanized Text and Index,* ed. Keishō Tsukamoto, Ryūgen Taga, Ryōjun Mitomo and Moriichi Yamazaki, vols.Ⅰ-Ⅱ, Tokyo 1986-1988.
T	*Taishō Shinshū Daizōkyō oder Taishō Issaikyō,* 100 vols, ed. J. Takakusu und K. Watanabe, Tokyo, 1924.
TT	The Tibetan Tripitaka, Peking Edition, ed. Daisetz T. Suzuki, 168 vols, Tokyo/Kyoto, 1955-1961.
Cf. Wille	K. Wille, "Die Hoernle-Fra-gments in der Turfan-Samm-lung(Berlin)," T*urfan, Khotan und Dunhuang. Vorträge der Tagung "Annemarie v. Gabain und die Turfanforschung", veranstaltet von der Berlin- Brandenburgischen Akademie der Wissenschaften in Berlin (9-12. 1994).* ed. R. E. Emmerick, W. Sundermann, I. Warnke and P. Zieme, Berlin (Berichte und Abhandlungen, Sonderband 1), 1966, pp. 385-408.

Wille 2000	K. Wille, *Fragments of a Manuscript of the saddharma-puṇḍarīkasūtra from Khādaliq*, Tokyo(Lotus Sutra Manuscrpts Series, 3), 2000.
Cf. Yuyama	A Bibliography of the Sanskrit Texts of the *saddharma-puṇḍarīkasūtra*, Canberra (Oriental Monograph Series, 5), 1970
Cf. Vorobyova-Desyatovskaya	*The Kāśyapaparivarta, Romanized Text and Facsimiles*, in collaboration with S. Karashima and N. kudo, Tokyo (Bibliotheca Philologica et Philosophica Buddhica, 5), [Russian version in B B 40, pp. 89-207], 2002.

主要参考文献

一、中文文献

1．历史典籍

［汉］司马迁:《史记》,中华书局 1959 年版。

［汉］班固:《汉书》,中华书局 1962 年版。

［南朝宋］范晔撰、［唐］李贤等注:《后汉书》,中华书局 1965 年版。

［唐］李延寿:《北史》,中华书局 1974 年版。

［唐］姚思廉:《梁书》,中华书局 1973 年版。

［后晋］刘昫等,《旧唐书》,中华书局 1975 年版。

［宋］薛居正等:《旧五代史》,中华书局 1976 年版。

［宋］欧阳修:《新五代史》,中华书局 1974 年版。

［元］脱脱等:《宋史》,中华书局 1977 年版。

［唐］道宣:《续高僧传》,〔日〕高楠顺次郎等编:《大正藏》第 50 册,台北新文丰出版有限公司 1996 年版。

［唐］道宣:《集神州三宝感通录》,《大正藏》第 52 册。

［唐］道宣:《道宣律师感通录》,《大正藏》第 52 册。

［唐］智昇:《开元释教录》,《大正藏》第 55 册。

［唐］慧立本、彦悰笺:《大唐大慈恩寺三藏法师传》,《大正藏》第 50 册。

［宋］志磐:《佛祖统纪》,《大正藏》第 49 册。

［宋］赞宁等:《宋高僧传》,《大正藏》第 50 册。

[东晋]法显撰,章巽校注:《法显传校注》,中华书局2008年版。
[北魏]杨衒之著,周振甫译注:《〈洛阳伽蓝记〉校注》,江苏教育出版社2006年版。
[唐]玄奘、辩机原著,季羡林等校注:《大唐西域记校注》,中华书局1985年版。
[唐]义净原著,王邦维校注:《南海寄归内法传校注》,中华书局1995年版。

2. 专著、编著

拔塞囊著,佟锦华、黄布凡译:《拔协译注》,四川民族出版社1990年版。
陈国灿:《斯坦因所获吐鲁番文书研究》,武汉大学出版社1995年版。
程旭:《唐韵胡风——唐墓壁画中的外来因素及其反映的民族关系》,文物出版社2016年版。
段晴:《于阗·佛教·古卷》,中西书局2013年版。
段晴、张志清主编:《中国国家图书馆藏西域文书 梵文、佉卢文卷》,中西书局2013年版。
段晴:《中国国家图书馆藏西域文书:于阗语卷(一)》,中西书局2015年版。
段晴:《于阗语无垢净光大陀罗尼经》,中西书局2019年版。
敦煌文物研究所:《敦煌莫高窟内容总录》,文物出版社1982年版。
敦煌研究院编:《敦煌莫高窟供养人题记》,文物出版社1986年版。
敦煌研究院编:《段文杰敦煌研究五十年纪念论文集》,世界图书出版公司1996年版。
樊锦诗、荣新江、林世田主编:《敦煌文献·考古·艺术综合研究——纪念向达先生诞辰110周年学术研讨会论文集》,中华书局2011年版。
尕藏加:《吐蕃佛教-宁玛派前史与密宗传承研究》,宗教文化出版社2002年版。
〔日〕广中智之:《汉唐于阗佛教研究》,新疆人民出版社2012年版。
黄烈编:《黄文弼历史考古论集》,文物出版社1989年版。
和田地区文管所编著:《于阗》,新疆美术摄影出版社2004年版。
贾应逸、祁小山:《印度到新疆的佛教艺术》,甘肃教育出版社2002年版。
姜伯勤:《中国祆教艺术史研究》,生活·读书·新知三联书店2004年版。
金维诺:《中国美术史论集》(上中下),黑龙江美术出版社2004年版。

李零:《入山与出塞》,文物出版社2004年版。
李青:《古楼兰鄯善艺术综论》,中华书局2005年版。
李淞:《长安艺术与宗教文明》,中华书局2002年版。
林梅村:《沙海古卷:中国所出佉卢文书(初集)》,文物出版社1988年版。
林梅村:《西域文明:考古、民族、语言和宗教新论》,东方出版社1995年版。
林梅村:《汉唐西域与中国文明》,文物出版社1998年版。
林梅村:《楼兰:一个世纪之谜的解析》,中共中央党校出版社1999年版。
林梅村:《丝绸之路考古十五讲》,北京大学出版社2006年版。
刘文锁:《沙海古卷释稿》,中华书局2007年版。
马大正、王嵘、杨镰主编:《西域考察与研究》,新疆人民出版社1994年版。
马德:《敦煌莫高窟史研究》,甘肃教育出版社1996年版。
冉万里:《丝路豹斑——不起眼的交流,不经意的发现》,科学出版社2016年版。
冉万里:《唐代长安地区佛教造像的考古学研究》,科学出版社2017年版。
荣新江:《归义军史研究——唐宋时代敦煌历史考索》,上海古籍出版社1996年版。
荣新江:《海外敦煌吐鲁番文献知见录》,江西人民出版社1996年版。
荣新江、朱丽双:《于阗与敦煌》,甘肃教育出版社2013年版。
荣新江:《中古中国与外来文明》,生活·读书·新知三联书店2014年版。
荣新江:《丝绸之路与东西文化交流》,北京大学出版社2015年版。
荣新江、罗丰主编:《粟特人在中国:考古发现与出土文献的新印证》(上下),科学出版社2016年版。
尚永琪:《莲花上的狮子》,商务印书馆2014年版。
四川博物院、成都文物考古研究所、四川大学博物馆编著:《四川出土南朝佛教造像》,中华书局2013年版。
孙机:《华夏衣冠——中国古代服饰文化》,上海古籍出版社2016年版。
孙晓岗:《文殊菩萨的图像学研究》,甘肃人民美术出版社2007年版。
索南坚赞:《西藏王统记》,刘立千译注,民族出版社2000年版。
王尧、陈践:《敦煌吐蕃文献选》,四川民族出版社1983年版。
王尧、陈庆英主编:《西藏历史文化词典》,西藏人民出版社1998年版。
巫鸿主编:《汉唐之间文化艺术的互动与交融》,文物出版社2001年版。

新疆维吾尔自治区文物局编:《新疆佛教遗址》(上下),科学出版社 2015 年版。

颜娟英:《镜花水月:中国古代美术考古与佛教艺术的探讨》,台湾石头出版有限公司 2016 年版。

姚崇新:《中古艺术宗教与西域历史论稿》,商务印书馆 2011 年版。

张广达、荣新江:《于阗史丛考》,中国人民大学出版社 2008 年版。

张丽香:《中国人民大学博物馆藏于阗文书——婆罗谜字体佛经残片:梵语、于阗语》,中西书局 2020 年版。

张小刚:《敦煌佛教感通画研究》,甘肃教育出版社 2015 年版。

赵丰:《锦程——中国丝绸与丝绸之路》,黄山书社 2016 年版。

赵晓星:《吐蕃统治时期敦煌密教研究》,甘肃教育出版社 2017 年版。

中国新疆文物考古研究所、日本佛教大学尼雅遗址学术研究机构编著:《丹丹乌里克遗址——中日共同考察研究报告》,文物出版社 2009 年版。

3. 译著

〔英〕奥雷尔·斯坦因:《亚洲腹地考古图记》,巫新华、秦立彦、龚国强、艾力江译,广西师范大学出版社 1998 年版。

〔英〕奥雷尔·斯坦因:《古代和田——中国新疆考古发掘的详细报告》,巫新华、肖小勇、方晶、孙莉译,山东人民出版社 2009 年版。

〔英〕奥雷尔·斯坦因:《西域考古图记》,中国社会科学院考古研究所主持翻译,广西师范大学出版社 2019 年版。

〔俄〕鲍里斯·艾里克·马尔沙克:《粟特银器》,李梅田、付承章、吴忧译,上海古籍出版社 2019 年版。

〔日〕肥田路美:《云翔瑞像:初唐佛教美术研究》,颜娟英、张名扬、曹德启、郭佩君、曾尧民译,台湾大学出版社 2018 年版。

〔日〕宫治昭:《犍陀罗美术寻踪》,李萍译,人民美术出版社 2006 年版。

〔美〕亨廷顿:《亚洲的脉搏》,王彩琴、葛莉译,新疆人民出版社 2013 年版。

〔日〕橘瑞超:《橘瑞超西行记》,柳洪亮译,新疆人民出版社 1999 年版。

〔英〕罗德瑞克·韦陀编集、解说:《西域美术:大英博物馆斯坦因蒐集品》,林保尧编译,台湾艺术家出版社 2019 年版。

〔德〕施勒伯格:《印度诸神的世界——印度教图像学手册》,范晶晶译,中西书局 2016 年版。

〔瑞典〕斯文·赫定:《亚洲腹地探险记》,李述礼译,上海开明书店 1948 年版。

〔瑞典〕斯文·赫定:《我的探险生涯Ⅱ》,李宛蓉译,人民文学出版社 2016 年版。

〔日〕松本荣一:《敦煌画研究》,林保尧、赵声良、李梅译,浙江大学出版社 2019 年版。

〔意〕图齐:《梵天佛地》,魏正中、萨尔吉主编,上海古籍出版社 2009 年版。

〔日〕辛嶋静志:《佛典语言及传承》,裘云青、吴蔚琳译,中西书局 2016 年版。

〔日〕羽溪了谛:《西域之佛教》,贺昌群译,商务印书馆 1999 年版。

〔英〕约翰·马歇尔:《犍陀罗佛教艺术》,许建英译,新疆人民出版社 1999 年版。

〔日〕真人元开:《唐大和上东征传》,汪向荣校注,中华书局 1979 年版。

4. 论文

陈晓露:《西域回字形佛寺源流考》,《考古》2010 年第 11 期,第 79—90 页。

陈晓露:《鄯善佛寺分期初探》,《华夏考古》2013 年第 2 期,第 9—104 页。

陈晓露:《塔里木盆地的贵霜大月氏人》,《边疆考古研究》第十九辑,科学出版社 2016 年版,第 207—221 页。

纪赟:《和田本犍陀罗语〈法句经〉的发现与研究情况简介》,《宗教研究》2015 年第 1 期,第 29—46 页。

李翎:《大黑天图像样式考》,《敦煌学辑刊》2007 年第 1 期,第 125—132 页。

李翎:《"八天神"图像之误读——关于丹丹乌里克壁画残片的释读》,《西域研究》2011 年第 2 期,第 93—100 页。

李静杰:《卢舍那法界图像》,《紫禁城》1998 年第 4 期,第 16—21 页。

李静杰:《卢舍那法界图像研究简论》(一、二),《故宫博物院院刊》2000 年第 2 期,第 57—69 页;2000 年第 3 期,第 53—63 页。

李静杰:《鄯善古国木雕家具图像外来文化因素分析》,《敦煌学辑刊》2019 年第 3 期,第 126—137 页。

李青:《楼兰 03LE 壁画墓再讨论》,《西北民族论丛》第十三辑,社会科学文献出版社2016年版,第127—141页。

李青、高占盈:《楼兰古墓粟特壁画艺术之新发现》,《西北美术》2009年第3期,第17—19页。

李玉珉:《法界人中像》,《故宫文物月刊》1993年4月,第28—41页。

李裕群:《神王浮雕石佛座拓本考释》,《文物》2010年第7期,第66—76页。

林立:《米兰佛寺考》,《考古与文物》2003年第3期,第47—55页。

林梅村:《新疆尼雅所出犍陀罗语〈解脱戒〉残卷》,《西域研究》1995年第4期,第44—48页。

林梅村:《楼兰公主与蚕种西传于阗和罗马》,《文物天地》1996年第4期,第12—15页。

刘文锁:《新疆古代语言文字资料的发现与整理》,《西部蒙古论坛》2018年第1期,第3—14页。

刘屹:《印度"Kauśāmbī"法灭故事在中国的传播与影响》,《丝路文明》第二辑,上海古籍出版社2017年版,第189—204页。

刘屹:《憍赏弥国法灭故事在于阗和吐蕃的传播(文献篇)》,《敦煌吐鲁番研究》第十八卷,上海古籍出版社2018年版,第425—451页。

刘屹:《经录与文本:〈法灭尽经〉类佛经的文献学考察》,《文献》2018年第4期,第87—99页。

刘屹:《〈迦旃延偈〉"法灭故事"形成的时代和地域》,《宗教学研究》2019年第3期,87—94页。

罗帅:《玄奘之纳缚波与马可波罗之罗卜再研究——兼论西晋十六国时期楼兰粟特人之动向》,《敦煌研究》2019年第6期,第101—108页。

马小鹤:《米国钵息德城考》,《中亚学刊》第二辑,中华书局1987年版,第65—75页。

孟嗣徽:《〈护诸童子十六女神〉像叶与于阗敦煌地区的护童子信仰》,《艺术史研究》第二十三辑,中山大学出版社2020年版,第183—234页。

潘亮文:《卢舍那佛像研究——以7世纪以前的中原地区发展为中心》,《敦煌研究》2017年第3期,第39—59页。

荣新江:《安史之乱后粟特胡人的动向》,《暨南史学》第二辑,暨南大学出版社2003年版,第102—123页。

沙武田:《敦煌石窟于阗国王画像研究》,《新疆师范大学学报》(哲学社会科学版)2006年第4期,第22—30页。

尚永琪：《优填王旃檀瑞像流布中国考》，《历史研究》2012年第2期，第163—173页。

沈琛：《吐蕃与于阗佛教交流史事考述》，《西域研究》2030年第3期，第133—148页。

史桂玲：《关于梵文写本〈法华经〉》，《南亚研究》2012年第3期，第147—148页。

史树青：《新疆文物调查随笔》，《文物》1960年第6期，第25—27页。

史树青：《谈新疆民丰尼雅遗址》，《文物》1960年第8期，第20—27页。

孙修身：《莫高窟的佛教史迹故事画》，敦煌文物研究所编著：《中国石窟 敦煌莫高窟四》，文物出版社1987年版，第204—213页。

孙修身：《莫高窟佛教史迹故事画介绍（一）》，敦煌文物研究所编：《敦煌研究文集》，甘肃人民出版社1982年版，第332—353页。《莫高窟佛教史迹故事画介绍（二）（三）（四）》，《敦煌研究》，1982年试刊第一，第98—110页；1982年试刊第二，第88—107页；1983年创刊号，第39—55页；《莫高窟佛教史迹故事画考释（五）》，《敦煌研究》1985年第3期，第63—70页；《莫高窟佛教史迹画内容考释（六）（七）（八）（九）》，《敦煌研究》，1986年第2期，第30—35页；1987年第3期，第35—42页；1988年第1期，第3—8页；1988年第4期，第26—35页。

塔克拉玛干沙漠综合考古组：《若羌县古代文化遗存考察》，《新疆文物》1990年第4期，第2—13页。

塔克拉玛干综考队考古组：《安迪尔遗址考察》，《新疆文物》1999年第4期，第30—46页。

王邦维：《敦煌写本〈南海寄归内法传〉（P.2001）题记》，《中华文化》（创刊号）1989年第1期，第44—46页。

王惠民：《华严图像研究论著目录》，《敦煌学辑刊》2011年第4期，第155—160页。

王冀青：《奥莱尔·斯坦因的第四次中央亚细亚考察》，《敦煌学辑刊》1993年第1期，第98—110页。

王冀青：《斯坦因与吉尔吉特写本——纪念吉尔吉特写本发现七十周年》，《敦煌学辑刊》2001年第2期，第76—90页。

王冀青：《和阗文物哈定收集品获自摩尔多瓦克说》，《敦煌学辑刊》2012年第2期，第135—143页。

夏雷鸣:《从"浴佛"看印度佛教在鄯善国的嬗变》,《西域研究》2000年第2期,第45—53页。

夏雷鸣:《从佉卢文文书看鄯善国佛教的世俗化》,《新疆社会科学》2006年第6期,第116—122页。

谢继胜、贾维维:《温姜多无例吉祥兴善寺修建史实考述——兼论藏文史书记载的温姜多寺、昌珠寺与于阗工匠入藏的关系》,《故宫博物院院刊》2011年第6期,第14—41页。

新疆楼兰考古队:《楼兰古城址调查与试掘简报》,《文物》1988年第7期,第1—22页。

新疆维吾尔自治区博物馆考古队:《新疆民丰大沙漠中的古代遗址》,《考古》1961年第3期,第119—126页。

薛宗正:《噶尔家族与附庸西突厥诸政权——兼论唐与吐蕃间的西域角逐》,《中国边疆史地研究》2002年第4期,第23—35页。

薛宗正:《从疏勒到伽师祗离》,《新疆社会科学》2005年第2期,第91—99页。

杨富学:《论所谓的喀什本梵文〈法华经〉写卷》,《中华佛学学报》第7期,1994年7月,第73—95页。

杨富学:《从出土文献看〈法华经〉在西域、敦煌的传译》,《西域敦煌宗教论稿》,甘肃文化出版社1998年版,第173—180页。

杨富学、徐烨:《佉卢文文书所见鄯善国之佛教》,《五台山研究》2013年第3期,第3—9页。

杨铭:《吐蕃统治鄯善再探》,《西域研究》2005年第2期,第39—46页。

杨铭:《唐代中西交通吐蕃—勃律道考》,《西域研究》2007年第2期,第76—84页。

杨铭:《唐代吐蕃与粟特关系考述》,《西藏研究》2008年第2期,第5—14页。

严耀中:《试释新疆达玛沟遗址出土千眼坐佛木板画》,《文物》2014年第2期,第71—75页。

易丹韵:《如何解读法界佛像?——以初唐时期作品为一例》,《丝绸之路研究集刊》第五辑,商务印书馆2020年版,第252—262页。

殷光明:《敦煌卢舍那法界图像研究之一》,《敦煌研究》2001年第4期,第1—12页;《敦煌卢舍那法界图像研究之二》,《敦煌研究》2002年第1期,第46—56页。

张惠明:《公元六至八世纪于阗佛教护法神系中的夜叉图像——以达玛沟佛

寺遗址画迹为中心的讨论》,《艺术史研究》第十七辑,中山大学出版社 2015 年版,第 205—244 页。

张惠明:《公元 6 世纪末至 8 世纪初于阗〈大品般若经〉图像考——和田达玛沟托普鲁克墩 2 号佛寺两块"千眼坐佛"木板画的重新比定与释读》,《敦煌吐鲁番研究》第十八卷,上海古籍出版社 2018 年版,第 279—329 页。

张丽香:《中国人民大学博物馆藏和田新出〈妙法莲华经〉梵文残片二叶》,《西域研究》2017 年第 3 期,第 49—59 页。

张小刚:《敦煌瑞像图中的于阗护国神王》,《敦煌研究》2005 年第 1 期,第 50—56 页。

张小刚:《在敦煌留居的于阗人的法华信仰》,《敦煌研究》2019 年第 2 期,第 27—31 页。

张延清:《北京大学图书馆藏敦煌藏文〈牛角山山授记〉译解》,《中国藏学》2020 年第 3 期,第 199—204 页。

仲高:《隋唐时期的于阗文化》,《西域研究》2001 年第 1 期,第 81—88 页。

仲高:《转型期的于阗文化》,《西域研究》2002 年第 1 期,第 66—71 页。

朱己祥:《鄯善和于阗古国佛寺壁画花纲人物图像分析》,《敦煌研究》2018 年第 4 期,第 19—30 页。

朱丽双:《〈于阗阿罗汉授记〉对勘与研究》,朱凤玉、汪娟编:《张广达先生八十华诞祝寿论文集》,台湾新文丰出版有限公司 2010 年版,第 605—676 页。

朱丽双:《敦煌藏文文书 P.t.960 所记于阗佛寺的创立——于阗教法史译注之一》,《敦煌研究》2010 年第 4 期,第 81—87 页。

朱丽双:《敦煌藏文文书〈牛角山授记〉残片的初步研究》,朱玉麒主编:《西域文史》第八辑,科学出版社 2013 年版,第 23—38 页。

朱丽双:《〈于阗国授记〉译注》(上下),《中国藏学》2012 年 S1 期,第 223—268 页;2014 年 S1 期,第 121—131 页。

朱丽双:《〈于阗国授记〉的成立年代研究》,《西域文史》第九辑,科学出版社 2014 年版,第 109—133 页。

朱丽双:《〈阿罗汉僧伽伐弹那授记〉译注》,《敦煌吐鲁番研究》第十八卷,上海古籍出版社 2018 年版,第 453—482 页。

朱丽双:《九世纪于阗的法灭故事》,《中山大学学报》(社会科学版)2019 年第 5 期,第 152—161 页。

朱丽双:《〈牛角山授记〉译注》,《西域文史》第十四辑,科学出版社 2020 年版,第 195—242 页。

5. 译文

〔日〕肥田路美:《西域瑞像流传到日本——日本 13 世纪画稿中的于阗瑞像》,卢超译,《丝绸之路研究集刊》第一辑,商务印书馆 2017 年版,第 200—216 页。

〔意〕富艾莉:《毗沙门还是散脂:和田达玛沟托普鲁克墩 1 号遗址的一幅壁画新说》,朱丽双译,《艺术史研究》第十七辑,中山大学出版社 2015 年版,第 167—182 页。

〔意〕富艾莉:《"彼岸"之旅:佛教朝圣和于阗绿洲的旅行物》,朱丽双译,《敦煌吐鲁番研究》第十八卷,上海古籍出版社 2018 年版,第 331—356 页。

〔日〕吉村怜:《卢舍那法界人中像的研究》,贺小萍译,《敦煌研究》1986 年第 3 期,第 68—77 页。

〔意〕康马泰:《粟特神祇的印度图像研究——考古和文字证据》,李欣译,《敦煌学辑刊》2008 年第 4 辑,第 145—167 页。

〔意〕康马泰:《于阗佛教壁画中的非佛教神祇及相关问题》,李思飞译,《丝绸之路研究》第一辑,生活·读书·新知三联书店 2017 年版,第 187—206 页。

〔日〕森安孝夫:《吐蕃在中亚的活动》,劳江译,《国外藏学研究译文集》第一辑,西藏人民出版社 1986 年版,第 64—130 页。

〔法〕沙怡然:《从北印度到布里亚特:蒙古人视野中的旃檀瑞像》,郭丽平、贾维维译,《故宫博物院院刊》2011 年第 2 期,第 81—160 页。

〔日〕松本文三郎:《兜跋毗沙门天考》,金申译,《敦煌研究》2003 年第 5 期,第 36—43 页。

〔英〕韦陀:《〈瑞像图〉加一残片,再提几个问题》,王平先译,《艺术设计研究》2014 年第 4 期,第 13—15 页。

二、日文文献

百済康義、ヴェルナー・ズンダーマン、吉田豊編『大谷探検隊収集・龍谷大学所蔵中央アジア出土イラン語資料』(龍谷大学善本叢書 / 龍谷大学佛教文化研究所編 17)，京都：法藏館，1997。

宮治昭『インド仏教美術史論』，東京：中央公論美術出版，2010。

国立国会図書館『タイトル 西域探検紀行全集』，東京：白水社，1966。

奈良国立博物館『聖地寧波——日本仏教 1300 年の源流』，奈良：奈良国立博物館，2009。

森安孝夫『中央アジア出土文物論叢』，京都：朋友書店，2004。

上山大峻『敦煌仏教の研究』，京都：法藏館，1990。

寺本婉雅『于闐國史』，京都：丁子屋，1921。

三、西文文献

1. 西文专著

Bailey, H. W., *Dictionary of Khotan Saka*, Cambridge: The Cambridge University Press, 1979.

Bailey, H. W., *Khotanese Texts*, Vol.I-III (second edition), Cambridge: Cambridge University Press, reprinted 1980; Vol. IV, 1961; Vol. V, reprinted 1980.

Burrow, T., *A Translations of the Kharoṣṭhī Document from Chinese Turkestan*, London: The Royal Asiatic Society, 1940.

Chandra, Lokesh, *Saddharma-Puṇḍarīka Sūtra*, *Kashgar Manuscript*, New Delhi: International Academy of Indian Culture, 1976.

Emmerick, R. E., *Tibetan Texts concerning Khotan*. London: Oxford University Press, 1967.

Emmerick, R. E., *The book of Zambasta: a Khotanese poem on Buddhism*, London: Oxford University Press, 1968.

Emmerick, R. E., *A Guide to the Literature of Khotan*, Tokyo: the Reiyukai Library, 1979.

Emmerick, R. E. & Vorob'ëva-Desjatovskaja, Margarita I., *Saka Documents Text vol.III: The St. Petersburg Collection*, London: School of Oriental and African Studies, 1995.

Gropp, G., *Archäologisches Funde aus Khotan, Chinesisch-Ostturkestan. Die*

Trinkler-Sammlung im Übersee-Museum, Bremen: Verlag Friedrich Röver, 1974.

Nattier, Jan., *Once upon a Future Time: Studies in a Buddhist Prophecy of Decline*, Berkeley, Cal. : Asian Humanities Press, 1991.

Rhie, M., *Early Buddhist Art of China and Central Asia*, Vol. I, Leiden and Boston: Brill, 1999; Vol. Ⅲ, 2010.

Skjærvø, P. O., *Khotanese Manuscripts from Chinese Turkestan in the British Library. A Complete Catalogue with Texts and Translations, with contributions*, London: The British Library, 2002.

Skjærvø, P. O., *This Most Excellent Shine of Gold, King of Kings of Sutras, the Khotanese Suvarṇabhāsottaramasūtra*, Harvard: Harvard University, 2004.

Thomas, F. W., *Tibetan Literary Texts and Documents concerning Chinese Turkestan, Part I*. London: The Royal Asiatic Society, 1935; *Part II*. 1951; *Part III*. 1955; *Part IV*. 1963.

Wu Hung and Katherine R. Tsiang editors, *Body and Face in Chinese Visual Culture*, Boston: Harvard University Asia Center, 2005.

2. 西文论文

Bailey, H. W., "Hvatanica III", *Bulletin of the School of Oriental Studies*, University of London, 1938, Vol. 9, No. 3, 1938, pp. 521-543.

Bailey, H. W., "Gāndhārī", *Bulletin of the School of Oriental and African Studies*, University of London, Vol. 11, No. 4, 1946, pp. 764-797.

Baumer, Ch., "Dandan Oilik Revisited: New Finding a Century Later", *Oriental Art*, XLV. 2, 1999, pp. 2-14.

Bo, Bi and Sims-Williams, Nicholas, "Sogdian Documents from Khotan, I: Four Economic Documents", Journal of the American Oriental Society, 2010, Vol. 130, No. 4, pp. 497-508. "Sogdian Documents from Khotan, Ⅱ: Letters and Miscellaneous Fragments", Journal of the American Oriental Society, 2015, Vol. 135, No. 2, pp. 261-282.

Burrow, T., "Further Kharoṣṭhī Documents From Niya", *Bulletin of the school of Oriental Studies*, University of London, Vol. 9, No. 1(1937), pp. 111-123.

Forte, Erika, "Introduction to Ancient Central Asian Networks: Rethinking the Interplay of Religions, Art and Politics across the Tarim Basin (5th-10th c.)." *Buddhist Road Papers*; 6.1 Special Issue, 2019, pp. 4-7.

Forte, Erika, "Images of Patronage in Khotan", Carmen Meinert and Henrik Sørensen, *Buddhism in Central Asia* I: *Patronage, Legitimation, Sacred Space, and Pilgrimage*, Leiden: Brill, 2020, pp. 40-60.

Hoernle, A. F. R., "Three Further Collections of Ancient Manuscripts from Central Asia", *The Journal of the Royal Asiatic Society of Great Britain and Ireland*, LXVI. 1, No. 4, 1897, pp. 213-260.

Hoernle, A. F. R., "A Collection of Antiquities from Central Asia, part I", The Journal of the Royal Asiatic Society of Great Britain and Ireland, LXVIII. 1, Extra No. 1, 1899. A. F. R. Hoernle, "A Report on the British Collection of Antiquities from Central Asia, part II", The Journal of the Royal Asiatic Society of Great Britain and Ireland, LXX. 1, Extra No. 1, 1902.

Hoernle, A. F. R., "Ancient Manuscripts from Khotan", *The Journal of the Royal Asiatic Society of Great Britain and Ireland*, 1906, pp. 695-696.

Howard, Angela Falco, "The Monumental 'Cosmological Buddha' in the Freer Gallery of Art: Chronology and Style", *Ars Orientalis*, Vol. 14, 1984, pp. 53-73.

Karashima, Seishi, "An Old Tibetan Translation of the Lotus Sutra from Khotan, The Romanised Text Collated with the Kanjur Version", 1-4, *Annual Reports of The International Research Institute for Advanced Buddhology at Soka University*, Vol.VIII, March, 2005, pp. 191-268; Vol.IX, March, 2006, pp. 89-181; Vol.X, March, 2007, pp. 214-324; Vol. XI, March, 2008, pp. 178-301.

Karashima, Seishi, "A Gandhāran stūpa as depicted in the Lotus Sutra", *Annual Reports of The International Research Institute for Advanced Buddhology at Soka University*, Vol. XXI, 2018, pp. 471-478.

Mode, M., "Sogdian Gods in Exile. Some Iconographic Evidence from Khotan in the Light of Recently Excavated Material from Sogdiana", *Silk Road Art and Archaeology*, II, 1991/92, pp. 179-214.

Von Hinüber, Oskar, "Three saddharmapuṇḍarīkasūtra Manuscripts from

Khotan and Their Donors", *Annual Reports of The International Research Institute for Advanced Buddhology at Soka University*, vol. XVIII, March, 2015, pp. 215-234.

Wille, K., "Buddhist Sanskrit Sources from Khotan", Karashima, Seishi and Wille, Klaus, *Buddhist Manuscripts from Central Asia. The British Library Sanskrit Fragments*, Vol II. 1, Tokyo: The International Research Institute for Advanced Buddhology, Soka University, pp. 25-72.

Williams, J., "The Iconography of Khotanese Painting", *East and West*, new series vol, 23 1-2, Rome, 1973, pp. 109-154.

Wong, Dorothy C., "The Huayan/Kegon/HwaWAŏm Paintings in East Asia", Hamar Imre, *Reflecting Mirrors: Perspectives on Huayan Buddhism*. Wiesbaden: Harrassowitz Verlag, 2007, pp. 337-384.

后　　记

　　敦煌藏经洞发现的《钢和泰藏卷》上有一首于阗文抒情诗："春光明媚，花儿次第绽开。我摘下一朵玫瑰，色香浓艳。手中把握着这支花蕾，它使我心旷神怡。如果我实在见不到你，也希望得到你的信息。"我曾经在和田见过盛开在沙漠中的艳丽玫瑰，点缀在热瓦克、尼雅这些沙海浮图附近，形成一个个千年不变的剪影。那些散落世界各地的于阗断文残片，也足令人兴起与千年前故人相似的惆怅与思慕。这本小书的初衷，是希望能够穿过时光，拂去尘土，通过壁画与文书片羽式的缀连，重新窥见那个千年前玉河畔玫瑰盛开的春天。

　　第一次抵达玉龙喀什河时，我还是刚开题的博士研究生，如今已年逾不惑。与于阗深厚的缘分，让我得以在国家社科基金青年项目与中国社会科学院学者资助计划的资助下，踏上这段四处求索资料、调查遗址与藏品的旅程。在调查我国新疆、西藏、河西等重要佛教遗址、石窟之外，本人还多次前往英国、美国、日本、韩国等地收集西域相关文物。感谢旅行中相遇的各位师友。感谢北京大学已故著名梵文、于阗文学者段晴教授。与段老师初逢在我到北京后的第一个春天，那时在中国人民大学旁听段老师的梵文课，课后常与段老师结伴回家，沿途月季盛开，伴随着段老师的笑语，春风暖人。后来我虽在语言学上毫无建树，但侥幸涉足于阗，蒙段老师不弃，屡加指点。奈何萍水相逢、彩云易散，送别段老师亦是在一个微寒料峭的春天，之后读到了她关于于阗氍毹的大作，更觉自己任重道远。

感谢中央美院罗世平教授，北京大学荣新江教授、李松教授，故宫博物院孟嗣徽研究员，中国国家画院张惠明研究员在小书完成过程中的指导与帮助；感谢新疆和田地区文化体育广播电视和旅游局副局长、和田地区博物馆馆长张化杰先生，策勒县文旅局史燕女士，和田地区博物馆阿巴白克尔·巴克先生，达玛沟佛教文化遗址博物馆木塔力甫先生在本人和田调查佛教遗址时提供的帮助；感谢伦敦大学亚非学院 Roderick Whitfield 教授、朴英淑教授和大英博物馆亚洲部陆於平女士的热情邀请和帮助，使我得以到大英博物馆库房仔细调查斯坦因所获的西域南道文物。感谢敦煌研究院赵声良研究员、张元林研究员、张小刚研究员、赵晓星研究员、宋焰朋研究员、赵蓉研究员、屈欣艳女士多年来对本人的帮助，感谢党燕妮研究员、戴春阳老师、孔令梅老师对小书具体问题的指点与帮助；感谢中国社会科学院世界宗教研究所郑筱筠所长、王兵书记、唐晓峰研究员、孙晶研究员、嘉木扬·凯朝研究员、李建欣研究员、周广荣研究员、苏冠安老师多年来的支持与帮助；感谢中国历史研究院考古所巫新华研究员、四川大学熊文彬教授、中国社会科学院民族与人类学研究所廖旸研究员对小书的指导与支持；感谢北京大学朱亮亮博士、阮晋逸博士、裘潇云博士，中国人民大学冯淳筠，四川大学多杰仁青博士等朋友在收集资料、文稿校对方面的帮助。

感谢商务印书馆"日新文库"让我抓住了青年学者的尾巴。

最后感谢我的母亲陈启惠和外子张建宇，本书中很多资料、照片由外子提供，特此致谢！

专家推荐意见一

艺术史是一个交叉学科，其成就与从业者的视野和知识范围有极大关系。艺术史写作又是一个需要积累、逐步加深认识的长期过程，依赖耐心与恒心才能有所成就。艺术史与考古学有不少重叠与相似之处，随着材料不断出现而挑战或否定先前的论点，需要自我批判与纠错其研究才能伸展。研究丝绸之路的艺术史更难，不仅在于材料的零散与湮没、文献的缺乏，使其搜集与发现需要辛勤地四处寻觅，也在于某些"死文字"释读的高难度，更在于需要将那些散漫的碎片连结起来的锐利眼光。做到这些，真需要天赋、心态、勤奋加机遇。

对丝绸之路艺术史的研究，主要兴起于20世纪，其起点就是一门国际化的交叉学问。其核心关注点，一直是丝绸之路中外艺术的交流演变。西域南道是一个极其重要的区域，这里是佛教进入中国的第一站，目前中国现存年代最早的寺院壁画——米兰M.Ⅲ、M.Ⅴ遗址的"有翼天人""须大拏太子本生"壁画即是在这个区域发现的。作为丝绸之路外来艺术中国化的最前沿之地，于阗、鄯善等地艺术充分体现了中国本土对外来文化的吸收与接纳，但就既有学术成果而言，少见综合性梳理以及与最新考古成果的结合。陈粟裕博士的这部新书稿聚焦于这个关键地域，对公元2至11世纪的考古发现进行长时段考察，研究艺术传播与图像呈现，是一项具有重要学术价值、创新性和难度很高的跨学科的综合性研究，具有重要的历史文化意义。

作者不辞劳苦，广泛搜集整理收藏在世界各地图书馆和博物馆中的丝路南道相关写本和文物资料，实地调查历史遗迹和遗物。在资料收集方面克服各种困难，通过积极主动地建立国际学术联系等方法开辟资料收集渠道，获得大量一手资料，使得书稿具有扎实的资料基础与研究基础。

在研究方法层面，该书的整体视域具有历史流动脉络和文明交往动线的完整观察，既符合中古时期文化传播的路径走向，也和今天历史遗存的布局直接呼应，同时这也是国际学术界研究丝绸之路文化艺术传播历史和当代遗存的基本视野，从而有助于获得对研究对象的准确历史定位，揭示出丝绸之路南道佛教传播过程中的内在特征和多元因素共同参与的历史画卷。

在学术价值层面，我认为该书具有以下几个方面的特点。其一，材料详实，尤其着重于视觉材料。文图并重。此书在相关历史史实的挖掘、文化传播与文明互鉴诸特征的揭示、艺术图像特点以及背后诸多影响因素的探索等方面均有新发现。在多种材料的综合印证方面，本研究也有很多可贵的探索，特别是对原始资料的重视以及对资料早期收集者手记的运用，使相关研究建立在更加可靠的材料基础上。其二，该书立足于文化交流，学术视野开阔，建立在目前国内外已有的成果之上，关注20世纪至今各国学者的互动。这既体现在艺术图像和信仰传播与人类文明交往相关问题的分析方面，也体现了多民族、多地域以及多种语言与多种材料综合介入下的图像传播和文化交流，具有历史因素的复杂交织和动态演进特征，介入多种理论分析，为丝绸之路艺术传播史的研究提供了理论介入的典型个案。其三，该书穿梭于艺术史、考古学、民族学、语言学、宗教学等学科之中，力图准确客观地描述丝绸之路文明交往历史，体现出价值多元并存和彼此交往的特征，这对认识当代新疆文化的多元性和交往性具有重要的现实意义。特别是该书稿中有关中古时期佛教在今天和田一带传播的史实探讨以及对多民族在文化艺术传播中的建树的历史追忆，由"小"材料而见大事实，描述了中华民族共同体建设的一段生动的信史。

在沉下心来阅读该书时，回顾那些散落在万里荒原上的璀璨奇异的艺术品，时时能够领略域外不同种族与文明的碰撞，能够看到域内不同信仰的互动，能够感受某些群体和个体的特殊性情。陈列柜里的"东西"变成了认知、故事和远方的诗意。这就是艺术史写作的魅力。我知道，还有后续的故事，应该更精彩。有鉴于此，郑重推荐！

李松

北京大学博雅特聘教授

2023 年 1 月

专家推荐意见二

陈粟裕博士长期致力于丝绸之路佛教艺术研究，对新疆和田地区（古代于阗）着力甚多，曾发表多篇高质量论文。《沙海浮图：中古时期西域南道佛典与图像》是她主持的国家社科基金青年项目及中国社会科学院学者资助计划"青年学者项目"成果。从选题看，这个题目研究难度颇大，主要有三个原因。首先是资料收集的困难，由于20世纪初西方探险家的掠夺，大量丝绸之路西域南道出土的文书、文物流失到海外博物馆或图书馆，新疆地区遗址又多埋藏于沙漠腹地，收集资料难度甚大，实地调查具有一定危险性。其次，就西域南道出土文书而言，有佉卢文、梵文、于阗文、藏文等类型，无论是文书释读，还是利用海外学术成果，都对语言有较高要求。再者，2至11世纪时期西域南道上民族与宗教状况非常复杂，以佛教图像、文本为线索，想要呈现其中的多民族、多宗教交流之历史实况，良也不易。

令人欣慰的是，完成的书稿展现了作者对以上困难的努力克服。在资料收集方面，她在和田地区文物局、中国社会科学院考古所相关学者的帮助下，完成了对西域南道主要佛教遗址的实地调研，书稿中也展现了不少由她调查、拍摄的第一手资料；海外资料收集方面,则主要依托大英博物馆、大英图书馆、哈佛大学图书馆等机构,此外对俄罗斯、德国、日本等地收藏的文物和研究成果均有涉猎。在多语种文书的使用方面,本书充分利用了贝利(Bailey)、恩默瑞克(Emmerick)、施杰我(Skjærvø)、托马斯(F. W. Thomas)、辛嶋静志、段晴等著名梵文、于阗文、藏文学者的翻译成果,积极汲取他们的学术观点。在全面掌握资料、利用既有成果基础上,本书致力于对前沿学术议题进行深挖,选择佛教空间转换、经典与文本对读、非西域南道主要居民(藏族、粟特人)对本土宗教艺术的影响等问题开展研究。

由此,本书展现出丝绸之路研究的宏大视野与扎实的学术基础,其价值主要表现在以下几个方面。

第一,作者缀合、统整了大量碎片化资料。将广泛搜集而来的第一手图像资料与西域南道所出的写本内容进行对读,最大限度地复原佛教图像的原始位置和组合关系,为西域南道佛教研究积累了坚实基础。本书的出版,也将会为其他学者提供便利。

第二,该著作的主题属于佛教史研究的新视野。作者对鄯善佛教与图像、于阗佛典与图像、多民族跨宗教的图像交融等诸多方面进行考察分析,既注重其整体性、世界性,也注重其个性、区域性;既考辨其本土文化特点,也审度其文化交流面向。该书稿充分利用史学、文献学和图像学方法,同时借鉴考古学、宗教比较学、文化传播学等相关学科的理论和方法。在广为收集、详加考辨、仔细研判文献资料的基础上,本书对丝路佛教传播方式和文化艺术进行了系统深入的专题性讨论,突破了佛教传播与佛教图像互证方面的研究,拓展了佛教史学的视野和方法。

第三,本书稿有效把握了学术热点。首先,通过对鄯善地区米兰佛寺建筑与图像演变的深入考察，揭示佛教从犍陀罗地区初传西域的流变过程，推动了佛教和佛教艺术中国化这一重大学术问题。其次，通过代表性图像，深入论证了西域南道居民如何将佛教本土化，并分析其地域性特征和民族文化背景。最后，该书稿将西域南道的佛教艺术放置在以丝路为纽带的文明交流大背景下，阐释了丝路沿线宗教、民族、文化的交流互动，体现了文明互鉴、共同发展的丝路精神。

鉴于以上价值，特此推荐。

李建欣

中国社会科学院世界宗教研究所研究员

《世界宗教研究》编辑部主任

2023 年 1 月

日新文库

第一辑

王坤鹏	越在外服：殷商西周时期的邦伯研究
王路曼	中国内陆资本主义与山西票号：1720—1910年间的银行、国家与家庭
刘学军	张力与典范：慧皎《高僧传》书写研究
李科林	德勒兹的哲学剧场
陈乔见	义的谱系：中国古代的正义与公共传统
周剑之	事象与事境：中国古典诗歌叙事传统研究

第二辑

何博超	说服之道——亚里士多德《修辞术》的哲学研究
陈 瑶	江河行地：近代长江中游的船民与木帆船航运业
赵 萱	耶路撒冷以东——一部巴以边界的民族志
郭桂坤	文书之力：唐代奏敕研究
梅剑华	直觉与理由——实验语言哲学的批判性研究

第三辑

王 莅	人类世界的历史化展开——马克思与西方人类学传统的思想关联研究
田 耕	采风问俗：20世纪上半叶的习俗调查与中国社会研究
汤明洁	福柯的主体问题考古学
陈 超	明伦弘愿：北朝佛教与经学交涉研究
陈粟裕	沙海浮图：中古时期西域南道佛典与图像
路 杨	"劳动"的诗学：解放区的文艺生产与形式实践